高等学校科技文献检索丛书

丛书主编　杨守文　季淑娟

科技文献检索实用教程

（专业硕士自然科学类分册）

主编　刘宗歧　方燕虹　刘金朝

科学出版社

北　京

内 容 简 介

本书针对专业硕士培养的需求，介绍了专业硕士培养过程中如何利用信息检索发现问题、解决问题的思维和方法，并详细介绍了自然科学各个学科的网络信息资源的特点及其使用方法。

本书可作为普通理工类高等院校专业硕士信息检索课程的教学用书，亦可作为广大读者自主学习、提高检索能力的实用参考书。

图书在版编目（CIP）数据

科技文献检索实用教程. 专业硕士自然科学类分册/刘宗歧，方燕虹，刘金朝主编. —北京：科学出版社，2018.7

（高等学校科技文献检索丛书）

ISBN 978-7-03-057887-7

I. ①科… II. ①刘… ②方… ③刘… III. ①自然科学-情报检索-研究生-教材 IV. ①G254.97

中国版本图书馆 CIP 数据核字（2018）第 127823 号

责任编辑：任俊红 李嘉佳 / 责任校对：孙婷婷

责任印制：张 伟 / 封面设计：华路天然工作室

科学出版社 出版

北京东黄城根北街 16 号

邮政编码：100717

http://www.sciencep.com

天津市新科印刷有限公司印刷

科学出版社发行 各地新华书店经销

*

2018 年 7 月第 一 版 开本：787 × 1092 1/16

2023 年 1 月第五次印刷 印张：19 1/2

字数：475 000

定价：59.00 元

（如有印装质量问题，我社负责调换）

序言

北京高科大学联盟，简称北京高科（Beijing Tech），于2011年10月19日在北京组建成立，是全国规模最大的进行全方位合作的高校联盟。联盟高校包括西安电子科技大学、北京科技大学、北京邮电大学、北京交通大学、北京化工大学、北京林业大学、华北电力大学、哈尔滨工程大学、中国地质大学（北京）、中国矿业大学（北京）、中国石油大学（北京）11所高水平行业特色型大学，燕山大学于2015年成为北京高科第12所成员高校。北京高科的12所大学在学科设置上涵盖了电子信息、网络与通信、铁路公路交通、新材料、化学化工、新能源、冶金、电力、地质、矿业、石油、林业、生态环保、造船业、核工业、重型机械等国家战略工程领域。

北京高科大学联盟图书馆（简称高科联盟图书馆）是由北京高科大学联盟主导推动的高校之间协同共建的文献资源生态系统，于2012年10月25日正式成立，成员馆包括北京高科院校所属12个大学的图书馆。工作目标是构建文献资源共建、共知、共享的信息服务战略合作平台。自成立以来，高科联盟图书馆依托联盟内各高校鲜明的行业办学特色和突出的学科群优势，以实现资源联合共建共享为宗旨开展了一系列卓有成效的工作。

2016年1月22日，在高科联盟图书馆解决方案分享会上，联盟各馆达成共识：围绕文献检索课教材聚集体智慧策划组织出版一套丛书，旨在为联盟各馆普遍面临的文献信息检索教育问题，提出解决方案。在高科联盟图书馆第九次委员会议上正式批准启动文献检索课教材编纂工作，参会的10个成员馆均参与了丛书的编写。随后组建了编写委员会，并由联盟高校中有丰富文献检索课教学经验的教师组成了写作团队。高科联盟图书馆第十次委员会议上，进一步明确了写作目标，提出走精品路线，务必保质保量完成新书编写工作。

丛书编委会对本套丛书的编写工作给予高度重视，先后召集了三次编委扩大会议，为本丛书把关定向。2016年7月13日，举行了新书编委第一次会议。编委会成员一致认为应针对学生分层次编写，分别面向本科生、专业硕士和学术硕士，以丛书分册形式出版，以“出精品、创品牌”为宗旨。此次会议明确了编写思路，落实了牵头馆和主编单位。2016年10月19日在科学出版社召开了丛书编委会第二次会议。最终确定丛书名为“高等学校科技文献检索丛书”，四个分册名分别是《科技文献检索实用教程》（本科分册）、《文献信息检索与案例分析》（学术硕士分册）、《科技文献检索实用教程》（专业硕士社会科学类分册）、《科技文献检索实用教程》（专业硕士自然科学类分册）。会议明确了各分册写作思路及时间节点，按32学时编写。本科分册和学术硕士分册侧重文献信息检索的基本方法培训，按通识教育课程编写；专业硕士分册则侧重具体数据库操作。2017年3月22日在科学出版社举行丛书编委会第三次会议。各分册第一主编汇报了编写内容、编写进度、存在的问题及下一步安排，共同商讨丛书的体例、架构、风格、时间进度及质量把控，就丛书编写过程中存在的问题提出了相应的解决办法，进一步明确了写作思路，为本套丛书的最终完成铺平了道路。

《科技文献检索实用教程》（本科分册）是由长期从事文献检索课第一线教学的教师与

长期从事图书馆培训、科技查新、查新审核、信息咨询等工作背景的作者们合力打造。首先，该书具有全面、系统、务实、实用的特点，严格按教育部对文献检索课的基本要求编写，并吸取了国内外最新研究成果和教材精华，其内容与知识点覆盖全面。其次，从科技文献检索的基础知识入手，各章节内容逐步深入，归类编排并提出具体问题的解决方案，从而充分彰显了该书的系统性。另外，根据编者多年教学与工作的经验，归纳总结并着眼解决读者在文献信息检索和利用方面可能遇到的实际问题，使读者学有所用。最后，该书图文并茂，以案例分析、常见问题的解决方案、具体问题的解决方法等编写方式，编者从实用的角度出发，针对读者常见问题提出行之有效的解决思路和方法，“授人以渔”，使读者真正成为科技文献检索与利用的驾驭者和信息资源的享用者。总之，该书既适合作为本科生科技文献检索课的教科书，也可作为从事教学、科研、管理及其他与信息检索相关的广大读者的参考书。

《文献信息检索与案例分析》（学术硕士分册）是以读者在文献检索中的应用为出发点，第一篇注重文献检索理论知识及检索原理等的阐述；第二篇重点介绍高校图书馆的资源和服务，讲述工学专业常用的各类信息源，并将理论与实践结合，分析总结文献信息检索的应用方法；第三篇结合学术硕士学科研究方向，以具体检索实例进一步阐述学科文献检索方法技能等。该书具有以下几个显著特点：一是以丰富的教学经验为基础，立足课程中学生对文献内容、资源、服务等的实际需求，融入图书馆资源评价、文献传递等工作的分析，紧密切合学术硕士文献检索的需要；二是关注前沿热点，内容新颖，介绍了大量的最新检索平台、分析工具及应用软件，有助于学生灵活运用文献分析，发散思维进行学术研究；三是理论密切联系实践，从基础知识到资源概括及服务介绍，再联系实际应用，内容详实有序，能有效帮助学生提高文献信息检索及综合利用的技能；四是实践应用部分突出，选择与学术硕士学习科研相关或应用度高的资源、服务、检索平台及应用软件等编撰内容，梳理出科研工作思路，实践指导性非常强。

《科技文献检索实用教程》（专业硕士社会科学类分册）深度分析了文献信息检索的基本知识及相互关系，并根据文科类专业学生在校学习期间及未来走上工作岗位的需要，按文献出版类型分别介绍了资源获取的方法和途径。该书融入了中外常用数据库的最新检索利用方法，以崭新的角度和视野给出了人文社会科学类文献检索案例，深层次地讲述了信息素质、信息检索对科学研究及终身学习的价值。

《科技文献检索实用教程》（专业硕士自然科学类分册）紧跟新环境的需求与信息检索及管理的新技术发展，把信息检索和工程硕士研究生的各个培养阶段紧密联系起来，使得信息检索的功能得以充分发挥，从而加强学生主动获取信息和知识的能力。第 1 章论述了工程硕士培养过程中对于文献需求的特点；第 2 章注重文献检索理论知识及检索原理等的阐述；第 3～5 章按照网络资源的出版形式重点介绍了目前国内外著名学术资源的特点、使用方法及国内主要的文献保障及服务系统、学术资源的最新评价工具；第 6 章介绍了最新文献资源的管理工具，以提高学生阅读文献的效率。第 7 章结合工程硕士学科研究方向，以各学科文献检索的应用实例进一步阐述文献检索及分析的方法和技能。

本套丛书的编写与出版得到了社会各界的大力支持，特别是科学出版社为丛书的编写提供了全方位的支持和帮助，在此一并表示致谢！

编　者

2017 年 11 月

前　言

知识是能力与素质的基础，能力可促进知识更好更快地吸收和内化，素质的提高则能增进知识的增长，促进能力的提高，因此知识、能力、素质三者之间相互联系、相互制约，是辩证统一的整体。2009年，国家对研究生培养的方法进行了改革，分为培养专业硕士和学术硕士。专业硕士主要是培养应用型人才，注重学生在工程中的实际能力。这就要求学生必须掌握相应职业领域的实践经验和操作技能，因此，专业硕士研究生培养模式要以“能力中心”为导向，重点突出学生实践能力和创新能力的培养。培养专业硕士研究生熟悉文献信息检索的相关知识，掌握学科信息资源检索的技能成为学习、科研中不可或缺的素养。本书的编写，是为帮助学生应对日益变动的信息生态系统，培养专业硕士的自主创新思维能力，帮助学生了解信息检索的原理及方法，掌握文献资源的分布规律，提高科研过程中文献分析、利用和管理能力，形成审慎对待及利用知识的科学素质。

本书根据新环境的需求和目前信息检索及管理的新技术，把信息检索和专业硕士研究生的各个培养阶段紧密联系起来，介绍专业硕士培养过程的各个阶段对文献的不同需求，使信息检索的功能得以充分发挥，以加强学生主动获取信息和知识的能力；重点介绍自然科学领域常用的各类信息源、文献服务系统及各种检索和管理网络资源的工具，将理论与实践结合，分析总结文献信息检索的应用方法；最后结合工程硕士学科研究方向，以检索实例进一步阐析学科文献检索方法技能等。

本书的策划、内容大纲、编写组织均由刘宗歧负责，各章的具体编写分工如下：第1章分别由华北电力大学王宝清、何琼、陈月从、马磊、李宁编写；第2章由中国地质大学（北京）刘金朝编写；第3章由华北电力大学方燕虹和陈月从、北京化工大学王婷编写；第4章由华北电力大学武桂芹和方燕虹、北京化工大学王婷编写；第5章由西安电子科技大学黄小强编写；第6章由北京交通大学赵秀姣编写；第7章由华北电力大学武桂芹、北京化工大学王婷、中国地质大学（北京）刘金朝、北京交通大学赵秀姣、西安电子科技大学黄小强编写。

本书参考并引用了一些图书馆学、情报学资深专家学者的学术成果，在此表示感谢和敬意。

编　者

2017年10月9日

目　录

第1章 科技信息检索与专业硕士培养

本章首先明确专业硕士的培养目标是掌握某一特定职业领域相关理论知识、具有较强解决实际问题的能力、能够承担专业技术或管理工作、具有良好职业素养的高层次应用型专门人才。科技信息获取技术和能力是工程技术人员不可或缺的基本素质，对其开展科学研究和工程技术工作有着非常重要的作用。

其次介绍有关知识产权与学术规范相关知识，使大家在科技信息检索与利用中，能够有意识地保护知识产权，遵守学术规范。

最后介绍科技论文是在科学研究和科学实验的基础上，对自然科学和专业技术领域里的某些现象或问题进行专题研究、分析和阐述，以揭示其本质及其规律性而撰写的论文。分别从科技论文分类、写作要求、标准化格式、论文发表、投稿经验等方面进行介绍，并采用专门的一个小节着重对专业硕士生如何进行毕业论文开题报告的撰写进行了全方位描述，有着非常实用的参考价值。

1.1 专业硕士培养模式

1.1.1 培养目标

专业学位研究生的培养目标是掌握某一特定职业领域相关理论知识、具有较强解决实际问题的能力、能够承担专业技术或管理工作、具有良好职业素养的高层次应用型专门人才。

专业学位（professional degree），是相对于学术型学位（academic degree）而言的学位类型，其目的是培养具有扎实理论基础，并适应特定行业或职业实际工作需要的应用型高层次专门人才。专业学位与学术型学位处于同一层次，培养规格各有侧重，在培养目标上有明显差异。学术型学位按学科设立，其以学术研究为导向，偏重理论和研究，培养大学教师和科研机构的研究人员；而专业学位以专业实践为导向，重视实践和应用，培养在专业和专门技术上受到正规的、高水平训练的高层次人才。专业学位教育的突出特点是学术型与职业性紧密结合，专业型硕士培养应用型和工程研究型人才，培养掌握本领域坚实的基础理论和宽广的专业知识、具有较强的解决实际问题的能力，能够承担相应工程领域及相关专业技术或管理工作、具有良好的职业素养的高层次应用型、开发型、复合型高级工程技术人才与管理人才。获得专业学位的人，主要不是从事学术研究，而是从事具有明显职业背景的工作，如工程师、医师、教师、律师、会计师等。专业学位与学术型学位在培养目标上各自有明确的定位，因此，在教学方法、教学内容、授予学位的标准和要求等方面均有所不同。

根据国家有关规定，普通硕士教育以培养教学和科研人才为主，授予学位的类型主要是学术型学位；而专业硕士是具有职业背景的硕士学位，为培养特定职业高层次专门人才而设置。

1.1.2 教学要求

课程设置要以实际应用为导向，以职业需求为目标，以综合素养和应用知识与能力的提高为核心。教学内容要强调理论性与应用性课程的有机结合，突出案例分析和实践研究；教学过程要重视运用团队学习、案例分析、现场研究、模拟训练等方法；要注重培养学生研究实践问题的意识和能力。学习年限一般为2年，实行学分制。课程学习与实践课程要紧密衔接，课程学习主要在校内完成，实习、实践可以在现场或实习单位完成。建立健全校内外双导师制，以校内导师指导为主，校外导师参与实践过程、项目研究、课程与论文等多个环节的指导工作。吸收不同学科领域的专家、学者和实践领域有丰富经验的专业人员，共同承担专业学位研究生的培养工作。注重培养实践研究和创新能力，增长实际工作经验，缩短就业适应期限，提高专业素养及就业创业能力。

1.1.3 实践要求

专业实践是重要的教学环节，充分的、高质量的专业实践是专业学位教育质量的重要保证。专业学位研究生在学期间，必须保证不少于半年的实践教学，可采用集中实践与分段实践相结合的方式；应届本科毕业生的实践教学时间原则上不少于1年。要提供和保障开展实践的条件，建立多种形式的实践基地，加大实践环节的学时数和学分比例。注重吸纳和使用社会资源，合作建立联合培养基地，联合培养专业学位研究生，改革创新实践性教学模式。推进专业学位研究生培养与用人单位实际需求的紧密联系，积极探索人才培养的供需互动机制。研究生要提交实践学习计划，撰写实践学习总结报告。要对研究生实践实行全过程的管理、服务和质量评价，确保实践教学质量。

1.1.4 学位论文

要正确把握专业学位研究生学位论文的规格和标准。学位论文选题应来源于应用课题或现实问题，必须要有明确的职业背景和应用价值。学位论文形式可以多种多样，可采用调研报告、应用基础研究、规划设计、产品开发、案例分析、项目管理、文学艺术作品等形式。学位论文须独立完成，要体现研究生综合运用科学理论、方法和技术解决实际问题的能力。学位论文字数，可根据不同专业学位特点和选题，灵活确定。学位论文评阅人和答辩委员会成员中，应有相关行业实践领域具有高级专业技术职务的专家。

1.2 开题报告的撰写

开题报告是指开题者在选定研究课题之后，在调查研究的基础上撰写的报请院系批准的论文写作方案，是对科研课题的一种文字说明材料。开题报告主要用于说明选题的背景及意义；课题的国内外研究现状；论文研究方案与计划及所用的参考文献。开题报告是提高选题质量和水平的重要环节。在论文正式开始写作之前，先写出开题报告，再经过毕业论文指导小组审阅修改后，才能在指导教师的指导下按选题报告的要求撰写毕业论文。

在撰写开题报告之前，必须了解课题的研究背景，知道别人都做了哪些工作，哪些方面可以作为自己研究的切入点，这就需要阅读大量的文献资料，并对文献资料进行归纳整理，写出文献综述。文献综述不能只是简单地文献罗列，而是要写出自己的观点并加以评论、指出改进的方向，进而找出自己选题的方向。文献调研的深入将直接影响开题报告的质量，因此前期调研工作至关重要。

不同的学校对开题报告的格式要求不一样，但核心内容大致相同，一般都是从论文题目，论文研究的目的及意义，论文国内外研究的历史和现状，课题研究目标、内容及拟解决关键问题，拟采取的研究方案及可行性分析等几个方面下手。

1.2.1　论文题目

论文题目就是论文的标题或名称。论文题目的确定要注意以下几个方面的问题：

1. 题目要准确、规范

准确就是论文的名称要准确描述论文所研究的问题和对象，一定要和研究的内容相一致，不能太大，也不能太小，要准确地把所研究的对象、问题概括出来。例如，华北电力大学有一篇学位论文的题目是“北京市居民生活阶梯电价政策效果及应对策略”，研究的是北京市居民生活阶梯电价，题目非常清晰准确。

规范就是所用的词语、句型要规范、科学，似是而非的词不能用，不能用口号式、结论式的句型。因为写论文是在进行科学研究，要用科学的、准确的、规范的语言去表述自己的思想和观点。例如，有一篇论文题目为“只有建全企业内部监督制度，才能完善企业内部控制”，这个题目假如是一篇经验性论文，或者是一个研究报告还可以，但作为硕士学位论文的名称就不妥。

2. 题目要简洁

简洁是指论文标题不能太长，能不要的字就尽量不要，一般在 20 个字左右，最多不超过 25 个字，必要时可加副标题，如“中国官员财产申报制度的实施研究——基于机制设计理论视角”“我国城市公交服务公私合作机制（PPP）的实践研究——以公共汽车客运行业为例”。

1.2.2　论文研究的目的及意义

研究的目的及意义也就是为什么要对课题进行研究、研究课题有什么价值。在这一部分要调研该课题国内外研究的历史和现状，即以前有没有人研究过该课题；如果有人研究过，他们研究的成果有什么问题或缺陷，为什么还值得再去研究，研究该课题有什么价值等。

论文研究的目的和意义部分的撰写，一般可以先从现实需要方面去论述，指出现实当中存在这个问题，需要去研究、去解决，论文的研究有什么实际作用，然后，再写论文的理论和学术价值，这些都要写得具体且有针对性，应包括研究的相关背景，即依据什么，受什么启发要研究这项课题，还应通过分析指出为什么要研究该课题，指出研究的价值和要解决的问题。

1.2.3　论文国内外研究的历史和现状（文献综述）

简单来说，文献综述就是对课题相关的一些文献资料的概述，也可以说是对国内外相关研究现状的一个总结。有些要求严格的学校不把文献综述这一部分列入开题报告中，会单独拿出来，要求学生将有关论文的资料收集过程用文献综述的形式完成。

为了写出文献综述，就需要去搜集近年来课题相关的一些参考文献，了解课题领域的研究现状。在写文献综述时，不能简单罗列文献，而是要对不同的研究成果进行归类，并提出自己的一些看法和观点，寻找有待进一步解决和研究的问题，从而确定本课题研究的起点或突破点。

1.2.4　课题研究目标、内容及拟解决关键问题

（1）课题研究目标

课题研究目标其实也就是论文研究所要达到的具体目的，即要解决哪些具体问题。课题目标必须是具体、明确的，不能笼统地讲，必须清楚地写出来。确定目标时，要紧扣论文主题，目标不能定得太多、太高，在用词上力求准确、精练、明了。例如，某云计算在电力系统中的应用研究的论文，课题的研究目标为面对超大规模的电力系统数据生成量，能够准确并及时地对电力系统大数据进行采集、存储和分析计算。

（2）课题研究内容及拟解决关键问题

有了论文的研究目标，就要根据目标来确定论文具体要研究的内容，相对研究目标来说，研究内容要更具体、明确，并且一个目标可能要通过几方面的研究内容来实现，它们不一定是一一对应的关系。例如，某篇交直流系统次同步振荡建模与机理分析的毕业论文，课题研究内容如下：①提出一种应用于次同步振荡分析的汽轮发电机组轴系扭振机械阻尼系数在线测量解耦计算的方法；②阐明直流输电系统逆变侧故障引发汽轮发电机组次同步振荡的原因；③完成具有相近扭振频率的多机系统的次同步振荡机理和特性分析；④实现应用于次同步振荡仿真的轴系变机械阻尼建模方法。

1.2.5　拟采取的研究方案及可行性分析

选题不同，研究方案与方法往往不同。研究方法是否正确，会影响毕业论文的水平，甚至成败。在开题报告中，要说明自己准备采用什么样的研究方法。可行性论证是指在开题前对课题研究是否可行加以论证，通过目前具备的研究基础、已具备的条件来保证课题的顺利实施。具体指在基础知识方面、理论准备方面及相关资料的掌握、科学调研（调查）成果、科学实验手段和工具等方面已经具备了哪些基本条件，课题参加人员的知识水平和技能，以及教师的指导能力等。另外，还要指出存在的困难和问题，在哪些地方需要得到支持和帮助等。

1.2.6　论文研究计划及进度安排

拟采取的研究计划及进度是指整个研究在时间及顺序上的安排，在开题报告中要说明内容与时间的分段。例如，材料收集、实地调研、初稿写作、论文修改各需要多少时间。对每一阶段的起止时间、相应的研究内容及成果均要有明确的规定，阶段之间不能间断以保证研究进程的连续性。在时间安排上，学生应充分考虑各研究阶段工作的难易程度，合理安排研究进度。

1.2.7　预期成果

课题研究拟取得什么形式的阶段研究成果和最终研究成果，成果的形式有很多种，一般是论文或调查（实验）报告等形式。课题不同，研究成果的内容、形式也不一样，但不管形式是什么，课题研究必须有成果，否则，课题研究也就失去了意义。

1.2.8　参考文献

在这一部分应该列出开题报告中所引用过的参考文献，参考文献的格式要符合规范要求，不同的学校要求可能不太一样。

对于开题报告的字数一般没有统一的规定，开题报告是论文研究内容的概括性论述，因而篇幅不必过大，只要把计划研究的内容、如何研究等主要问题说清楚即可。

1.3　科技论文的写作与发表

1.3.1　科技论文的概念及特点

科技论文是在科学研究和科学实验的基础上，对自然科学和专业技术领域里的某些现象或问题进行专题研究、分析和阐述，以揭示其本质及其规律性而撰写的论文。因此，凡是运用概念、判断、推理、论证和反驳等逻辑思维手段，来分析和阐明自然科学原理、定律和各种问题的论文，均属科技论文的范畴。科技论文的运用可促进成果推广、信息交流、科学技术的发展。

科技论文是某一学术课题在实验性、理论性或观测性上具有新的研究成果或创新见解和知识的科学记录；或是某种已知原理应用于实际取得新进展的科学总结，用以提供学术会议上宣读、交流或讨论；或在学术期刊上发表；或作其他用途的书面文件。

科技论文具有科学性、创造性、理论性、可读性等特点。科学性是科技论文的生命，是科技论文区别于一切非科技论文的主要特征，创造性是衡量科技论文价值的根本标准。科技论文不停留在运用现成的观点和原则对客观事物作专门的论述和评价的层面上，而要求科学地描述和揭示客观事物的本质和规律，得出具有创造性的结论。因此，一篇具有价值的科技论文，从内容上所反映的科研成果，不仅是客观存在的自然现象及其规律的反映，而且应包含具有普遍性和公开性的新技术、新工艺、新理论；从表现形式上，其结构严谨清晰，逻辑思维严密，语言简明确切，对每一个符号、图文和表格及数据，都力求做到准确无误；在研究和写作上，科技论文具有严肃的科学态度和科学精神，经过周密的思考、严谨而富有逻辑的论证，不因个人偏爱而随意褒贬，武断轻信，更不能伪造数据，甚至剽窃抄袭。

1.3.2　科技论文的分类

1）根据论文写作目的的不同，科技论文可分为科技报告、科研论文和学位论文三大类。

科技报告是科学技术报告的简称，国家标准《科技报告编写规则》（GB/T 7713.3—2014）定义如下：科学技术报告是进行科研活动的组织或个人描述其从事的研究、设计、工程、试验和鉴定等活动的进展或结果，或描述一个科学或技术问题的现状和发展的文献。科技报告中应包含丰富的信息，可以包括正反两方面的结果和经验，用于解释、应用或重复科研活动的结果或方法。科技报告的主要目的在于积累、交流、传播科学技术研究与实践的结果，并提出有关的行动建议。

科研论文也称学术论文或专业研究论文，是指各学科领域中专业人员或非专业人员科研成果的文字记载。国家标准《科学技术报告、学位论文和学术论文的编写格式》（GB/T 7713—1987）定义：学术论文是某一学术课题在实验性、理论性或观测性上具有新的科学研究成果或创新见解和知识的科学记录；或是某种已知原理应用于实际中取得新进展的科学总结，用以提供学术会议上宣读、交流或讨论；或在学术刊物上发表；或作其他用途的书面文件。学术论文应提供新的科技信息，其内容应有所发现、有所发明、有所创造、有所前进，而不是重复、模仿、抄袭前人的工作。

学位论文是大学生、硕博士研究生毕业时，或申请学位的同等学力人员提交的用于其获得学位的文献，是论文答辩委员会决定是否授予学位的重要依据，包括学士学位论文、硕士学位论文、博士学位论文等。国家标准《学位论文编写规则》（GB/T 7713.1—2006）中注释：

博士学位论文表明作者在本门学科上掌握了坚实宽广的基础理论和系统深入的专门知识，在科学和专门技术上做出了创造性的成果，并且具有独立从事创新科学研究工作或独立承担专业技术开发工作的能力。

硕士论文表明作者在本门学科上掌握了坚实的基础理论和系统的专业知识，对所研究课题有新的见解，并具有从事科学研究工作或独立承担专门技术工作的能力。

学士论文表明作者较好地掌握了本门学科的基础理论、专门知识和基础技能，并具有从事科学研究工作或承担专门技术工作的初步能力。

2）根据写作形式的不同，科技论文可分为理论型论文、综述型论文、实验研究型论文、描述型论文和科普型论文五种类型。

理论型论文以报道科学技术研究成果为主要内容，从认识论的实践中或前人的论述中发现或提出问题，通过分析、推理、论证及证明，得出新的结论、结果或新的规律、新的定理，使问题得到解决。在自然科学领域里的各学科门类，尤其是数学、物理、化学、生物学等基础学科及所属各专业，理论型学术论文占了较大的比重。

综述型论文是指对某一问题在纵的方面不限于某一时期，在横的方面不限于某一专题、专业纵横交错的综合论述；其目的是使读者用较少的时间，对某一专题所论述的内容有一个比较全面的了解。

实验研究型论文是对实验进行观测和分析。

描述型论文是指人类对新发现的事物或现象进行的详细叙述，是由观察和积累之中得到的。

科普型论文是用深入浅出、生动活泼的语言，论说科学道理，从而使深奥的科技知识得以普及。例如，爱因斯坦的《相对论的意义》《物理学的进化》等，通俗地解释了空间弯曲、光线拐弯、宇宙膨胀等奇妙的现象和术语。

1.3.3 科技论文的写作要求

科技论文的特点，使得科技论文在写作过程中应该是在研究工作的基础上进行“再创造”的过程。因此，科技论文写作要达到以下基本要求。

1）主题明确，中心突出。主题是全文的灵魂，不但要明确，而且要突出，成为一切资料、论证绕其运转、为其服务的轴心。

2）结构严谨，层次分明。结构是论文的骨骼、构架，没有结构，论文便肌肤难附，那便不可能让人再去推敲和相信论点。严谨而分明的层次和结构，能将主题阐述得淋漓尽致，细致深入。

3）逻辑严密，自成系统。逻辑是知识的“格局”，论文的每个组成部分，又应当是系统的各个组成部分必须相互协调、相互制约、相得益彰，组成一个严密的整体。论文的贯通从前提到结论的必然性，正是论文的力量所在。

4）论证充分，说理透彻。科技论文的特性就是论证，论文的功能就是证明。论文的论点是带有创新性、开拓性甚至独树一帜的观点，论证过程必须言之有据，言之有理，能够确凿而有力地证明自己的论点。

5）提出问题，解决问题。论文要能够提出值得思考、探讨、研究的新问题，提出自己的观点和看法，并对问题进行透彻的分析、有力的证明，从而得到确切的结论。

6）语言简洁，概念准确。对于科技论文来说，其任务重点是为了阐述与证明，因而在语言上要求准确、鲜明、主动、简洁。

1.3.4　科技论文的编写规则

1987 年 5 月 5 日国家标准局发布了国家标准《科学技术报告、学位论文和学术论文的编写格式》（GB/T 7713—1987），为科技论文编写标准化提供了指南。之后，在 2006 年 12 月 5 日及 2014 年 5 月 6 日分别发布了《学位论文编写规则》（GB/T 7713.1—2006）和《科技报告编写规则》（GB/T 7713.3—2014），该两项标准部分替代了原标准中有关学位论文及科技报告的编写规则，此三项标准的实施对我国科技论文的标准化、规范化具有重要意义。

《科技报告编写规则》（GB/T 7713.3—2014）主要是对科技报告的结构、构成要素及编写、编排格式等进行规定，确保科技报告结构规范，段落清晰，简明易读，以及科技报告的基本信息项完整、准确、格式统一，便于统一收集和集中管理，也便于信息系统处理和用户检索查询。该标准规定科技报告一般由前置部分、主体部分、结尾部分 3 部分组成。前置部分包括封面、题名页、辑要页、前言、摘要、目次、插图和附表清单、符号和缩略语说明等要素。主体部分包括引言、正文、结论、建议、参考文献等要素。结尾部分包括附录、索引、封底等要素。标准还对科技报告的卷册编号、章节编号、图表及公式编号、页码等编排格式进行了规定。《科学技术报告、学位论文和学术论文的编写格式》（GB/T 7713—1987）、《学位论文编写规则》（GB/T 7713.1—2006）对学术论文及学位论文的撰写也提出了相应的格式和要求。

1. 题名

题目是科技论文的总标题，是一篇论文给出的涉及论文范围与水平的第一个重要信息，像商品的“商标”，要求醒目，让读者一目了然，便于领会学术研究的内容、主旨和学术价值。《科学技术报告、学位论文和学术论文的编写格式》（GB/T 7713—1987）规定：题名是以最恰当、最简明的词语反映报告、论文中最重要的特定内容的逻辑组合。这个规定中有 3 处用“最”字突出了对拟定题名的要求。“最恰当”指题名与论文的内容应相符；“最简明”提出了对词法、修辞的要求；而“最重要的特定内容的逻辑组合”则提出了对题名的内涵与外延及逻辑性的要求。规定中如此深刻地提出了对题名的要求，是因为题名首先给读者提供了论文内容的主要信息，在一定程度上为读者判断此论文有无阅读价值提供了可能性。

此外，该标准对论文题名的字数还作了规定：中文题名一般不宜超过 20 字；外文题名一般不宜超过 10 个实词。《学位论文编写规则》（GB/T 7713.1—2006）规定题名一般不超过 25 字，应中英文对照。对题名字数的限制，其目的主要是简明。当然简明是与“特定的内容”相一致的。如简而不明，则不符合题名的要求。

题名应尽量避免使用不常用缩略词、首字母缩写字、字符、代号和公式等。如果题名语意未尽，或内容层次很多，难以简化时，可利用副标题补充说明论文的特定内容。其中副题名起补充、阐明题名的作用。《学位论文编写规则》（GB/T 7713.1—2006）规定，在整篇学位论文中的不同地方出现时，题名和副题名应保持一致。《科技报告编写规则》（GB/T 7713.3—2014）则强调题名用词应反映科技报告最主要的内容，并应考虑选定关键词和编制题录、索引等二次文献所需要的实用信息，分卷（册、篇）编写的科技报告，每卷（册、篇）宜用副题名区别特定内容，并应有编号，题名和副题名宜中英文对照。

2. 署名

署名是权利与义务的象征，其关系知识产权和法律责任。关于署名，《科学技术报告、学位论文和学术论文的编写格式》（GB/T 7713—1987）中规定：在封面和题名页上，或学术论文的正文前署名的个人作者，只限于那些对于选定研究课题和制订研究方案、直接参加全部或主要部分研究工作并做出主要贡献及参加撰写论文并能对内容负责的人，按其贡献大小排列名次。这项规定充分肯定了学术成果与成果创造者的关系，论文或著作与作者的直接关系，反映了劳动成品与劳动者的关系。同时，标准还作了如下补充规定：部分工作的合作者、按研究计划分工负责具体小项的工作者、某一项测试的承担者及接受委托进行分析检验和观察的辅助人员，均不列入。这些人可以作为参加工作的人员一一列入致谢部分或排于脚注。这样就将署名的范围作了严格的区分。《学位论文编写规则》（GB/T 7713.1—2006）规定责任者包括研究生姓名，指导教师姓名、职称等。

国家标准对署名的规范除有其广泛的现实意义之外，还具体地反映如下四个方面的问题：第一，肯定成果的归属；第二，署名表现了编辑或出版者对作者的尊重；第三，署名便于读者与作者之间的联系；第四，署名也同时表示作者对作品的负责。

3. 摘要

摘要是科技论文的必要组成部分，对于科技论文的摘要，《科学技术报告、学位论文和学术论文的编写格式》（GB/T 7713—1987）规定：摘要是报告、论文的内容不加注释和评论的简短陈述。这说明摘要的对象主要是报告、论文的内容，一般应说明研究工作目的、实验方法、结果和最终结论，而重点是结果和结论；摘要是对报告、论文的内容的客观反映，不应加注释和评论；对摘要的撰写要求简短。

摘要的作用主要有以下三点：第一，读者通过摘要，能够决定是否有必要进一步阅读全文；第二，读者不阅读全文也可以获得必要的信息；第三，摘要可以引用，作为情报资料，它也可供文摘等二次文献采用。

国家标准也提出了一些注意事项：如《科学技术报告、学位论文和学术论文的编写格式》（GB/T 7713—1987）规定中文摘要一般在 200～300 字；外文摘要的字数不宜超过 250 个实词。《学位论文编写规则》（GB/T 7713.1—2006）、《科技报告编写规则》（GB/T 7713.3—2014）

均规定摘要应具有独立性和自含性，中文摘要一般在 300～600 字；外文摘要的字数不宜超过 300 个实词。如遇特殊需要字数可以略多。另外，除了实在无变通方法可用以外，摘要中尽量避免采用图、表、化学结构式、非公用的符号和术语。

4. 关键词

关键词是从全文精选出来的能反映论文主题概念的词或词组，列出这些词或词组的目的是便于检索和引导读者选读文献。国家标准也提出了一些注意事项，如每篇报告、论文选取 3～8 个词作为关键词；以显著的字符另起一行，排在摘要的下方；如有可能，尽量用《汉语主题词表》等词表提供的规范词；等等。

《科技报告编写规则》（GB/T 7713.3—2014）规定，关键词应在科技报告中有明确的出处，反映科技报告的研究对象、学科范围、研究方法、研究结果等。一般而言，关键词是从题名中能提出的，如果从题名中提不出关键词，可以再从全文中提取关键词。

5. 引言

科技论文的引言（或绪论）是正文的先导。其作用就在于它在正文之前首先阐述作者写作的意图、动机或缘起，以使读者了解能从论文中获得什么或解决什么问题。

如《科学技术报告、学位论文和学术论文的编写格式》（GB/T 7713-1987）规定："引言（或绪论）简要说明研究工作的目的、范围、相关领域的前人工作和知识空白、理论基础和分析、研究设想、研究方法和实验设计、预期结果和意义等。"《学位论文编写规则》（GB/T 7713.1—2006）称序言或前言，并非必要。学位论文的序言，一般是作者或他人对本篇论文基本特征的简介，如说明研究工作缘起、背景、主旨、目的、意义、编写体例，以及资助、支持、协作经过等。这些内容也可以在正文引言中说明，正文的引言（或绪论）应包括论文的研究目的、流程和方法等。《科技报告编写规则》（GB/T 7713.3—2014）规定：引言部分应简要说明相关工作的背景、意义、范围、对象、目的、相关领域的前人工作情况、理论基础、研究设想、方法、预期结果等，同时，可指明报告的读者对象。但不应重述或解释摘要，不对理论、方法、结果进行详细描述，不涉及发现、结论和建议。

6. 正文

正文是科技论文的核心和主体。关于正文的内容可以包括：调查对象、实验和观测方法、仪器设备、材料原料、实验和观测结果、计算方法和编程原理、数据资料、经过加工整理的图表、形成的论点和导出的结论等。由于研究工作涉及的学科、选题、研究方法、工作进程、结果表达方式等有很大的差异，对正文内容不能作统一的规定。但是，必须实事求是，客观真切，准确完备，合乎逻辑，层次分明，简练可读。另外，三项国家标准都明确规定了图、表的绘制要求及数学、物理和化学式、计量单位、符号和缩略词的使用中应注意的事项细节。

一篇科技论文应以文字描述为主，图、表为辅，在科技论文中，文字与图、表的关系甚为密切，尤其是在技术性较强的论文中，图、表的作用尤为显著。可以激发读者的阅读兴趣，克服心理上产生的疲劳感，有利于智力的开发。

7. 结论

科技论文的结论应该是全文的一个精华部分，是对论证的主要结果或最终的总体结论。这个部分不应是正文中各段的小结的简单重复。

因此，所谓结论即在全文论述的基础上，从总体上予以概括以突出其主要的理论或观点。

首先，结论应该是思维的聚光，是全文内容的高度浓缩；其次，结论应该是知识的曝光。撰写科技论文的过程，是作者对科学技术领域的某一点、某一方面知识的集中表述，其中既有科学理论的阐发，也有作者观点的申述；最后，结论应该是语言的闪光，不仅反映了作者的语言修养水平，更反映了作者的思维与知识的素质。

如果一项研究暂时还没有结论，也应当在这部分讨论一项尚待解决的问题及对后续研究的设想和建议。

8. 参考文献

参考文献是学术论文的作者在撰写论文时，曾经借鉴、引用过的重要文章和著作。论文主体写好以后，要将这些文章或者著作加以归纳整理并附在论文后面，参考文献也包括互联网信息数据。著录参考文献反映出真实的科学依据，不仅可供读者阅读查找引文或引证材料的原文，其也是作者科学精神与治学精神及科学道德的具体表现。著录参考文献时应注意：著录的文献一定是作者亲自阅读过的，是最主要、最新的和关键的文献，一般性的可不必著录。著录规范参照《信息与文献 参考文献著录规则》（GB/T 7714—2015）。《科技报告编写规则》（GB/T 7713.3—2014）规定：参考文献应置于报告主体部分的最后，宜另起页。

1.3.5 科技论文的发表

1. 科技论文发表的形式

科技论文发表的形式大致有学术会议发表、期刊发表和网络发表。了解科技论文发表的形式，对作者正确选择论文的载体、提高刊用率具有重要作用。

学术会议发表是指在国内、国际相关组织定期或不定期举办学术交流会议发表的学术论文集。这些学术交流会在举办前，组办方会通过相关学术学会或协会网站、电子邮件等多种方式发布会务通知并征集稿件信息，只要符合评审条件的论文都可提供发表。学术交流会的论文具有内容丰富、新颖、信息量大、专业性强、学术水平高，富有一定的创造性等特点。许多重要发现和许多专业的新进展，大多是在专业性学术会首次公布的。

期刊发表是指在正式出版的科技期刊[即经国家指定行政管理部门审核批准，在省级以上新闻出版局登记注册，具有期刊“登记证”并编入“中国标准刊号”（CN），也称“国内统一刊号”的期刊]发表的论文。正式出版的科技期刊分为国内外公开发行和国内发行两种形式。国内外公开发行的科技期刊编有“国际标准刊号”（ISSN）和“中国标准刊号”，可以国内外公开征订和发行。国内发行的科技期刊只编有“中国标准刊号”，仅限于国内公开征订和发行，不能向国外发行。

依据各种期刊评价体系的评价结果，科技期刊被分为核心期刊和普通期刊两类。核心期刊是指被《中文核心期刊要目总览》等评价体系经过统计分析后收录确认，或由相关权威机构发布指定的期刊。普通期刊是指未被评价体系确认和权威机构指定为核心期刊的科技期刊。这种分类基本上能反映出科技期刊的学术质量和学科地位。期刊影响因子是评价期刊的一个重要指标。美国科技信息研究所所长尤金·加菲尔德（Eugene Garfield）博士于1972年在*Science*上发表*Citation Analysis as a Tool in Journal Evaluation*（《引文分析作为期刊评价的工具》），文中阐述了引文分析可作为期刊评价的工具，并提出了影响因子（impact factor，IF）这一计量期刊影响力的指标，其计量公式如下：某刊该年影响因子=某刊前两年发表论文在该年的被引证次数/该刊前两年发表论文总数。影响因子是一个国际上通行的期刊评价指标，它是一个相对统计量，所以可以公平地评价和处理各类期刊。通常，期刊影响因子越大，它的学术影响力和作用也越大。

网络发表是近年来随着互联网的兴起，出版业与网络联姻，出现的网络出版这一新兴模式。这种出版模式就是以互联网为纽带，将出版业和作者、发行渠道、读者连接起来，它可使读者增加了自由度，增加了作者与读者的互动性，也为科技论文的发表增加了一条途径。

2. 科技论文投稿前的准备

科技论文的发表是科技论文写作的初衷。为此，在论文完成投稿前，作者自己或委托他人，最好对论文进行评审，对其存在的重要问题加以修改和补充。

另外，结合自己的研究内容选择适合的发表形式。可通过互联网关注国内外学术交流会信息，通过期刊编辑部官方网站、国内外常用期刊数据库等获取本学科核心期刊和普通期刊及影响因子等相关信息，特别是要仔细阅读各期刊的征稿启事，或通过专家或同事介绍等途径进行了解，做到有的放矢。

3. 投稿后应做的工作

稿件投出以后作者最关心的是两件事，一是编辑是否收到了稿件，二是论文能否被接受。随着互联网的发展，国内外知名期刊编辑部、国内外学术会议都开通网络投稿，作者注册以后就可以提交论文的电子文档，并通过网站实时追踪稿件的审核阶段及录用情况，还有一部分期刊编辑部要求提交打印版。无论是电子版还是纸质版，有部分编辑部会给作者发一份正式的收到稿件的回执或通知函。如果没有收到回复信息，可联系编辑部核实。

几乎所有的经审查学术水平达到出版要求的自由来稿，在发表前都需要退给作者修改其表述及编辑格式，如压缩论文篇幅、重新设计表格、改善插图质量、限制不标准缩写词的使用等。当作者收到退修稿信息后，首先应该仔细地阅读退修信和审稿专家意见；然后应考虑能否或愿意接受审稿专家或编辑的意见修改稿件。当作者接到退稿时，在退稿通知上常常写着“限于篇幅”或“与本刊宗旨不符”，可根据稿件具体情况修改后再投同一期刊或改投其他期刊。

1.3.6　提高投稿录用率的几个技巧

在充分了解期刊、编者、读者等方面的基本需求后，可以有针对性地在论文撰写和投稿过程中采取一些相应的调整，从而有利于稿件的顺利发表、及时发表、在较好的期刊发表。

1. 国内期刊投稿经验

文献批量研究发现，学术论文的署名作者及其单位的地位和学术水平高，在一定程度上影响编辑对作者论文的信任度；并且学术水平高的论文一般合作者较多，尤其在自然科学领域更为明显。同时，学术期刊的国际化是我国学术期刊的追求之一，国外作者署名的论文在录用时有一定的优势。所以，在合情合理的前提下，与学术权威、专业带头人、外籍人士合作并署名论文，将有利于论文的录用。

有些作者抱怨说，自己的论文质量并不差，但屡屡遭受退稿。其中原因可能是选刊问题，或者论文在体裁等方面很难被归到该期刊的某一类型，或与该刊所设置的栏目不匹配。所以，深入研究期刊的风格和特殊要求非常重要，如认真阅读该刊的撰稿投稿须知、找到该刊最近出版的刊物阅读，寻找那些有适合的期刊和栏目并使你论文风格尽量与所投刊物一致。

投稿时可选择合适的位置适当地介绍一下论文的背景、创新点及其意义。期刊一般需要抢先发表新观点、新进展、新技术等，如果论文具有很强的时效性，也应当向编辑指出。其他有利于打动编辑的信息也可以附上，但要注意简明扼要、措辞得体。

此外，标注基金项目、尽可能著录所投稿期刊近期发表的文献作为论文的参考文献、适时与编辑沟通、选准一个期刊反复投稿等也是提高论文录用率的几个小细节。

2. 国外 SCI、EI 期刊投稿经验

目前对期刊质量的评价有许多方法，比较公认的方法是以期刊影响因子为主的文献计量学指标评价体系。发布这些期刊评价指标的统计体系主要有中国的中文核心期刊评价数据库、美国科学引文索引（SCI）、爱思唯尔（Elsevier Science）公司的工程索引（EI）。世界各国都十分看重 SCI 和 EI 在期刊和论文的定量评价中的作用。

国内学术界十分重视在 SCI 和 EI 期刊上发表论文。学术论文被 SCI 收录和引用已成为评价论文作者及其机构的学术水平、科研创新能力和论文质量的依据。如何提高论文被 SCI、EI 期刊录用的可能性是目前广大高级知识分子所普遍关注的问题。

1）提高论文质量是增加 SCI、EI 期刊录用可能性的根本。凡进入 SCI 和 EI 体系的期刊都是经过精挑细选的优秀期刊，因此要确保论文选题对口、符合期刊所设栏目并最好涉及相关领域的科学前沿问题。同时，国外高档次期刊对稿件格式、参考文献的著录有严格的要求，因此作者要认真阅读其撰稿要求和该刊近期文章，并严格按要求格式认真修改自己的论文。特别注意在数据统计、图表制作、文章结构格式等方面符合期刊规范，参考文献著录方式也要按照其“作者指南”中所要求的方式著录，或者可以参照该期刊的近期论文中的著录方式。

2）从期刊的专业对口、期刊的影响因子、期刊的稿件录用率等方面查找和筛选适合自己论文的国外学术期刊。这里所谓的“适合”应该包含两种含义：一是所选择的期刊要有录用本论文较高的可能性；二是最终发表本论文的期刊应该尽可能地高档次。各期刊的影响因子等统计指标一般可以反映它们的质量状况，投稿前可以对那些对口的同类期刊进行影响因子排序，选择其中适合自己论文档次的期刊投稿。为此，我们可以到美国科学信息研究所（ISI）网站中占检索全部 SCI 期刊的详细信息，还可从汤姆森科技信息集团网站中的期刊搜索途径、DIALOG 系统、爱思唯尔公司期刊网站等网址去查找 SCI、EI 目标期刊。

3）目前 SCI 收录期刊极大部分是英文期刊，所以良好的英文水平是提高 SCI 期刊录用率的一个重要因素。英文写作要注意英文表达习惯，要写成地道英语而不是中国式英语。

最后，除了稿件，最好还要附上一封给收稿人的投稿信，内容应包含：说明此稿为原创；注明责任作者及通信作者；对论文主要内容的简单描述，并突出其创新点；责任作者的详细联系方式等。有些期刊可能还需要作者推荐熟悉该论文专业情况的国际权威人士作为审稿候选人，因此还需提供这些权威人士的姓名、学位、工作单位及详细联系方式等。

1.4　学术规范常识

教育部一直致力于加强学术道德和学风建设，先后印发了：《关于加强学术道德建设的若干意见》（教人〔2002〕4 号）、《高等学校哲学社会科学研究学术规范（试行）》（教社政函〔2004〕34 号）、《关于树立社会主义荣辱观进一步加强学术道德建设的意见》（教社科〔2006〕1 号）、《关于严肃处理高等学校学术不端行为的通知》（教社科〔2009〕3 号）、《高校人文社会科学学术规范指南》（2009 年 6 月出版）、《高等学校科学技术学术规范指南》（2010 年 6 月出版）。

1.4.1　基本概念

1）学术共同体（academic community/scientific community），是指一群志同道合的学者，遵守共同的道德规范，相互尊重、相互联系、相互影响，共同推动学术发展的群体。学术共同体通常以学科、领域划分，如××科协、××学会等。

2）学术规范（academic norm），是指从事学术活动的行为规范，是学术共同体成员必须遵循的准则。学术规范并非指其制度及操作“行政化”，而是在学术共同体内部所建构的一种自觉的制约机制。学术只有走向规范化，才能促进学术的繁荣和发展。

3）学风（academic atmosphere），是指学术共同体及其成员在学术活动中表现出来的一种社会风气。学风不仅关系学术自身的继承、发展与创新，而且关系整个社会的风气、整个民族的精神面貌。

4）学术成果（academic achievement），是指人们通过研究活动所取得的，并通过同行专家审评或鉴定，或在公开的学术刊物上发表，确认具有一定的学术意义或实用价值的创造性结果。按照国家科学技术委员会《关于科学技术研究成果管理的规定》，学术成果必须同时具备新颖性、先进性和实用价值（或学术意义）三个特点。

5）学术评价（academic evaluation），是指对学术成果的科学性、有效性、可靠性及其价值的客观评定。在评价过程中必须遵循严格的程序和采用科学的标准，以保证学术评价的公正性。

6）学术不端（academic misconduct），是指在科学研究和学术活动中出现的各种造假、抄袭、剽窃和其他违背学术共同体道德惯例的行为。

1.4.2　科技工作者应遵守的学术规范

1. 基本准则

基本准则包括：遵纪守法，弘扬科学精神；严谨治学，反对浮躁作风；公开、公正，开展公平竞争；互相尊重，发扬学术民主；以身作则，恪守学术规范。

2. 查新和项目申请规范

查新：一般分立项查新和成果查新；根据查新要求到有查新资格的单位查新。

项目申请规范：立项申请应真实、有据、创新和实事求是并根据项目申请书要求逐项填写。

3. 项目实施规范

项目实施规范包括：遵守项目资助单位的有关规定；实施过程中坚持实事求是；注重科研协作与学术民主。

4. 引文和注释规范

引文规范：引用作品指明作者姓名、作品名称、作品来源；内容包括观点、结论、数据、公式、表格、图件、程序等；直接引用需使用引号，间接引用应使用自己的语言来表述引文中的相关内容并加以标注；引用时应尊重文献的原意，不可断章取义。

注释规范：注释是对论著正文中某一特定内容的进一步解释或补充说明，一般排印在该页地脚（脚注），注释用数字加圆圈标注（如①、②……），与正文对应；也可在正文中加括号，写明注文（夹注）；还可以把注释集中于全文或全书末尾（尾注）。

5. 参考文献规范

原则：参考文献是为撰写或编辑论文和著作而引用的有关文献信息资源，一般集中列表于文末。应罗列自己阅读过且确实有参考价值的参考文献，避免多杂和遗漏。不得为了掩盖事实，冒充首创，故意删除重要参考文献。

格式：参考文献的书写格式按不同期刊的要求和国家标准《信息与文献　参考文献著录规则》（GB/T 7714—2015）编排。

6. 学术成果的发表与后续工作规范

发表：不得代写论文或成果造假；不得一稿多投；成果署名按惯例或协商；可申请专利；文后有致谢。

后续工作：及时纠正错误，包括勘误、补遗或撤回论文等；反对炒作行为；要有利后续研究工作；讲究相关保密原则。

7. 学术评价规范

在学术评价中，坚持同行评议和客观公正的原则，并做好执行回避和保密制度。

8. 学术批评规范

在学术批评中，坚持实事求是，以理服人；做到鼓励争鸣，促进繁荣。

9. 人及实验动物研究对象规范

在以人为实验对象时，必须做到知情、自愿、无害；在以动物为实验对象时，根据科学技术部发布的《关于善待实验动物的指导性意见》，要善待实验动物，维护动物福利，促进人与自然的和谐发展。

1.4.3 学术规范中的相关规定

1. 引用

1）概念。根据《中华人民共和国著作权法》有关引用（quotation）的规定：引用的作品是已经发表的，引用的比例须适当，引用需注明出处。但对于公识（common knowledge），在引用时不需要注明出处。

2）直接引用和间接引用。

直接引用：指所引用的部分一字不改地照录或者原话，引文前后加引号。

间接引用：指作者综合转述别人文章某一部分的意思，用自己的表达去阐述他人的观点、意见和理论。

3）合理使用和适当引用的规定。适当引用的四个条件：引用的目的仅限于说明某个问题；所引用部分不能构成引用人作品的主要部分或者实质部分；不得损害被引用作品著作权人的利益；应当指明被引用作品的作者姓名、作品名称和出版单位。

2. 注释

1）概念：注释（annotation）是对论著正文中某一特定内容的进一步解释或补充说明。

2）形式。夹注：在文中注释，注文加括号；脚注（页下注）：如注①、注②等和文中序号一一对应的标示；尾注：一般用于较长的注释，排在文末参考文献之前。

3. 参考文献

1）概念：参考文献（reference）是作者写作论著时参考的文献书目（引自《中国学术期刊（光盘版）检索与评价数据规范》）；参考文献是对一个信息资源或其中一部分进行准确和详细著录的数据，位于文末或文中的信息源（引自《信息与文献　参考文献著录规则》GB/T 7714—2015））；参考文献中列出的一般应限于作者直接阅读过的、最主要的、发表在正式出版物上的文献（引自《中国高等学校自然科学学报编排规范》（修订版））。

2）要求：参考文献的选择应有必要性、重要性和时效性；不引用与本人论著无关的文献；不隐匿重要的参考文献；不因作者或编辑部原因，故意引用本人或某个刊物的文献。

4. 综述

1）概念。综述（review）在汉语中指"综合叙述的文章"，在英文中有"回顾、评述"之意。"综"要求对文献资料进行综合分析、归纳整理，使材料精练简明、具有逻辑层次；"述"就是要求对综合整理后的文献进行比较专门的、全面的、深入的、系统的论述。

2）特点。综合性：进行纵向和横向的比较；评述性：用作者自己的观点进行分析、评价；先进性：把最新的科学信息和研究动向传递给读者。

3）要求：检索和阅读大量文献；引用文献要有代表性、可靠性和科学性；要有作者自己的综合和归纳，不是将文献罗列；遵守"适当引用"的规范，防止抄袭。

4）界定综述中的抄袭行为。引用文献必须是自己通篇阅读的原始文献；不能引用别人的综述作为自己的综述；综述中全部引用的内容不应超过 50%（从"量"上界定）；综述中要提出自己的观点，同一观点中的论点和论据不能和所引用的文献雷同（从"质"上界定）。

5. 编和著

1）概念。编（compile）：系统整理已知的资料或前人、他人的成果，如编辞典、教科书、年鉴等；著（compose）：发挥自己的独到见解，有开创、创新的性质。著书立说就是用自己的话来写自己的工作；编著：是编与著相结合。在编纂已有资料的基础上提出自己的见解或加入一部分自己的工作。

2）性质：著、编著、编都是著作权法确认的创作行为；著的独创性最高，产生的是原始作品；编的独创性最低，产生的是演绎作品；编著则处于二者之间。

3）引用规定。编书时，引用可以不在正文中标注出处，但应该在图书最后列出所有的参考文献，也可在每章末列出该章的参考文献。

未经原作者和双方出版社许可，不能把他人作品作为所编书的某个篇章，否则即使注明出处，也属侵权。

一个编者同时或先后参加不同书籍的编写，如所编内容大量重复，甚至完全相同，这是不合乎学术规范的，类似于"一稿多投"或"自我抄袭"。但双方出版社同意者除外。

著或编著作者引用他人作品时，引文部分需在正文中标明，可采用"顺序编码制"或"著者-出版年制"，并在全书末或各章末列出参考文献。

专著中的引文要注意“量”和“质”的问题。在引用的“量”上，不能大段地引用其他著作的文字；在“质”上，不能直接引用和自己作品相同的实质性的内容。

1.4.4 学术不端行为的界定

1. 抄袭和剽窃

抄袭：行为人将他人作品全部或部分地原封不动或稍作改动后作为自己的作品发表。自己照抄或部分袭用自己已发表文章中的表述，而未列入参考文献，应视作“自我抄袭”。

剽窃（plagiarism）：剽窃指未经他人同意或授权，将他人的语言文字、图表公式或研究观点，经过编辑、拼凑、修改后加入自己的论文、著作、项目申请书、项目结题报告、专利文件、数据文件、计算机程序代码等材料中，并当作自己的成果而不加引用地公开发表。表现为：行为人通过删节、补充等隐蔽手段将他人作品改头换面，而没有改变原有作品的实质性内容；或窃取他人的创作（学术）思想或未发表成果作为自己的作品发表。

抄袭、剽窃与引用的界定：是抄袭或者剽窃，还是正常的引用，一般从引用量上做界定，国外有些国家规定正常引用不超过评价作品的 1/4，有些规定不超过 1/3，有些规定不超过 1/10。我国《图书期刊保护试行条例实施细则》第十五条明确规定：“引用非诗词类作品不得超过 2500 字或被引用作品的十分之一”；“凡引用一人或多人的作品，所引用的总量不得超过本人创作作品总量的十分之一”。目前，我国对自然科学的作品尚无引用量上的明确规定，考虑到一篇科学研究的论文在前言和结果分析部分会较多引用前人的作品。所以建议在自然科学和工程技术学术论文中，引用部分一般不超过本人作品的五分之一。

2. 伪造和篡改

伪造（fabrication）：为了达到个人目的而作假。例如，伪造试验数据、试验结果、专利、履历、论文等。

篡改（falsification）：为了达到个人目的，主观取舍或修改数据、图表、试验结果，使其不能真实地反映实际情况。

3. 一稿多投和重复发表

一稿多投（multiple contributions）是指同一作者，在法定或约定的禁止再投期间，或者在期限以外获知自己作品将要发表或已经发表，在期刊（包括印刷出版和电子媒体出版）编辑和审稿人不知情的情况下，试图或已经在两种或多种期刊同时或相继发表内容相同或相近的论文。

《中华人民共和国著作权法》第 32 条第 1 款设定了“一稿多投”的法律规定。如果是向期刊社投稿，则法定再投稿期限为“自稿件发出之日起三十日内”。约定期限可长可短，法定期限服从于约定期限。法定期限的计算起点是“投稿日”，而约定期限可以是“收到稿件日”或“登记稿件日”，法定期限的终点是“收到期刊社决定刊登通知日”。

凡属原始研究的报告，不论是同语种或不同语种，分别投寄不同期刊，或主要数据和图表相同、只是文字表达有些不同的两篇（或多篇）文稿投寄不同期刊均属一稿两（多）投；一经两个（或多个）刊物刊用，则为重复发表（repetitive publication）。

第2章　科技信息检索基础知识

本章主要介绍信息检索的基础知识，包括信息检索的原理、技术方法、实施过程等。首先介绍信息与科技文献的特点、类型、作用等，其次介绍几种常见的科技期刊评价指标。之后重点介绍信息检索的基本知识，具体包括信息检索需求、信息检索语言、信息检索工具、信息检索方法与途径、信息检索的实施步骤与评价等，以期对信息检索的原理、过程、结果评价有全面的概括。

最后结合目前网络时代的特点，介绍不同类型的网络科技信息，包括网络数据库、专业网站、搜索引擎等，本章最后还简单介绍了两种新型的网络信息技术：慕课、二维码。

2.1　信息与科技文献

2.1.1　信息、知识、文献

1. 信息

“信息”一词在英文、法文、德文、西班牙文中都写为“information”，日本称为“情报”，我国台湾地区则称为“资讯”。

“信息”一词作为科学术语，最早出现是1928年在哈特莱发表的《信息传输》一文中。国外关于信息的定义以香农和维纳两位学者的论著最为著名。1948年，信息论创始人香农在他的《通信的数学理论》一文中提出“信息是用来消除随机不确定性的东西”，这一理论奠定了信息论的基础。1948年，控制论创始人维纳在他的《控制论——或关于在动物和机器中控制和通信的科学》一书中指出“信息是信息，它既不是物质，也不是能量”，这一理论提出信息是与物质、能量同等重要的三大基本要素。1950年，维纳又在其《人有人的用处》一书中提出“信息是人们适应外部世界并且使这种适应反作用于外部世界的过程中，同外部世界进行互相交换的内容的名称”，这一定义强调信息是人与外界进行交换的一种东西。

“信息”一词在我国古代出现时间更早，南唐时期诗人李中在《暮春怀故人》一诗中就有诗句“梦断美人沉信息，目穿长路倚楼台”。此处信息应解释为消息、音信。

我国不同领域的学者对信息的定义都不尽相同。从本质上来讲，信息是客观事物的存在方式和运动状态的反映。它用符号、信号或消息所包含的内容，来消除对客观事物认识的不确定性。信息是物质的一种属性，但并不是物质本身，它是事物发出的消息、指令、数据等所包含的内容。信息反映了客观世界中各种事物的变化和特征，表现了客观事物相互作用、相互联系的过程。

2. 知识

知识是人类在改造客观世界实践中获得的认识和经验的总结。在生产、生活、科研等活动中，人脑通过对客观事物发出的信息的接收、选择和处理，得到对事物一般特征的认识，形成了概念。在反复实践和认识的过程中，人脑通过对相关概念的判断、推理和综合，加深了对事物本质的认识，构成了人脑中的知识。

3. 文献

根据 2009 年国家标准《文献著录 第 1 部分：总则》（GB/T 3792.1—2009）中的定文，“文献是记录有知识的一切载体”。这个定义可以看出文献包括 3 个要素：知识、记录、载体。①知识是文献记录的内容，是文献的本质特征；②记录方式是记录知识的技术手段，如文字、图形、符号、音频、视频等；③用以记录知识的物质载体材料，如竹简、纸张、胶片、胶卷、磁带、磁盘、光盘等，它是文献的外在形式。文献的主要功能就是记录和传递知识信息，人类的知识财富正是依靠文献才得以保存和传播的。

综上可见，信息涵盖的范围最广泛，它是所有知识的生成材料；知识的范围次之，它是对信息的提取、加工、评价的结果，即系统化的信息组合成为知识；文献是信息和知识的物化形式，知识记录下来成为文献。

2.1.2 文献信息的主要类型

文献信息是指以文献为载体传递的信息，文献信息主要可划分为以下不同类型。

1. 按文献信息的物质载体形式划分

（1）印刷型

印刷型文献是以纸张为介质，以印刷为记录手段而产生的文献，又称“印刷品”。印刷方法有铅印、胶印、油印、石印、雕刻木印等。印刷型文献是文献的传统形式，主要包括图书、小册子、期刊、报纸、地图、图片等。在图书情报机构的馆藏中占有较大比例。其优点是可直接阅读，使用方便，流传广泛；缺点是存储密度太低，占据储藏空间过多，容易破损，难以保存。第二次世界大战以后，随着科学技术的新发展，已出现了各种弥补印刷型文献缺点的非印刷型文献载体。

（2）缩微型

缩微型文献是一种以缩微胶片或平片为载体，以感光材料为存储介质，利用缩微摄影技术为记录手段而产生的一种文献形式，包括缩微胶片、缩微平片、缩微胶卷、缩微卡片等。其优点是体积小、存储密度高，节省空间并且不易变质，一张全息胶片可以存储 20 万页文献。这类文献的缺点是不能直接阅读，必须借助复杂的缩微阅读机和其他辅助条件才可以阅读，无法同时将多篇文献参照阅读。

（3）光盘型

光盘型文献是以高密度激光存储技术为基础产生的文献。它将文献转换成激光信号记录在光盘上，阅读时，需要通过光盘驱动器和电子计算机的配合。该类文献的最大特点是存储密度非常大。常见的光盘都是只读的，个人无法复制，厂家复制生产需要先制作母盘，成本很高，但如果数量很大，则一张光盘的成本可能低于软盘片。这与图书的出版、印刷特点类似。

（4）声像型

声像型文献又称直感型文献或视听型文献，是以感光或电磁转换为手段记录在感光材料或磁性材料等载体上的文献，如唱片、录音带、录像带、科技电影、幻灯片等。它直接记录声音、图像，存储密度高，直观性强，表现力强，容易接受，传播效果好。通畅用高速摄影拍摄变化快的过程，如原子核的裂变；用慢拍或间歇拍摄零件磨损、植物发芽、星空的变化等，再用常速播放，其原理是利用人眼视觉暂留现象。

（5）电子型

电子型文献，原称机读型文献，是以磁性材料为存储介质，通过编码和程序设计，以计算机可识别的机读语言记录和存储知识的文献，需要时再由计算机读出。其优点是存储密度高，存取速度快，可以随时更新数据，促使信息实现自动、远程、快速传递和检索。

近年出现的多媒体是一种崭新的文献载体。它将文字、声音、图像、动画等集于一体，具备信息内容表述的多样性和直观性。多媒体既是一种电子型载体，又是一种声像型载体，目前在教育、科技、文化等领域的应用日益广泛。

（6）互联网型

随着互联网技术的发展和应用，尤其是海量存储和高性能存取技术的应用，文献信息的载体形式也逐渐呈现网络化的趋势。互联网型的文献信息形式多元化，有文字、图片、多媒体，甚至还可以是三维立体图像。用户不需要关注文献信息的存储形式、存储空间，只要能够连接互联网，不管是在传统计算机，还是在移动互联设备上，都可获取所需的文献信息，不仅能够查看，还能下载、保存。互联网型的文献信息使得信息的生产和传播达到了历史上前所未有的速度，极大地加速了社会信息化的进程。

2. 按文献信息的出版类型划分

（1）图书

图书，大多是对科学研究成果和生产技术经验的概括论述，常常是作者收集大量资料，经过筛选、鉴别、融会贯通，进行全面归纳总结的产物。图书可以帮助人们比较全面可靠地了解某一特定领域中的历史和现状，将人们正确地领入自己所不熟悉的领域。图书是传播科技知识，教育和培养科技人才的主要工具。图书的特点是知识内容更成熟、更稳定、更可靠。但是图书的出版周期较长，报道速度慢，新颖性较差。图书中既有一次文献，如专著；又有二次文献，如书本式检索目录；还有三次文献，如评论文集。

图书按其内容和作用可分为：①专著；②教科书；③论文集；④普及读物；⑤丛书；⑥参考工具书，如书目、索引、字典、词（辞）典、手册、年鉴、指南和百科全书等。

（2）期刊

期刊是一种名称固定、出版周期有一定规律、每期由多篇论文组成的连续出版物。其特点是出版周期短，报道速度快，信息含量大，内容丰富新颖，能及时反映科技的发展水平和动态，是传递科技信息和交流学术思想最基本的文献形式。据调查，期刊信息占整个科技信息源的 60%～70%，因此，受到研究人员的高度重视。多数检索工具也以期刊论文作为报道的主要对象。对某一课题的最新发展动态需要深入了解时，优先的选择就是查阅期刊论文。

期刊按其报道内容的性质可分为：①科普性期刊、②技术性期刊、③学术性期刊、④信息性期刊、⑤检索性期刊、⑥数据性期刊等。

（3）科技报告

科技报告是科学工作者从事科学研究工作的阶段性进展情况和最终研究成果的报告。

在内容方面，科技报告比期刊论文等更为专深、详尽、新颖、数据可靠。许多科技报告不公开发行，是一种成熟可靠的信息源。其出版特点是每份报告单独成册，有统一编号，由主持机构连续出版，是继图书、期刊、档案等类型文献之后出现的一种文献，它是人类科技发展和信息文化发展的产物，在人类的知识信息传播和利用中起着越来越重要的作用。世界各国在科技文献信息交流中都将它列于首位。它在一定程度上反映一个研究机构乃至一个国家的科研能力和水平。

美国的科技报告最多，主要包括国防部的 AD 报告（国防与军事技术资料）、政府其他部门的 PB 报告（战败国资料/民用资料）、能源部的 DOE 报告（原子能/综合技术）和国家航空航天局的 NASA 报告（航空与航天技术）。

（4）会议文献

在各种学术会议上发表的文献统称为会议文献。它含有大量的最新情报信息，是了解世界科学技术发展动向、水平和最新成就的主要渠道，是参考价值很高的科技文献。会议文献学术性强，往往能反映某一学科或某一领域的最新进展和趋势，是获取最新学术信息的一个重要来源。会议文献的出版形式一般有几种：以单卷式出版，以会议名称作为出版物名称，按会议届次编号，定期或不定期出版文集，如《2012 第十二届国际煤层气研讨会论文集》。以期刊形式、图书、科技报告、视听资料等形式出版。会议类型较多，文献出版形式多样，命名方式复杂，以及文献收藏分散等，给文献检索带来困难。

会议文献按其形成时间可分为：①会前文献，如会议日程预报和会议论文预印本；②会后文献，如各种会议录。会后文献是主要的会议文献。按出版形式可分为：①连续出版物，以定期或不定期的形式连续出版，一般以会议录居多；②图书类，以会议名称作为书名或另加专门书名，按图书形式出版发行，一般以会议论文集居多；③期刊类，将会议论文集中刊载在期刊上，经常是以某期刊的专刊或增刊的形式出版发行。

（5）政府出版物

政府出版物是各国政府所属各部门出版，政府设立或指定的专门机构出版发行的文件。主要包括行政政策性文件和科学技术文件两大类。行政性文献包括国会记录、政府法令、方针政策、规章制度、决议指示、调查统计等；科技性文献包括科研报告、科普资料、技术政策等。其出版形式多样化，有图书、期刊，有印刷品，也有视听资料。对于了解一个国家的科技政策、经济政策，以及科技活动和水平，具有一定的参考价值。

（6）专利文献

专利文献包括所有与专利制度有关的专利文件，主要为专利说明书，其次为专利公报，另外专利分类表、专利检索工具和各种专利法律文件也属于专利文献。专利文献内容详尽、新颖实用，并且常常附有发明示意图，对工程技术人员来说是一种较为切合实际又能启发思维的重要参考资料。专利说明书的特点是具有统一编号、格式规范、内容新颖实用、报道速度快。

专利文献对科研有以下重大意义：研究课题开题立项时，可全面了解特定技术领域的现有技术水平，选择高起点及新的科研领域，避免重复劳动和投入，节省时间及科研经费；科研活动中，了解科研项目的发展历史、已取得的成果及各种解决方案，有利于科研人员开拓思路，启发创造性的思维；有助于实现科技产业化，使科研与市场较好结合，加速科技成果的推广运用；立项评估阶段进行新颖性检索可为项目申报与鉴定提供较科学的尺度；有利于了解世界科技发展动态，及时引进国外新技术，提高中国科研水平及总体实力。

（7）标准文献

标准文献主要是为产品设计制造和工程建设的质量、规格、参数、工艺流程和检验方法等方面制定的技术性规范文件，是人们在设计、生产和检验过程中借以遵循的依据。它包括各种标准化期刊、图书专著、标准化组织机构发表的有关手册、通报、汇编，以及各种标准及检索工具等。标准文献一般由公认的权威机构制定或批准，具有一定的法律约束力。按照法律约束力的强弱（或成熟）程度，可划分为法定标准、推荐标准和试行标准；按照适用范围可划分国际标准、区域标准、国家标准、专业（部）标准、企业标准等；按照内容性质可划分为基础标准、产品标准、方法标准、安全标准和环境保护标准等。一个国家的技术标准反映着该国的生产工艺水平和技术经济政策，而现行国际标准则代表了当前世界水平。国际标准和工业先进国家的标准常是科研生产活动的重要信息源。标准文献具有四个特点：严肃性、法律性、时效性、滞后性。随着科技的进步，标准文献要不断修订和更新。

（8）学位论文

学位论文是指高等院校和研究机构的毕业生为申请相应的学位而提交的学术性研究论文。按照级别可以划分为博士学位论文、硕士学位论文和学士学位论文。学位论文是原始研究成果，有一定的独创性，对研究工作有一定参考价值。学位论文除少数在有关期刊上登载全文或摘要，或以书本形式单册发行外，大多数学位论文不对外发行，属非卖品，仅供内部参考。由于学位论文数量不断增加，质量参差不齐，多数未公开发行，难以收集和利用。近几年很多高等院校和研究机构都已开发了学位论文全文数据库，实现了机构内部学位论文的收集、保存与利用。

（9）产品资料

产品资料指厂商为了推销产品而出版发行的一种商业性宣传资料，包括：产品目录、产品样本和产品说明书等。产品资料一般都要涉及产品性能、结构、原理、用途、用法和维修、保管等各方面的技术问题，内容成熟，数据可靠，往往配有外观照片或结构图，可直接用于产品的设计与制造时参考，具有技术情报价值。利用产品资料，可以调查了解和分析国外同类产品的技术发展过程、水平和发展动向等；还可作为引进技术，判断其质量和价值的主要依据。

（10）科技档案

科技档案是科学技术档案的简称，是在自然科学研究、生产技术、基本建设等活动中形成的应当归档保存的图纸、图表、文字材料、计算材料、证书、声像资料等科技文件材料。科技档案包括任务书、协议书、技术经济指标、审批文件、研究计划、方案大纲、技术措施、调查材料、设计资料、试验和工艺记录等。它是生产科研活动中用以积累经验、吸取教训和提高质量的重要文献。技术档案一般为内部控制使用，有些是有密级限制的，不易获取，因此在参考文献和检索工具中极少引用。

（11）报纸

报纸是出版周期最短、发行量最大的一种出版物，从内容方面一般可划分为综合类报纸和专业类报纸。前者报道范围极为广泛，涉及政治、经济、军事、科技、文化艺术和社会生活等各个方面，一般以消息信息居多，后者则侧重报道某一专业方面的消息性信息和知识性信息（刘湘萍，2016）。

2.1.3 科技文献

科技信息是指人类在科技实践活动中产生的信息，科技信息系统化后形成科技知识，科技知识记录下来形成科技文献。科技文献是科技信息的物质载体，是记录、保存、传播和共享科技知识的主要手段，是推动科学技术发展的重要基础。科技文献是科技信息的物质载体，也是科技信息检索的主要对象，因此本书讲述内容的重点即为科技文献的检索与利用。

科技文献对人类科技进步与发展具有重大意义。

1. 科技文献是科学研究的基础

科学研究的第一步就是进行科技文献的收集和阅读，科技工作者通过系统阅读前人的文献资料，了解前人的成果，获取研究过程所需要的理论、方法、技术、数据等，在此基础上才能确立自己的研究和应用方向，进而取得自己的成果。牛顿所说“如果说我比别人看得更远些，那是因为我站在了巨人的肩上”，也表明了这个道理。

2. 科技文献有利于科技知识的积累、传播与创造

文献积累着知识，保存着人类文化遗产，它汇集人类创造的精神财富，是知识的宝库。它教育人们正确认识世界、开阔视野、启迪思路、了解过去、预测未来。它是人们接受终生教育、更新知识、提高创新能力的重要智力资源。文献在时间上的传递，实现不同时代人之间的科学、文化的继承和发展；文献在空间上的传播，促进同代人之间的信息、文化、技术的交流和沟通，推进知识、信息资源共享，加速知识的创造，推动社会的发展。文献是一种智力资源和创造力。

3. 科技文献有利于研究成果的确认与评价

科技文献中记载有学术研究的成果，同时也记录有从事研究的人和完成研究的时间，这对科研人员个人来说是确认研究成果优先权的基本依据。

同时科技文献也是对研究水平评价的重要依据。从文献发表的数量、质量及其波及的范围和产生的影响、被他人引用的情况等统计分析，可以对个人、团体以致国家的研究实力、水平和前景做出客观、公正、公平和公认的评价。这种评价有利于激励人们的创新精神，去获得更多的成果。

科技工作者充分利用他人的研究成果、文献信息，通过自身的研究活动去创造新的技术、产生新的知识、发表新的文献，再与他人共享，这样就能形成一个知识、文献信息不断充实、增长的正向信息流和知识链。

2.1.4 科技期刊的质量评价

科技期刊是科技工作者发表科研成果、进行学术交流的主要信息载体，但科技期刊数量巨大，良莠不齐，因此如何评价科技期刊的质量是一个重要问题。下面介绍几种评定科技期刊质量的概念或方法。

1. 核心期刊

核心期刊是指少数刊载某一学科大量高质量专业论文的期刊。其特点主要包括：①刊载

专业文献密度高，信息含量高；②水平较高，代表本学科的最新发展水平；③出版相对稳定，所载文献寿命较长；④利用率和被引率较高。

核心期刊主要是针对中文期刊来说的，目前主要有下面几个核心期刊评选体系：

1）北京大学图书馆“中文核心期刊”；

2）南京大学“中文社会科学引文索引（CSSCI）来源期刊”；

3）中国科学技术信息研究所“中国科技论文统计源期刊”（又称“中国科技核心期刊”）；

4）中国社会科学院文献信息中心“中国人文社会科学核心期刊”；

5）中国科学院文献情报中心“中国科学引文数据库（CSCD）来源期刊”；

6）中国人文社会科学学报学会“中国人文社科学报核心期刊”。

2. 同行评审

同行评审（peer review）为一种审查程序，即一位作者的学术著作或计划让同一领域的其他专家学者来加以评审。而这种由同行评审来决定作者的投稿是不是符合刊物的要求，能否被发表的刊物就称为同行评审期刊。同行评审是国外高水平期刊对来稿评审普遍采取的方式。

国际学术期刊的审稿过程一般为：编辑初审—外部同行评审—定稿。当刊物编辑部收到稿件后，首先会让相应刊物编辑进行初审，初审的审查内容主要是看是否存在重大问题（如明显的概念性错误、数据紊乱、缺页漏句、格式错误等）。初审过关后，接下来就进入外部同行评审的过程。外部同行评审专家的人数不同刊物有所差别，但最少一般不少于 2 人。刊物一般也允许作者自荐几名审稿专家名单，但为了保持公正，避免利益冲突，编辑一般不会全部寄给自荐专家。

外部同行专家的评审是非常严格的，刊物对于专家的要求也比较规范，要求无论是否可以发表，或需修改都要有具体的理由与评论。评审意见一般包括如下 5 种：

1）接受发表，无需作修改；

2）原则上接受发表，但需要作一些小的修改补充；

3）原则上可以发表，但必须做出重大修改；

4）先做出重大修改，然后再考虑重新审阅，看是否能够发表；

5）没有修改重写的必要，拒绝发表。

3. 期刊影响因子

期刊的影响因子（impact factor，IF），是代表期刊影响大小的一项定量指标。它实际上是指某刊平均每篇论文的被引用数，具体来说指某刊在某年被全部源刊物引证该刊前两年发表论文的次数，与该刊前两年所发表的全部源论文数之比。IF 的计算公式如下：

$$\mathrm{IF}(k)=(N_{k-1}+N_{k-2})/(M_{k-1}+M_{k-2})$$

式中，k 为某年；$N_{k-1}+N_{k-2}$ 为该刊前两年发表的论文在 k 年的被引用数量；$M_{k-1}+M_{k-2}$ 为该刊在前两年发表的论文总数。也就是说，某刊在 2016 年的影响因子是其 2014 年和 2015 年发表的论文在 2016 年的被引用的总数除以该刊在 2014 年和 2015 年的发表论文的总数（可引论文）。

国际上常用的期刊影响因子查询工具是《期刊引证报道》（*Journal Citation Reports*，JCR）。JCR 是一个世界权威性的期刊评价综合数据库，它每年提供上一年度世界范围期刊的引用数据，给出该数据库收录的每种期刊的影响因子。它的引用数据来自世界上 3000 多家出版机构的 7000 多种期刊，专业范围包括科学、技术和社会科学。JCR 的数据可以告诉人们哪些是最有影响力的期刊，哪些是最常用的期刊，哪些是最热门的期刊。

4. 期刊 *h* 指数

h 指数（*h*-index）最初是由美国加利福尼亚大学圣地亚哥分校的物理学家乔治 · 赫希（Jorge Hirsch）在 2005 年提出的，其目的是量化科研人员作为独立个体的研究成果。乔治 · 赫希的原始定义是，一名科学家的 *h* 指数是指其发表的 N_p 篇论文中有 *h* 篇每篇至少被引 *h* 次、而其余 N_{p-h} 篇论文每篇被引均小于或等于 *h* 次。*h* 指数同时兼顾了数量和质量指标，能够比较全面地反映当前学者积累的学术影响力。

之后《科学计量学》主编布劳温（Braun）将 *h* 指数应用于期刊评价，创立了期刊 *h* 指数，即指某一期刊发表论文在一定的引文时间内，有 *h* 篇论文每篇至少被引用了 *h* 次。

期刊影响因子的计算以期刊论文的平均被引率为基础，反映了期刊论文的平均学术影响力；而期刊 *h* 指数的计算以被引次数高的论文的被引次数为基础，反映了期刊论文中被引次数高的论文的学术影响力。两者在评价期刊质量时关注点不同，各有所长，不能一概地说哪个更准确。在对科技期刊进行质量评估时应综合利用各种评价指标，并注意结合学科领域的特点，这样才能得到相对客观合理的结果。

2.2　信息检索的原理与技术

2.2.1　信息检索概述

1. 信息检索的概念

广义上来说，信息检索是指信息的存储与检索，即将信息按照一定的方法组织和存储起来，并根据用户的信息需求获取所需信息的过程。因此，信息检索包括“信息存储”和“信息检索”两个过程，信息存储过程主要指对信息进行收集、分析、选择、标引、组织及有序化的存储过程；信息检索过程主要指建立在信息存储过程的基础上，面向用户各种随机的信息需求，快速、便利地查找出用户所需特定信息的过程。信息存储和信息检索过程相互依存、密不可分；只有实现信息存储过程才能进行信息检索，同时也只有进行信息检索，信息存储才能实现意义。

通常情况下人们理解的信息检索是狭义的，只包括信息检索的过程，即应用信息检索理论、借助一定的检索工具和检索技术，从信息资源中获取所需特定信息的过程，也可以称为“信息查询”或“信息查找”。

2. 信息检索的类型

根据检索结果的内容不同，信息检索可划分为文献检索、数据检索、事实检索和概念检索。

文献检索（documents retrieval）是指以文献为检索对象，从信息集合中查找出所需文献的信息查询过程。文献检索是目前信息检索的主要类型，也是我们进行信息检索研究的主要对象。

数据检索（data retrieval）是指以数据为检索对象，满足生产生活中数据需求的信息查询过程。例如，化学分子式、金属的熔点等理化科学数据、国民生产总值、外汇储备等经济数据、土壤水文等地理数据等。数据不单指狭义上数字的含义，还包括大量的数值、数字及其在逻辑层次结构上紧密相关的信息内容。

事实检索（fact retrieval）是指以特定事实或事件为检索对象，查找某一事实或事件发生的时间、地点或过程的检索过程。

概念检索（concept retrieval）是指以特定概念为检索对象，检索其含义、作用、原理或使用范围等解释性内容或说明。最常见的概念检索是查找各种参考工具书，如字词典、百科全书、名录、手册、指南等参考工具书。

3. 信息检索的发展

回顾信息检索的发展历史，信息检索主要经历了手工检索时期、计算机化检索时期、网络化检索时期三个历史阶段。各个阶段信息检索的检索形式、检索对象、检索工具都有不同的特点。

（1）手工检索时期

1830 年，柏林科学院出版了著名的文摘刊物《药学总览》，这一文摘刊物从一般刊物中分离出来单独编辑出版，标志着手工信息检索的开始。文摘性刊物的出版使用也促进了索引工作的开展，索引与文摘结合使用，使手工检索工具的查询功能得到不断完善提高。手工检索时期编辑出版了一大批高质量文摘检索工具，其中许多到现在都还有强大的生命力。例如，美国的《工程索引》（EI）、《化学文摘》（CA）、《生物学文摘》（BA）、《科学引文索引》，英国的《科学文摘》（SA）等。手工检索时期的主要特点如下：

1）以印刷文献为主要检索对象；

2）以各类文摘、题录和目录性工具书为主要检索工具；

3）以图书馆的参考咨询部门为开展信息检索服务的中心机构。

（2）计算机化检索时期

计算机问世以后，由于其具有强大的信息存储和处理能力，可靠性和准确性高，在信息检索领域也得到广泛的应用。计算机化检索主要经历了脱机批处理检索、联机实时检索、联机网络化和多元化检索阶段。计算机化检索时期的主要特点如下：

1）以各类机读数据库为主要检索对象；

2）各类情报所、联机服务中心为信息服务部门；

3）信息检索用户逐渐由专业检索人员向个人终端用户转移，信息检索的社会普及化程度日益提高。

（3）网络化检索时期

20 世纪末以后，互联网的发展如火如荼，信息检索的主流平台迅速转移到以 Web 为核心的网络应用环境，信息检索发展到分布式网络化检索时期。这个时期主要有两方面的表现：一是传统联机检索系统、各类数据库检索系统及其信息服务业务已经转移到 Web 平台上。二是基于 Web 的搜索引擎日益广泛应用，发展迅速（赵丹群，2008）。

2.2.2　信息检索需求

现代信息社会生活中，人们从事科技生产和科技活动必然会产生各种各样的信息需求，用户一旦产生了信息需求，就要采用一定的方式去检索和获取所需要的信息，如何能使用户以最少的费用、时间和精力检索并获取其所需的信息，首先就要进行信息检索需求分析。用户的信息检索需求是科技信息检索过程的依据。检索需求直接影响检索方法、检索策略的选择，并贯穿于检索步骤全过程中，同时用户的检索需求也是衡量评价检索效果的指标。因此，明确用户的信息检索需求及其类型特点非常重要。

从检索过程来看，用户信息需求可以分为已知文献需求和主题信息需求两大类。其中主题信息需求是日常科技信息检索最常见的主要类型。

1. 已知文献需求

已知文献需求是指用户在进行信息检索之前，已经了解到包含所需信息的文献的存在，并且掌握部分文献特征或线索，如文献标题、著者、出版时间、专利号、标准号等，用户的检索目标是通过检索获取到文献的存储位置或者获取文献全文。因此，对于用户的已知文献需求，检索目标不是从所需信息内容特征查找相关文献，而是获取已知文献的内容，从而满足其信息需求。这不是“是否匹配”的过程，而是“能否获取”的问题。这部分“获取全文”的信息需求，本章2.3.1小节的信息检索步骤中将做更详细的说明。

2. 主题信息需求

主题文献需求是指用户在进行信息检索之前，知道所需信息的主题范围或课题需求，但并不了解都有哪些文献包含所需信息，其检索目标是以所需信息的主题特征为检索入口，查找到包含所需信息的相关文献，进而获取相关文献，满足用户信息需求。这个检索过程既包括“是否匹配”，也包括“能否获取”。

用户的主题信息需求主要有三类。

（1）查新需求

用户需要某一特定主题范围最新的信息。这类信息需求的特点是“新”，即需要及时获取、迅速传递最新信息，需要的信息具有非常强的时效性，对查全、查准的要求不太高。例如，探索未知领域的科技创新人员，查新需求对其工作开展至关重要。

（2）查准需求

用户需要某一特定主题的理论、方法、设备、过程的片段性信息，以解决科技研究或生产活动中的具体问题。这类信息需求的特点是“准”，即需要获取的信息有针对性、准确，能够解决具体问题，对查全的要求是次要的。查准需求是一种经常性、普遍存在、数量最大的信息需求。例如，从事生产制造的工程技术人员，他们工作学习中经常会提出查准需求。

（3）查全需求

用户需要了解某一特定主题的系统详尽的信息，以便掌握该问题的历史、现状及发展情况。这类信息需求的特点是“全”，即要求检索的信息全面、系统、彻底，检索要求带有追溯性。例如，编写教材、撰写综述、评价科技成果及鉴定专利申请的新颖性等工作，往往会产生这种信息需求（符绍宏，2004）。

2.2.3　信息检索语言

从过程上来看，信息检索包括“信息存储”和“信息检索”两个部分，信息存储过程中，标引人员需要对收集到的信息进行标引组织，从而实现有序化存储，这个标引组织的过程就会形成标引语言。信息检索过程中，信息检索人员需要对检索课题进行分析，选择能够反映其检索需求的概念，这个检索过程就会形成检索语言。

信息检索语言是用来描述文献特征、表达信息提问的一种专用人工语言。信息检索语言是用来沟通信息存储和信息检索两个过程的语言，是沟通标引人员和检索人员的共同语言。如果没有共同的检索语言，标引人员对文献特征的描述与检索人员对文献需求的表达就无法匹配一致，信息检索的整个过程就无法顺利实现。因此可以说，信息检索语言是整个信息检索系统的语言基础。

信息检索语言的发展过程中，为了适应信息检索系统的性能、信息检索技术、学科领域范围、用户信息需求特点等方面的不同要求，先后出现过种类繁多的检索语言。

分类语言和主题词语言是目前应用最广泛的检索语言，下面分别详细介绍。

1）分类语言。分类语言也称分类法语言，是由许多类目按照一定的原则，以列表形式组织起来，并通过标记符号来代表各级类目和固定其先后顺序的一种检索语言。它用分类号表达各种概念，将各种概念按科学性质进行系统排列。它集中体现科学的系统性，反映事物的从属、派生关系，由上至下，从总体到局部层层展开，构成一种等级体系，由类目或相对应的类号来表达各种概念，成为一个完整的分类类目表，以提供从学科分类角度进行族性检索。最常用的分类检索语言为体系分类语言。

体系分类语言也称体系分类法，是指以科学分类为基础，是以文献内容的学科性质为基础，运用概念概括与划分的原理，按照文献内容的知识门类的逻辑次序进行层次划分，产生许多不同级别的类目。所有不同级别的类目层层隶属，形成一个严格有序、层次分明、详细列举的知识门类等级体系。

体系分类法广泛应用于图书分类和检索，国际上比较有影响力的体系分类法有《杜威十进分类法》《国际十进分类法》等。

我国比较常见的体系分类法有《中国图书馆分类法》《中国科学院图书馆图书分类法》《中国人民大学图书馆图书分类法》，其中以《中国图书馆分类法》应用最为广泛，下面对《中国图书馆分类法》进行详细介绍。

《中国图书馆分类法》此前曾称《中国图书馆图书分类法》，由国家图书馆组织全国力量编辑出版，现最新版本是2010年出版的第五版。《中国图书馆分类法》由编制说明、基本大类、简表、类目表、通用复分表构成。它将全部知识划分为五大部类序列：马克思主义、列宁主义、毛泽东思想，哲学，社会科学，自然科学，综合性图书。由于社会科学和自然科学这两大部类内容很多，因此又各自展开，社会科学部类展开为9个大类，自然科学部类展开为10个大类，进而形成22个基本大类。基本大类由一个独立学科或几个性质相近而又能组成统一体的若干学科组合而成。

类目表，也常称为分类表。它由上述22个基本大类具体展开，它是《中国图书馆分类法》的核心组成部分，集中体现了《中国图书馆分类法》的分类思想和分类规则，是文献分类的具体依据。类目表由简表和详表构成。简表是分别对每个基本大类，依据其某些属性，划分为一级、二级、三级类目，如图2-1所示；详表是针对简表的每一级类目进一步展开其下位类目详表，如图2-2所示。

同一等级间类目的排列方式是依据学科间的内在联系而定的，不同等级上下位类目的排列方式则反映了类目间的包含从属关系，即上位类目一定包含其所有的下位类目，下位类目一定带有其上位类目的属性。

P3　地球物理学

理论地球物理学入此。
依总论复分表分。

类　目　简　表

31　大地（岩石界）物理学
（固体地球物理学）
33　水文科学（水界物理学）
35　空间物理

图 2-1　《中国图书馆分类法》类目简表片段

P31　大地（岩石界）物理学（固体地球物理学）

总论岩石圈入此。

P311　地球起源及演化
P311.2　大陆起源及演化
[P311.3]　海洋起源及演化
宜入P736.11。
P311.4　大气起源及演化
天体的起源及演化入P159.3。
[P311.5]　地球年龄（地质纪年学）
宜入P533。
P311.9　其他
P312　重力学与地球形状学
地球自由振荡入此。
参见P223。
P312.1　地球的重力场
地心引力入此。
P312.2　地球形状学
P312.3　地壳均衡说
地壳间接效应入此。
P312.4　地球的体潮、重力场的时间变化
固体潮入此。

图 2-2　《中国图书馆分类法》类目详表片段

《中国图书馆分类法》的最后一部分是通用复分表，它由 8 个子表构成，分别是总论复分表，世界地区表，中国地区表，国际时代表，中国时代表，世界种族与民族表，中国民族表，通用时间、地点和环境、人员表。通用复分表是用来表示分类系统中所出现的共性类目，这样不仅能使分类法更加系统、简练，同时还能达到详细分类的目的。

2）主题词语言。主题词语言是用主题词语表达各种概念，并将各种概念按照字顺排列的一种检索语言。主题词语言从文献的自然语言出发，通过分析文献论述的对象和研究的问题，经过一定程度的规范化处理，浓缩成表达文献内容的主题词，从而实现对文献的分类、组织和标引。同样，主题词语言的检索标识也是主题词，从信息需求中提炼出相应的主题词并将其作为检索标识。

在众多的检索语言中，主题词语言应用最广泛，特别是计算机检索系统中，主题词检索语言是主流语言。通常根据主题标识词的来源不同，主题词语言常见的有四种类型：标题词语言、单元词语言、叙词语言和关键词语言。

第一，标题词语言。标题词语言是采用标题词作为标引词和检索标识的检索语言。标题词是指选用自然语言中比较定型的名词术语，对其进行规范化处理，经过词汇控制后形成词、词组和短语。标题词语言是最早出现并且使用广泛的一种先组式主题语言，其使用的规范工具即为标题表，目前国际上使用最广泛的标题表是《美国国会标题表》（*Library of Congress Subject Headings*，LCSH）。

标题词语言的组织形式一般有单级标题和多级标题两种。单级标题形式是指采用单一标题来标引文献的主题内容。单级标题结构简单，但专指性差，在一个标题下往往集中了太多文献，不便检索。多级标题形成是指根据概念之间的等级层次关系，在标题词之间设立若干等级，多级标题一般由主标题和副标题组成，检索标识入口为主标题，用副标题限制、细分、修饰或描述主标题的某一方面，加强其专指性。

第二，单元词语言。单元词语言是采用单元词作为标引词和检索标识的检索语言。所谓单元词，是指以表达文献主题内容的最小最基本的词汇单元为基础，并通过若干个这种词汇单元的组配去表达复杂的概念，单元词是经过规范化处理的词汇。例如，将“环境”“污染”这两个单元词进行组配，就可构成“环境污染”这个主题。单元词语言是主题词语言发展的一个阶段，由于其采用字面组配的形式，经常会出现组配错误的情况，已被淘汰，在其基础上发展为叙词语言。

第三，叙词语言。叙词语言是采用叙词作为标引词和检索标识的检索语言。所谓叙词，是指以表达文献主题内容的最小最基本的概念单元为基础，并通过若干个这些概念单元词汇的组配去表达复杂的概念，叙词也是经过规范化处理的词汇。叙词语言与元词语言最大的区别在于前者是概念组配，后者是字面组配。概念组配是词语概念意义的拆分与组合，其本质是语义层次上的组合；字面组配是词语字面意义的与组合，其本质是字符层次上的组合。例如，“雪崩二极管”这个词，如采用元词法，则拆分成“雪崩”+“二极管”；如采用叙词法，则不需要拆分。而实际上“雪崩二极管”是二极管的一种，因其在某种情况下载流子倍增就像雪崩一样，所以称为“雪崩二极管”。可见叙词法对文献概念的描述更准确。

第四，关键词语言。关键词语言是采用关键词作为标引词和检索标识的检索语言。关键词是指直接从篇名、文摘和正文中直接抽取的，未经规范化处理的自然语言词汇。除了禁用词汇，如冠词、介词、副词、连词等语法词语外，几乎所有具有实际意义的词汇都可以抽取成关键词。关键词语言和其他主题词语言最显著的区别就是它属于非受控语言。

由于关键词语言不需要进行词汇控制，不必再有专门的关键词表，因此可以实现机器自动抽词标引，加快了标引速度，降低了标引成本，关键词语言已逐渐成为计算机检索系统广泛采用的信息检索语言。但关键词语言直接使用自然语言作为标引词，就可能由于同义词、多义词等漏检、误检，因此计算机检索系统应用关键词语言时，通常还会辅以后控词表，即同义词、近义词和相关词的词表，这样也就大大提高了检索的准确度和全面性（刘湘萍，2016）。

2.2.4　信息检索工具、方法与途径

1. 信息检索工具

检索工具是人们用来存储、报道和查找各类信息的工具。信息检索工具的主要功能表现在存储和检索两个方面。报道及时全面、存储规范有序、检索方便准确是对检索工具的基本要求。因此，检索工具应具备下列基本功能：

1）报道功能：以高度压缩的形式简要揭示信息的内容特征（如标题、主题、摘要和分类等）和外部特征（如书刊名、著者和号码等）。

2）标识功能：对著录信息进行多种标识，如序号、代码号、主题词、关键词、学科类目等。

3）辅助检索功能：检索工具须提供多种辅助检索手段，如分类索引、主题索引、著者索引、机构索引和代码索引等。辅助检索功能的完善程度不仅是检索工具的主要质量指标，而且也是影响信息用户能否充分实现信息资源共享的一个关键因素。

随着互联网技术的发展，网络数据库已发展成为一种最主要的检索工具。网络数据库检索是指用户在自己的终端上，通过互联网和浏览器界面对数据库进行检索。网络数据库检索系统通常由主机系统、数据库和用户终端等设备构成。用户通过终端设备检索，通过通信网络与检索系统的主机相连，并在主机控制下对系统的数据库进行联机查询，并实时将查询结果展示给用户终端。网络数据库检索系统其中体现了互联网分布式特点：不同的数据库的数据分散存储在不同的数据库生产者的服务器上；用户在任何地方的终端都可以访问并存储数据；任何数据都可以在网上的任何地点进行处理。

2. 信息检索方法

常用的检索方法主要有三种，下面分别介绍。

（1）常用法

常用法也称工具法，即利用文献检索工具查找文献的方法，一般利用综合性检索工具与专业性检索工具相结合，查找课题所需科技文献。根据检索时的时间范围，常用法可分为顺查法、倒查法、抽查法。

1）顺查法。顺查法是指以课题发生的年代为起点，由远而近地按时间顺序查找的方法。即从检索对象最初开始研究的年代查起，了解事物发展的全过程。顺查法的优点是由远及近，检索到的信息系统全面，便于了解事物的发展脉络；缺点是比较费时，检索效率低。

2）倒查法。倒查法是指以课题近期信息为起点，由近而远地按时间逆序查找的方法。倒查法比较关注近期文献，查找时不必逐年回溯至课题研究最初的年代，查到基本掌握所需信息即可。倒查法的优点是比较省时省力，检索效率高，灵活性大；缺点是容易发生漏检。

3）抽查法。抽查法是指根据课题研究的发展情况，抽取某一段时间进行顺时查找的检索方法。抽查法要求检索者对课题研究的历史情况有整体了解和掌握，才能选取合理的抽查时间段。

（2）追溯法

追溯法也称引文法，即利用与课题相关的原始文献后附的参考文献，逐一追踪查找其原

文，再从这些原文后所附的参考文献逐一追踪检索，不断延伸获得相关文献的方法。美国的《科学引文索引》就是基于这一思想编制出的引文索引工具。追溯法是科研人员习惯使用的一种获得文献的便捷途径，其优点是方便易行，能够快速获得一批相关文献；缺点是原文后附的参考文献数量有限，有的参考文献与课题相关性不大，容易出现误检和漏检。

（3）综合法

综合法也称交替法，即在检索过程中将常用法和追溯法结合起来交替使用的综合性检索方法。具体来看，首先利用常用法，使用检索工具查找到一批相关文献，然后选择出与课题相关性高的文献，再将这些精选文献进行追溯法查找，两种方法结合交替使用，最终获得所需文献。综合法检索效率高，利于检全和检准。

3. 信息检索途径

检索途径主要是指查找信息的途径，也可称为“切入点”“检索点”，对于现在常用的计算机检索系统来讲，检索途径就是检索字段。信息检索，必须依据已掌握的信息线索，选择合适的检索途径。信息检索途径通常可分为内容特征检索途径和外部特征检索途径两大类。

（1）内容特征检索途径

1）分类途径。分类途径是指按照信息内容，利用分类检索语言，检索文献信息的途径。利用分类途径检索文献，首先要分析课题概念，确定其学科属性，然后从检索工具中查找与课题有关的分类号和类目，最后根据分类号和类目进行查找。

分类途径一般是按照学科体系来编排文献的，同一学科的相关文献系统地集中在一起，较能体现学科的系统性。因此如果需要系统地收集资料，分类途径是很好的选择，能够很好地满足族性检索的需求。但是，科技发展日新月异，许多新兴学科、边缘学科、交叉学科不断出现，这些学科都不能及时地编入分类表中，有时也会给信息检索带来困难。

2）主题途径。主题途径是指按照信息内容，利用主题检索语言，检索文献信息的途径。利用主题途径检索文献，首先要分析课题的主题概念，概括出能够反映课题内容的主题词，然后利用主题词在检索工具中检索，即可查到所需要的文献信息。

主题途径以课题概括出的主题词语作为检索标识，对于课题概念的表达直接、准确、灵活。同时随着学科发展及新兴、交叉学科的不断变化，可以随时增加新的主题词语，能够反映学科的动态发展。因此，主题途径对于复杂、专深的检索课题非常适用，能够满足其特性检索的需求。

（2）外部特征检索途径

1）责任者途径。责任者途径是指利用文献的已知责任者的名称，检索文献信息的途径。常见的文献责任者包括个人责任者、团体责任者、编者、专利权人等。责任者途径检索通常需要利用检索工具的各种著者索引、机构索引、专利权人索引等，这种索引是按照责任者的名称字顺，将有关文献排序而成，是一种国内外常用的基本辅助索引。

利用责任者途径检索，可以集中获取同一著者学科内容相近、有一定内在逻辑联系的文献，一定程度上满足族性检索的需求。但是需要注意的是，使用责任者途径检索时，需要了解著者索引的编排规则和不同国家著者署名的一般知识。

2）题名途径。题名途径是指利用文献的已知题名，检索文献信息的途径。常见的文献题名包括书名、刊名、篇名等。题名途径检索通常需要利用各种题名目录或索引。一般多用于查找图书、期刊、单篇文献。

3）号码途径。号码途径是指利用某些文献已知的独特号码，检索文献信息的途径，如专利号、标准号、报告号等。在已知号码的前提下，利用号码途径检索文献非常简便、快捷（佘诗武和陈玉春，2008）。

2.2.5 信息检索技术

计算机检索系统形成以来，各种文本数据一直是其加工处理的主要对象。本小节重点介绍几种常用的文本检索技术，大部分计算机检索系统和网络搜索引擎都在支持和使用。

1. 布尔检索

布尔检索就是使用布尔逻辑运算符把检索词编写成检索提问式，再以此检索式在检索系统中查询相应信息的检索过程。布尔检索是目前检索系统中最常用的一种检索技术，联机检索系统和网络搜索引擎大多都支持使用这种检索技术。常见的布尔逻辑运算符包括 3 种：逻辑与、逻辑或、逻辑非。

（1）逻辑与

逻辑与一般用符号“AND”表示，也可写作为“*”。逻辑与表示它所连接的两个检索词必须同时出现在检索结果中才满足检索条件。假设检索提问式为“A AND B”，即表示文献中必须同时含有检索词 A 和检索词 B 才算命中，如图 2-3 所示。逻辑与操作可以缩小检索范围，增强检索的专指性，有利于提高查准率。

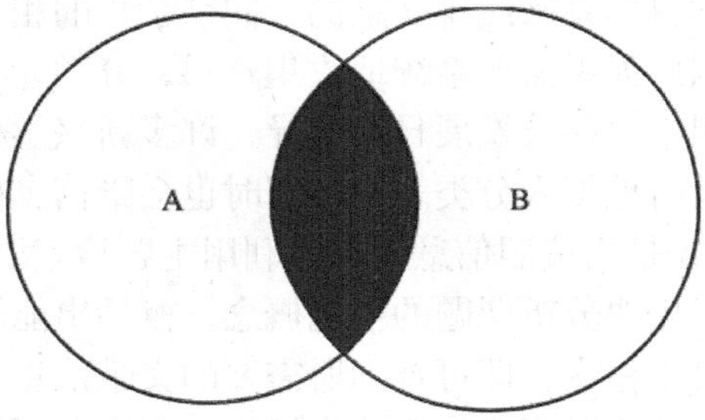

图 2-3　逻辑与 A AND B

（2）逻辑或

逻辑或一般用符号“OR”表示，也可写作为“+”。逻辑或表示它所连接的两个检索词只要有其中任何一个出现在检索结果中就满足检索条件。假设检索提问式为“A OR B”，即表示文献中含有检索词 A，或者含有检索词 B，或者同时含有检索词 A 和 B，都算命中，如图 2-4 所示。逻辑或操作可以扩大检索范围，提高检索结果数量，有利用提高查全率。

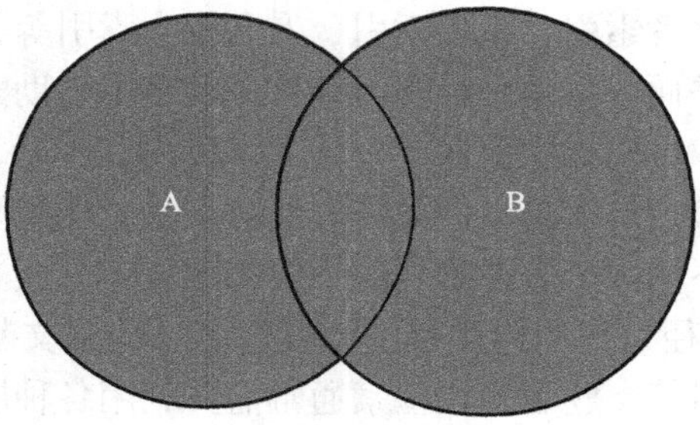

图 2-4　逻辑或 A OR B

（3）逻辑非

逻辑非一般用符号“NOT”表示，也可写作为“-”。逻辑非表示它所连接的两个检索词，检索结果中包含第一个检索词而不包含第二个检索词才算满足检索条件。假设检索提问式为“A NOT B”，即表示文献中含有检索词 A 但不含有检索词 B，才算命中，如图 2-5 所示。逻辑非操作可以缩小检索范围，提高检索准确性。

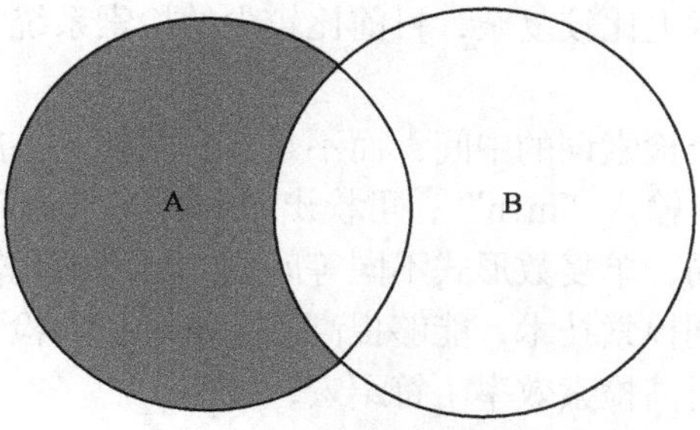

图 2-5　逻辑非 A NOT B

各种布尔逻辑运算符可以组合在一起使用，当检索课题概念复杂，需要混合使用多种布尔运算符构成检索提问式，此时应注意各运算符之间的运算次序，以便准确表达用户的检索需求。一般有以下几条布尔运算规则需要注意：

1）同级运算从左向右进行；

2）AND 和 NOT 先执行，OR 其次执行；

3）当有截词符、位置算符时，布尔逻辑运算符最后执行；

4）在括号时，括号内的运算先执行。当有多层括号时，按层次由内到外逐层进行。

2. 截词检索

截词检索是指检索者把检索词在他认为合适的地方截断，用截断词的一个局部进行检索，并且认为满足这个词局部所有字符的文献，即为命中的文献。截词检索是一种常用的检索技术，尤其在西文文本检索中使用最为频繁。西文中存在很多派生词汇，即词干相同，加上不同的前后缀，派生出很多含义相近的一组词汇。正是由于西文的这个特点，检索者在检索式中如果不能列举一个词的所有派生形式，检索时就非常容易出现漏检，截词检索技术就能大大提高查全率和检索效率。

按照词语截断的位置来划分，截词检索可以分为后截断、前截断、中截断 3 种类型；按照词语截断的字符数量来划分，截词检索可以分为有限截断、无限截断 2 种类型；有限截断是指说明具体截去字符的数量，而无限截断是指不说明具体截去多少个字符。

截词检索需要使用专门的截词符号，各个检索系统中截词符号的表示不统一，但基本功能是相同的。常见的一般使用“*”表示无限截断，使用“？”（1 个或者多个）表示有限截断。

（1）后截断

后截断是最常用的截词检索技术。将截词符号放置于一个字符串右方，以表示其右的有限或无限个字符不影响该字符串的检索匹配，这种方式称为检索词的后截断。从检索匹配结果来看，后截断属于“前方一致”检索。例如，输入“sediment*”可以检出“sedimentary”“sedimentaion”“sedimentational”“sedimentalogical”“sedimentaology”“sediments”等多个词汇。但是需要注意的是，使用后截词检索可能检索出无关词汇，尤其是使用无限后截断时，所选词干如果太短，就会造成大量误检，或者会发生溢出，导致检索失败。

（2）前截断

将截词符号放置于一个字符串左方，以表示其左的有限或无限个字符不影响该字符串的检索匹配，这种方式称为检索词的前截断。从检索匹配结果来看，前截断属于“后方一致”检索。例如，输入“？？层理”可检出：“层理”“交错层理”“块状层理”“压扁层理”“韵律层理”“递变层理”等多个词汇。应用前截断进行一个学科不同应用领域的检索是非常方便的，不过由于实现技术上比较复杂，目前比较少的检索系统支持前截断检索。

（3）中截断

将截词符号放置于一个检索词的中间，而不是左右两侧。一般来说，中截断检索只允许检索词的有限截断。例如，输入“m?n”，可检出“man”“men”等词汇。应用中截断主要解决一些西文单词拼写不同，单复数形式不同等问题，可以简化输入，提高检全率。

总之，不同类型的截词检索技术，能够提高查全率，扩大检索范围，减少检索词的输入量，简化检索步骤，从而提高检索效率（符绍宏，2004）。

3. 限制检索

限制检索是指检索系统中缩小或约束检索结果的一种检索技术。限制检索的方式很多，其中最主要的一种限制检索技术就是字段检索，是指通过限制检索词在命中结果记录中出现的字段位置来实现的。

在常见的数据库检索系统中，其存储的一条文献记录通常包含有几十个不同的字段（也可称为文献特征）。这些字段大体上可分为两大类，即“基本检索字段”和“辅助检索字段”。基本检索字段主要是描述文献内容特征的字段，也称为“主题字段”，具体包括标题（title）、主题词（subject term）、关键词（keyword）、文摘（abstract）、分类号（classification code）等；辅助检索字段主要是描述文献外部特征的字段，也称为“非主题字段”，具体包括作者（author）、作者单位（author affiliation）、出版者（publisher）、文献类型（document type）、语言（language）等。为了方便检索时的标识这些字段，一般检索系统都会对每个字段规定一个对应的缩写代码。表 2-1 以 WEB OF SCIENCE 平台为例，列出其所支持的所有字段标识。

表 2-1　WEB OF SCIENCE 平台字段标识

字段名称	缩写代码
地址	AD
作者标识符	AI
作者	AU
DOI	DO
编者	ED
团体作者	GP
ISSN/ISBN	IS
出版年	PY
出版物名称	SO
研究方向	SU
标题	TI
主题	TS

在具体检索过程中，用户实现字段检索的方式一般有两种，即检索命令方式和菜单选择方式。

检索命令方式，即使用检索系统规定的字段缩写代码和字段检索符号缩写检索式。仍以 WEB OF SCIENCE 平台为例，在高级检索页面的检索框内输入检索式：“SO=Geology and PY=（2014-2015）”，如图 2-6 所示，即查找期刊 *Geology* 2014～2015 年发表的文献。

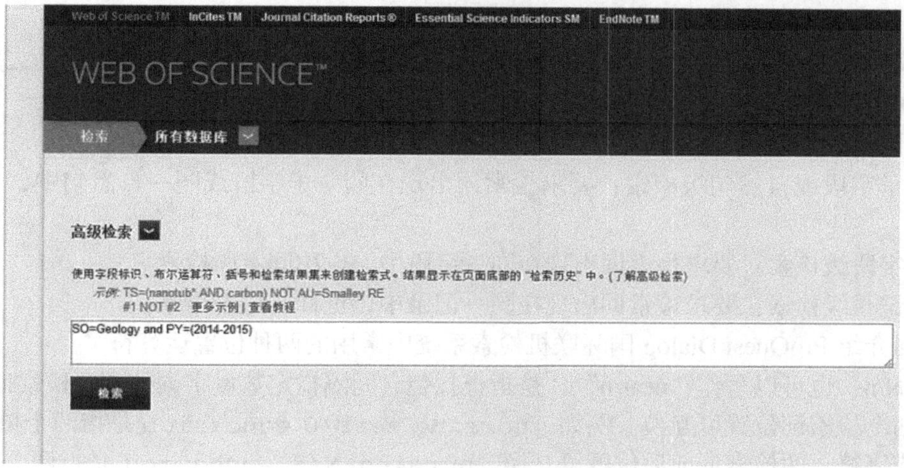

图 2-6　限制检索——检索命令方式

菜单选择方式，即使用检索界面上设置的字段下拉菜单列表中选择相应的检索字段。仍以上面所举的检索要求为例，需要查找期刊 *Geology* 2014～2015 年发表的文献，在 WEB OF SCIENCE 平台的基本检索页面，从字段下拉菜单列表中选择“出版物名称”字段，同时时间跨度选择从 2014～2015 年，如图 2-7 所示。

图 2-7　限制检索——菜单选择方式

需要特别注意的是，不同检索系统所规定的可检索字段往往是不同的，即使是同一个字段，也可能采取不同的缩写代码。为了达到预期的检索效果，应仔细阅读系统的帮助说明文件，选择合适的字段缩写代码进行检索。一般帮助说明文件中都会明确说明系统支持的检索字段，用户事先只需掌握检索方法即可，不必对语法代码等进行大量记忆（徐军玲和徐荣华，2011）。

4. 原文检索

原文检索是一种不依赖叙词表而直接使用自由词的检索方法。原文检索运算即以原始记录中检索词与检索词间特定位置关系为对象的运算，因此原文检索运算符通常称为位置运算符。原文检索允许用户使用自然语言进行检索，并且能够深入原文的章节、段落、语句进行信息的查找与匹配，同时还能对词语位置进行限制，因此原文检索可以显著提高检索精度。

不同的检索系统对位置运算符的规定不同，一是规定使用的运算符号不同，二是运算符的职能和使用范围不同。但总体来讲，位置运算符通常有四个级别：

1）词位置检索：要求检索词之间的相互位置满足某些条件，也称邻接检索。

2）子字段或自然句级检索：要求检索词出现在同一子字段或同一自然句中，也称同句检索。

3）字段级检索：要求检索词出现在同一字段中，也称同字段检索。

4）记录级检索：要求检索词出现在同一记录中，也称同记录检索。

下面介绍 ProQuest Dialog 国际联机检索系统中常用的两种位置运算符。

1）N/n：也可以写作“near/n”，是指查找包含间隔指定数量字词的两个检索词的文档，其中这两个检索词位置可互换。例如，`nursing near/0 education` 是指两个单词中间 1 个空格或字符，两检索词前后位置可互换。`nursing N/3 education` 是指两个单词中间可有 0～3 个单词，两检索词前后位置可互换。

2）P/n：也可以写作“pre/n”，是指查找包含一个检索词先于另一个检索词指定字数的文档，其中这两个检索词位置不可互换。例如，`nursing pre/0 education` 是指两个单词中间 1 个空格或字符，两检索词前后位置不可互换。`nursing P/4 education` 是指两个单词中间可有 0～4 个单词，两检索词前后位置不可互换。

使用原文检索，可以使用自然语言，并且能够深入文本的段落、语句甚至词语位置等细节，因此可以增强检索词选择的灵活性，弥补布尔检索、截词检索的不足，从而提高文献检索的精准度。随着全文数据库的快速发展，以及自然语言自动标引技术的普遍应用，原文检索技术逐渐得到广泛应用。

布尔检索、截词检索、限制检索、原文检索等是目前较为通行的几种检索技术，大部分的全文数据库或检索系统的高级检索模块都支持相应的检索运算符。但是，各个检索系统对检索运算符的定义都略有差异，并不是完全一致。因此，我们在选择一个检索系统前，应认真阅读其检索模块的帮助说明文件，这样才能使用准确的检索运算符，达到预期的检索效果。

2.3 信息检索的实施与评价

2.3.1 信息检索的一般步骤

信息检索步骤是指根据信息需求，制定出完成检索的具体步骤安排。科学合理的检索步骤才能保证信息检索收到预期的效果，不同的课题需求可能会需要不同的信息检索步骤，但信息检索的步骤一般都包括五个主要环节：①分析课题、明确检索要求；②选择检索工具；③确定检索途径和检索方法；④选择检索词，编写检索式；⑤实施检索，获取全文。

检索开始前首先要分析清楚检索课题及其信息需求，选择适合的检索工具，并明确采用哪个检索途径，使用什么检索方法，接着要根据课题的主题概念选择合适的检索词并且构造检索式。而在具体的检索实施时，要随时浏览与分析检索结果，不断调整检索式，直到找出满意的相关文献为止。下面对信息检索步骤的几个重要环节分别进行介绍。

1. 分析课题、明确检索要求

信息检索的主要就是围绕某个课题检索，信息检索的第一步就是分析课题、明确检索要求。通过分析课题，明确课题所涉及的学科背景、主题概念，弄清楚课题通过信息检索想要解决的问题，进而根据形成明确的检索要求。检索要求具体可以细化到以下几个方面：

1）检索结果范围要求，即查全、查准、查新方面的要求；

2）检索类型要求，即要求是文献检索、数据检索还是事实检索；

3）文献类型要求，即要求是图书、期刊、专利、标准还是科技报告等，文献要求是文摘还是全文；

4）文献的其他要求，如语种、出版年代、地区范围等。

信息检索的课题一般常见的有三种类型：调查研究型、应用技术型、前沿探索型。不同类型的课题要解决的问题不尽相同，因此其检索要求也是各有差异的，表 2-2 分别列出其检索要求的特点（花芳，2014）。

表 2-2　检索课题的检索要求

课题类型	调查研究型	应用技术型	前沿探索型
要解决的问题	了解清楚研究课题的发生、发展及研究现状，如成果评价、发展述评、趋势预测等性质的课题	解决生产技术的实际问题，研究理论检验、实际应用价值等，如技术改进、应用方法等性质的课题	跟踪最新研究动态，实现理论和技术创新等
检索结果范围要求	侧重于查全	侧重于查准	查准且查新
文献类型要求	期刊、会议、专利、科技成果、综述类文章等	专利、期刊、会议、标准、产品说明书等	期刊、会议等
文献其他要求	语种、出版年代、地区范围等根据课题需要	语种、出版年代、地区范围等根据课题需要	语种、出版年代、地区范围等根据课题需要

同时，分析课题并从中提取相关概念，为接下来的选择检索词步骤提供了依据。另外如果还有其他已知信息，如人名、机构、专利号、标准号、报告号等，也是查找文献非常有用的入手线索。

2. 选择检索工具

在进行信息检索时需要选择合适的检索工具，通过上一步骤分析课题的主题和检索要求特点，根据其要求的文献类型、语种、出版时间、地区范围等方面的不同选择检索工具。检索工具的选择是成功检索的前提，检索工具选择不当，即使选择检索词、构造检索式做得再完美，也难以检出相关文献。现在的互联网环境下，网络在线版的数据库是最主要一种检索工具，下面着重介绍如何选择数据库。

不同的数据库所报道的文献有不同的侧重性和特点，选择时主要考虑以下几个因素：

1）数据库报道文献的来源。

2）数据库报道文献的主题内容、学科专业范围。

3）数据库报道文献的类型，如图书、期刊、会议论文等。

4）数据库报道文献的特点，包括文献数量、语种、时间范围、更新周期等。

5）数据库支持的检索途径、检索功能、检索技术、服务方式等。

选择数据库时，我们一般是根据检索课题的要求和目的，选择在上述五个因素方面都较为匹配的；当需要查找较新的信息时，选择更新周期短的；当需要获取原文时，选取获取原文较容易的。

3. 确定检索途径和检索方法

确定信息检索途径，当从文献的内部特征入手时，如果课题要求的信息需求比较宽泛，则可选择分类途径；如果课题要求的信息需求专指性较强，则一般优先选择主题途径。当已经知道文献某些外部特征线索，如题名、著者、专利号、标准号、报告号等，则可直接利用相应线索进行检索。

确定信息检索方法，应根据课题的实际情况、掌握的检索工具情况来选择不同的方法。当检索工具比较齐全时，一般采用常用法；当检索工具很少时，则可使用追溯法；当要求查全时，则使用顺查法、综合法；当要求较快查找到文献而对查全要求不高时，则可使用倒查法、抽查法。

4. 选择检索词、编写检索式

选择检索词、编写检索式直接影响着检索结果，是信息检索的关键步骤。

（1）选择检索词

1）选择检索词的一般步骤如下。

首先，对检索课题的分析是选择检索词的依据，通过对课题的主题内容及背景作全面的了解和研究，在此基础上找出“主要概念”“相关概念”“隐含概念”，并将其用主题词表达出来，作为检索词。

其次，当课题涉及多个概念时，就要将这些概念按重要性排序。通常从重要性上来看，研究对象＞研究方法＞研究目的，实际检索时，应根据检索结果的数量多少，将概念按重要性的大小依次添加到检索式中，即研究对象 AND 研究方法（手段/技术方案）AND 研究目的（技术特点/创新点）等。

最后，搜索同义词、相关词，可以先用主要概念试检，从检索结果中搜索同义词、相关词，然后再修改检索式重新检索。

2）常用搜集检索词的方法如下。

第一，充分收集各种相关词汇。如同义词、近义词、相关词、缩写词、词形变化等，以及表达同一概念的各种隐含词、替代词。

第二，利用检索工具提供的同义词检索。很多数据库都提供同义词检索功能，可以从中找到相关词汇。但是需要注意的是，不同数据库提供的同义词表不是一致的，而且同义词表的更新是需要时间的，使用时应根据实际情况及时调整使用方法。

第三，试检。通过对主要概念进行试检，阅读相关文献的题名、关键词、摘要、参考文献等，从中搜集相关词汇。

第四，查相关作者、专业的文章。在各类研究成果中，一些专家长期从事某一地域、某一领域的研究工作，发表一系列研究论文或专著。对这些专家的成果进行追踪，对于了解该地区、该领域的进展概况，十分必要，同时也能从其文章中搜集到相关概念的较为准确、权威的检索词汇。

3）选择英文检索词。当在英文数据库中检索时，就需要使用英文词汇表达中文概念。主要有以下几种方法。

第一，查询科技类的中英文互译词典。

第二，利用中文期刊库中的翻译助手。例如，CNKI 翻译助手（网址：http://dict.cnki.net/），它是从 CNKI 系列数据库中挖掘整理出的常用词汇、专业术语、成语、俚语、固定用法、词组等中英文词条及双语例句、双语文摘，数据实时更新，内容涵盖自然科学和社会科学的各个领域。它的好处在于其数据来源于科技文献，因此其翻译更贴合于文献检索中使用。

第三，英文数据库。可用现有的词汇在英文数据库中试检，就能获得更多、更准确的中文概念的英文表述。

（2）编写检索式

将检索词（主题词、关键词、题名、著者、分类号、刊名等）用各种算符（布尔逻辑算符、截词符、位置算符、字段限制符等）连起来，用以表达检索目的的式子，称为检索式。通过使用检索式，可以节约检索时间，提高检索效率；同时检索式可以表达多概念之间的组配检索，利用括号（嵌套检索）改变执行顺序，便于表达复杂的检索需求。

编写检索式的一般步骤如下：

1）分析检索课题，确定检索词。

2）用布尔逻辑算符说明词间关系。如 AND、OR 算符等，必要时使用括号调整运算顺序。

3）用位置算符指定词间位置。

4）用截词符表示各种词尾变化。

5）选择检索字段限定检索范围。

需要特别注意的是，各个检索系统对检索运算符的定义都略有差异，并不是完全一致。我们在使用时应认真阅读其检索模块的帮助说明文件，这样才能编写正确的检索式。

5. 实施检索，获取原文

（1）实施检索

将最终确定好的检索式输入检索工具实施检索，就会获得相应的检索结果输出。但是，有些时候检索结果并不能达到我们的预期。当我们对检索结果不满意时，如命中文献太多或太少时，就需要对检索过程进行调整。

1）缩检。当命中文献太多时，就需要缩小检索范围，简称为缩检。常用方法如下：

第一，选择更为专业性的检索工具。

第二，逐步缩小检索途径的检索范围。例如，可将限制字段从“文摘”缩小为“题名”，这样就能逐步缩小检索范围，获得更为精准的检索结果。

第三，使用更多检索途径作为限制条件。例如，限制文献类型、语种、地区范围、年代范围、作者或号码等。

第四，逐步缩小检索算符的检索范围。例如，检索式由“source AND law”改为“source w2 law”，检索结果大大减少，查准率大大提高。

第五，提高检索词的专指度。

2）扩检。当命中文献太少时，就需要扩大检索范围，简称为扩检。常用方法如下：

第一，增加使用更多检索工具。

第二，逐步扩大检索途径的检索范围。例如，可将限制字段从“关键词”扩大为“任意字段”。

第三，取消限制条件。例如，取消限制某些检索途径，如文献类型、语种、地区范围、年代范围等。

第四，逐步扩大检索算符的检索范围。

第五，西文单词使用截词检索，可以采用前截断、后截断、中截断等截词方法。

第六，扩展检索课题的主题概念。常用的扩展概念的方法包括使用同义词、上位概念、下位概念、隐含概念、试检等。

（2）获取全文

检索结果一般为文献线索。通常情况下，我们还是需要获取原始文献的，获取方法下面具体介绍。

1）纸质文献。纸质文献一般都是通过某个文献服务机构（各级图书馆、文献信息中心）等提供给读者的。读者通过文献服务机构的书目信息数据库查找到相应的纸质书、刊等各种类型纸质文献，获得一个索书号，并提示其馆藏地点，读者根据这些线索即可找到相应的纸质文献。

2）电子文献。

第一，当通过全文数据库检索，直接可查看下载文献全文。

第二，当通过文摘参考型数据库检索时，注意全文链接。一般可通过全文链接直接跳转至全文出版商的网站，如果所在机构已购买全文，则可直接点击查看下载；如果所在机构没有购买全文，也可以单篇购买全文，但一般需要支付较高的费用，如图 2-8 所示。

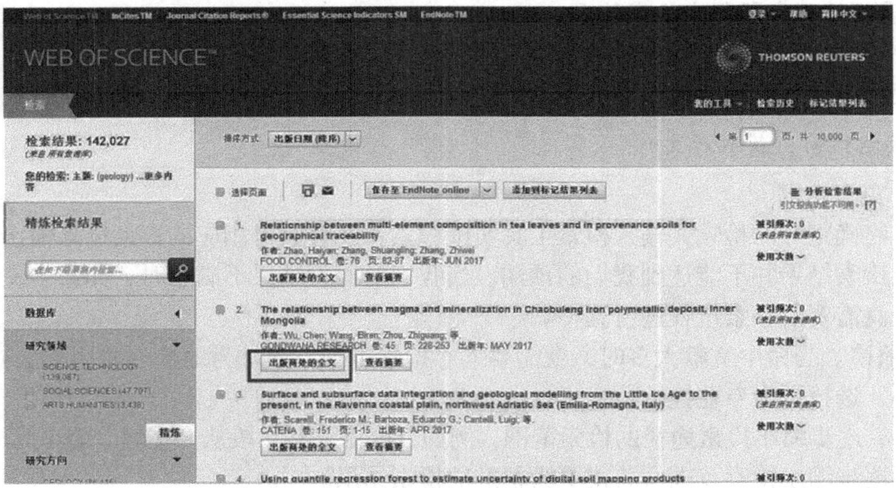

图 2-8　全文链接示例

第三，利用文献后附的作者信息，直接向作者索取。

第四，利用网络论坛。网上许多论坛有网友资源共享区，注册成功后可发布文献求助信息，常常也能得到其他网友的资源分享。比较知名的有小木虫论坛（网址：http://muchong.com/bbs/）的文献求助版块。

3）文献传递。不管是纸质文献还是电子文献，如所在机构没有收藏纸本或购买电子全文，都可以利用文献传递服务。文献传递服务是为了满足读者对本机构未收藏文献的需求，通常通过电子邮件、邮寄等形式将文献原文传递给读者。通过文献传递广泛地实现了资源共享，最大限度地满足了读者的文献需求。一般情况下，读者利用联合目录，查询到哪些机构收藏了所需文献，即向其申请获取文献传递服务。详细的使用方法请参考本书 3.5 节关于文献传递的内容。

2.3.2　信息检索的效果评价

检索效果是指检索系统检索的有效程度，它反映了检索系统的有效性。检索效果主要包括技术效果和经济效果两个方面。技术效果主要指系统的性能和服务质量，它是由检索系统实现其功能的能力所决定的；经济效果主要指检索系统服务所花费的成本和时间，它是由检索系统完成其检索服务的代价所决定的。

克兰弗登（Cranfield）在分析用户基本要求的基础上提出了六项评价检索效果的指标，包括收录范围、查全率、查准率、响应时间、用户负担及输出形式。

衡量检索效果的量化评价指标最常用的就是查全率和查准率。

（1）查全率

查全率是指系统在进行某一检索时，检索出相关文献量与系统文献库中相关文献总量的比例，它反映该系统文献库中实有的相关文献量在多大程度上被检索出来。

查全率 =（检出相关文献量/系统文献库中相关文献总量）× 100%

例如，假设系统文献库中共有相关文献 100 篇，而只检索出来 70 篇，那么查全率就等于 70%。

（2）查准率

查准率也称相关率，是指系统在进行某一检索时，检出的相关文献量与检出文献总量的比例，它反映每次从该系统文献库中实际检出的全部文献中有多少文献是相关的。

查准率 =（检出相关文献量 / 检出文献总量）× 100%

例如，检出的文献总篇数为 100 篇，核查后发现其中相关文献只有 40 篇，那么，查准率就等于 40%。

实际检索过程中，查全率的确定是非常困难的。因为查全率计算公式用的分母是“系统中相关文献总量”，但由于系统文献总量庞大，人们不可能浏览所有文献，也就无法获知系统中相关文献总量的准确数目。实际操作中，通过会采用一个近似估计值来作为系统中相关文献总量，如利用一个类似检索系统或工具，对同一课题进行检索，然后对命中结果进行分析，看有哪些漏检文献，进而推算出系统中相关文献总量。由此，查全率只能称为一个相对查全率，而不是绝对查全率。

查全率和查准率存在着一种互逆关系，即在同一次检索中，提高查全率，查准率则会降低；反之，提高查准率，查全率则会降低。因此衡量检索效果，要综合考虑查全率和查准率。而对于不同的用户，不同的信息需求，其对检索效果的要求也是不同的。

2.4　网络科技信息检索

网络科技信息是指在生产活动和科学实验中产生，以电子数据形式记录，通过网络通信传送，并利用电子终端表现出来的与科技活动有关的信息。网络科技信息基本可以分为三大类：

第一类是科技图书、科技期刊、研究报告、出版物、会议文献、专利信息、标准文献、学位论文、技术档案、产品说明等文献信息。这类信息一般存在于各种商业性网络数据库中，多为有偿信息。

第二类是互联网专有信息。这一类信息的内容不确定，并伴随互联网发展而逐步增多，涉及科学技术、经济、文化及社会发展等多个方面。这类信息一般出现于各种网站上，如政府网站、企业网站、非营利性组织网站或商业网站等，多为免费信息。

第三类信息是以电子邮件、网上论坛、电子公告板、网上广播等方式传播的，与科技有关的信息。这类信息多针对某个主题来进行，互动性较强，但传播范围较窄。

网络科技信息以互联网为通道面向用户。用户只要连接网络，便可以随时检索所需信息。如同其他网络信息一样，网络科技信息具有数量大、增长快的特点。网络科技信息内容丰富，覆盖了不同学科、领域、语言和地域范围。此外，网络科技信息表现形式多样，能够通过不同的操作系统、数据结构、字符集和处理方式以文字、图片、动画、音频、视频等不同形式展现出来。网络科技信息还具有时效性，能够实现跨越时间和空间限制的广泛传播等。但由于信息发布的随意性和自由度很大，网络科技信息也呈现出不断变化且缺乏管理的特点，这使得信息质量良莠不齐。

2.4.1 网络科技信息检索的常用工具

简单地说，网络科技信息检索就是指网络用户从自身需要出发，利用各种信息检索技术，对多种类型网络资源进行访问，访问结果为用户需要的科技文献、科技数据、科技事实等。

网络科技信息检索常用的检索工具有三种：网络数据库、专业网站、搜索引擎。

1. 网络数据库

近年来，网络数据库的发展随着网络通信技术的进步日显突出，数据库的检索功能更为强大。检索模块更加灵活多样，除了基本检索模块以外，对专业用户也推出了各种形式的高级检索模块。同时，检索入口越来越多，除了关键字、题名、著者、刊名或字顺以外，还有其他一些特殊模式的检索入口，而且，扩缩检的手段也越来越灵活。国内比较有名的网络数据库有中国学术期刊网、中文科技期刊数据库、万方数据资源系统等；国外典型的网络数据库包括 Elsevier、Dialog、EI、Web of Knowledge 等。

网络数据库是指提供商对信息进行收集、加工和组织成为数字化资源，并根据用户的信息需要，通过互联网络，将各种科技信息资源传递、显示给终端用户的一种检索工具。网络数据库目前都已经是基于最常见的网络浏览器模式，用户不需要下载专用工具或到专门的终端上，使用普通能上网的计算机即可完成信息检索的全过程。

网络数据库在现代科技信息服务中的作用主要表现在能提高效率。在信息的存储、处理、检索、交流、分析等工作环节，数据库正在以其无与伦比的高效、方便、准确替代人工操作，是现代计算机信息检索，尤其是国际联机检索的重要基础；可同时满足不同地域、不同用户所提出的不同方面的信息查询、检索、咨询需求；能使信息服务机构的日常收集、登录、分编、流通、咨询及办公室等工作实现自动化、现代化；可与其他现代信息服务技术相结合，形成多功能、综合性的计算机信息系统。在社会信息化程度不断提高的今天，信息资源的开发和利用主要是将各种不同种类的信息资源数字化、电子化，建成各种类型的数据库，能在计算机网络上运行，用以满足用户的特定信息需求。

根据网络数据库的收费类型划分，可以分为商业数据库和免费数据库两类。

商业数据库是指商业化生产的数据库，生产商通过信息加工处理、存储，建成数据库，向信息使用方提供服务并收取一定的费用，实现商业盈利。商业数据库中的数据一般都经过多层把关筛选、质量控制，因此都具有很高的学术价值和参考价值。商业数据库一般都价格不菲，其用户可分为机构用户、个人用户。机构用户一般是指各级信息服务机构，如图书馆、文献中心等，机构用户以一个机构的名义购买商业数据库，允许该机构内人员在一定范围内访问该数据库的信息资源，极大地满足了机构内工作人员对各种科技信息的需求，也是人们检索科技信息最主要的渠道。例如，Elsevier 公司的 Science Direct，Thomson Reuters 的 WEB OF SCIENCE，中国知网的《中国期刊全文数据库》等。

商业数据库对于许可范围内的用户一般采用三种方式来控制其访问权限。一是 IP 地址控制，即规定某一定 IP 地址范围内的用户可以访问到数据库内资源的全文。这是最常用的控制方式，也是最方便易行的。对于用户来讲，不需要考虑其他设置，只要其连接互联网的地址在 IP 范围内，即可无感访问网站页面，下载全文。二是用户名密码控制，即需要使用用户名密码才能登录数据库，进而访问全文。用户名密码方式容易网络传播，易失去控制；对于机构用户来说，多个用户名密码还会带来管理混乱。三是 IP 地址+用户名密码控制，即综合上述两种控制方式，管理相对严格。

商业数据库根据提供的数据库内容的类型，大体上市面上主要有三种：

一是出版型。这类商业数据库的生产者一般是传统的内容出版商，如 Elsevier、Springer、Wiley，出版商将自己多年出版的各种类型文献资源数字化加工，形成数据库，并通过网络访问的形式提供给用户使用。此类数据库内容丰富，学术价值高。但面临着一个出版商就有一个访问网站，用户需要访问多个商业数据库网站才能获得较全面的信息。

二是集成型。这类商业数据库的生产者是集成商或代理商，他们需要跟出版商获得版权授权，将多个出版商的资源集成在一个平台上，如 EBSCO。此类数据库虽然能在一个平台获得多个出版商的内容，但内容覆盖往往不够全面，有时还有时滞。

三是工具型。这类商业数据库提供的一般不是信息资源，而是工具。随着商业数据库的不断发展，内容出版商基于自己掌握的资源内容，开发出各种类型的信息服务、分析工具，为用户提供深层次的信息利用服务，这种内容+工具型的商业数据库已经普遍存在。例如，Elsevier 公司的 Knovel 数据库。

免费数据库是指可以公开访问，不控制权限的数据库。一般是政府部门、机构、企业建立的数据库，面向大众免费使用。例如，国家知识产权局的专利检索数据库。本书的第 5 章将分类介绍更多的免费数据库。

2. 专业网站

专业网站是指以某些特定专业学科内容为主题的网站，包括政府网站、非营利机构网站、学术机构网站、企业网站等。政府、学术机构及企业的网站信息更新速度较快、针对性较强以及对决策参考作用显著，正越来越受到广大科技信息用户的青睐，已成为一类相当重要的网络信息资源。

政府网站是我国各级政府机关履行职能、面向社会提供服务的官方网站，是政府机关实现政务信息公开、服务企业和社会公众、互动交流的重要渠道。政府网站是各级政府在各部门的信息化建设基础之上，建立起跨部门的、综合的业务应用系统，使公民、企业与政府工作人员都能快速便捷地接入所有相关政府部门的政务信息与业务应用。并获得个性化的服务，使合适的人能够在恰当的时间获得恰当的服务。据中国互联网络信息中心 2017 年 1 月发布的《中国互联网络发展状况统计报告》[①]中提到，“目前，包括.gov.cn 政务网站、政务 APP、政务微博、政务微信公众号、政务头条号在内的互联网政务平台，都成为党政机构发布权威信息、回应公众关切的重要平台。截至 2016 年 12 月，我国在线政务服务用户规模达到 2.39 亿，占总体网民的 32.7%。全国共有.gov.cn 域名共 53546 个，政务微博 164522 个，政务头条号 34083 个。”可见，中国的政府网站数量已成规模，各级政府部门建立网站、微博号、微信号已是常态。同时，政府网站通常发布的信息内容权威准确、更新及时，内容涉及国家政策、法律法规、行业规章规范、统计数据等，这对于科技工作者来说，是可靠的信息源泉。图 2-9 为教育部的官网。

图 2-9　教育部官网

学术机构网站是指学术科研相关单位建立的展示信息、服务公众的网站，建立的单位一般包括学会、协会、事业单位、实验室、科研院所、出版机构等。学术机构网站发布的信息学术性高、专业性强，通常都是与某一细分的专业学科相关，图 2-10 为中国地质学会的官网。

图 2-10　中国地质学会官网

① 中国互联网络发展状况统计报告. http://www.cnnic.cn/hlwfzyj/hlwxzbg/hlwtjbg/201701/t20170122_66437.htm.[2017-04-18]。

企业网站是企业在互联网上进行网络营销和形象宣传的平台，相当于企业的网络名片，企业网站通常发布宣传信息、产品资讯、招聘信息等。企业网站不但对企业形象是一个良好的宣传，同时可以辅助企业的销售，通过网络直接帮助企业实现产品的销售。企业网站发布的信息多与企业的产品和服务相关，但其中也会反映行业的动态和新闻等，特别是关注行业龙头企业，更能获取到行业应用发展的最新资讯。图 2-11 为中国铝业股份有限公司的官网。

图 2-11　中国铝业股份有限公司官网

3. 搜索引擎

搜索引擎是为了解决“信息迷航”问题而在 20 世纪 90 年代产生的一项技术。它以一定策略在互联网中搜索相关信息，并对信息进行组织和处理，从而为用户提供信息导航。目前，搜索引擎已成为了互联网上相当重要的一种信息导航工具。

从 20 世纪 90 年代中期，搜索引擎开始逐渐被网络用户所熟知并快速发展起来。互联网搜索引擎分别经历了以文档分类导航为特征的第一代搜索引擎、以关键词匹配为特征的第二代搜索引擎，目前正处于第三代搜索引擎的发展阶段。第三代搜索引擎的主要特征包括：它是一种智能化的搜索引擎，可以实现自然语言的无障碍搜索、可以实现语义匹配、可直接返回检索结果而非链接，提供智能化的检索结果排序，并且可能具备“推理”功能，对复杂的检索问题，也能给出符合使用者需要的更精确和权威的答案。它的搜索服务也更注重加强与用户的互动和用户使用的个性化。总之随着网络的进一步发展，新一代搜索引擎要能用最简洁的方式，使检索用户可以“随时随地”通过各种各样的终端，跨语言、无障碍地从互联网中获取信息。

搜索引擎已逐渐成为我国人们进行一般性搜索的首选工具。据中国互联网络信息中心 2016 年 4 月发布的《2015 年中国网民搜索行为调查报告》[①]显示，截至 2015 年 12 月，我国搜索引擎用户规模达 5.66 亿，使用率为 82.3%。搜索引擎是中国网民的基础互联网应用，截至 2015 年，使用率仅次于即时通信。在搜索引擎用户中，百度搜索的渗透率为 93.1%，搜索引擎市场集中度有逐年提高的趋势。可以说，大多数人上网搜索第一步首选百度。同样人们检索科技信息时，也会通过搜索引擎了解行业进展、发展趋势、业界新闻、企业数据等，因

① 2015 年中国网民搜索行为调查报告. http://www.cnnic.cn/hlwfzyj/hlwxzbg/ssbg/201607/t20160726_54378.htm[2017-04-18]。

此可以说，通过搜索引擎获得的公开网络资源也是科技信息检索的重要信息来源。

（1）搜索引擎工作原理

搜索引擎实际搜索的对象并不是真正的互联网，而是预先经过加工整理的网页索引数据库。同时搜索引擎对网页的检索并不是基于语义的，而是一种机械性的匹配网页文字。

搜索引擎的一般工作流程是：首先对互联网上的网页进行搜集，其次对搜集来的网页进行预处理，建立网页索引库，实时响应用户的查询请求，并对查找到的结果按某种规则进行排序后返回给用户。

搜索引擎的重要功能是对互联网上的文本信息提供全文检索。以下分步骤叙述搜索引擎的工作原理。

1）数据抓取。此过程主要负责互联网信息的搜集、保存、更新。数据抓取建库一般是由一个自动抓取系统来完成，它像蜘蛛一样在网络间爬来爬去，通常被称为“Spider 抓取系统”。Spider 抓取系统是搜索引擎数据来源的重要保证，它的工作过程一般是从一些重要的种子 URL（统一资源定位符）开始，沿着网页中的超链接跳转到其他网页，不断地发现新 URL 并抓取，尽最大可能抓取更多的有价值网页。同时，由于网页随时可能会被修改、删除或者出现新的超链接，还需要对抓取过的页面保持更新、维护。

2）预处理索引。此过程主要负责对抓取到的网页信息进行预处理并建立索引库。为了实现用户能在毫秒级别的时间内搜索数万亿级别的原始网页，必须对原始网页进行预处理并建立索引库。首先对抓取的网页进行页面分析，包括网页所在 URL、编码类型、页面内容包含的关键词、关键词位置、生成时间、大小、与其他网页的链接关系等。然后用这些相关信息建立网页索引数据库。索引库是搜索引擎实现毫秒级检索非常重要的环节。以百度为例，它对原始网页进行页面分析后，针对不同维度建立索引库，当用户输入查询词后，将其查询词分词，针对每个分词在索引库中查出待选文档集合，再将各个分词的待选文档求交集，即可找到用户需要的网页。

3）查询与结果排序。此过程负责在网页索引库中找到符合用户查询词的相关网页，并将这些网页按照不同维度的得分进行综合排序。以百度为例，它将网页排序时考虑的原则主要有以下几类：

第一，相关性，主要指网页内容与用户检索需求的匹配程度，如网页包含的用户查询关键词的个数，以及这些关键词出现的位置等。

第二，权威性，主要指由一些优质权威性网站提供的内容，这样的网页内容更受用户信赖。

第三，时效性，时效性结果指的是新出现的网页，且网页内承载了新鲜的内容，时效性结果在搜索引擎中越来越重要。

第四，重要性，主要指网页内容与用户查询需求匹配的重要程度或受欢迎程度。

第五，丰富度，主要指网页内容丰富，可以完全满足用户需求。不仅可以满足用户单一需求，还可以满足用户的延展需求。

第六，受欢迎程度，主要指网页是不是受欢迎、被点击次数等。

4）结果展示。此过程负责将搜索结果的链接地址和页面内容等信息摘要组织起来返回给用户。以百度为例，搜索引擎的结果展示页面按功能上区分，一般可分为广告区、引擎品牌区、搜索结果展示区、相关搜索词提示区、相关结果提示区等。

广告区：一般位于搜索结果页面的最上部和最下部，并于区域中有广告两个小字提醒用户，广告区一般不超过 5 条广告。

引擎品牌区：此区域包括百度百科、百度知道、百度图片、百度文库、百度学术等百度自有品牌产品，这些品牌产品内的网页信息一般经过人工筛选整理，信息准确、页面规范、呈现效果好，一般这部分网页会排在自然搜索的结果前面。

搜索结果展示区：此区域展示的是在网页库中自然搜索的结果，这个结果会按照一定的原则进行排序，具体参照上一过程中的结果排序。

相关搜索词提示区：此区域一般位于搜索结果页面的下部，展示的是与用户查询词有一定相关性的其他查询词的搜索结果链接，以提示用户在本次查询没有找到相关网页时，可以改变查询词，获取更符合自己信息需求的网页。

相关结果提示区：此区域一般位于搜索结果页面的右侧，展示与用户查询词有一定相关性的相关词汇、人物、事件、术语、网站、书籍等各种不同类型信息源的搜索结果链接，以帮助用户获取本次查询词的相关网页，以及更多相关的信息内容。

相关搜索词提示区和相关结果提示区发挥的作用类似，都是帮助用户了解查询词的相关信息，以期获得更全面的检索结果。

下面以“地质构造”为查询词，在百度里搜索举例介绍（图 2-12、图 2-13）。

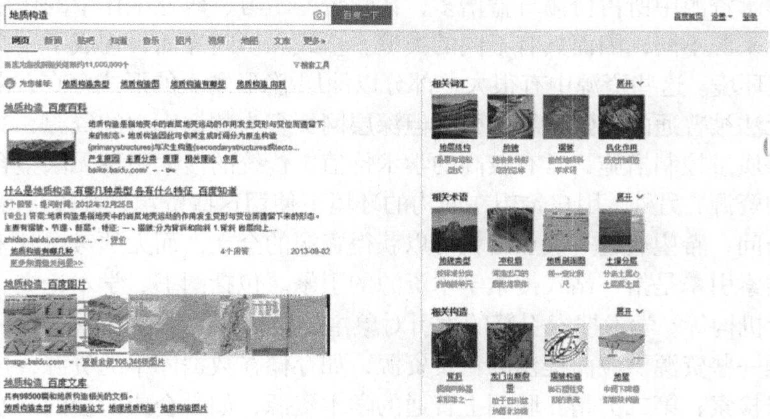

图 2-12　地质构造检索结果 1

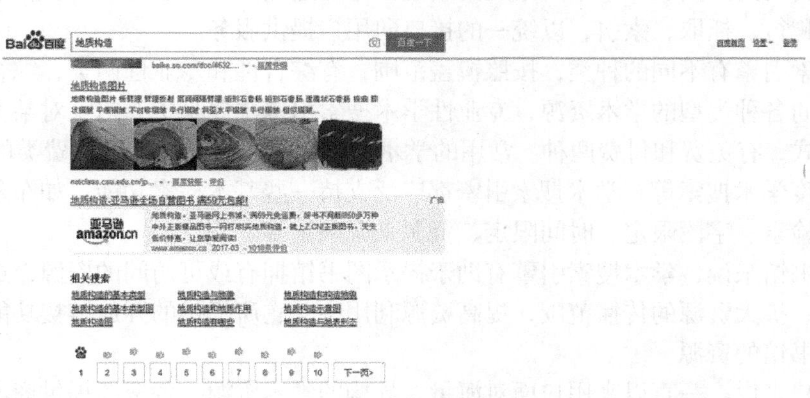

图 2-13　地质构造检索结果 2

广告区：“地质构造”是一个专业性强的查询词，因此页面最上部没有广告区，页面最下部广告区是“亚马逊图书”的广告。

引擎品牌区：“地质构造”是一个专业名词，百度百科、百度知道、百度图片、百度文库等都有搜索结果，展示到最前面。

相关结果提示区：此区域展示了“地质构造”相关的地层结构、地质剖面图、褶皱构造等词汇、术语的相关链接，帮助用户获取除了“地质构造”相关的一些知识和信息。

相关搜索词提示区：此区域给出了一些跟“地质构造”相关的其他搜索，包括“地质构造的基本类型”“地质构造与地貌”等，用户可以根据相关搜索的提示，改变检索词的输入，以达到检全或检准的需求。

数据抓取、预处理索引、查询与排序、结果展示构成搜索引擎工作的基础流程，作为搜索引擎的使用者，我们不需研究每个流程的具体实现技术，但我们在了解搜索引擎基本工作流程的基础上，总结出搜索引擎检索词选择与扩展、检索结果排序、检索结果展示等特点，会更有利于我们选择检索词、制定或调整检索策略、实施检索步骤，由此能更快速地从茫茫信息海洋中选取出更贴切我们信息需求的网络资源，满足我们检全或检准的需求（符绍宏等，2012）。

（2）学术搜索引擎

近年来，随着IT（信息技术）在学术领域广泛、深入的应用，数字学术资源的数量飞速增长，在学术资源中所占份额日益增多，在学者的学习、研究工作中的作用也日益显著。这些数字资源来源不同，因而具有不同的类型、格式和访问界面，构成了一个异构的学术资源传播、交流环境。这些资源中有很大一部分以深层/隐形网页的形式存在，由于存储格式或权限限制而无法被普通的搜索引擎索引，但深层网页多为数据库中的资源，其中很大一部分有同行评议等质量控制措施，具有较高的学术价值。传统的搜索引擎无法整合上述以深层网页形式存在的资源，另外，用户希望在同构的环境下使用这些资源，希望获得直接的、简单的、一站式的访问，希望通过一次点击就可以获得资源的全文，而无须考虑其来源。

学术搜索引擎是指一站式搜索学术资源的引擎。包括图书、学术论文、国际会议、权威期刊、学者机构等。学术搜索引擎的索引对象主要包括两类学术资源，第一类是深层/隐形网页，主要是一些资源供应商提供的付费资源，如存储在数据库中的资源，这类资源不能被普通搜索引擎检索；第二类是互联网上普通的学术资源，如学会或协会的网站、大学或研究机构的网站、公司的网站、科学家的个人网站主页等，这些资源一般都可以免费获得。通过对这类资源的爬行、抓取、索引，以统一的接口向用户提供服务。

学术搜索引擎有不同的种类，按照覆盖范围，有综合性和专业性两类，综合性学术搜索引擎主要面向各种类型的学术资源，专业性学术搜索引擎主要是指专门针对某类学术资源。按照收费方式，有免费和付费两种。常用的学术搜索引擎主要是指综合免费类的，如Google Scholar、百度学术搜索等。学术搜索引擎都广泛支持一些基本检索功能，如布尔逻辑、短语检索、截词检索、字段限定、时间限定、资源来源限定等。

对于图书馆来说，学术搜索引擎有助于揭示图书馆拥有或可访问的资源，成为图书馆资源导航工具，扩大资源的传播范围，提高资源利用率。它所提供的开放链接功能使用户可以直接访问图书馆的资源。

对于用户来说，一直以来用户面对海量、异构的学术资源，各资源提供商丰富多样的检索界面和指令，陷入使用困境，需要熟悉不同的检索系统成为用户使用学术资源的瓶颈，限于精力等原因，许多用户只好放弃大量数据源，只选择几种自己研究最常用的数据源，依靠它们作为自己的资源来源，这很容易造成相关重要资源的遗漏。学术搜索引擎给用户使用资源带来了很大的便利，它为用户屏蔽了不同数据源在平台、界面、检索指令等方面的差异，使用户可以通过一个简单的界面访问多种异构、分布的资源，扩大了用户资源的来源范围。

但学术搜索引擎也给用户使用资源带来了一些问题。由于这类搜索引擎在收集资源时不进行严格的质量控制，资源的学术质量缺乏有效的保障机制，会有一些资源的学术质量不高，如果用户在使用时不能进行有效的分辨，就会导致误信或误用一些不完整、不准确甚至不正确的资源，使学习和研究建立在错误的基础上，得出错误的结论，不利于用户职业生涯和事业生涯的发展，不利于用户培养科学的研究方法与精神。对一些用户，尤其是初涉学术领域的学习者和研究者而言，其学术分辨力和学术能力相对较弱，良好的学术习惯还没有形成，学术搜索引擎便捷的使用方式和丰富的资源容易引导他们陷入误区。他们将学术搜索作为参考资源的唯一来源，不再利用其他检索工具，对学术搜索上检索到的资源不加分辨地全盘接受（马光雄等，2013）。

2.4.2　新型网络信息资源

随着互联网技术的不断发展进步，各种新鲜的、创新的网络信息资源快速兴起，给人们的工作、生活、科技发展带来前所未有的体验，不断丰富着人们的科技信息来源。

1. 慕课

慕课（massive open online course，MOOC），即“大规模开放网络课程”，是新兴的一种在线课程开发模式。所谓大规模，是指慕课与传统课程只有几十个或几百个学生不同，一门课程动辄上万人，最多达 16 万人；所谓开放，是指慕课课程以兴趣导向，凡是想学习的，都可以进来学，不分国籍，只需一个邮箱，就可注册参与；所谓网络，是指学习是在网上在线完成，不受时空限制。由此可见，慕课的本质是通过在全球范围开放在线优质课程资源，最大限度地实现名校名师最优质课程资源的大规模学习共享。

MOOC 这个术语最早是于 2008 年由加拿大爱德华王子岛大学网络传播与创新主任戴夫·科米尔（Dave Cormier）与加拿大国家人文教育技术应用研究院高级研究员布莱恩·亚历山大（Bryan Alexander）联合提出来的。从 2008 年开始，一大批教育工作者，包括来自玛丽华盛顿大学的吉姆·格鲁姆（Jim Groom）教授及纽约城市大学约克学院的迈克尔·布兰森·史密斯（Michael Branson Smith）教授都采用了这种课程结构，并且成功地在全球各国大学主办了他们自己的大规模网络开放课程。2011 年秋，来自世界各地 190 多个国家的 16 万人注册了斯坦福大学塞巴斯蒂安·特伦（Sebastian Thrun）与皮特·诺维格（Peter Norvig）联合开出的一门《人工智能导论》的免费课程，由此实现了 MOOC 的巨大突破。目前国际上最知名的三大 MOOC 平台包括：

1）Coursera。斯坦福大学建立，目前发展最大的 MOOC 平台，拥有近 500 门来自世界各地大学的课程，门类丰富，不过也良莠不齐。

2）EDX。哈佛大学与麻省理工学院共同出资组建的非营利性组织，与全球顶级高校结盟，系统源代码开放，课程形式设计更自由灵活。

3）Udacity。成立时间最早，以计算机类课程为主，课程数量不多，却极为精致，许多细节专为在线授课而设计。

自 2013 年起，MOOC 在我国迅速兴起，这一年北京大学、清华大学加入 EDX，复旦大学、上海交通大学加入 Coursera，因此 2013 年也被称为“中国慕课元年”。Coursera 的数据显示，到 2014 年 Coursera 上注册的中国用户共有 65 万人。同时，国内也出现了一批慕课网站，比较知名的有 MOOC 中国、慕课网、爱课程、中国大学 MOOC、好大学在线、学堂在线等。其中“中国大学 MOOC”（网址：http：//www.icourse163.org/）网站上设有华北电力大学韩璞教授开设的《自动化专业概论》课程，如图 2-14 所示。

图 2-14　《自动化专业概论》课程

慕课的兴起带来的不仅是对教育模式的冲击和改变，同时慕课课程也是一种优质的网络信息资源。随着世界科技格局的变化，新兴的边缘学科、交叉学科不断涌现。许多科技工作者都要随时随地学习很多其他学科的理论知识、应用方法等，慕课课程为其提供了非常便利的学习条件和学习资源，使其不受任何限制，只要在网络环境下，即可享受全球高水平的优质教育资源。在这个意义上，慕课在一定程度上也促进了全球的科技创新和成果共享。

2. 二维码

二维码（2-dimensional bar code），也可称为二维条码，是用某种特定的几何图形按一定规律在平面（二维方向上）分布的黑白相间的图形记录数据符号信息的；在代码编制上巧妙地利用构成计算机内部逻辑基础的“0”“1”比特流的概念，使用若干个与二进制相对应的几何形体来表示文字数值信息，通过图像输入设备或光电扫描设备自动识读以实现信息自动处理。通过使用二维码，可以实现信息获取、网站跳转、广告推送、防伪溯源、优惠促销、会员管理、手机支付等众多功能。

二维码并没有产生新的网络信息资源，但二维码技术实现了网络信息资源新的呈现和链接方式。随着人们使用移动设备上网的比例快速增长，移动互联已经成为人们工作、生活的常态。人们随时随地通过移动设备扫描二维码就能访问到某些信息资源，这正在逐渐成为现实，并且在未来有很大的发展空间。将来二维码技术与视频、音频、动画等多元化多类型的信息资源链接在一起，使用户不仅可通过移动设备发现并且看到、听到一些资源，甚至与可穿戴设备配合，会带来更多奇妙的感知。

第 3 章　全文网络数据库的检索和利用

全文数据库，是一种存储文献全文或其中主要部分的源数据库，主要指各种图书、期刊、法律条文和案例、新闻报道及百科全书、手册、年鉴等全部文字或原著的全部内容数字化，并在检索平台中将二次文献的检索同原文献的获取融为一体，从中直接查到所需文献全文和字、句、段、节、章及相关信息，不需要再去查阅原文。

随着存储技术、存储介质及网络的不断更新和发展，学术资源的数字化已经非常普及，并直接在网络平台上公开出版。学术出版集团已经以网络出版方式和纸本印刷出版并行。目前我国已有 90%的学术期刊在不同的国内学术期刊集成平台网站上发表电子版（赖宁和杨翠明，2006）。科技图书出版社也开始规模出版网络电子图书。国际上的网络出版发展比我国还要早，主要的国际学术资源都以网络数据库的形式在网上发行。

本章将按照出版集团的类型及学术出版物的类型，介绍国内外著名的学术全文的网络资源平台。

3.1　常用中文电子书数据库

3.1.1　电子图书概述

电子图书（eBook）是指供在计算机上阅览的一种新型的数字化书籍。电子图书是多媒体技术和超文本技术发展的产物，它包括两种类型：一类是将各种印刷型的书籍，通过扫描仪等计算机处理技术将它们转换为数字格式的、用电子的方式发行的、用计算机阅读和存储的电子读物。经过数字处理后的电子读物保留了原印刷读物的所有插图、图表、照片等，并可实现全文检索。另一类是原生（born-digital）数字出版物，即一开始就有电子文本的电子图书，其阅读和存储方法与第一类相同。

电子图书是无形的，以电子文件的形式存在，阅读时需要一定的设备（如个人计算机或手持电脑等）和特定的应用软件；电子图书又是超文本的，可以包含图片、声音、电影、动画等内容，而且支持超文本链接，信息量更加丰富，阅读更加方便；电子图书还可以无成本任意复制，便于传播和扩散，适合大家共享；电子图书有方便快捷的查找功能，可以迅速找到相关的内容，大大提高了资料检索的效率；电子图书支持复制等功能，对读者有用的信息马上可以复制，省略了大量抄写的时间和精力。

电子图书有着明显的价格优势，同时不需要大量的管理人员，也不会因为物质的变质给图书带来损失。它最大的特点是一本电子图书能够供无数的人同时阅读和使用，唯一的限制就是网络和服务器的带宽。电子图书可以是在 24 小时不间断地“即查即看”，在电子图书馆读者查到的任何一本书，马上就可以阅读，根本不需要亲自到图书馆去并办理烦琐的借阅手续，而且读者在电子图书馆可以得到关于书的丰富信息。

常用的中文电子图书数据库有超星数字图书馆、书生之家数字图书馆、方正 Apabi 数字图书馆、科学文库等。

3.1.2　超星数字图书馆

1. 超星数字图书馆概述

超星数字图书馆是国家“863 计划中国数字图书馆示范工程项目”，由北京世纪超星信息技术发展有限责任公司投资创建，是国内专业的数字图书馆解决方案提供商和数字图书资源供应商。

超星数字图书馆有大量的电子图书资源提供阅读，目前馆藏电子图书总量在 140 万种，涵盖中图法 22 个大类。在全国建设有 20 多个数字化加工中心，年加工能力超过 30 万种，并拥有来自全国 500 多家专业图书馆的大量珍本、善本、民国图书等稀缺文献资源。

超星电子书采用国家 863 数字图书馆示范工程的标准 PDG 格式，最大限度地保证图书的原文原貌，图书完整、整洁、无歪斜或黑边等质量问题。同时，图书在网络传输中采用单页传送而不是整本传送技术，提高了图书的利用效率。超星还拥有高清晰、高质量的 ePub 文本图书，提高用户阅读体验。

超星在全国拥有超过 4000 多家的用户，遍布各个行业领域，其中高校图书馆的覆盖率达到了 98%以上。知名学府如清华大学、北京大学、上海交通大学、复旦大学、香港大学、斯坦福大学、普林斯顿大学等都是超星电子图书的用户。

根据存储格式的不同，电子图书分为汇雅电子图书和超星书世界两个品牌，汇雅电子书为图像格式图书，超星书世界为全文本格式图书。

2. 超星数字图书馆使用方法

以华北电力大学图书馆为例说明超星数字图书馆如何使用。

（1）访问超星数字图书馆

访问超星数字图书馆网址 http：//www.sslibrary.com/，在校园网 IP 地址范围内会自动识别出所属的机构用户并自动登录，图 3-1 为超星数字图书馆主页。

图 3-1　超星数字图书馆主页

（2）超星数字图书馆的检索

超星电子图书的检索有普通检索、分类检索和高级检索三种方式。

1）普通检索，也称为一框式检索或快速检索，是指在搜索框直接输入检索词，检索词可定位到书名、作者、目录或全文中，然后点击搜索，将可以在海量的图书数据资源中进行查找。对于检索目的范围较大的读者可以采用这种检索方式，如图 3-2 所示。

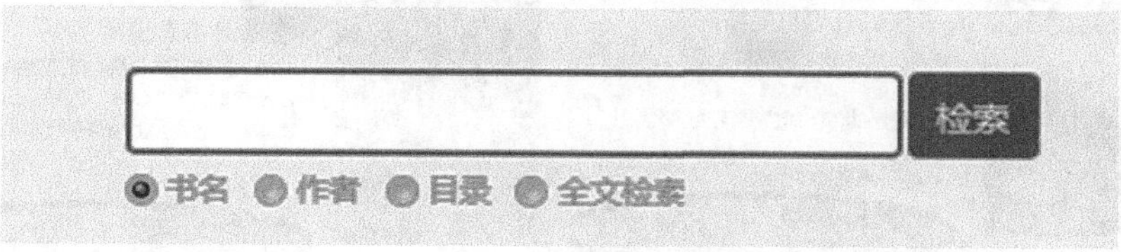

图 3-2　普通检索方式

2）分类检索，是指在图书分类中通过分类列表逐级对图书进行浏览。在《中国图书馆分类法》的 22 个大类中选择点击某一大类，该大类中的图书书目会显示在网页中，如果没有所需图书，再依次点击下级图书分类目录，分类目录前标记加号的，表示有下级分类目录；分类目录前没有标记的，表示无下级分类目录。选择点击分类目录后，在所显示的图书列表中选择所需阅读图书书目。对于想查找某一专业领域图书的读者建议采用这种检索方式，如图 3-3 所示。

图 3-3　分类检索方式

3）高级检索，是指可以通过书名、作者、主题词、年代等任一信息来精准查找所需的图书。高级检索的检索字段可以同时或者有针对性地选择书名、作者和主题词作为检索项，并辅以图书的出版年代、中图分类的大类及中图分类号来限制检索结果。对于目的性较强的读者可以采用这种检索方式，如图 3-4 所示。

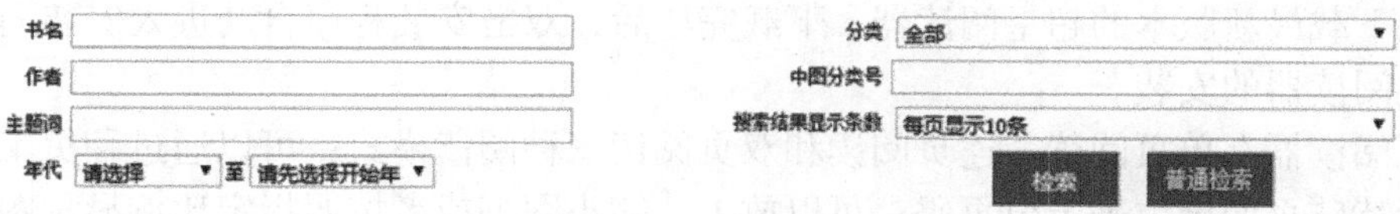

图 3-4　高级检索方式

（3）超星数字图书馆电子图书的在线阅读

超星的电子图书有网页阅读、阅读器阅读和 PDF 阅读三种在线阅读方式，不同格式的书提供的阅读方式不同，但每本书都提供阅读器阅读这一最基本的阅读方式。图 3-5 为在线阅读方式。

图 3-5　在线阅读方式

1）网页阅读：使用网页阅读时，不需要安装阅读器，使用网页浏览器阅览，但注意要求浏览器必须支持 HTML5。因此，要求浏览器是 Firefox、Chrome 等浏览器或 IE 高版本浏览器，如版本不够，会出现错误提示信息。网页阅读提供了特殊页面的定位功能，如书名页、目录页及正文等页面，还可以通过页码直接定位到某一页，或者使用鼠标滑动来浏览并阅读图书，如图 3-6 所示。可以直接在网页中放大或缩小图书，对需要的文字可以使用“文字摘录”功能进行文字复制，或者直接使用打印按钮打印所需页码。

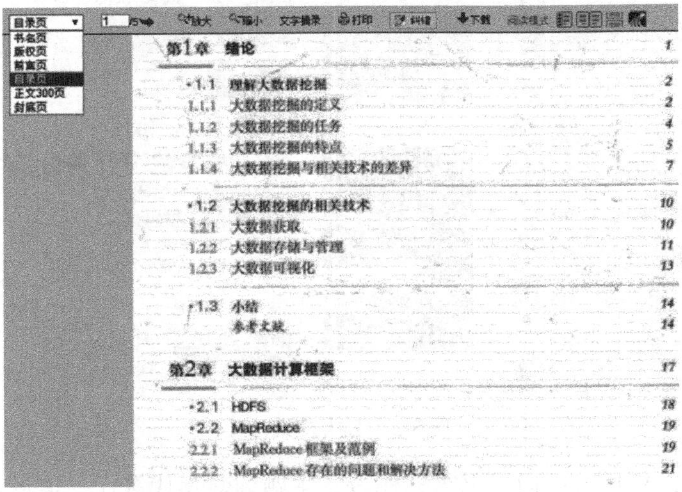

图 3-6　网页阅读方式

2）阅读器阅读：阅读超星的电子图书需要下载并安装专用的阅读工具——超星阅读器（SSREADER），目前的最新版本是 5.4 版本。通过 http：//www.sslibrary.com/ssreader/download 网址可以下载最新版本的超星阅读器，下载完毕后，双击安装程序自动进入安装向导，根据提示完成阅读器的安装。

超星阅读器有单页阅读、连页阅读和双页阅读三种阅读模式；可以通过翻页工具、页码定位或者特殊页面定位来定位页码；可以放大、缩小图书或者按照指定比例显示图书。超星阅读器还有一些比较实用的功能，如文字识别功能，直接在所要使用的文字上拖动鼠标，弹出文字识别画框来显示识别出的文字内容，直接复制出来即可使用，如图 3-7 所示。

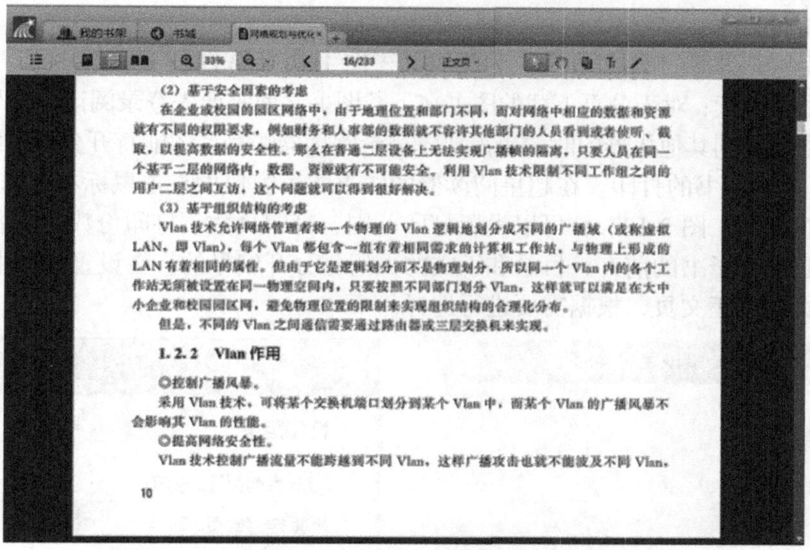
(2) 基于安全因素的考虑

在企业或校园的园区网络中，由于地理位置和部门不同，而对网络中相应的数据和资源就有不同的权限要求，例如财务和人事部的数据就不容许其他部门的人员看到或者侦听、截取，以提高数据的安全性。那么在普通二层设备上无法实现广播帧的隔离，只要人员在同一个基于二层的网络内，数据、资源就有不可能安全。利用 Vlan 技术限制不同工作组之间的用户二层之间互访，这个问题就可以得到很好解决。

(3) 基于组织结构的考虑

Vlan 技术允许网络管理者将一个物理的 Vlan 逻辑地划分成不同的广播域（或称虚拟 LAN，即 Vlan），每个 Vlan 都包含一组有着相同需求的计算机工作站，与物理上形成的 LAN 有着相同的属性。但由于它是逻辑划分而不是物理划分，所以同一个 Vlan 内的各个工作站无须被设置在同一物理空间内，只要按照不同部门划分 Vlan，这样就可以满足在大中小企业和校园园区网，避免物理位置的限制来实现组织结构的合理化分布。

但是，不同的 Vlan 之间通信需要通过路由器或三层交换机来实现。

1.2.2 Vlan 作用

◎控制广播风暴。

采用 Vlan 技术，可将某个交换机端口划分到某个 Vlan 中，而某个 Vlan 的广播风暴不会影响其 Vlan 的性能。

◎提高网络安全性。

Vlan 技术控制广播流量不能跨越到不同 Vlan，这样广播攻击也就不能波及不同 Vlan，

10

图 3-7　阅读器阅读方式

3）PDF 阅读：不需要安装阅读器可以直接在浏览器中阅读 PDF 图书，仅提供自动缩放、翻页和页码定位功能，所需文字可以直接拖动鼠标选取并直接复制即可，如图 3-8 所示。

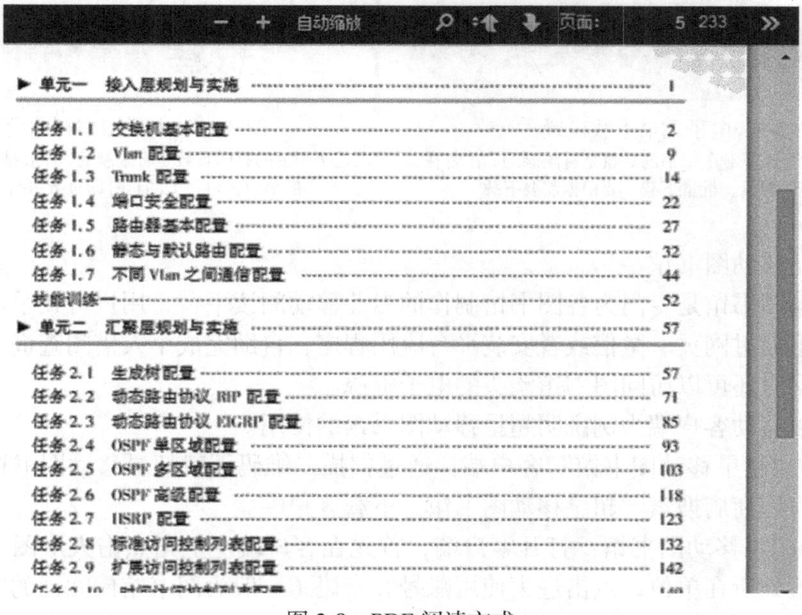

▶ 单元一　接入层规划与实施 ……… 1
任务 1.1　交换机基本配置 ……… 2
任务 1.2　Vlan 配置 ……… 9
任务 1.3　Trunk 配置 ……… 14
任务 1.4　端口安全配置 ……… 22
任务 1.5　路由器基本配置 ……… 27
任务 1.6　静态与默认路由配置 ……… 32
任务 1.7　不同 Vlan 之间通信配置 ……… 44
技能训练一 ……… 52
▶ 单元二　汇聚层规划与实施 ……… 57
任务 2.1　生成树配置 ……… 57
任务 2.2　动态路由协议 RIP 配置 ……… 71
任务 2.3　动态路由协议 EIGRP 配置 ……… 85
任务 2.4　OSPF 单区域配置 ……… 93
任务 2.5　OSPF 多区域配置 ……… 103
任务 2.6　OSPF 高级配置 ……… 118
任务 2.7　HSRP 配置 ……… 123
任务 2.8　标准访问控制列表配置 ……… 132
任务 2.9　扩展访问控制列表配置 ……… 142

图 3-8　PDF 阅读方式

（4）超星电子图书的下载和离线阅读

1）超星电子图书的下载。在下载电子图书之前，必须先安装超星阅读器 SSREADER。

在图书检索页面，通过“下载本书”链接或者在已经打开的书籍阅读页面上点击鼠标右键，选择“下载图书”，打开下载设置界面，如图 3-9 所示。可以将图书下载到分类来选择目标分类（在我的书架—我的标签里面可以添加标签分类）；通过存储路径可以手动选择图书的存放路径；下载类型有打包下载和分页下载，下载到本地的图书分别采用 PDZ 和 PDG

两种形式的文件。

2）超星电子图书的离线阅读。下载的电子图书如果是打包下载的图书，可以直接拷贝到其他机器上阅读；对于分页下载的图书在下载图书之前需要先登录阅读器账号，然后再下载图书，图书拷贝到其他机器中时，也需要先登录阅读器账号，才能打开分页下载的图书。

3）超星电子图书的打印。在超星阅读器的图书阅读窗口中点击鼠标右键选择“打印”，打开打印设置界面（图 3-10），可以设置打印范围、打印页数、打印份数等内容。这里需要注意的是，超星电子书的前言、目录和正文的页码是分开编号的，在设置界面中可以选择起始页是目录页还是正文页，根据需要进行选择。

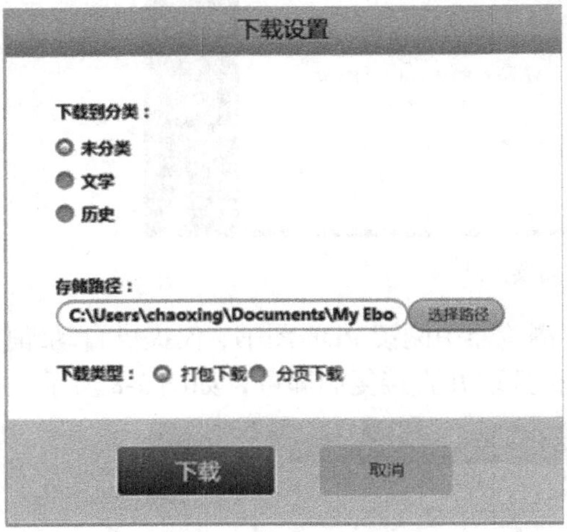

图 3-9　电子图书下载设置

超星对每个单位每天下载电子书的数量是有限制的，读者在使用时不要盲目、批量下载，要根据需要下载

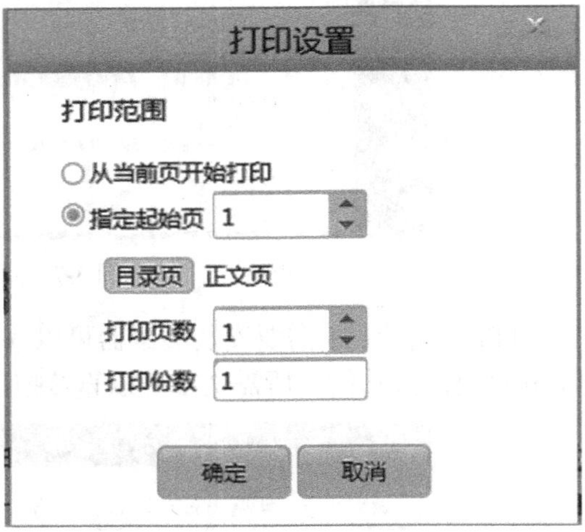

图 3-10　电子图书打印设置

超星电子图书的打印页数是有限制的，一般是每月 1000 页，有的单位还对每天的总打印页数进行了限制

（5）超星移动图书馆

超星移动图书馆是专门为各图书馆制作的专业移动阅读平台，用户可在手机、平板电脑等移动设备上通过网页、微信或者安装平台应用程序，自助完成个人借阅查询、馆藏查阅、图书续借，同时还可以访问图书馆购买的电子资源。

下面将以移动客户端为例说明超星移动图书馆的使用。

1）安装“超星移动图书馆”客户端：通过扫描二维码下载超星移动图书馆客户端；或者在手机各应用商店搜索“超星移动图书馆”下载客户端。

2）登录超星移动图书馆：打开客户端，首先在客户端左上角点击人形图标，然后选择所在地区，找到所在单位，点击进去使用账号和密码（一般为图书馆借阅证的账号和密码）进行登录。主页面主要包括馆藏查询、学术资源、公开课、报纸、视频、书架等内容，登录后可以根据个人喜好对上述内容和显示的顺序对主页面进行定制，如图 3-11 所示。

3）馆藏图书的检索、预约：点击“馆藏查询”，可以根据题名、作者、主题词或者 ISBN 号进行检索，点击图书后可以查看图书的索书号、条码号、馆藏地、书刊状态等馆藏信息。对于所有图书都已借出的情况，还可以进行图书的预约操作。

除了通过传统的检索方式查询图书外，还可以通过条码扫描的方式查询馆藏，点击首页左下角“扫一扫”小图标，对准图书的条码，即可查看图书的馆藏状态，如图 3-12 所示。

图 3-11　超星移动图书馆主页面

图 3-12　二维码扫描查询

4）查询借阅信息、续借图书：在个人中心中点击“借阅信息”，即可查看图书的借阅情况。在图书续借期内，选择想要续借的图书，点击“续借”按钮进行图书续借，如图 3-13 所示。

5）检索、浏览、下载学术资源：在首页选择“学术资源”频道，可以对图书、章节、期刊、报纸、视频和学位论文等进行检索，默认检索的是图书，输入检索词进行检索，在检索结果中选择某一本图书，可以查看图书的详细信息（图 3-14），具体功能有如下几点。

图 3-13　借阅信息查询

图 3-14　图书详细信息

全文阅读：点击“全文阅读”，以图片格式查看图书原貌。

下载：点击“下载”按钮，将图书下载到书架后，可以进行离线阅读。

文献传递：可以对图书中的部分页面进行文献传递申请，对于不超过 50 页的内容可以输入邮箱和起始页，通过邮箱传递部分图书内容，如图 3-15 所示。

全国馆藏信息：可以查看图书在全国各地的馆藏情况，如图 3-16 所示。

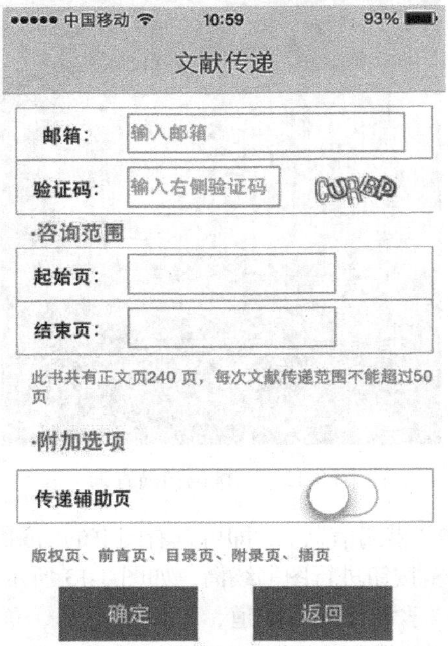

图 3-15　图书文献传递

图 3-16　图书全国馆藏查询

（6）超星期刊

超星期刊是超星集团全力打造的面向各级各类用户的期刊知识服务平台，目前平台收录了国内期刊 6500 余种，核心期刊超过 1200 种，600 余种独家期刊，实现与上亿条外文期刊元数据联合检索，其内容涵盖理学、工学、农学、社科、文化、教育、哲学、医学、经管等各学科领域。

超星期刊没有并发数和 IP 地址的限制，用户通过个人账号登录的方式，在单位外也能阅读期刊，没有多人同时检索时卡顿的问题，能与百链、超星发现、超星移动图书馆等其他产品无缝对接。

超星期刊支持在线全文阅读和全文下载，实现全文清晰流畅的流式媒体阅读体验，支持按刊种、按期呈现期刊内容，与其他社交媒体紧密结合，读者可以分享，收藏，超链接到其他网站，并能与微博微信等社交工具的电脑、手机、电视、平板电脑等多屏终端进行实时互动，为读者提供更加自由的阅读空间。

超星期刊支持电脑和手机等客户端两种方式的访问，满足不同类型读者的需要。

1）超星期刊的域出版。“域”实际上是对期刊传统编辑出版模式里每期内容的“栏目化”组织方式。域出版的实质是在数字出版中，各个期刊编辑部按学术规范处理完一篇稿件后，根据稿件内容所涉及的主题来决定该论文放到哪个专题栏目。这个专题栏目就是“域”，按“域”组织发布和出版传播数字论文，就是期刊的“域出版”。“域出版”能实现编辑与专家的完美结合，编辑可以以经纪人与社会活动家的角色、以编剧的角色、以学者研究型的角色，组织专家发起学术研究，甚至引领学术研究。

“学习通”是为期刊编辑部提供的可用于学术资源“域出版”的移动出版平台，也是为移动终端用户提供的集阅读、科研、学习、交流、管理等用途为一体的现代化综合移动服务终端。

2）超星“学习通”期刊资源。可以在手机上搜索超星学习通或者直接使用手机扫描二维码下载安装移动端，如图 3-17 所示。

图 3-17　“学习通”二维码

超星“学习通”期刊简介如下：

1）超星“学习通”期刊分类体系。以教育部颁发的《普通高等学校本科专业目录》为主体，《中国图书馆分类法（第五版）》和中国科学院资料分类法为参考，在综合参考移动端用户的特征和需求的前提下推出超星期刊分类体系，将期刊划分为大众、教育、文化、艺术、文学、历史、哲学、经管、政法、语言、社科、军事、体育、理学、工学、农学、医学和综合等体系，并按照体系提供了期刊导航功能，如图 3-18 所示。

图 3-18　期刊分类及导航

2）超星“学习通”期刊导读。点击我们感兴趣的某本期刊，然后点击“导读”即可查看期刊详细信息，包括期刊介绍、二维码、在线投稿、期刊导航、总被引频次、历年影响因子趋势、发文量趋势图及分类导览，如图 3-19 所示。期刊分类导览可以按照作者、学科、相关分类、机构、地区、基金进行分类浏览，如图 3-20 所示。

图 3-19　期刊导读

3）超星“学习通”期刊搜索。点击“搜索”框，输入要搜索的关键词，如输入“食品科学”，即可检索到与“食品科学”相关的刊物及与“食品科学”相关的文献，如图 3-21 所示。

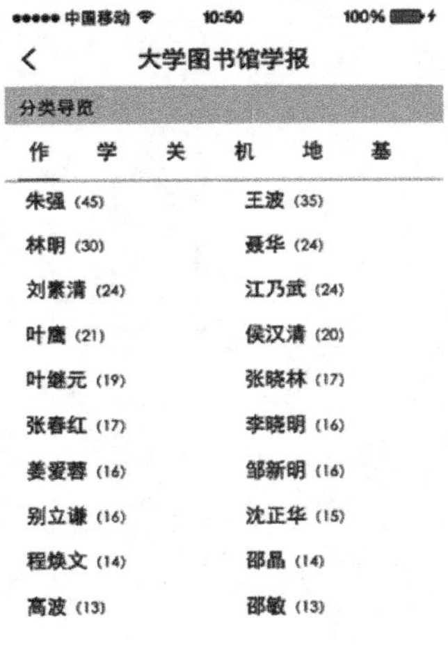

图 3-20　期刊分类导览

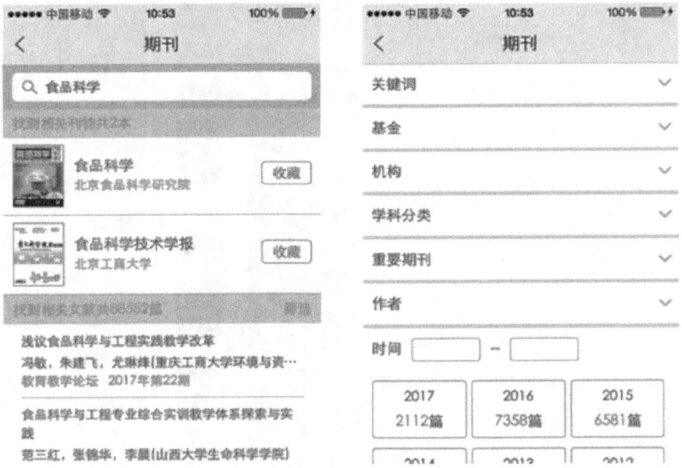

图 3-21　期刊搜索及文献筛选

点击“筛选”按钮，可以按照关键词、基金、机构、学科分类、重要期刊、作者及时间等内容进行聚类筛选，显示结果可以采用按学术性、相关性、出版时间等进行排序。

4）超星“学习通”期刊文献阅读和下载。超星期刊文献以流式媒体呈现出来，且能自动适应不同终端，实现自动换行，同时可以手工进行字号调整和背景选择，如图 3-22 所示。

如果需要对文献进行引用，可以直接在打开的期刊文献中选择“引用格式”，有《信息与文献　参考文献著录规则》（GB/T 7714—2015）、MLA（美国现代语言协会制定的论文指导格式）和 APA（美国心理学会出版的《美国心理协会刊物准则》）三种格式可供选择，直接长按文字来复制信息即可。超星期刊还提供期刊文献的 PDF 格式文件的下载，还可以将期刊文献转发至通讯录、笔记、小组、消息、书房、通知、微信、课程、邮箱，或者直接复制该文献链接地址，然后可以使用浏览器打开该篇文献，如图 3-23 所示。

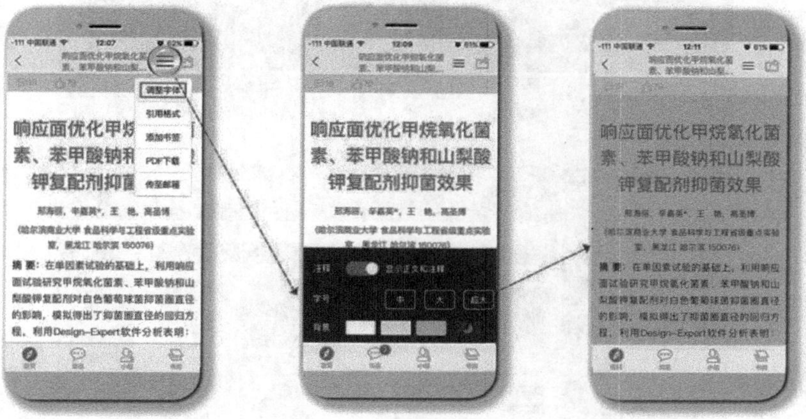

图 3-22　期刊文献调整字体和背景

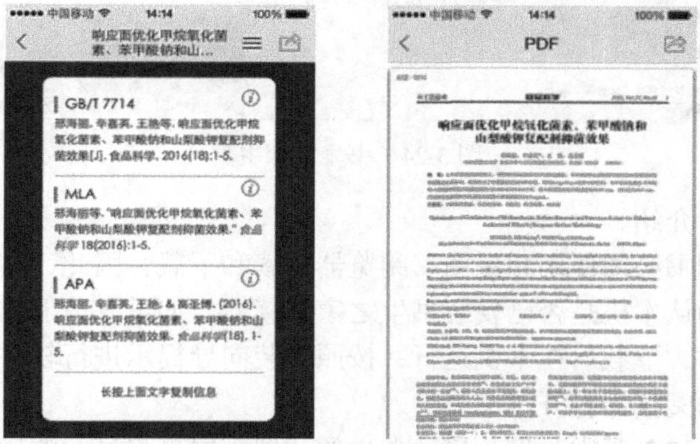

图 3-23　期刊文献的引用格式和 PDF 下载

3.1.3　书生之家数字图书馆

1. 书生之家数字图书馆概述

书生之家数字图书馆是建立在中国信息资源平台基础之上的综合性数字图书馆，由北京书生科技有限公司于 2000 年开发研制。书生第三代数字图书馆系统是基于用户信息活动及互动性的数字图书馆系统而设计的，是集支持普遍存取、分布式管理和提供集成服务于一身的基于 Intranet 和 Internet 环境下的数字图书馆系统平台。电子图书设有四级目录导航，集成 TRS 搜索引擎能实现海量数据的全文检索，提供分类检索、单项检索、组合检索、全文检索、二次检索等检索功能。目前有电子图书 100 万种，每年以六七万种的数量递增，资源保持了持续更新，图书包含文、理、工及科研和教学方面的图书。

2. 书生之家数字图书馆使用方法

（1）镜像站点用户登录

书生之家在购买机构都安装了镜像站点，读者通过本机构镜像站点即可通过用户名/密码方式登录或直接通过 IP 地址认证的方式登录。出现成功登录信息后，直接进入分类或者通过检索阅读图书，如图 3-24 所示。通过该方式登录的读者只能在线阅读电子图书，但不能下载借阅电子图书到本地计算机，用于脱机阅读。

图 3-24　书生之家主页

（2）书生阅读器介绍

书生之家电子图书必须使用超星图书阅览器阅读和下载，因此，首次使用书生之家电子图书的读者，请先确认本机是否已安装书生之家阅读器，如没有请下载并安装。在“软件下载”中找到安装软件，下载后在本机运行，按照安装向导提示进行软件安装。以后再阅读电子书时，会自动启动阅读器打开图书。

以 Sursen Reader7.2 版本为例，启动书生阅读器，屏幕将显示阅读器的主窗口，它包括主菜单、工具条和信息显示区，主菜单包含了阅读器中的所有功能（包括五个子菜单：文件、编辑、视图、工具和帮助），工具条菜单上的按钮在主菜单中都可以找到，如图 3-25 所示。

图 3-25　书生阅读器

在主菜单中，“文件”菜单可以实现文件的打开、保存、打印及退出等操作；“编辑”菜单包括查找和拷贝两个选项；“视图”菜单包括工具条（包含文件工具、翻页工具、缩放工具、基本工具、基本布局）、历史记录、收藏夹、图书管理、文件库、目录、缩略图等 17 个选项；“工具”菜单包括基本工具（包含手形工具、选择工具、页面快照和 OCR 识别）、缩放工具、设置、注释、文本框、手写签批、批注和电子印章八个选项；“帮助”菜单包括帮助主题、关于书生阅读器、在线更新及检测和修复四个选项。

工具条中包含的功能在主菜单中都有体现，其中，比较常用的有缩放工具用于缩小和放大版面，以及基本工具中的手型工具、选择工具、页面快照和 OCR 识别工具。

手形工具：文件版面的上拉、下拉操作，方便文件的阅读。

选择工具：选定文字可以进行批注和拷贝操作。

页面快照：对选择的文字进行版面拷贝。

OCR 识别工具：通过 OCR 功能对图片的文字进行识别。

（3）书生电子图书分类浏览

在网页左下侧的图书分类中打开所需的子类，如点击“文学艺术 A”，该类图书会出现在右侧的图书列表中，单击“阅读器阅读”，即可阅读所需要的图书，如图 3-26 所示。

图 3-26　分类浏览图书

（4）书生电子图书检索

书生电子图书检索有图书检索、图书全文检索、组合检索和高级全文检索四种方式。

图书检索：即快速检索或一站式检索。在页面左侧图书分类的上方及右侧图书列表区上方均有“图书检索”区，下拉菜单中提供的可供检索字段包括图书名称、作者、丛书名称、主题、提要。选择其中一个检索字段，在检索框输入相应检索词，即可进行检索，如图 3-27 所示。

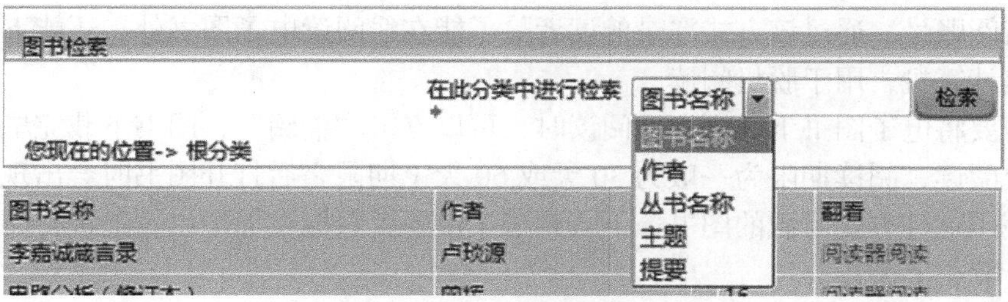

图 3-27　书生的“图书检索”

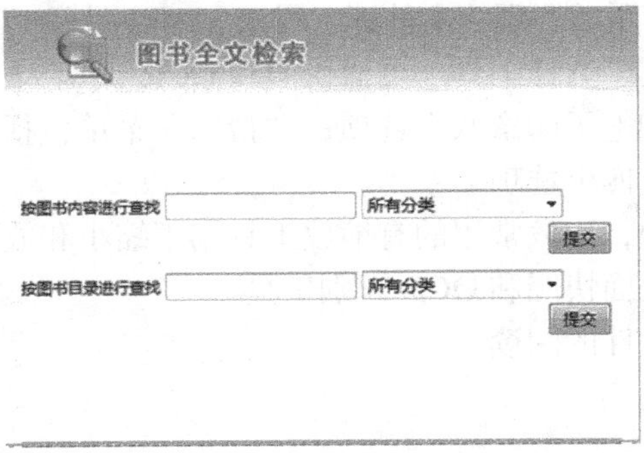

图 3-28　书生的“图书全文检索”

图书全文检索：点击“图书全文检索”按钮，进入图书全文检索页面，可按照图书的内容或图书目录进行查找，同时可对图书类别进行限定，如图 3-28 所示。

组合检索：点击“组合检索”按钮，进入组合检索页面。页面提供了四个检索项，每个检索项可以在图书名称、作者、丛书名称、主题、提要中选择，检索项之间可以进行“与”和“或”逻辑组合，以用来扩大或者缩小图书的检索范围，如图 3-29 所示。

高级全文检索：点击“高级全文检索”按钮，进入高级全文检索页面。在高级全文检索中可以选择图书分类及在“全文”还是“目录”中检索；还包含单词检索、多词检索、位置检索和范围检索四个单选框；还可以选择对主题词中的字母、数字做全半角转换，如图 3-30 所示。

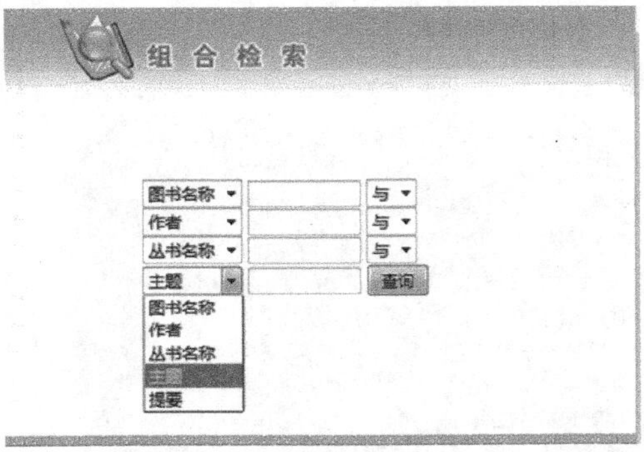

图 3-29　书生的“组合检索”

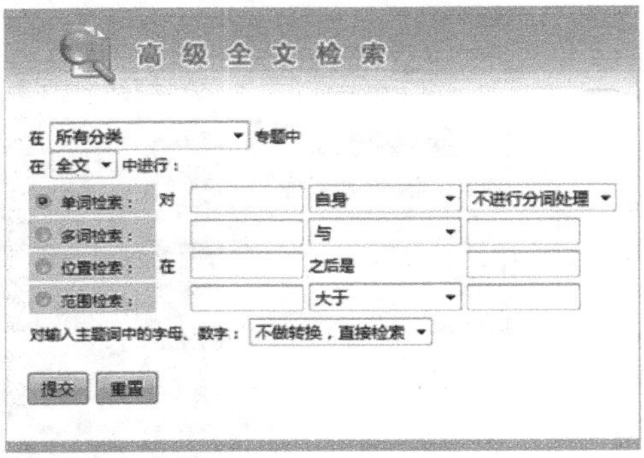

图 3-30　书生的“高级全文检索”

其中，单词检索支持主题词及其上位词、下位词、等同词、同义词、反义词、替代词、外文等同词的检索；多词检索支持多个检索条件的“与”“或”“非”（且不包含）和“异或”逻辑运算；位置检索支持某个检索词“之后是”另一检索词的位置限定检索；范围检索支持数字和数字范围（可以选择“大于”“小于”“等于”“不小于”“不大于”“不等于”）检索；对输入主题词中的字母、数字可以选择“不做转换，直接检索”“同时检索全半角”“转换成全角后检索”“转换成半角后检索”。

（5）书生电子图书的下载和离线阅读

镜像站点仅提供图书的在线预览功能，如果想要下载图书必须采用借阅账号登录（该功能需要单独购买）。用户需要输入自己的账号和密码，如果是首次使用的新用户则需要先申请并注册借阅账号。通过该方式登录的读者除了能在线阅读电子图书外，还能下载借阅电子图书到本地计算机，用于脱机阅读。

读者需要将电子图书下载到本地阅读时，可以点击“借阅”，图书下载完毕后即可在本地计算机上阅读，阅读期限为一般为 30 天或 60 天（期限之后打开图书时会出现“过期”消息框）。使用这种方式下载的图书，下载到哪个位置就只能在那个位置上进行阅读，不可复制到其他计算机上阅读。

采用借阅账号登录后，书生的电子图书可以使用 U 盘进行下载，下载后即可将 U 盘带走到其他机器上进行离线阅读图书。具体的操作步骤为：打开书生之家阅读器，在“视图”中选择“图书管理”，点击图标“设置书架路径”，将下载路径修改为 U 盘或其他移动存储设备；选中某本图书，点击“借阅”按钮，会自动将图书下载到 U 盘或其他移动存储设备。

（6）书生电子图书的打印

如果想打印某本电子图书，可以在阅读器中选择“文件”菜单中的“打印”功能，选择已经连接好的打印机，设置好打印范围（系统限制每次打印页数不超过 10 页），点击“确定”即可进行原版打印。

除了可以打印外，还可以将某本图书的个别章节“打印”（保存）为 PDF 文件格式，在弹出的“打印”对话框中将打印机名称选择为“Adobe PDF”，设置打印范围，每次最多只能打印 10 页，点击“确定”即可，如图 3-31 所示。

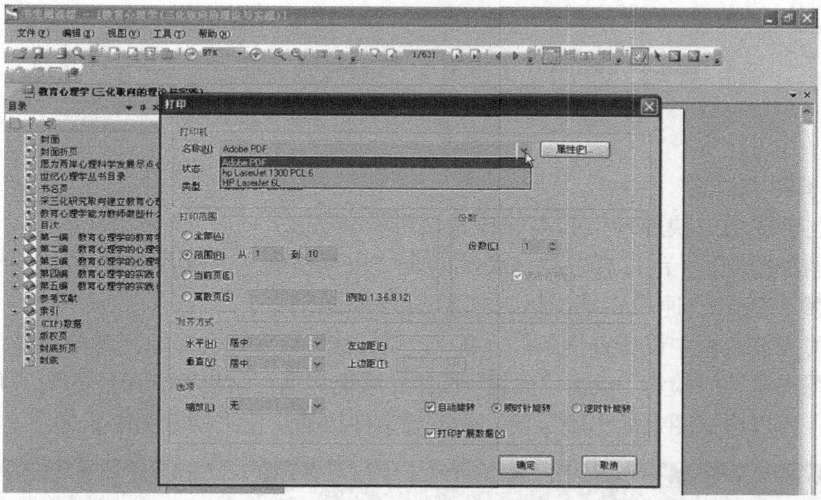

图 3-31　书生的“PDF 打印”

3.1.4　方正 Apabi 数字图书馆

1. 方正 Apabi 数字图书馆概述

方正 Apabi 数字图书系统是由北大方正集团有限公司开发的数字图书系统，收录了全国 400 多家出版社出版的中文数字图书，涵盖了社会学、哲学、宗教、历史、经济管理、文学、数学、化学、地理、生物、医学、工程、机械等多种学科。

目前电子书库有 260 余万册可供阅读的电子图书，其中可全文下载的共 70 万种。有民国期刊 20000 多期，中医古籍 2000 余册，国学要览 80000 余册。拥有教参全文数据库、中国中小学学•教精品电子书库、企鹅外文电子书库、《北京周报—中国英文新闻周刊》50 年回溯资源库、《文渊阁四库全书》数据库和《国学要览》古籍库等特色资源。

中华数字书苑是方正 Apabi 最近推出的新的整合服务平台，将电子书、图片、报纸及年鉴、工具书等资源进行了整合，但电子书仍是方正 Apabi 数字内容资源的核心部分。

2. 中华数字书苑电子图书使用方法

（1）访问中华数字书苑电子图书

中华数字书苑仅限在机构内部 IP 地址范围内使用，电子图书主页面如图 3-32 所示。

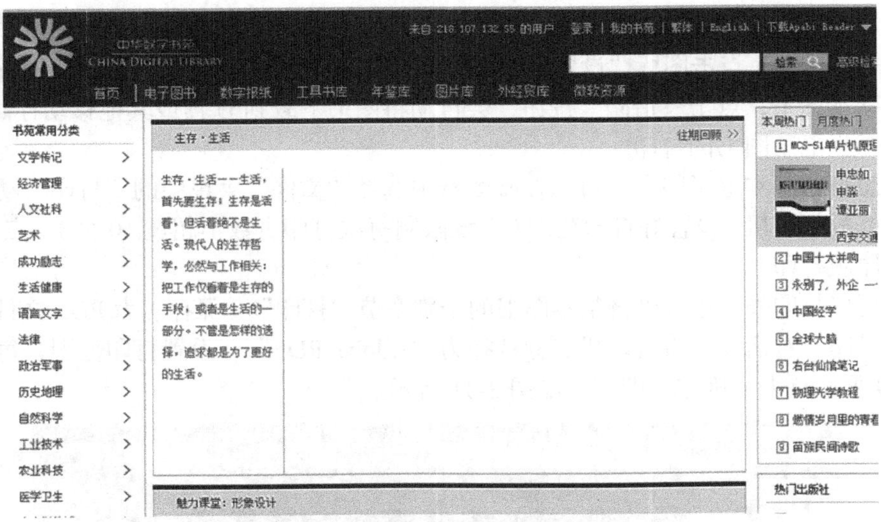

图 3-32　中华数字书苑电子图书主页

（2）电子图书检索

Apabi 电子图书有快速检索和高级检索两种检索方式。

1）快速检索。在平台首页中默认展示的是“快速检索”，或者在检索功能区中点击“快速检索”标签，进入快速检索功能区，如图 3-33 所示。

在快速检索输入框中设置查询条件，如“人工智能”，系统会提示读者选择是在电子图书中检索还是在图书章节中检索。点击“检索”按钮，系统自动检索出符合条件的图书并展示在检索结果列表中，可以根据图书的出版年代、分类等条件精确定位来检索图书，如图 3-34 所示。

图 3-33　电子图书快速检索

图 3-34　电子图书检索结果

2）高级检索。在检索功能区中点击“高级检索”标签，进入高级检索界面。高级检索可以按照电子图书、出版机构、作者人物和参考文献几个方面进行检索。

电子图书高级检索：可以按照书名、作者、出版社、ISBN、目录和正文等内容进行逻辑“与”和“或”的组合检索，出版时间可以选择某日期之前、之后，或者选择某个日期区间，如图 3-35 所示。

出版机构检索：可以按照出版机构的名称进行检索。

作者人物检索：可以按照作者的名称和国籍进行检索。

参考文献检索：可以按照参考文献的书名、作者和出版社进行检索。

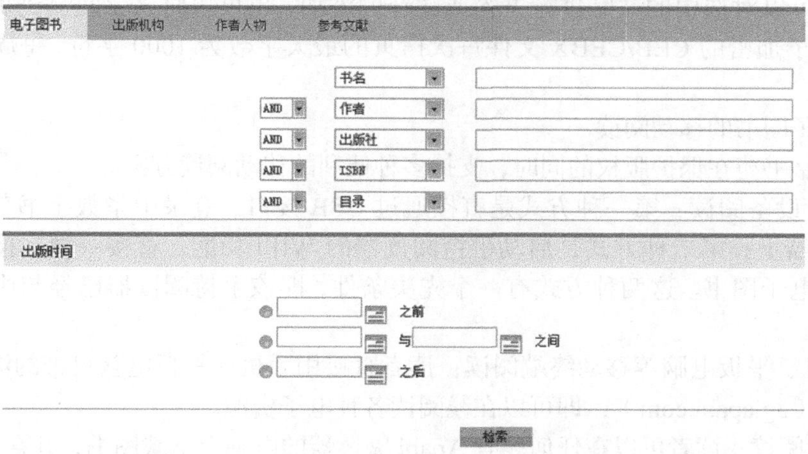

图 3-35　电子图书高级检索

（3）电子图书的阅读

电子图书有“在线阅读”和“借阅”两种模式。通过“在线阅读”可阅读电子图书书库中任意一本图书，并且不用安装 Apabi 阅读器，如图 3-36 所示。电子图书“借阅”与纸本图书的借阅类似，表示用户将图书借出仅限本人阅读，每本图书有 1～5 册的复本限制，并且系统会设置一个借阅期限，在借阅期内需要归还所“借”图书，否则超期后系统将自动收回，归还或收回图书后用户可继续“借”书。而“在线阅读”则不受已“借”图书数量和该书是否已“出借”的限制。

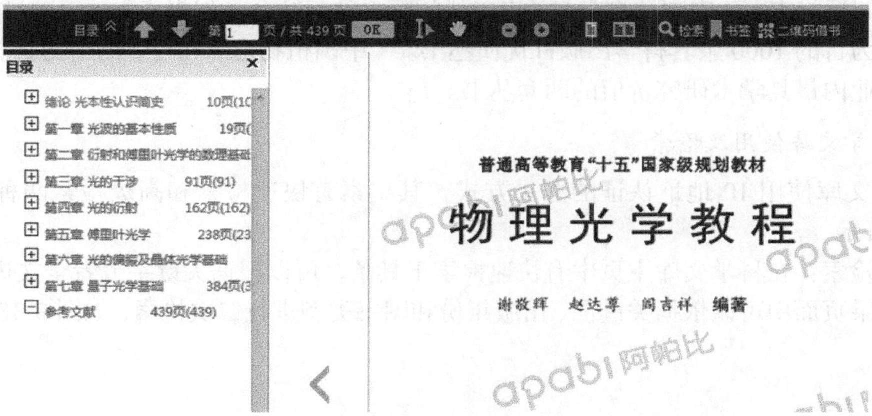

图 3-36　电子图书在线阅读

用户在借阅图书时必须下载方正 Apabi 阅读器，安装程序前请关闭所有的浏览器窗口，否则可能导致方正 Apabi 阅读器不可用，须将其卸载后重新安装。

Apabi 阅读器是由方正集团研发的电子文档阅读软件，它集电子书阅读、下载、收藏等功能于一身，既可看书又可听书，还兼备 RSS 阅读器和本地文件夹监控功能。它是方正电子书 CEBX、CEB 格式文件的专用阅读器，并可阅读 PDF、TXT、EPUB、HTM、HTML 等格式的电子图书及文件。

Apabi 阅读器有很多功能，常用的有工具栏菜单中的手形工具、选择工具及缩放工具。其中，选择工具可以选择文档中的文字，配合 Shift 键可以选中位于两次点击鼠标中间的文字，然后可以对选中的文字进行书签或注释的添加，也可以将文字复制到剪贴板。需要注意的是对于加密的 CEB/CEBX 文件每次拷贝的最大字数为 1000 字符，每周累计不超过 150 次。

（4）电子图书的移动阅读

中华数字书苑在保护版权的同时，支持多种便利的移动阅读方案。

1）手持设备阅读：第一种方式是直接通过 USB 接口，登录中华数字书苑，下载图书到手持阅读器上；第二种方式是启动手持阅读器的 WIFI 功能，直接一键连接到中华数字书苑，下载电子图书。这两种方式有一个先决条件，即该手持阅读器已经与中华数字书苑匹配。

2）手机、平板电脑等移动终端阅读：读者直接用手机或平板电脑自带的浏览器访问中华数字书苑（3g.apabi.com），即可以在线阅读各种电子资源。

3）U 盘阅读：读者可以在任何装有 Apabi 阅读器的电脑上下载图书，并存储到 U 盘中。如果电脑上同时插有两个或两个以上 U 盘，系统仅识别盘符靠前的一个。

3.1.5　科学文库

1. 科学文库概述

科学文库是中国科技出版传媒股份有限公司（科学出版社）第一批数字出版建设的重点项目，是国内针对图书内容资源的第一个在线全文发布平台。目前平台上收录的资源分为电子书及电子丛书，共计 43000 余种，以 2000～2015 年度书为主体，最早回溯至 1951 年。按学科分为 6 个专题：科学、技术、医学、生命科学、人文社科、地球科学与环境。电子丛书包括《中国植物志》《中国动物志》《中国科学院科学与社会系列报告》《中国科学技术史》四大丛书为首的 1000 余套科学出版社优质丛书。《中国植物志》和《中国动物志》是该平台上收录的业内最具学术研究价值的两套丛书。

2. 科学文库使用及检索

科学文库使用 IP 地址认证的登录方式，其检索有快速检索和高级检索两种方式，如图 3-37 所示。

快速检索：在科学文库主页中有快速检索工具条，可以根据关键字或者全文进行检索。在检索结果页面中可以依据关键词、出版年份和图书类型进行二次检索，如图 3-38 和图 3-39 所示。

图 3-37　科学文库主页

图 3-38　科学文库快速检索

图 3-39　科学文库二次检索

高级检索：在快速检索框的右侧有“高级检索”按钮，可以选择图书名称、作者、ISBN、简介四个检索项并结合出版日期和学科进行检索，同时还可以根据需要增加或者检索项。同样，在检索结果页面也可以根据需要进行二次检索，如图 3-40 所示。

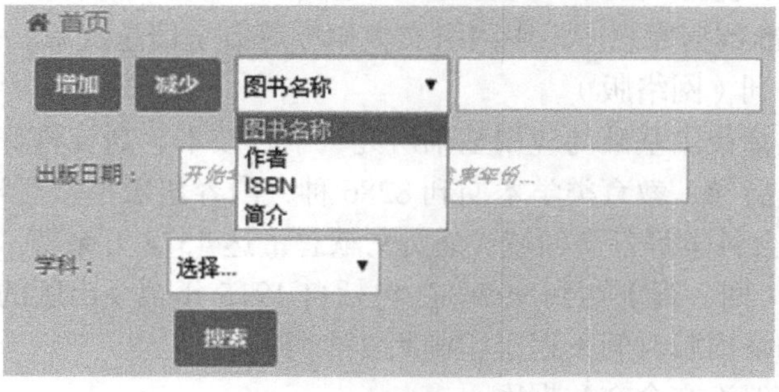

图 3-40　科学文库高级检索

检索的图书可以在线阅读也可以离线下载，下载的图书可以用 CAJ 阅读器打开，下载图书的有效期为 15 天，过期需要重新下载。

3.2　常用中文全文数据库

3.2.1　CNKI 中国知网

1. CNKI 概述

中国知网，是中国知识基础设施工程（China National Knowledge Infrastructure，CNKI）的研究和建设成果。该工程由清华大学于 1995 年发起立项，由同方知网技术产业集团于 1999 年 6 月开始承担建设并开展服务。经过十多年努力，CNKI 集团采用自主开发并具有国际领先水平的数字图书馆技术，已建设成为世界上全文信息量规模最大的“CNKI 数字图书馆”，深度集成整合了期刊、博硕士论文、会议论文、报纸、年鉴、工具书等各种文献资源，并以“中国知网”（www.cnki.net）为网络出版与知识服务平台，如图 3-41 所示，提供最丰富的知识信息资源和最有效的知识传播与数字化学习服务。

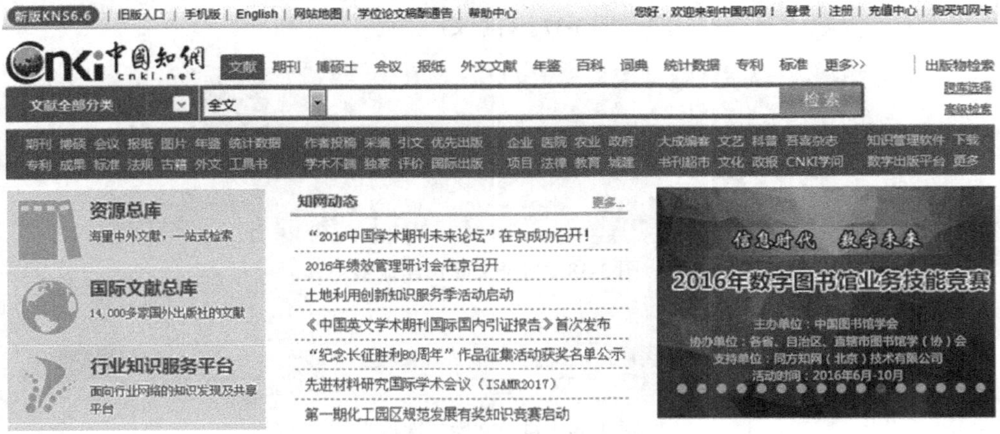

图 3-41　CNKI 中国知网主页

目前，中国知网已推出的主要中文系列源数据库产品包括：中国学术期刊（网络版）（1915 年至今），中国重要会议论文全文数据库（1953 年至今），中国重要报纸全文数据库（2000 年至今），中国博士、优秀硕士学位论文全文数据库（1984 年至今），中国专利全文数据库（1985 年至今），标准数据库总库，中国引文数据库等数字信息资源。

（1）中国学术期刊（网络版）

该数据库完整收录我国基础与应用基础研究、工程技术、高校科普、政策指导、行业指导、实用技术、职业指导、教育类学术期刊 8286 种，内容覆盖自然科学、工程技术、农业、哲学、医学、人文社会科学等各个领域。全文文献总量达 4578 万余篇。学术期刊完整率达到 97.5%，文献完整率（期、篇）达到 99.9%。包括自 1915 年至今出版的期刊，部分期刊回溯至创刊。所有期刊网络出版时间不迟于印刷版 2 个月。

（2）中国重要会议论文全文数据库

该数据库收录 1999 年以来，中国科学技术协会系统及国家二级以上学会、协会，高校、科研院所，政府机关举办的重要会议及在国内召开的国际会议上发表的文献。其中，国际会议文献占全部文献的20%以上，全国性会议文献超过总量的70%，部分重点会议文献回溯至1953年。累计学术会议论文集27230本，文献总量240多万篇。网络出版时间平均不迟于会议结束后2个月。

（3）中国重要报纸全文数据库（CCND）

该数据库收录2000年以来中国国内500多种重要报纸刊载的学术性、资料性文献的连续动态更新的数据库。累计报纸全文文献达1410多万篇。网络出版时间平均不迟于纸质报纸发行后3天。

（4）中国博士、优秀硕士学位论文全文数据库

该数据库包括全国432家培养单位的博士学位论文和695家硕士培养单位的优秀硕士学位论文。从1984年至今，累计博士、优秀硕士学位论文全文文献达300多万篇。

（5）中国专利全文数据库（SCPD）

该数据库包含发明专利、实用新型专利、外观设计专利三个子库。来源于国家知识产权局知识产权出版社，准确地反映中国最新的专利发明。专利相关的文献、成果等信息来源于CNKI各大数据库。可以通过申请号、申请日、公开号、公开日、专利名称、摘要、分类号、申请人、发明人、优先权等检索项进行检索，并一次性下载专利说明书全文。从1985年至今，共计收录专利1800万条。

（6）标准数据库总库

该数据库是国内数据量最大、收录最完整的标准数据库，分为《中国标准题录数据库》（SCSD）、《国外标准题录数据库》（SOSD）、《国家标准全文数据库》和《中国行业标准全文数据库》。《中国标准题录数据库》（SCSD）收录了所有的中国国家标准（GB）、国家建设标准（GBJ）、中国行业标准的题录摘要数据，共计标准约13万条；《国外标准题录数据库》（SOSD）收录了世界范围内重要标准，如国际标准（ISO）、国际电工标准（IEC）、欧洲标准（EN）、德国标准（DIN）、英国标准（BS）、法国标准（NF）、日本工业标准（JIS）、美国标准（ANSI）、美国部分学协会标准（如ASTM、IEEE、UL、ASME）等标准的题录摘要数据，共计标准约31万条。《国家标准全文数据库》收录了由中国标准出版社出版的，国家标准化管理委员会发布的所有国家标准，占国家标准总量的90%以上。《中国行业标准全文数据库》收录了现行、废止、被代替及即将实施的行业标准，全部标准均获得权利人的合法授权。标准的内容来源于中国标准化研究院国家标准馆，相关的文献、专利、成果等信息来源于CNKI各大数据库。可以通过标准号、中文标题、英文标题、中文关键词、英文关键词、发布单位、摘要、被代替标准、采用关系等检索项进行检索。

（7）中国引文数据库

该数据库通过揭示各种类型文献之间的相互引证关系，为科学研究提供新的交流模式，也可作为一种有效的科学管理及评价工具。

其中，中国学术期刊全文数据库是CNKI知识创新网中最具特色的文献数据库。在后面的内容中，将以中国期刊全文数据库为例，介绍数据库的检索使用方法，其他各数据库的检索方法不再一一赘述。

2. 中国期刊全文数据库的检索

（1）登录数据库

登录中国期刊全文数据库网址 www.cnki.net，凭机构用户登录账号、密码或 IP 自动登录。

（2）下载安装全文浏览器

登录之后，第一次使用 CNKI 产品和服务，需要先下载 CAJ 浏览器 CAJViewer，以便阅读 CAJ 和 PDF 格式的文件全文。CNKI 的所有文献都提供 CAJ 文件格式，期刊、报纸、会议论文等文献还同时提供 PDF 文件格式。单击首页下方的“CAJViewer 浏览器”（图 3-42），运行软件包，根据提示进行相应选择和安装即可。

图 3-42　CAJ 全文浏览器下载界面

（3）检索方法

在 CNKI 首页，选择“期刊”进入期刊数据库的检索界面，不同的数据库页面检索方式标签各有不同，但基本上都具有快速检索、高级检索、专业检索这三种检索方式；期刊数据库另有作者发文检索和句子检索。

1）快速检索。快速检索适合于简单课题的检索，快速检索中的检索选项包括主题、篇名、关键词、作者、单位、刊名、ISSN、CN、基金、摘要、参考文献、中图分类号、DOI、栏目信息，如图 3-43 所示。

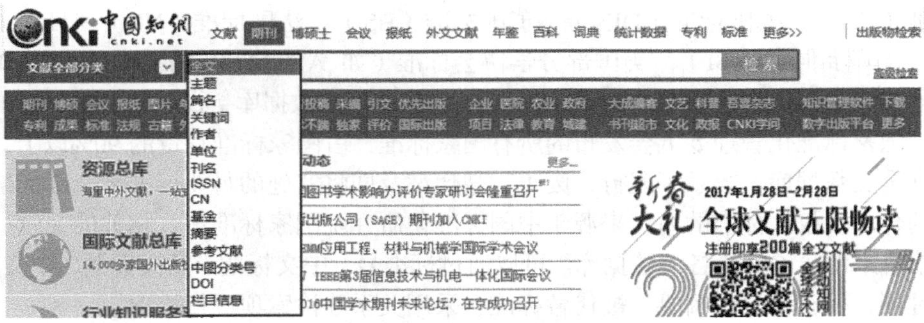

图 3-43　CNKI 快速检索界面

2）高级检索。高级检索（图 3-44）提供多个检索提问框，具有多种逻辑运算功能，对检索课题的表达性更强，检索效率和检索结果的精度更高，利用高级检索系统能进行快速有效的组合查询，优点是查询结果冗余少，命中率高，适用于复杂课题的检索。

3）专业检索。专业检索需要用户使用逻辑运算符和关键词构造检索式进行检索，适用于图书情报专业人员查新、信息分析等工作。专业检索页面如图 3-45 所示。专业检索语法表达式对符号的使用有严格的要求，点击专业检索页面的“检索表达式语法”，可以查看详细的检索教程，自行学习。

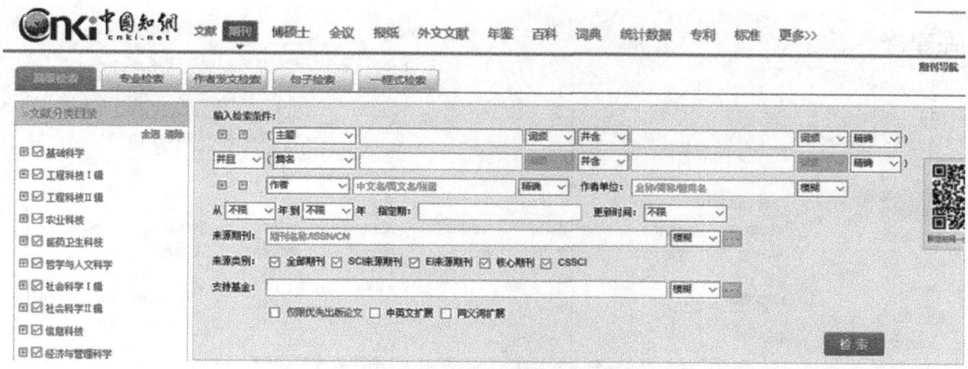

图 3-44　CNKI 高级检索界面

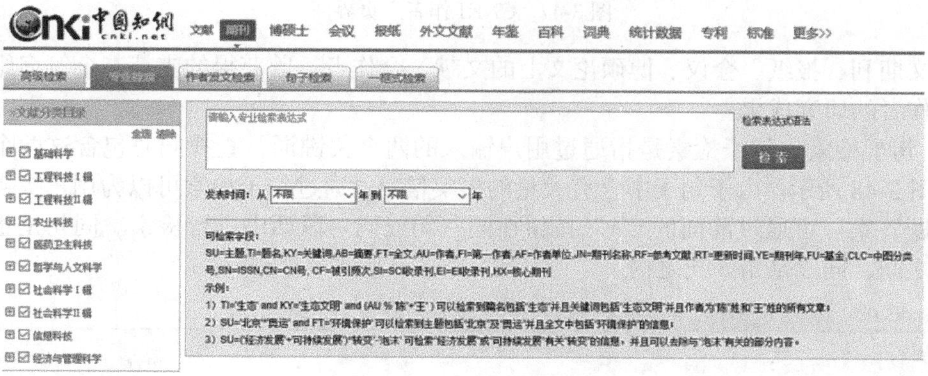

图 3-45　CNKI 专业检索界面

4）作者发文检索。作者发文检索是通过学者姓名、单位等信息，查找学者发表的全部文献及被引下载等情况。如图 3-46 所示，举例说明：作者框输入“陈建峰”，单位框输入“北京化工大学”，点击“检索”按钮后，系统将陈建峰教授发表的文章列表显示。点击列表中标红的“陈建峰”超链接，系统自动带入 CNKI 学者主页，如图 3-47 所示。这是一个帮助学者管理和展示学术成果的平台，它从作者关注领域、作者文献中最高被引、最高下载、发表

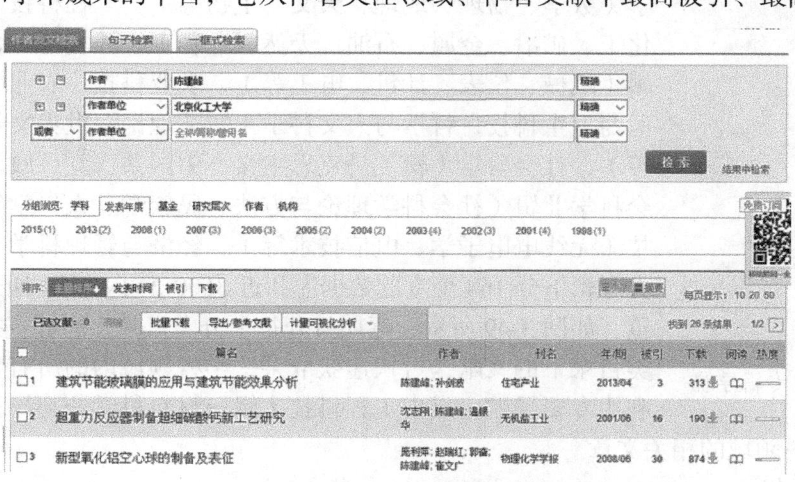

图 3-46　CNKI 作者发文检索界面

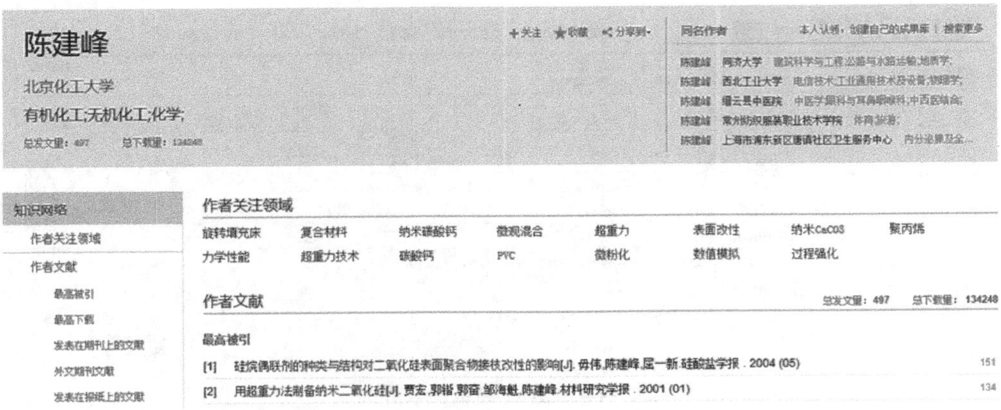

图 3-47　CNKI 作者主页界面

在中外文期刊、报纸、会议、博硕论文上的文献、合作者、曾获得的支持基金等多维度地展示了该作者的研究成果。

5）句子检索。句子检索是指通过用户输入的两个关键词，查找同时包含这两个词的句子，如图 3-48 所示。由于句子中含有大量的事实信息，通过句子检索可以为用户提供有关事实的问题答案。可通过前面的“+”按钮在同一句或同一段话中进行检索。同句是指两个标点符号之间，同段是指 5 句之内。

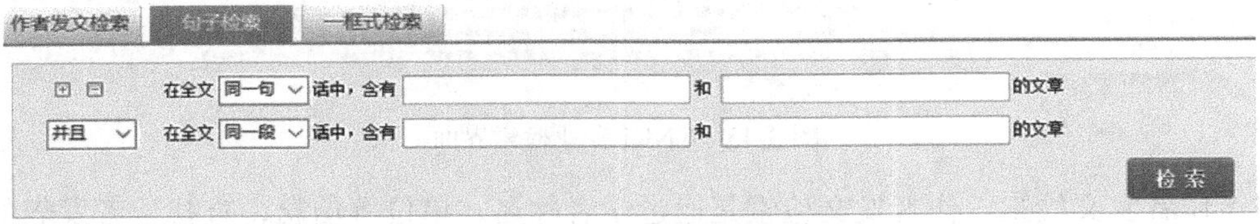

图 3-48　CNKI 句子检索界面

（4）专辑导航

CNKI 总库基于《中国图书馆分类法（第 5 版）》对期刊进行分类，统一分为：基础科学（数学、物理、地理、天文、生物等），工程科技Ⅰ辑（化学、化工、矿冶、金属、石油、天然气、轻工、环境等），工程科技Ⅱ辑（机械、仪表、计量、电工等），农业科技（农业、林业等），医药卫生科技，哲学与人文科学（文艺理论、世界文学、中国文学等），社会科学Ⅰ辑（马克思主义、中国共产党、政治学等），社会科学Ⅱ辑（社会科学理论与方法、民族学、人口学等）、信息科技（无线电电子学、电信技术等），经济与管理科学十大专辑，十大专辑下分 168 个专题数据库和近 3600 个子栏目。通过专辑导航浏览，如图 3-49 所示，逐层打开每个分类目录，能够直接查看最终分类目录下的文献，可快速获取某一学科领域内的所有文献。例如，利用专辑导航，点击工程科技Ⅰ辑→材料科学→超导材料，即可检索出超导材料领域的相关文章。

图 3-49　CNKI 专辑导航

（5）知网节

知网节是以一篇文献作为其节点文献，知识网格的内容包括节点文献的题录摘要和相关文献链接，提供单篇文献的详细信息和扩展信息的浏览页面。即通过参考文献、引证文献、同被引文献、共引文献、相关文献、读者推荐文献、相关作者、相关机构、分类导航等的链接来达到知识扩展的目的，有助于新知识的学习和发现，实现知识获取、知识发现。

首先利用前面介绍的方法检索到一篇文献，点击进入其详细页面，会看到以该文献为节点的知网节，如图 3-50 所示。知网节包括以下内容。

1）节点文献链接：篇名、作者、机构、关键词、摘要、刊名、刊期等信息及链接。

2）参考文献链接：反映本文研究工作的背景和依据。

3）引证文献链接：引用本文的文献。本文研究工作的继续、应用、发展或评价。

4）共引文献链接：与本文有相同参考文献的文献。与本文有共同研究背景或依据。

5）同被引文献链接：与本文同时被作为参考文献引用的文献。与本文共同作为进一步研究的基础。

6）二级参考文献链接：本文参考文献的参考文献。进一步反映本文研究工作的背景和依据。

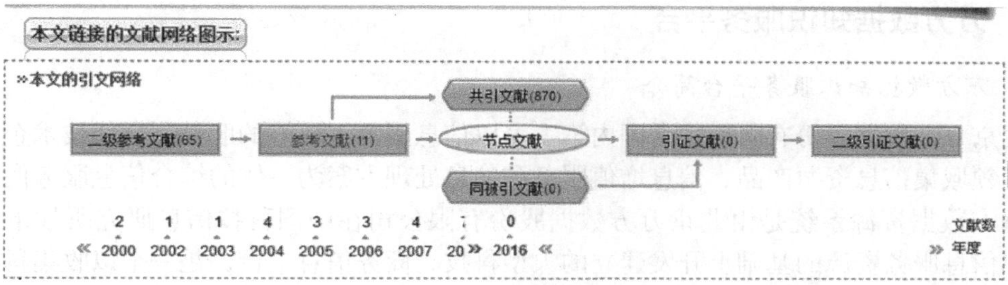

图 3-50　CNKI 知网节

7）二级引证文献链接：本文引证文献的引证文献。更进一步反映本文研究工作的继续、发展或评价。

文献之间的链接可以帮助我们构建相关的知识网络，获得大量与检索关键词相关的相同学科、相邻学科及交叉学科的大量文献，从而迅速建立起一个立体的知识网络系统。

检索实例 1　检索基于光纤布拉格光栅（FBG）温度传感器的研究应用方面的期刊文献。

解答　检索过程如下。

1）分析检索课题，选择检索词：光纤布拉格光栅、FBG、温度传感器。

2）构建检索策略：（光纤布拉格光栅 OR FBG）AND 温度传感器。

3）选择检索方式：采用高级检索。

4）输入检索条件：主题范围比较宽泛，包括篇名+关键词+摘要，为提高查全率，此处选择“主题”为检索入口。在第一个检索框中输入“光纤布拉格光栅”，逻辑算符选择“或含”，第二个检索框输入“FBG”，完成了“光纤布拉格光栅 OR FBG”构建；再在下一行检索框中输入“温度传感器”，并选择逻辑算符“并且”与前一行检索词连接，完成了“（光纤布拉格光栅 OR FBG）AND 温度传感器”的构造。

5）检索结果处理：在图 3-51 的检索结果页面，用户可以按照主题、时间、被引、下载情况进行排序；选中相关文献导出/参考文献、分析/阅读；下载、预览文献；对结果不满意可以进行二次检索。

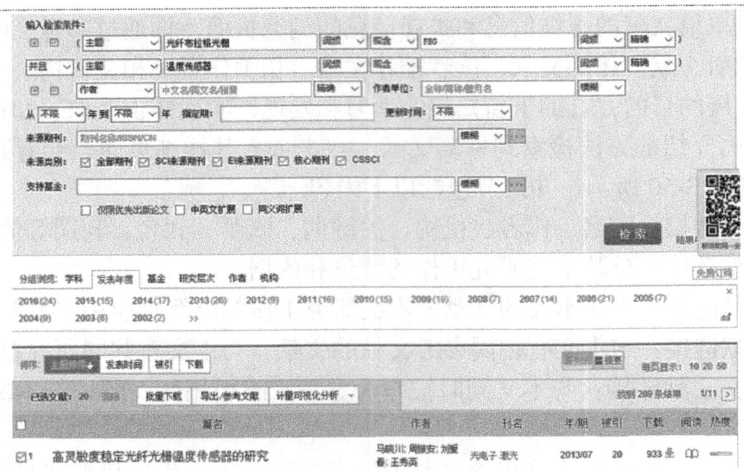

图 3-51　CNKI 检索实例 1 的检索结果

3.2.2　万方数据知识服务平台

1. *万方数据知识服务平台简介*

北京万方数据股份有限公司是国内第一家以信息服务为核心的股份制高新技术企业，是互联网领域集信息资源产品、信息增值服务和信息处理方案为一体的综合信息服务商。

万方数据资源系统是由北京万方数据股份有限公司在中国科技信息研究所数十年积累的全部信息服务资源的基础上开发建立的大型科技、商务信息平台，是一个以收集科技信息为主，集经济、社会、人文等相关信息为一体，实现网络化服务的信息资源系统。该系统自 1997 年 8 月开始对外提供服务，网址是 http://old.wanfangdata.com.cn。

2009 年 6 月，万方数据资源系统全面升级为万方数据知识服务平台（Wanfang Data Knowledge Service Platform）。万方数据知识服务平台是在原万方数据资源系统的基础上，经过不断改进、创新而成，集高品质信息资源、先进检索算法技术、多元化增值服务、人性化设计等特色于一身，是国内一流的品质信息资源出版、增值服务平台。万方数据知识服务平台的网址是 http://www.wanfangdata.com.cn，其主页如图 3-52 所示。

图 3-52　万方数据知识服务平台的首页

2. 数据库资源

万方数据知识服务平台通过学术论文、学术期刊、学位论文、会议论文、专利技术、中外标准、科技成果、政策法规和机构等几个资源版块、100 多个数据库为读者提供信息检索服务。表 3-1、表 3-2 中列举出了常用数据库的简介及资源的收录情况，表 3-3 中列出了万方数据知识服务平台提供的主要免费资源。

表 3-1　万方数据知识服务平台的主要全文资源

数据库名称	内容简介	资源数量
中国学位论文全文数据库（CDDB）	与我国近 600 家学位授予单位合作，涉及全国 985 高校、211 高校、中国科学院、中国工程院、中国农业科学院、中国林业科学院等机构的重点精选博硕士论文。其中 211 高校覆盖率达 97%。该数据库涵盖理学、工业技术、人文科学、社会科学、医药卫生、农业科学、交通运输、航空航天和环境科学等各学科领域，是我国文献量最大、来源最权威的学位论文全文库	该库收录了自 1980 年至今总共 3761222 篇学位论文，其中全文数量达 280 万余篇。每月更新
中国学术期刊数据库（CSPD）	该数据库涵盖了理、工、农、医、经济、教育、文艺、社科、哲学、政法等学科。核心期刊达 2500 余种，包括全国 81% 的科技核心期刊	该库收录了自 1998 年至今总共近 8000 种期刊，3500 万余篇论文。每周更新两次
中国学术会议文献数据库（CCPD）	该数据库由中文全文数据库和西文全文数据库两部分构成，内容涵盖人文社会、自然、农林、医药、工程技术等各学科领域，是目前国内收集学科较全、数量较多的会议论文数据库。以全国性的学会、协会、研究会组织、部委、高校召开的全国性学术会议论文为主，每年涉及近 3000 个重要的学术会议。“中文版”所收会议论文内容是中文；“英文版”主要收录在中国召开的国际会议的论文，论文内容多为西文	该库收录了自 1983 年至今的会议论文 3188586 篇，其中全文 246 万余篇。每年增加约 20 万篇全文。每月更新
中外专利数据库（WFPD）	中外专利数据库包括中国专利文献、国外与国际组织专利两部分，收录内容包括七国两组织（中国、美国、日本、德国、英国、法国、瑞士、欧洲专利局和世界知识产权组织）的发明、实用新型及外观设计等专利	该库收录了自 1985 年以来的专利。每年增加约 25 万条。中国专利每两周更新一次，国外专利每季度更新一次
中国特种图书数据库（CSBD）	知识服务平台新推出的特色数据库，主要包括新方志、专业书、工具书等，来源于各专业出版社、组织等专业机构，内容覆盖社会各个领域，特色鲜明、数量庞大，具有非常高的参考价值，是进行科研、学术活动、教学、生产等必不可少的信息资源	该库收录了特种图书 4.9 万余册
中国法律法规数据库（CLRD）	主要由国家信息中心提供，信息来源权威、专业，被认为是国内较权威、全面、实用的法律法规数据库。内容涵盖国家法律法规、行政法规、地方法规、国际条约及惯例、司法解释、合同范本、案例分析等，涉及社会各个领域。该库数据格式采用国际通用的 HTML 格式	包括 13 个基本数据库，收录了 36 余万条数据

表 3-2　万方数据知识服务平台的其他重点资源

资源	内容简介
中外标准	内容：中国国家标准、建设标准、建材标准、行业标准及国际标准、国际电工标准、欧洲标准，以及美、英、德、法等国国家标准和日本工业标准； 数量：各类标准题录 43 万余条，每月更新
中国科技成果数据库（CSTAD）	内容：收录了自 1978 年以来的国内科技成果及国家级科技计划项目； 数量：总计 87 余万条，每月更新
机构信息系统	内容：主要收录了国内外企业机构、科研机构、教育机构、信息机构各类信息； 数量：约 20 万条记录

续表

资源	内容简介
外文文献数据库（NSTL）	来源：1995 年以来世界各国重要学术期刊； 数量：每年增加论文百万余篇，每月更新
	来源：1985 年以来世界各主要协会、出版机构出版的学术会议论文； 数量：每年增加论文约 20 余万篇，每月更新
	NSTL 的外文科技期刊和会议录等文献已达到 5 万余种

表 3-3　万方数据知识服务平台的免费资源

资源	内容简介
OA 论文	来源：DOAJ、arXiv、PubMed、SRP 等 数量：近 250 余万篇全文资源索引
学者博文	形式：在相关链接中引入互联网专家、学者的博客文章链接 数量：总计 27 余万条

3. 期刊导航

如果对信息来源比较确定，可以在主页面点击各个子库，再通过分类导航来获得相应的信息来源，然后通过浏览目录来获取文献信息。以期刊库为例，选择“期刊”标签，出现学科分类、地区分类和首字母分类三个分类方法（图 3-53、图 3-54）。

图 3-53　万方数据知识服务平台“期刊”学科分类

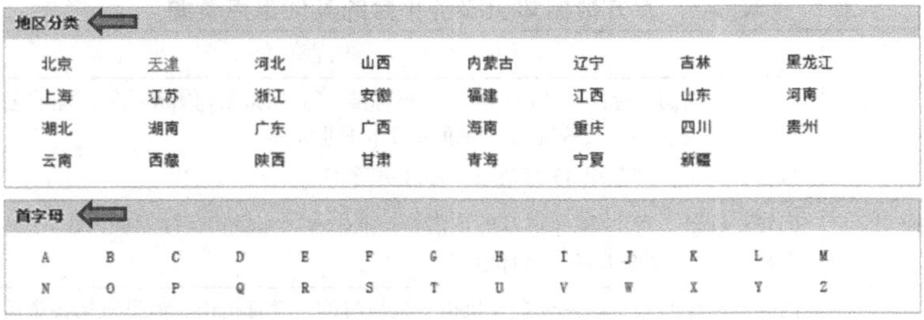

图 3-54　万方数据知识服务平台“期刊”地区分类和首字母

检索实例 2　查找《材料科学与工艺》杂志风格及内容等信息。

解答　在检索框内输入“材料科学与工艺”，并点击“检索刊名”，即可显示该刊的题录信息，如图 3-55 所示。点击刊名进入该刊的详细信息页面，如图 3-56 所示。万方采用了 FlashPaper 技术，并遵循电子期刊以刊为单位的原则，符合读者的阅读习惯，可以多角度、全方位地进入期刊主页单篇、单刊、按刊浏览，享受原刊阅读的感觉。

图 3-55　万方数据知识服务平台期刊的题录信息

图 3-56　万方数据知识服务平台《材料科学与工艺》的首页

4. 文献检索

万方数据知识服务平台为用户提供了一框式检索和跨库检索两种检索方式。

（1）一框式检索

用户登录万方数据知识服务平台的首页如图 3-52 所示，即可进行文献的一框式检索。一框式检索是一种简单自然的检索方式，只有一个检索行，检索行上方为可供选择的数据库标签，无其他控件，检索条件由检索式来完成，检索式使用 PQ 语言。

以学术论文为例。学术论文能够同时检索中外文期刊、中外文会议论文、中文学位论文及 OA 期刊等，是最常用的检索类型。

检索实例 3　检索超临界 $CO2$ 萃取技术的进展与应用方面的学术论文。

解答　检索过程如下：

1）选择“学位论文”标签，在检索框中输入“超临界”时，系统会智能显示“超临界”

的相关同义词（如超临界 CO2、超临界 CO2 萃取、超临界流体萃取等），选取其中的“超临界 CO2 萃取”作为检索词，共检到 5398 篇相关文献，如图 3-57 所示。

2）检索结果处理，左侧按学科分类、文献类型、年份及来源期刊等对检索结果进行分类，用户可以根据自己的检索需求进一步浏览查询；如果对检索结果不满意，可以进一步调整检索策略重新检索，或者在检索结果中进行二次检索；如果对于检索结果满意可以根据需要导出参考文献或者选择相关文献在线阅览或者下载全文。

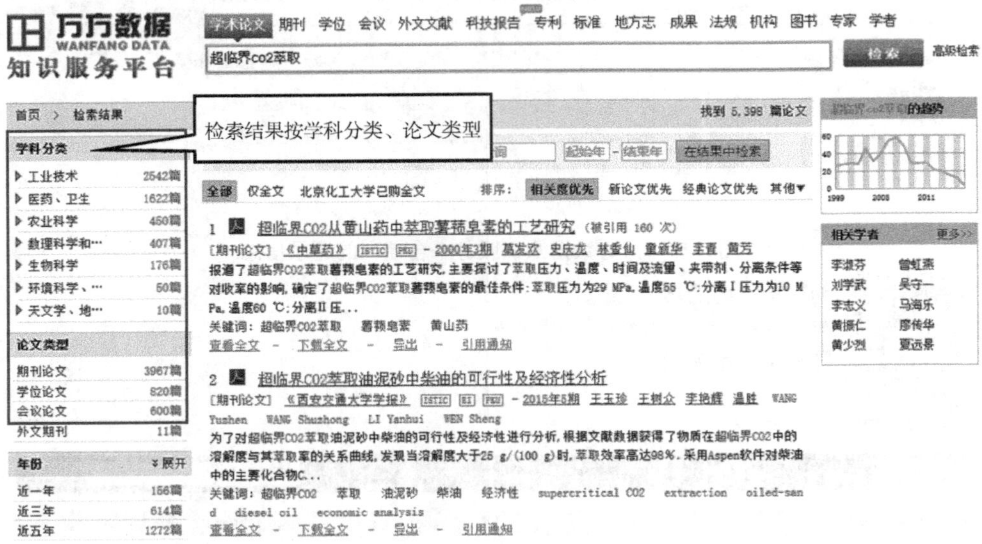

图 3-57　万方数据知识服务平台检索实例 3 的检索结果

（2）高级检索

如果一框式检索不能满足检索需要，可以点击主页的“高级检索”链接，进入高级检索界面，如图 3-58 所示。检索界面主要由以下两部分组成：变更检索范围区和检索入口区。

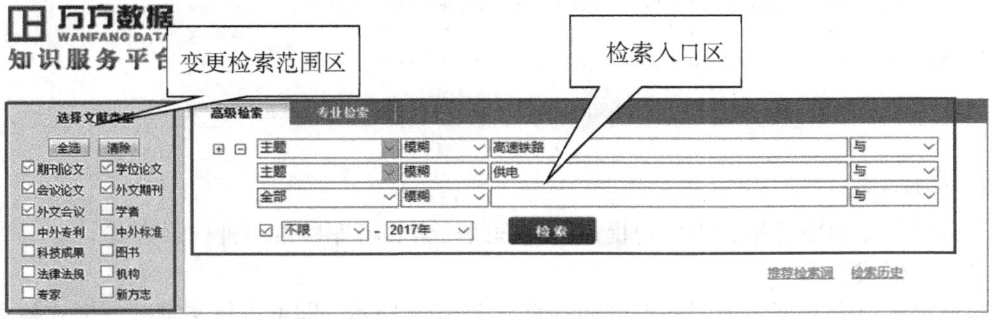

图 3-58　万方数据知识服务平台高级检索页面

高级检索的步骤如下：

1）在变更检索范围区选择检索数据库。在所需数据库前的复选框中打钩，系统就会自动将所选择的数据库添加到检索范围中。如果在检索框中输入检索条件进行检索，系统就会在选定的数据库中查找满足条件的记录。

2）添加检索条件。检索范围确定后，便要添加检索条件才能进行检索。当用户检索命中记录时，便进入检索结果界面（图 3-59）。页面左侧是将检出文献按照年份列出；右侧是从检出文献中提取出的高频关键词列表，用户点击其中的高频关键词，对课题有更深入地挖掘；页面上方是按文献类型对检出文献进行聚类。文献简单格式显示区则以列表的形式显示所有检索结果记录的序号、文献题名链接、作者、数据来源、年期及简单文献等信息；单击某一文献的题名链接，可以进入该文献的详细格式页面。

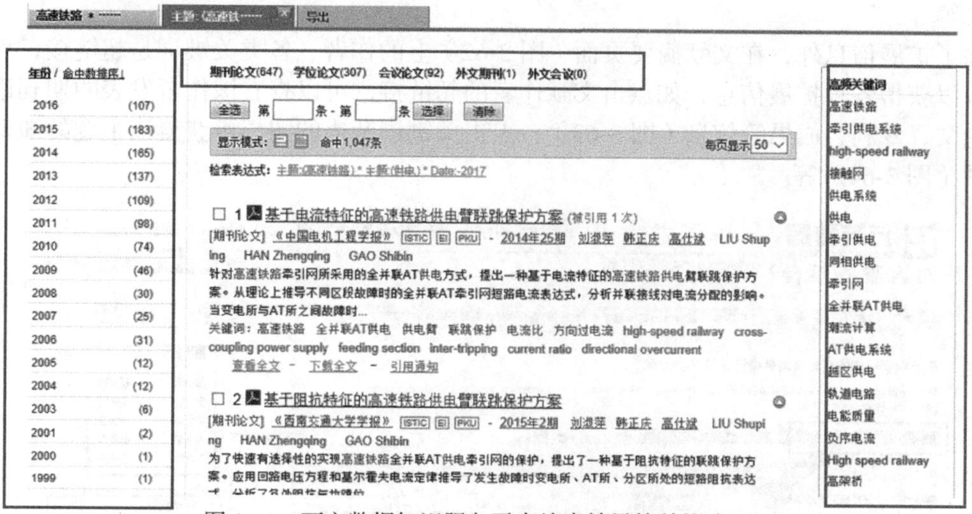

图 3-59　万方数据知识服务平台检索结果简单格式页面

此外，如果希望更加精细地控制检索条件，可以使用专业检索界面（图 3-60），即通过复杂的字段限定构建检索式。为了避免记忆可供字段名称，可以点击“可检索字段”，将弹出一个出现所有字段的页面，点击相应的字段名称，则会自动填写到检索框中。

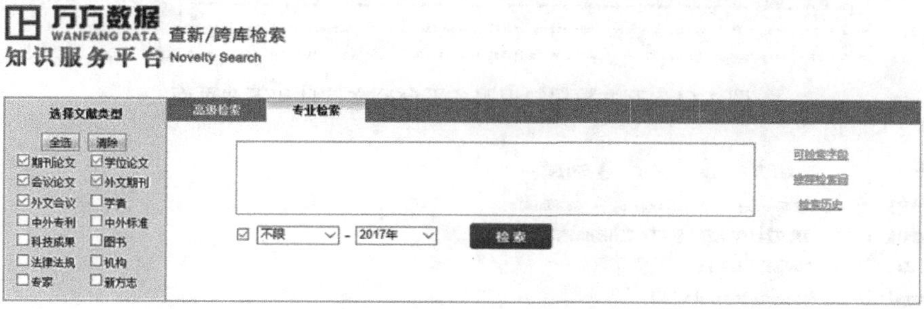

图 3-60　万方数据知识服务平台专业检索页面

对于专业检索，系统使用了“*”　“+”　“^”三种符合代表 AND、OR 和 NOT 三种逻辑关系。字段名与限定词之间可以使用运算符来表示各类关系，如使用“=”代表模糊匹配、“exact”代表精确匹配、“any”代表后面的多个检索词出现一个即可、“all”代表后面的多个检索词要同时出现。另外，对于含有空格或其他特殊字符的检索词要用引号“”括起来。书写检索表达式时，除要检索的词可以用全角符合外，各种运算符合只能是半角符号，关系运算符（除“=”）及布尔逻辑运算符前后均要用空格相连，布尔运算符严格按照从左到右的顺序执行。

5. 全文阅读与扩展

点击检索结果中论文的标题，即可进入论文信息的下载页面，如图 3-61 所示。不管是何种文献资源，包括期刊论文、学位论文、专利等，万方数据知识服务平台均提供标准的 PDF 格式供下载。

系统还根据论文的内容，为其建立了一系列的扩展信息（与论文摘要页在同一页面，如图 3-61 所示）。主要栏目包括相关学者、相关检索词、参考文献、相似文献、引证文献、相关博文等。

除了扩展信息外，在文献摘要页面（图 3-62）上的作者、各类关键词是超链接，均可以点开，以获得各种扩展信息，如点击文献作者的超链接，可以查看该作者发表的期刊论文、学位论文、专利、成果等信息（图 3-63）；点击关键词旁边的图标可获得该主题的知识脉络分析图（图 3-64）等。

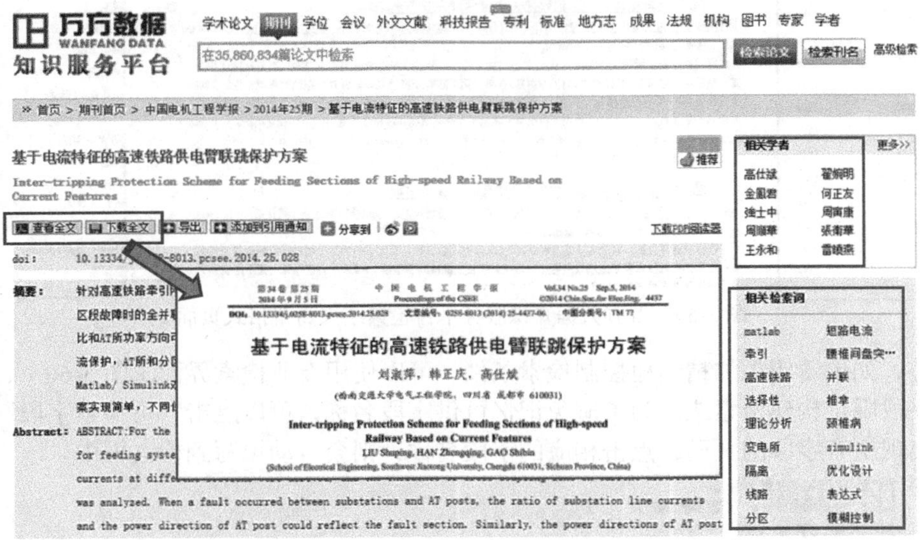

图 3-61　万方数据知识服务平台论文信息和下载页面

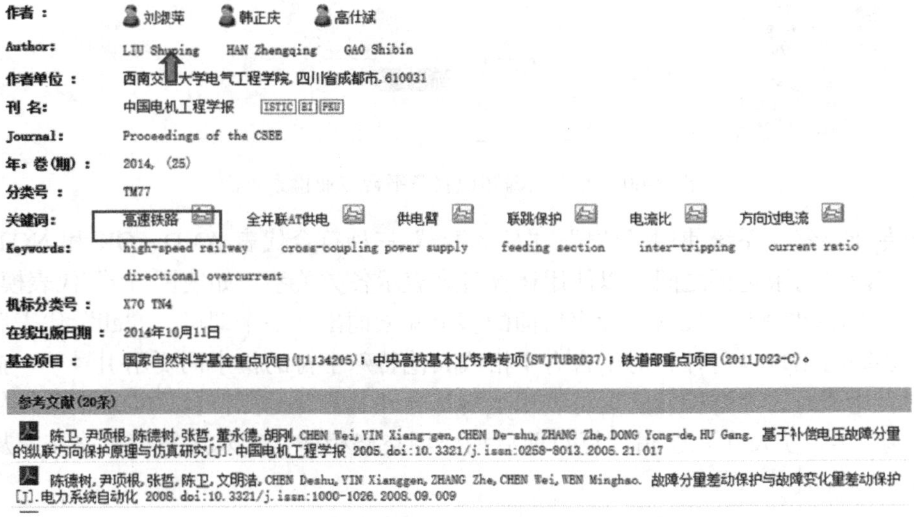

图 3-62　万方数据知识服务平台论文扩展信息

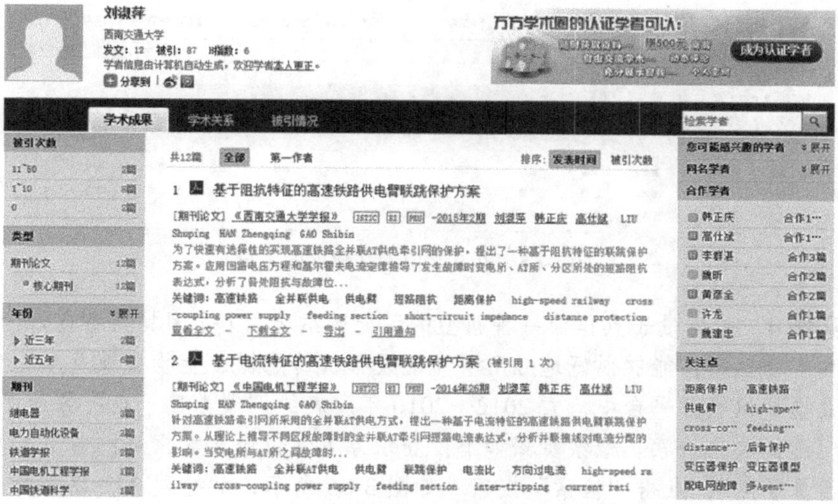

图 3-63　万方数据知识服务平台作者主页

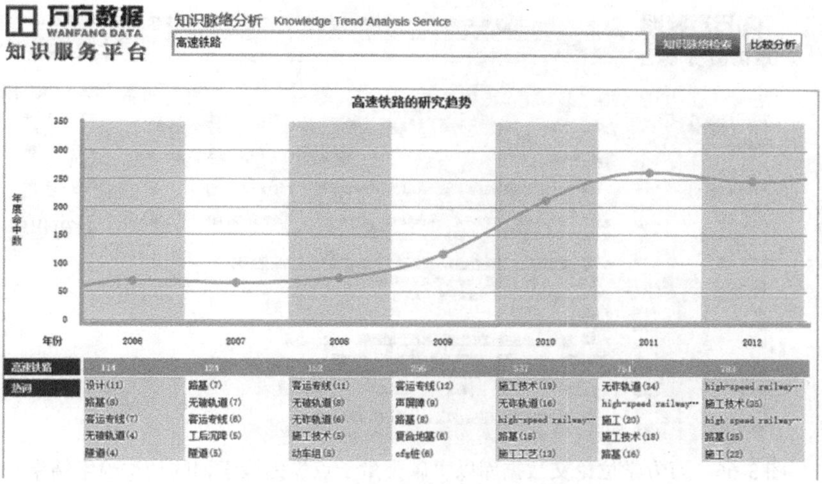

图 3-64　万方数据知识服务平台知识脉络分析图

6. 其他库简介

除了期刊论文，万方数据知识服务平台比较有价值的资源库还包括中国学位论文全文数据库和万方专利库。

（1）中国学位论文全文数据库

中国学位论文全文数据库（China Dissertation Database，CDDB）是万方数据知识服务平台的重要组成部分，始建于 1995 年。该数据库重点收录了国家法定学位论文收藏机构——中国科技信息研究所提供的自 1980 年以来我国自然科学领域各高等院校、研究院所的硕士研究生、博士研究生及博士后论文，内容涵盖理学、工业技术、人文科学、社会科学、医药卫生、农业科学、交通运输、航空航天和环境科学等各学科领域，是我国收录数量较多的学位论文全文数据库之一，总计 370 余万篇。要获得学位论文，可以使用关键词检索或授予单位浏览两种方式，检索到后使用与期刊论文相同的方式获取全文（PDF 格式）。万方学位论文数据库主页如图 3-65 所示。

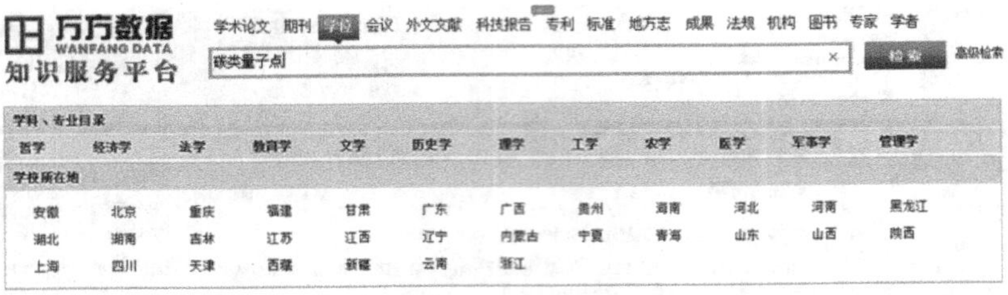

图 3-65　万方学位论文数据库主页

检索实例 4　碳类量子点作为一种新型的荧光碳纳米材料，因其具备良好的光学特性、电学性质和生物性质，能够很好地应用于光电设备、传感器、生物成像及生化分析领域。请在万方数据知识服务平台中检索 2012～2016 年发表的“碳类量子点”方面的学位论文。

解答　选择快速检索。检索步骤如下：登录万方学位论文数据库的首页，在检索框中输入“碳类量子点”，点击“检索”按钮。如图 3-66 所示，共检到 337 篇相关论文。输入起始年 2012，结束年 2016，在检索结果中进行二次检索，二次检索结果如图 3-67 所示。

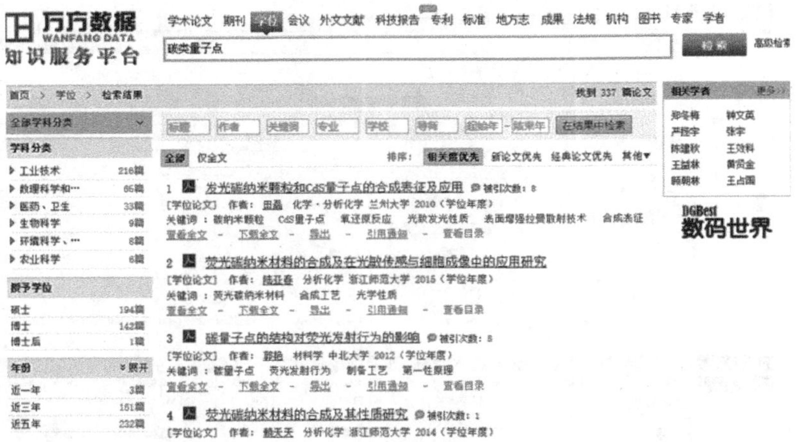

图 3-66　万方学位论文数据库以“碳类量子点”为检索词的初次检索结果

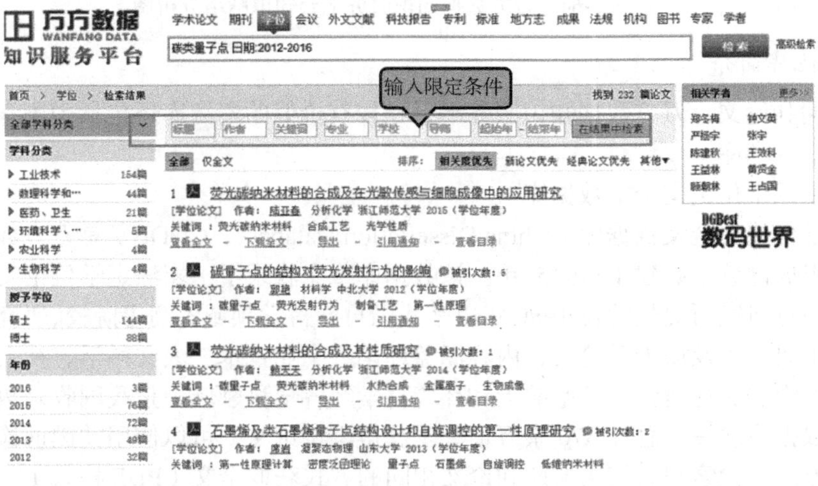

图 3-67　万方学位论文数据库二次检索结果界面

（2）万方专利库

专利数据库也是万方数据的一个比较有特色的资源库，其主页如图 3-68 所示，分为基础版和加强版。基础版提供基本的专利检索服务，包括分类浏览和关键词检索的方式（图 3-69）。加强版则增加了专利分析功能，具体包括法律状态查询、竞争环境分析、技术生命周期分析、机构对比分析、文献对比分析、专利权人专利成果跟踪、发明人专利成果跟踪及检索订阅等，对于专利申请和商业应用有一定的价值。检索到具体专利后可下载全文（PDF 格式，图 3-70）进行专利文献的阅读。

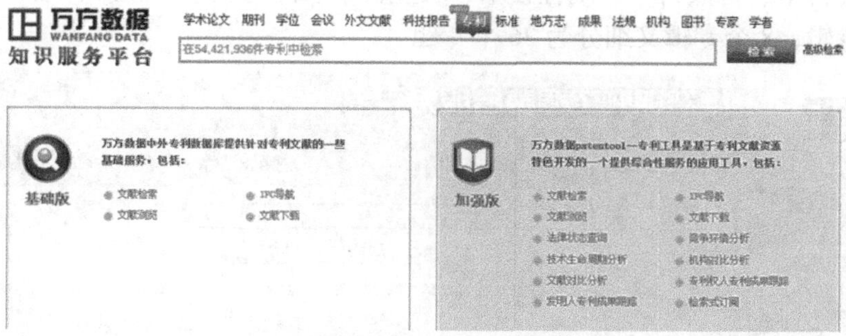

图 3-68　万方数据知识服务平台专利数据库

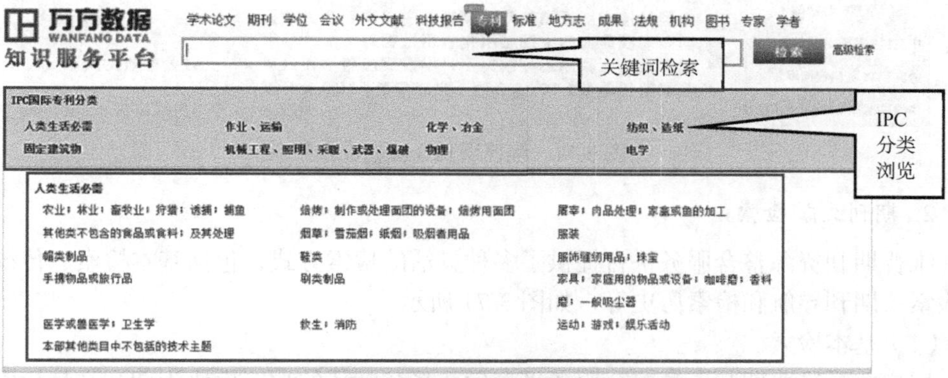

图 3-69　万方数据知识服务平台专利检索页面

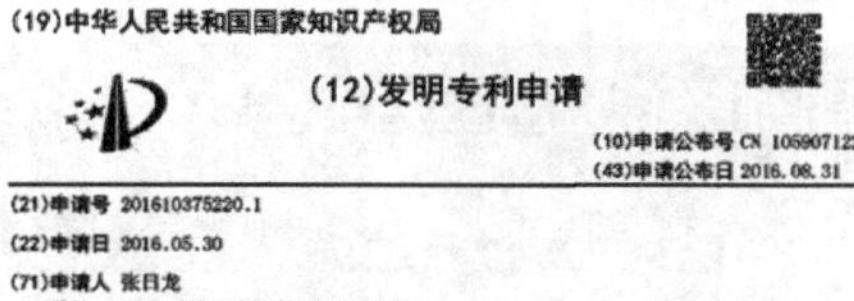
(19)中华人民共和国国家知识产权局

(12)发明专利申请

(10)申请公布号 CN 105907122 A
(43)申请公布日 2016.08.31

(21)申请号 201610375220.1
(22)申请日 2016.05.30
(71)申请人 张日龙
地址 510800 广东省广州市花都区花山镇铁山村11队
(72)发明人 张日龙
(51)Int.Cl.
C08L 101/00(2006.01)
C08L 83/04(2006.01)
C08L 55/02(2006.01)
C08L 9/06(2006.01)
C08K 13/04(2006.01)
C08K 7/12(2006.01)
C08K 3/34(2006.01)
C08K 5/524(2006.01)
H04M 1/04(2006.01)

权利要求书1页　说明书5页　附图1页

(54)发明名称
一种手机摄影辅助配件
(57)摘要
本发明公开一种手机摄影辅助配件，包括手柄和卡持装置，所述手柄位于卡持装置的下方，所述手柄与卡持装置相固定，所述手柄的下方设

图 3-70　万方数据知识服务平台专利全文阅读

3.2.3　中文科技期刊数据库（维普期刊资源整合服务平台）

1. 概述

中文科技期刊数据库（全文版）（http://lib.cqvip.com/，图 3-71）是由重庆维普资讯有限公司开发研制的大型中文电子期刊数据库。与中国知网和万方数据知识服务平台相比，维普的优势是期刊更全，涵盖领域更全面。从 1989 年至今（截至 2017 年 2 月），维普收录期刊总数达 14000 余种，文献总量达 5700 万余篇，成为国内最大最全的中文期刊数据库。所有文献被分为社会科学、自然科学、工程技术、农业科学、医药卫生、经济管理、教育科学和图书情报 8 个专辑，8 个专辑又细分为 36 个专题。

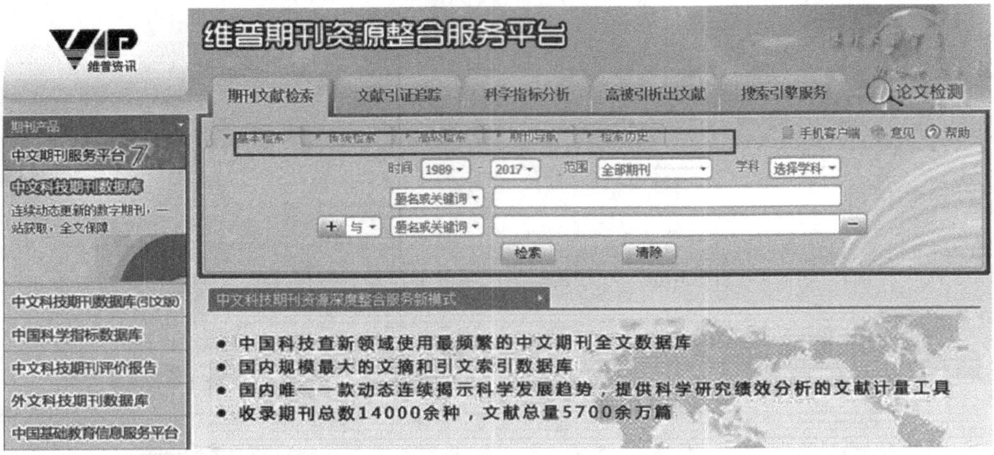

图 3-71　维普期刊资源整合服务平台

2. 期刊文献检索

维普期刊资源整合服务平台提供了多种灵活的检索方式，包括基本检索、传统检索、高级检索、期刊导航和检索历史等，如图 3-71 所示。

（1）基本检索

用户登录维普期刊资源整合服务平台后，系统默认的功能模块为期刊文献检索模块，默认的检索方式为基本检索。基本检索方式方便快捷，适合一般用户，如图 3-72 所示。

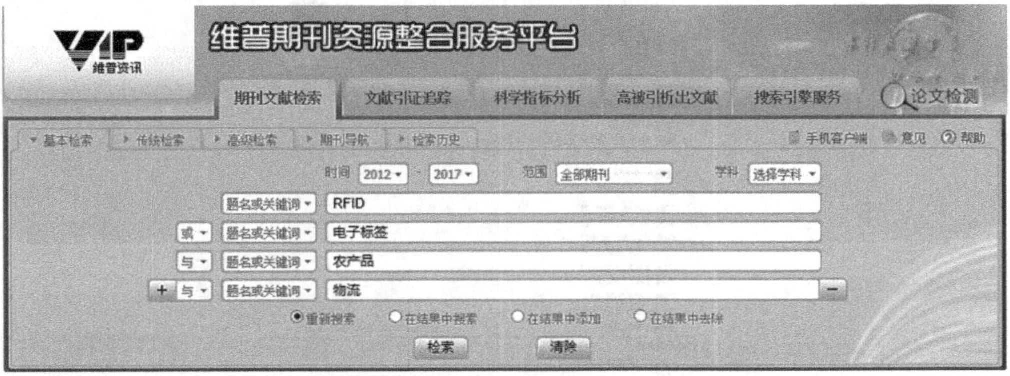

图 3-72　维普期刊资源整合服务平台基本检索界面

检索实例 5　检索近五年来基于电子标签 RFID 技术在农产品物流系统中的应用研究方面的文献。

解答　检索过程如下。

1）分析检索课题，选择检索词：电子标签；RFID；农产品；物流。

2）构建检索式：题名或关键词=（电子标签或 RFID）与农产品与物流。

3）设定检索条件：时间范围设定 2012-2017，期刊范围设定全部期刊。

4）选择检索入口：本例选用“题名或关键词”字段进行检索，如图 3-72 所示。

5）输入检索词：检索框默认为两行，点“+”“–”可增加或减少检索框，进行任意检索入口“与、或、非”的逻辑组配检索，然后直接在检索框中输入检索词。

6）检索：点击“检索”按钮后，即可实现相应的检索查询，此处共检索到 25 篇相关文献。

7）检索结果处理：检索结果页面如图 3-73 所示，用户可以根据检索需要进行按时间筛选、导出题录、查看细览、下载全文、二次检索等操作。

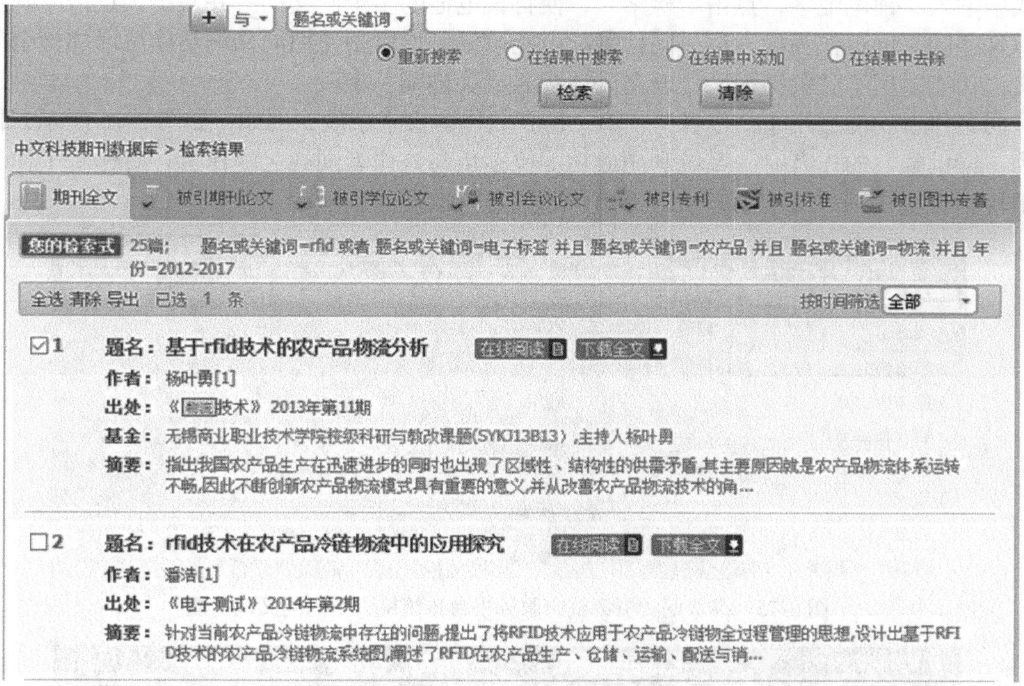

图 3-73　检索实例 5 的检索结果

（2）传统检索

传统检索是原中文科技期刊数据库的检索模式，习惯使用该数据库老版本的用户可以点击“传统检索”按钮进入如图 3-74 所示界面进行检索操作。传统检索使用专用的检索界面，检索功能非常丰富，可选择某一专辑，可实现同义词索引功能（防止漏检）、同名作者功能（缩小检索范围检索）等特殊检索请求。

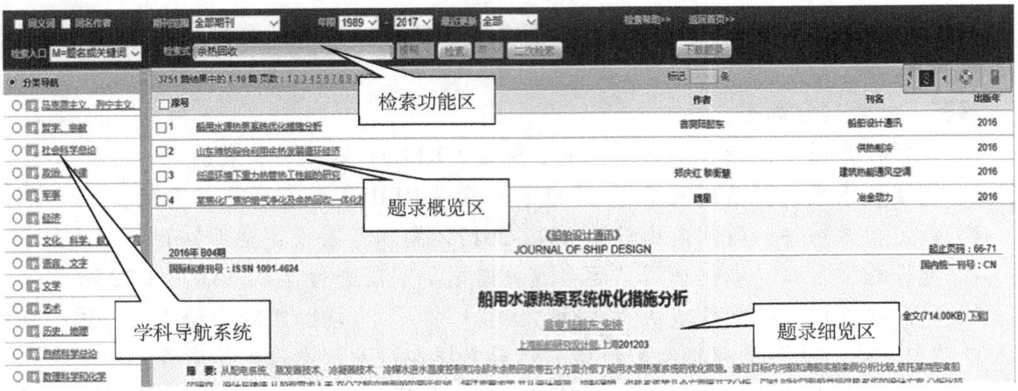

图 3-74　传统检索界面

同义词功能：某些事物有多种学名和称谓，点击查看同义词，系统可检索出与该检索词相关的同义词。用户从中选出所需信息再进行检索。例如，如图 3-75 所示，勾上同义词，检索式中输入“锂电池”，点击“检索”，便将锂电池的多个同义词一并检出，点击“确定”后，这些同义词也作为检索词一同检索。由此可见，检索中使用同义词功能可增加检全率。同义词功能适用于“关键词”“题名”“题名或关键词”字段。

同名作者功能适用于“作者”“第一作者”作为检索字段，例如，如图 3-76 所示，检索名为“梁世强”的作者时，系统利用此功能检索出与该作者同姓名的作者，有作者工作的单位供检索者核实，以便准确地从中选出所需信息，以提高检准率。

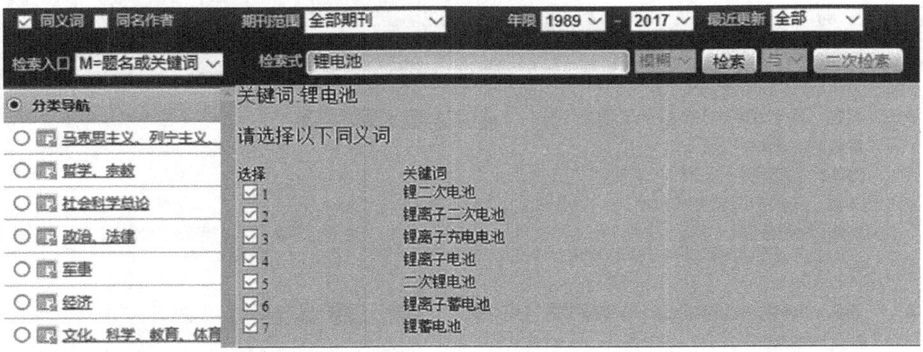

图 3-75　维普期刊资源整合服务平台传统检索中的同义词功能

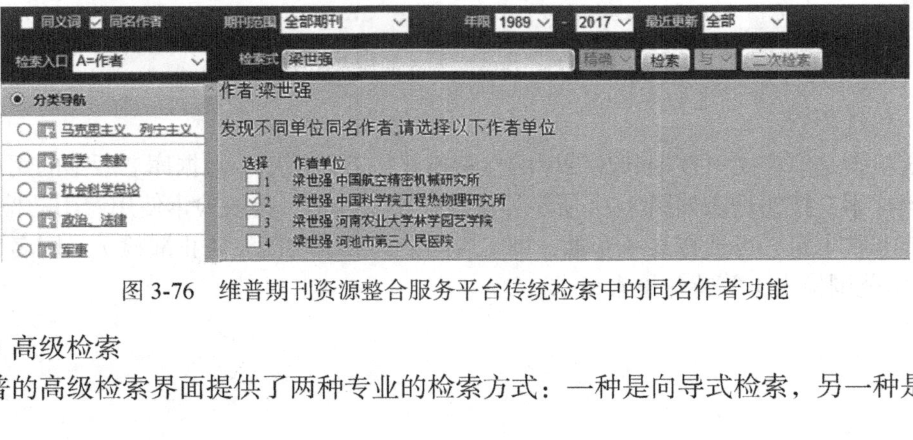

图 3-76　维普期刊资源整合服务平台传统检索中的同名作者功能

（3）高级检索

维普的高级检索界面提供了两种专业的检索方式：一种是向导式检索，另一种是直接输入检索。

1）向导式检索。

➢　检索界面。向导式检索为读者提供分栏式检索词输入方法，除可选择逻辑算符、检索项、匹配度外，还可以进行相应字段扩展信息的限定，最大限度地提高了“检准率”（图 3-77）。

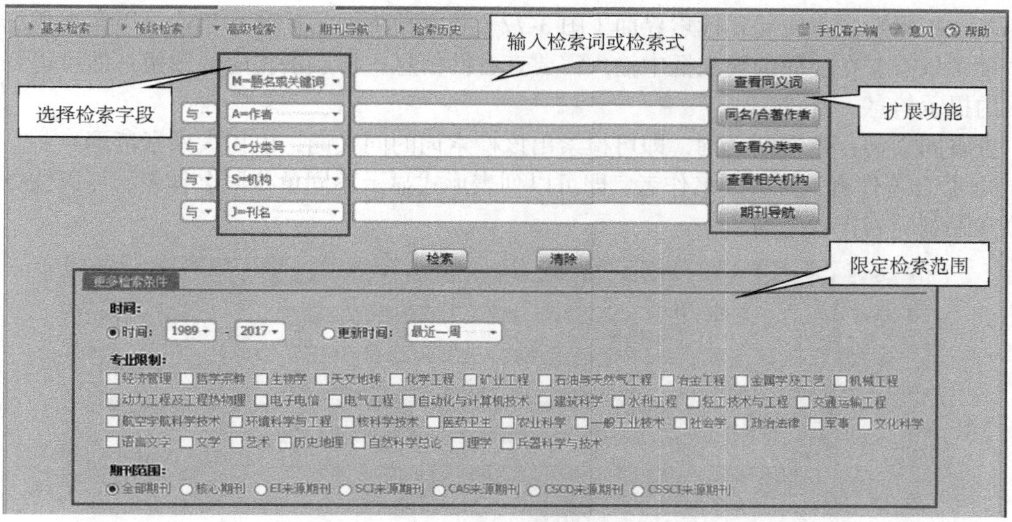

图 3-77　向导式检索

➢　检索规则。向导式检索的检索操作严格按照由上到下的顺序进行，用户在检索时可根据检索需求进行检索字段的选择。

维普期刊的逻辑运算符对照表见表 3-4。运算顺序依次为：NOT > AND > OR。可灵活运用括号改变优先级，括号内的逻辑式优先执行。注意：该数据库检索符合逻辑“非”不能用“-”，因为它易于英文的连字符混淆，可以采用二次检索来实现逻辑“非”的功能。

表 3-4　逻辑运算符对照表

逻辑运算符	逻辑运算符	逻辑运算符
*	+	-
并且、与、AND	或者、OR	不包含、非、NOT

维普期刊主要的检索字段的代码见表 3-5。

表 3-5　检索字段代码对照表

代码	字段	代码	字段
U	任意字段	S	机构
M	题名或关键词	J	刊名
K	关键词	F	第一作者
A	作者	T	题名
C	分类号	R	文摘

下面举例说明系统如何按照由上到下的优先顺序检索的。

图 3-78 的检索结果是((U=大学生*U=信息素养)+U=大学生)*U=检索能力；

而不是（U=大学生*U=信息素养）+（U=大学生*U=检索能力）。

如果要实现（U=大学生*U=信息素养）+（U=大学生*U=检索能力）的检索，输入的检索表达式为 U=（大学生*信息素养）+U=（大学生*检索能力），如图 3-79 所示。

➢　扩展功能。向导式检索界面（图 3-77）有五种不同的扩展按钮均可以实现相应的功能。读者只需要在前面的输入框中输入需要查看的信息，再点击相应的按钮，即可得到系统给出的提示信息。

查看同义词：查看同义词，即可检索出该检索词的同义词，以扩大检索范围。

同名/合著作者：查看同名作者，即可以列表形式显示不同单位同名作者，可以选择作者单位来限制同名作者范围。

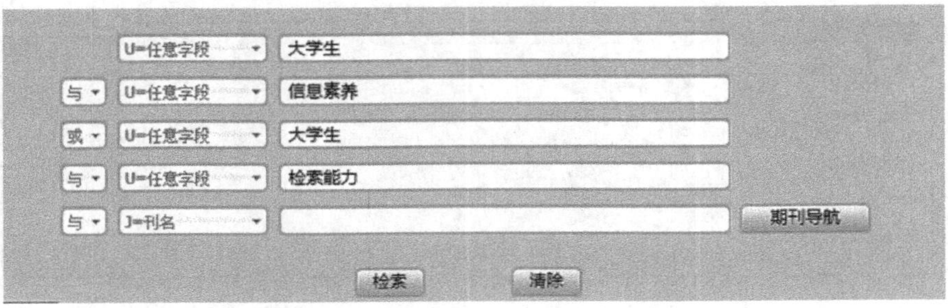

图 3-78　维普期刊资源整合服务平台检索式((U=大学生*U=信息素养)+U=大学生)*U=检索能力

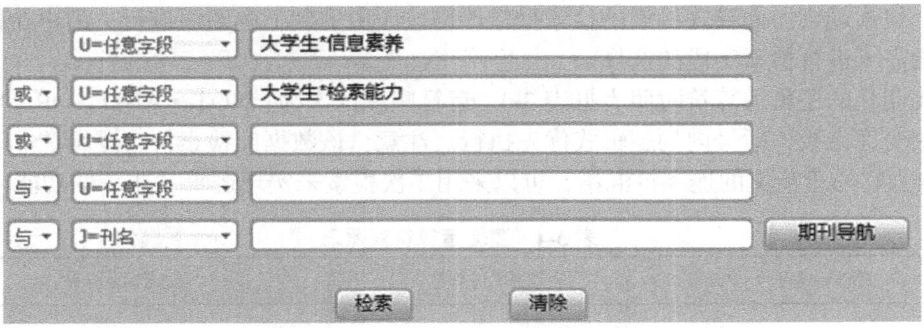

图 3-79　维普期刊资源整合服务平台检索式 U=（大学生*信息素养）+U=（大学生*检索能力）

查看分类表：用户可以根据检索课题的需要，选择要查找的学科分类，将其移入“所选分类”中，任何检索都将仅局限于此类别的数据。

查看相关机构：如输入某高校，点击“查看相关机构”，即显示该高校下设的相关院系及重点实验室名称，以满足用户对机构精准定位的需求。

期刊导航：输入期刊名称，点击“期刊导航”，即显示该期刊的刊期、是否为核心刊、ISSN、CN 及期刊评价等相关信息。

2）直接输入检索，是指读者直接利用逻辑运算符、字段代码构造符合检索要求的检索式，并输入来实施检索的一种方式。用户可点击右上角的“更多帮助”获取详细的操作说明，如图 3-80 所示。

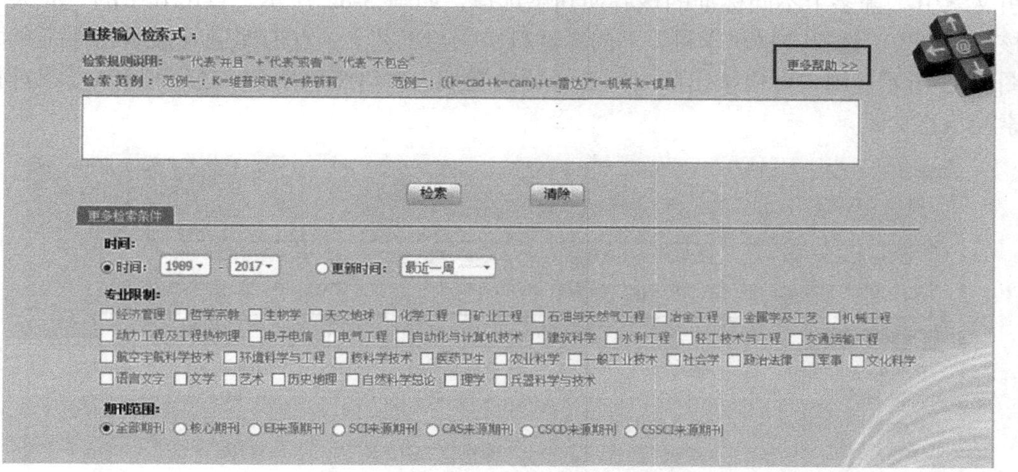

图 3-80　维普期刊资源整合服务平台直接输入检索界面

（4）期刊导航

在检索方式选择区域单击“期刊导航”按钮，进入到期刊导航检索界面，如图 3-81 所示。期刊导航提供了多渠道帮助用户快速定位期刊，用户可直接输入刊名或期刊的 ISSN 检索期刊，也可按期刊刊名的字母顺序浏览期刊，还提供了学科分类、核心期刊、国内外数据库收录及期刊地区分布等多种期刊导航，满足用户不同的需求。

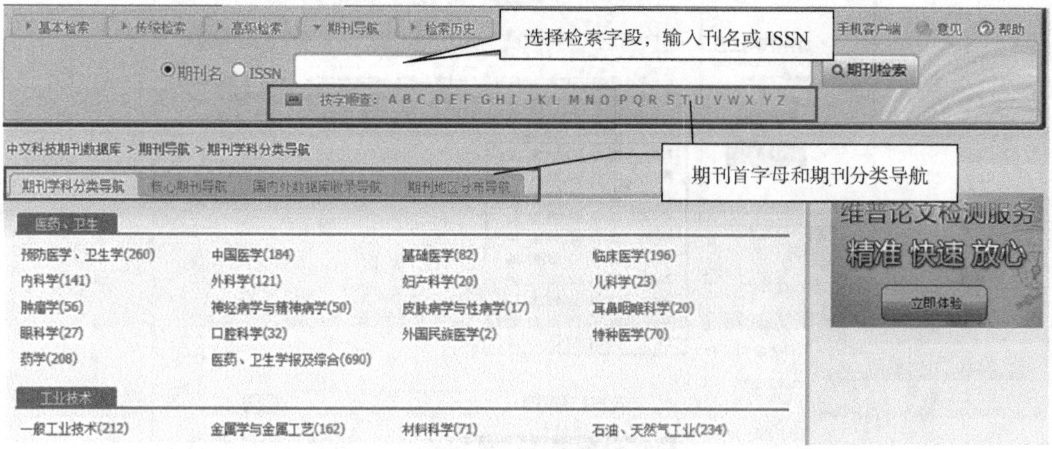

图 3-81　维普期刊资源整合服务平台期刊导航检索界面

1）按期刊名检索。提供刊名和 ISSN 两种检索入口，ISSN 检索必须是精确检索，刊名字段的检索是模糊检索。

2）按期刊名的首字母查找。例如，用户单击字母 A，即可列出以字母 A 为拼音首字母的所有期刊列表。

3）导航方式检索。用户可以根据学科分类导航、核心期刊导航、国外数据库收录导航或者期刊地区分布导航来查找所需要的期刊。例如，点击“核心期刊导航”，里面又细分为“北大 2014 版核心期刊”“北大 2011 版核心期刊”“北大 2008 版核心期刊”“中文社会科学引文索引”等多个不同标准的核心期刊供选择，如图 3-82 所示。点击其中的“北大 2014 版核心期刊”，选择“材料学科”下的《材料科学与工艺》，点击即进入该期刊的简介页面，如图 3-83 所示。用户可以按出版时间选择相应卷期，然后浏览期刊，还可以针对该期刊输入检索词检索文献。

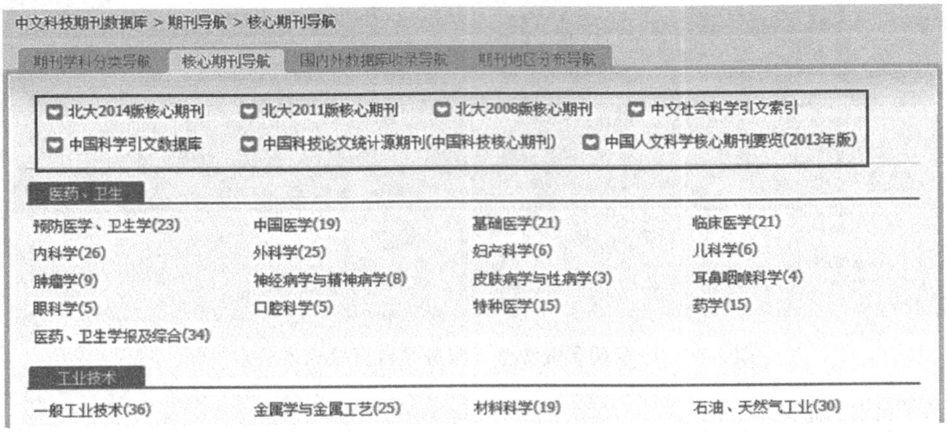

图 3-82　维普期刊资源整合服务平台核心期刊导航

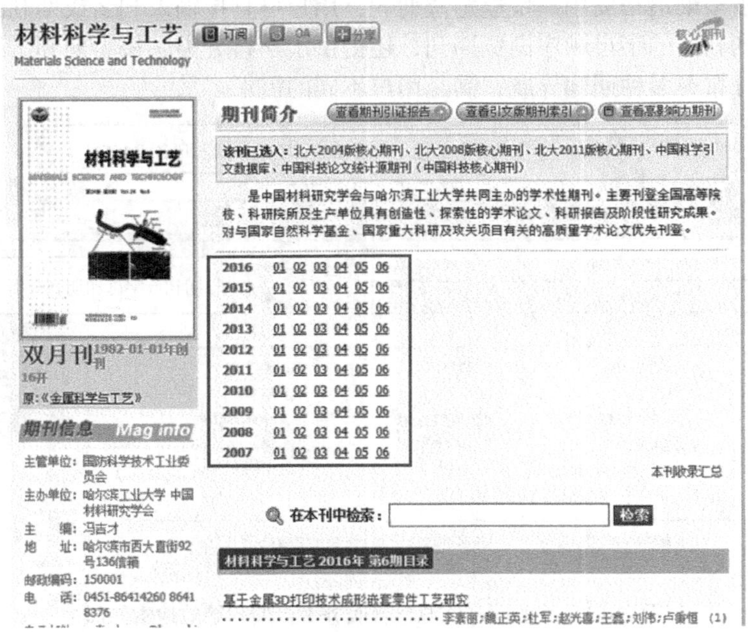

图 3-83　维普期刊资源整合服务平台期刊简介页面

（5）检索历史

检索历史允许用户再次找回先前检索式的检索结果，或者对多次检索结果进行记录集逻辑运算。

3. 获取全文

维普期刊资源整合服务平台提供了多种获取全文的途径，主要分为三种：①维普数据库拥有全文的文献，将直接提供全文阅读和下载的链接，点击下载进行阅读即可，如图 3-84 和

图 3-85 所示；②维普系统中没有全文的文献，可通过与第三方社会公益服务机构合作，向用户提供快捷的原文传递服务；③为使用机构定制的 SFX 校内解析（开放链接功能），即维普系统中没有但用户机构中有全文的文献，可以通过这个技术实现直接链接跳转获取全文。获取全文（pdf 格式）后即可使用相关的阅读软件进行阅读。

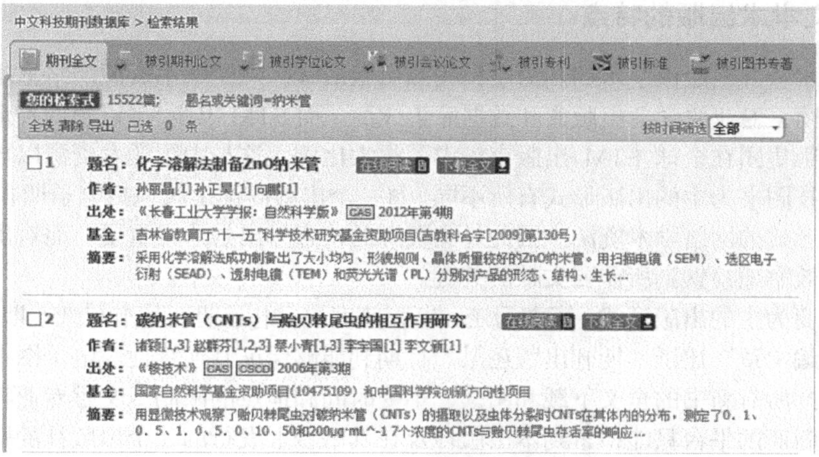

图 3-84　维普期刊资源整合服务平台检索结果界面

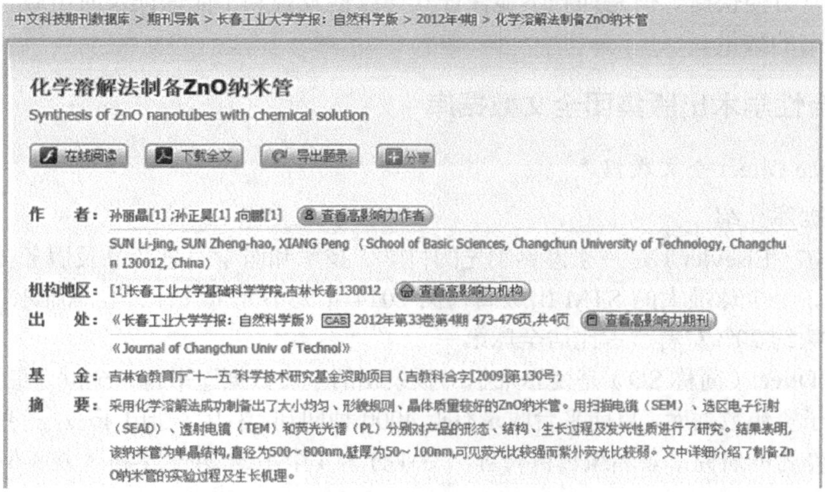

图 3-85　维普期刊资源整合平台论文摘要页界面

4. 文献分析服务

除了期刊文献检索外，维普期刊资源整合平台结合其文献资源，对文献进行了深入的分析和提炼。维普期刊资源整合平台提供了包括文献引证追踪、科学指标分析、高被引析出文献、搜索引擎等多项服务。文献引证追踪可以实现引用追踪分析、引文检索和基于作者、机构、期刊的引文分析统计等功能；科学指标分析则是试图通过对已发表文献的统计，对学科发展前沿、学者、机构、地区、期刊等的发展趋势和科学指标进行评估。维普期刊资源整合平台的文献分析服务应该说在国内目前是做得很好的了。但是，由于在自然科学界，高水平的研究成果通常是使用英文进行发表，因此无论对中文文献的信息分析得如何深刻，结论其实是没有代表性的。

3.3　常用外文全文网络数据库

3.3.1　外文学术出版的特点

外文学术资源出版以学术期刊为主，按照出版形式，外文学术资源网络出版分为综合性学术出版集团；专业协学会出版商和数据库集成商。而 STM 出版[①]多以前两种形式为主。跨国的学术出版集团在全球 STM 出版市场占了很大比例。这与中国学术资源以数据集成商为主并且以科技图书为主的出版形式有所不同。每一个出版商都出版包括电子期刊、电子图书、标准等多种形式的网络学术资源。因此外文资源的检索、出处非常重要。而对出版者的熟悉是读者更有效率地检索到所需要文献的关键。

以出版商为主的出版形式，资源稳定，出版速度快，电子期刊基本与纸本期刊同步出版，并收录“在编文章”比纸本期刊出版还早。且期刊能够保证其连续性。电子图书可以提供其出版社出版的所有新书的全文下载和阅读，不受时间和地点的限制。文献专业特色突出。缺点是一个出版商的平台只能检索到本出版社及在其平台上发行的几个出版社的资源，某一个专业领域的文献不能全部覆盖。数据集成商网络资源集多个出版商的资源于一个平台，查找主题文献非常方便快捷。但是期刊不能保证其连续性及现刊不能保证及时出版，电子图书也不能保证新书的数量。

3.3.2　综合性学术出版集团全文数据库

1. Science Direct 全文数据库

（1）数据库介绍

爱思唯尔（Elsevier）是一家世界领先的科学、技术和医学信息产品及服务提供商。其总部设在荷兰，是全球最大的 STM 出版商，据 2014 年的不完全统计，爱思维尔占 STM 出版商的市场份额约 20%左右，占比居全球第一[②]。

Science Direct（简称 SD）是爱思唯尔出版集团的全文数据库平台，全世界最大的 STM 全文与书目电子资源数据库。目前平台收录有近 4000 种期刊，3 万多册电子书。这些文章和图书来自于权威作者的研究、著名编辑群管理。专业分为 4 个主题 24 个学科（表 3-6）。

表 3-6　Science Direct 全文数据库专业覆盖

物理科学和工程学科	生命科学	健康科学	社会与人文科学
化学工程	农业和生物学	医学和牙医学	艺术与人文科学
化学	生物化学、基因和分子生物学	护理和健康科学	商业、管理和会计学
电脑科学	环境科学	药学、药理学和病毒学	决策科学
地球与行星科学	微生物和免疫学	兽医学和兽医药学	经济学、计量经济和金融学

① STM 出版即科学（science）、技术（technology）、医学（medicine）出版的简称，国际上有一个科学、技术、医学出版商协会（即 STM 协会），这是一个全球性的组织，有近 30 个国家的 200 多家出版商参加。

② Elsevier 资源介绍. http://china.elsevier.com[2017-03-10]。

续表

能源	神经科学		心理学
工程技术			社会科学
材料科学			
数学			
物理和天文学			

（2）数据库的服务方式

1）该数据库对于正式购买的机构用户采用 IP 地址控制方式，提供远程访问服务。正式订购的用户可以在线下载全文，在 IP 地址范围内不需要用户名和密码。数据库的文摘题录数据为开放资源，提供互联网免费访问。

2）自 1995 年以前的期刊为回溯数据，需要另外订购才可以访问全文。

（3）数据库使用方法

数据库主页地址为：http://www.sciencedirect.com。

1）浏览功能：浏览是数据库最基本的检索方式，可以用来查找期刊、图书等出版物。平台提供两种浏览方式：主题浏览、出版物标题字顺浏览。两种浏览方式可以联合使用，如先使用主题方式浏览，再运用出版物标题字顺精炼结果，反之亦然。

例如，查找期刊 Applied Energy。先用出版物标题字顺点击 A 字母打头的出版物浏览，结果页面的右面选择“All journals”范围，根据此刊的主题，在左面主题导航里选择“Physical Sciences and Engineering”中“Energy”下面的“Energy（General）”和“Energy Engineering and Power”两个专题。找到 Applied Energy 期刊。从结果页面最右面出版物的状态标示来看，此期刊是机构正式购买的（表示为绿色），并且包含有以开放获取方式出版的文章（标示一半为黄色），如图 3-86 所示。点击期刊名称进入期刊详细信息页面，如图 3-87 所示。

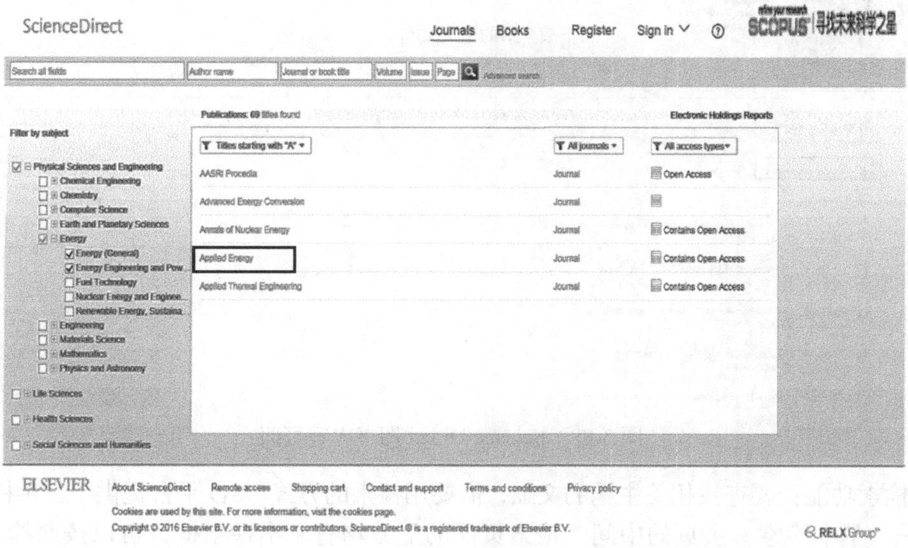

图 3-86　Science Direct 浏览功能结果页面

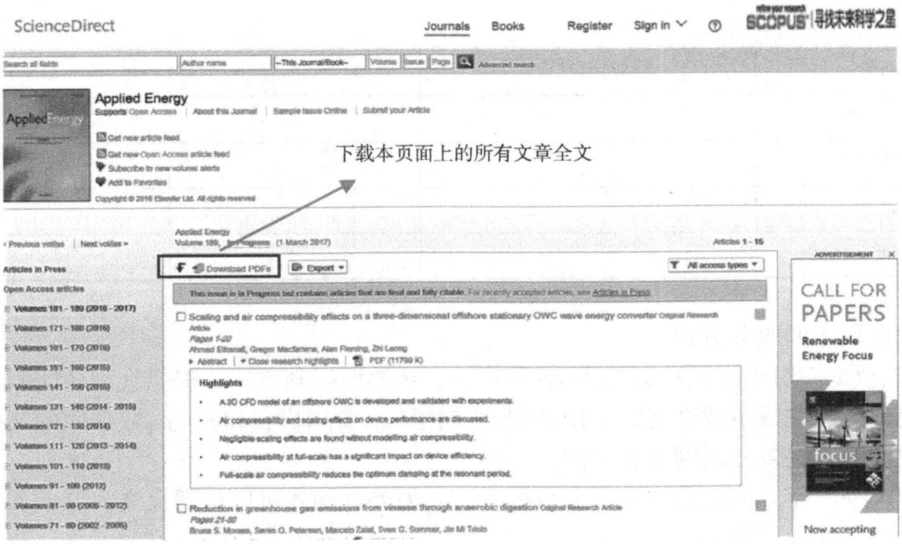

图 3-87　Science Direct 期刊内容页面

在图 3-87 中，可以打包一次性下载本页显示的所有文章的全文、输出题录和摘要；每篇文章题录下面可以下载单篇文章的全文。页面左侧是期刊各期的导航，可以阅览期刊其他卷期的内容。图书分专著、系列丛书、手册和参考工具书。浏览图书和期刊一样，有两种浏览方式，图书的详细页面可以下载整本书的 PDF 文本，也可以按照章节下载，如图 3-88 所示。

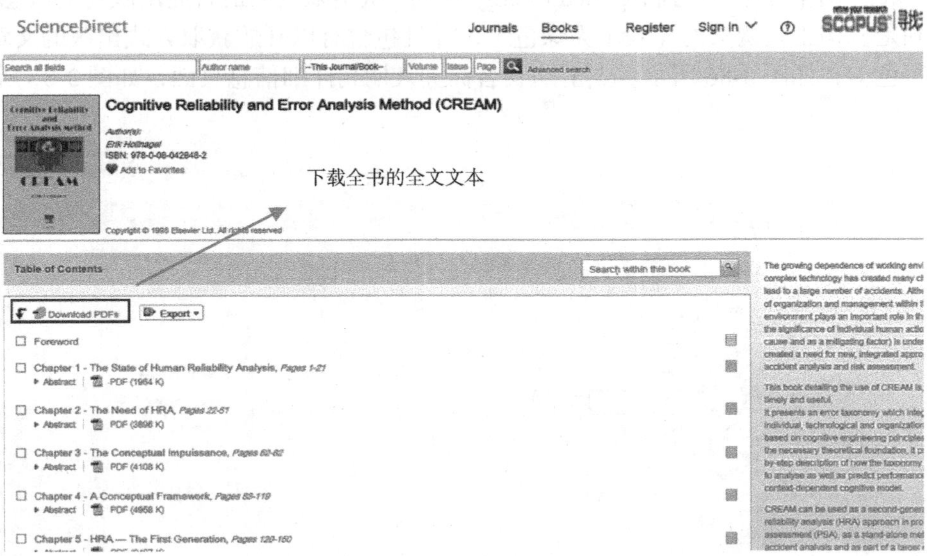

图 3-88　Science Direct 图书内容页面

2）检索功能：要查找相关主题的文献，需要用检索的方式。SD 平台提供了三种检索方式。

第一，基本检索。主页的中间，检索页面的上方均有基本检索框，可以按照检索框中提示的检索入口输入相应的关键词、作者名、出版物名称等进行检索。其中关键词的检索是在所有字段中进行，而作者、出版物则是在相应的字段中进行。

第二，高级检索。从主页高级检索（Advanced search）的按钮进入检索页面，在两个检索框中分别输入检索词或检索式，选择适当的逻辑算符进行检索。

第三，专家检索。在检索页面中点击专家检索（Expert search）按钮进入专家检索页面，专家检索需要自行输入检索入口字段代码和检索式。

例如，`tak（Intelligent OR smart）AND tak（"high voltage"OR HV）AND tak（"circuit breaker"OR switchgear OR GIS）`

专家检索的检索入口字段以字段名称的缩写代码表达。数据库中重要字段的代码见表 3-7。

表 3-7　Science Direct 字段代码表

字段名	缩写代码	字段名	缩写代码
All		Title-Abstr-Key	tak
Abstract	abs	Specific-Author	aus
Authors	aut	Keywords	key
Affiliation	aff	Pub-Date	pdt
References	ref	Title	ttl
Srctitle	src	Article-TOC	sub
Vol-Issue	vis	Pages	pag

3）检索语言与检索技巧。在各种检索功能中，如何准确地表达读者的意图，提高检索的准确率和查全率。在 SD 系统中运用了如下语法，见表 3-8。

表 3-8　Science Direct 检索语法表

逻辑算符	含义
AND	默认算符，要求多个检索词同时出现在文章中
OR	检索词中的任意一个或多个出现在文章中
AND NOT	后面所跟的词不出现在文章中
通配符*	取代单词中的任意个（0，1，2…）字母 如输入 `transplant*`可以检索到 transplant，transplanted，transplanting…
通配符?	取代单词中的 1 个字母 如输入 `wom?n` 可以检索到 woman，women
W/n PRE/n	两词相隔不超过 *n* 个词，词序不定，如 `quick w/3 response` 两词相隔不超过 *n* 个词，词序一定，如 `quick pre/2 response`
" "	宽松短语检索，标点符号、连字符、停用字等会被自动忽略，如"`heart-attack`"；可以使用通配符

续表

逻辑算符	含义
{}	精确短语检索，所有符号都将被作为检索词进行严格匹配，如{information integration}；通配符被当作字符检索
（）	定义检测词顺序，如（remote OR satellite）AND education

检索词的规定有：①当英式与美式拼写方式不同时，可使用任何一种形式检索。例如，behaviour 与 behavior；psychoanalyse 与 psychoanalyze。②单词复数，使用名词单数形式可同时检索出复数形式。例如，horse-horses，woman-women。③支持希腊字母 α，β，γ，Ω 检索（或英文拼写方式）；法语、德语中的重音、变音符号，如 é，è，ä 均可以检索。姓名的输入，先输入名的全称或缩写，然后输入姓。例如，r smith；jianhua zhang。④临近符可以用于作者检索。例如，raymond W/3 smith 可检索到 Raymond Smith，Raymond J. Smith and Raymond J。

4）特殊字段的检索。SD 平台中，作者检索字段有两个：Author 字段和 Specific Author 字段。限定 Authors 字段，则意味着检索词出现在 Authors 字段中，但可能来自不同人的名字；限定 Specific author 字段，则意味着检索词必须出现在同一个人的名字中。

例如，检索作者 J Smith。在 Specific Author 字段中检索出：J. Smith；David J. Smith；J.R. Smith；Stephen J Craig-Smith。在 Author 字段中检索出：J Wilson；Bob Smith。

5）个性化服务。SD 平台对于授权用户提供免费的注册服务。注册登录后，可以提供如下服务。

第一，检索历史的使用。在高级检索页面的右侧，打开检索历史的开关，曾经检索过的检索式就会显示出来，可以选择编辑，直接在检索框中修改检索式，不用重新输入所有检索词。如果有多条检索历史各条之间也可以进行“AND”或“OR”的组合。

第二，自动推送服务的功能。

期刊推送：对于非常关注的期刊，可以在期刊的详细页面上设置期刊到期提醒（Subscribe to new volume alerts）。系统会在新的一期期刊出版后，发到用户设置的邮箱中；也可以点击登录的用户名，在用户名下面的“Manage my alerts”页面中设置。

主题推送：在“Manage my alerts”页面中，可以根据系统所设定的主题设置文献提醒。

检索式推送：在每次检索完成，都可以在结果页面的右上角点击“Save search alert”设置检索式的提醒，系统会主动把检索式中更新的文献在用户所设定的时间内发到指定的邮箱。

第三，在线帮助：SD 平台有非常强大的自助学习功能。点击主页右下角的“Help”按钮，有从在线帮助文档“Getting started”，到在线的视频教程“Online tutorials”等在线帮助工具。

例如，在 SD 平台中检索有关高电压开关智能化的文献。

首先用已经注册好的用户名和密码登录。设定的检索式为（Intelligent OR smart）AND（"high voltage"OR HV）AND（"circuit breaker"OR switchgear* OR GIS）

图 3-89 为高级检索，由于检索框有限，可以在一个检索框中输入简单的检索式；图 3-90 为专家检索页面。在两种检索方法中，如果对检索结果不满意，可以点击右侧的检索历史中的“Edit”按钮进行修改。

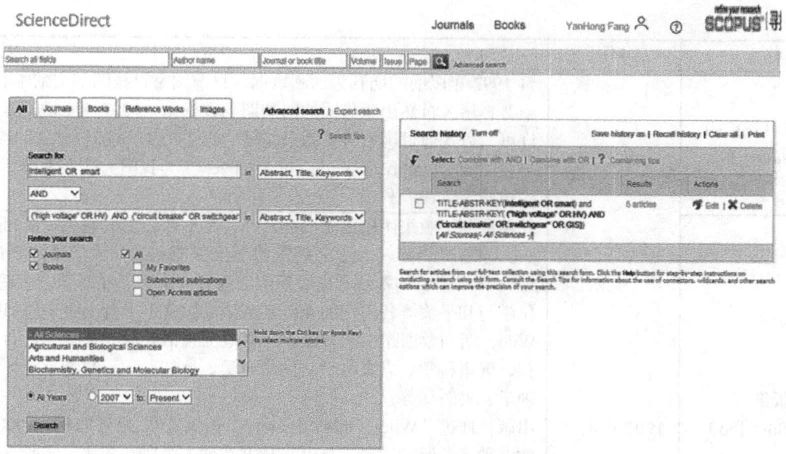

图 3-89　Science Direct 高级检索页面

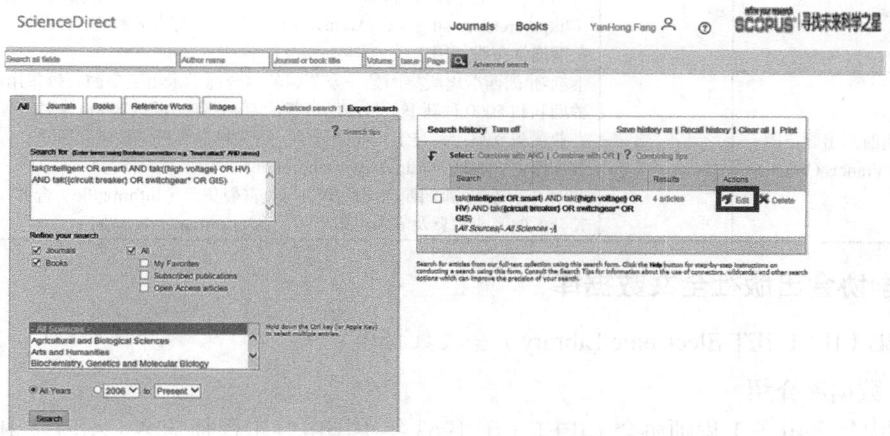

图 3-90　Science Direct 专家检索页面

2. 其他综合性学术出版集团

其他综合性学术出版集团主要情况见表 3-9。

表 3-9　其他综合性学术出版集团

数据库名称	年限	内容介绍
施普林格 · 自然出版集团（Springer · Nature）	1997 年至今	施普林格 · 自然出版集团于 1842 年在德国柏林创立，是全球第一大科技图书出版公司和第二大科技期刊出版公司，每年出版 8000 余种科技图书和约 2200 余种科技期刊。 施普林格 · 自然出版集团平台上共 3346 种期刊，其中包含了 Open Access 期刊近 600 种，俄罗斯在线科学图书馆期刊近 220 种，中国在线科学图书馆期刊近 100 种，以及其他出版社与施普林格 · 自然出版集团合作的期刊。 内容涵盖了自然科学、技术、工程、医学、法律、行为科学、经济学、生物学等 11 个学科。施普林格 · 自然出版集团出版的期刊 60%以上被 SCI 和 SSCI 收录。 授权用户通过 SpringerLink 平台可以访问、下载 1997 年至今的 1375 种 Springer 电子期刊全文；2008～2010 版权年施普林格 · 自然出版集团出版的约 11027 种英文电子图书。 数据库主页地址为 http://www.springerlink.com；或者 http://www.springer.com/。

续表

数据库名称	年限	内容介绍
施普林格·自然出版集团（Springer·Nature）	1997 年至今	自 1997 年以前的期刊为回溯数据，目前国家科技图书文献中心（NSTL）购买了施普林格·自然出版集团的回溯期刊数据库（1997 年回溯至创刊年），以“国家许可”方式通过国家科技图书文献中心（NSTL）的“外文回溯期刊全文数据库”平台（http://archive.nstl.gov.cn/ Archives/）为我国大陆学术型、公益性、非盈利机构免费提供在线利用
约翰威利出版集团（John Wiley & Sons Inc）		约翰威利出版集团创建于 1807 年，是全球历史最悠久、最知名的学术出版商之一，享有世界第一大独立的学协会出版商和第三大学术期刊出版商的地位。自 1901 年以来，约翰威利出版集团已为来自文学、经济学、生理学、医学、物理、化学与和平奖等各类别的 490 多名诺贝尔奖得奖者出版了他们的著作。 Wiley 期刊数据库中的覆盖的学科范围包括商业、金融、财会、化学、物理、工程、健康科学、人文科学、生命科学、地球科学、数学、统计学、社会科学、心理学、兽医学等。 出版社通过“Wiley Online Library”提供 1500 余种期刊、19000 多本在线图书及数百种多卷册的参考工具书、丛书系列、手册和辞典、实验室指南和数据库及其他资源，提供全文的在线阅读和下载。 数据库主页地址为：http://onlinelibrary.wiley.com/。 自 1997 年以前的回溯期刊在 NSTL 的“外文回溯期刊全文数据库”平台（http://archive.nstl.gov.cn/Archives/）上为我国大陆学术型、公益性、非盈利机构免费提供在线利用
泰勒-弗朗西斯出版集团（Taylor & Francis Group）		泰勒-弗朗西斯出版集团是一家英国的综合性学术出版集团。每年出版超过 2500 种期刊和 5000 种新书。目前已出版的专业书籍达到 120000 余种。 专业覆盖范围：人类学、社会科学、行为科学、科学技术和医学。 数据库主页地址为 http://www.tandfonline.com/。 2004 年，泰勒-弗朗西斯出版集团与英富曼集团（InformaPlc）合并，也可以通过其开发的商业信息及学术出版电子平台 informa world 访问。

3.3.3 学协会出版社全文数据库

1. IEL（IEEE/IET Electronic Library）全文数据库

（1）数据库介绍

美国电气和电子工程师协会（IEEE）于 1963 年美国电气工程师学会（AIEE）和美国无线电工程师学会（IRE）合并而成，是美国规模最大的专业学会。它由大约 17 万名从事电气工程、电子和有关领域的专业人员组成，分设十个地区和 206 个地方分会，设有 31 个技术委员会。

英国工程技术学会（The Institution of Engineering and Technology，IET）是工程技术领域的全球顶级专业学术学会，目前在全球 127 个国家拥有 15 万名会员。

IEL 数据库以两个学协会的出版物为主，在 IEEE Xplore 平台上出版气工程、计算机科学、电子及相关领域最优质科技文献全文，其数量占全世界相关领域的 30%。内容包括：214 种 IEEE 期刊和杂志；1100 种 IEEE 会议录（每年）；近 3000 种 IEEE 标准；60 种 IET 期刊和杂志；40 种 IET 会议录（每年）；20 种 VDE 会议录（每年）；完整文档回溯到 1988 年，最早到 1872 年；500 种电子书；*IBM Journal of Research & Development*（包括 *IBM Systems Journal*）；超过 200 种电子学习课件；麻省理工大学出版社（MITP）。

数据库的服务方式：该数据库对于正式购买的机构用户采用 IP 地址控制方式，提供远程访问服务。正式订购的用户可以在线下载全文，在 IP 地址范围内不需要用户名和密码。数据库的文摘题录数据为开放资源，提供互联网免费访问。

（2）数据库使用方法

数据库主页地址为 http://http://ieeexplore.ieee.org；IEEE Xplore 主页如图 3-91 所示。

1）浏览功能。IEEE Xplore 平台中，提供按照资源类型分类不同的浏览的方式。

期刊浏览：标题浏览、主题浏览；

会议浏览：标题浏览、主题浏览；

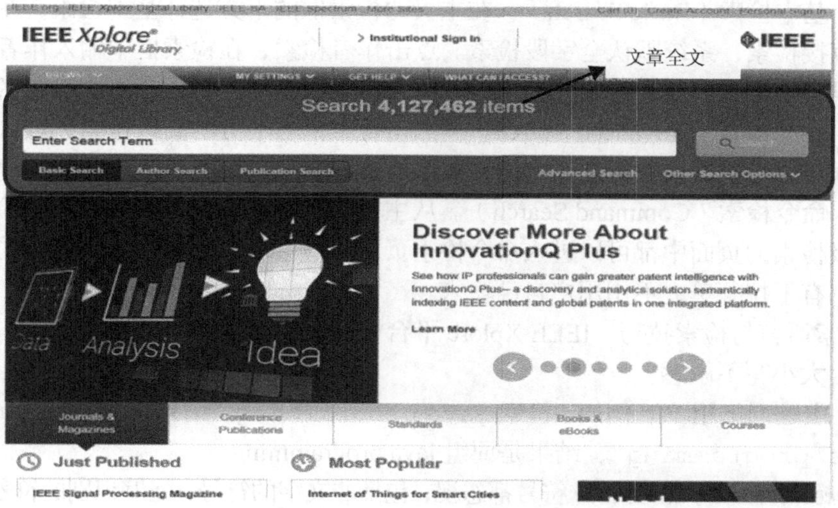

图 3-91　IEEE Xplore 主页

图书浏览：标题浏览、主题浏览、出版社浏览；

标准浏览：专题浏览、标准编号浏览、主题浏览、国际标准分类浏览；

课件浏览：主题浏览。

在主页的主菜单第一项下拉菜单中，即可进入各种资源的浏览页面。例如，检索 IEEE 出版的有关网络协议的标准。

从主页菜单中进入标准浏览页面，利用专题浏览（By Collection），在下面检索框中输入主题词“network protocol”，结果列出 22 项有关局域网的相关标准，按照标准编号排列，其中 802.3 为以太网标准，如图 3-92 所示。

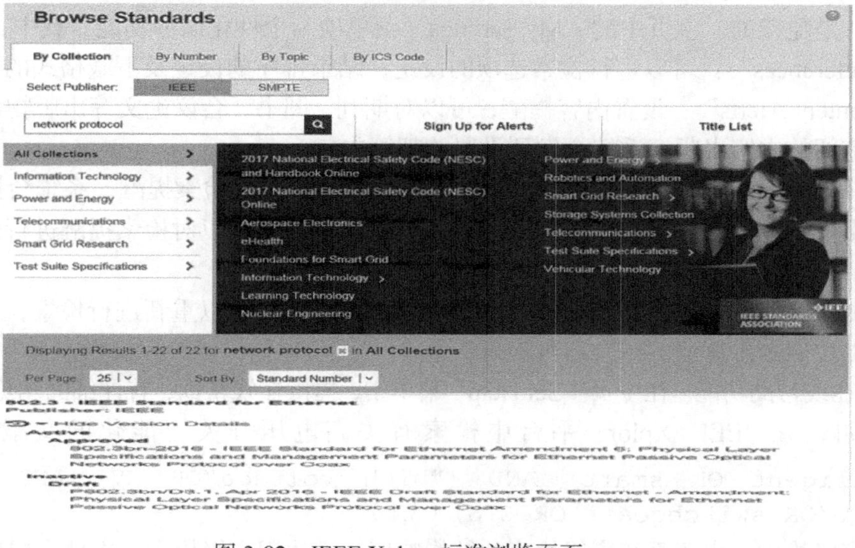

图 3-92　IEEE Xplore 标准浏览页面

应当注意的是，主题浏览（By Topic）只能按照系统所列出的主题进行浏览，而标准浏览中的专题浏览（By Collection）则是可以输入用户想要的主题词进行浏览。

2）检索功能。查找相关主题的文献，平台提供三种检索功能。

第一，基本检索（Basic Search）。在主页的检索框的下方选择基本检索，在检索框中输入检索词直接检索，系统默认全字段检索。点击作者检索，在检索框中输入作者姓名，默认在作者字段中检索，出版物检索在检索框中输入出版物名称，默认在出版物题名中检索。

第二，高级检索（Advanced Search）。点击检索框右下方的高级检索，进入高级检索页面，检索框可以增加，检索框之间用逻辑关系连接起来形成检索表达式。

第三，命令检索（Command Search）。从主页基本检索框的右下方的其他检索选项的菜单中及高级检索的页面中都可以进入命令检索页面。检索入口选择和逻辑算符的选择在检索框的上方都有下拉菜单，不用用户自己输入。

3）检索语言与检索技巧。IEEE Xplore 平台中对于检索词有以下规定：

第一，大小写不敏感。

第二，主题词组用"”。例如，检索 `java programming`，结果是 java and programming，检索"`java programming`”，结果是词组 java programming。

第三，标点符号和大部分特殊符号都忽视，包括非文字的符号，能够识别的符号为&，+和/。

第四，默认包括 Stemming 字根检索，英美拼法只写一种即可。

第五，支持通配符（Wildcard）的使用：系统用*通配符来检索词根变化的词。“*”代替 0～多个字符。可以出现在词的中间或最后，但不可以出现在词的前面。特别注意，通配符不可以在精确检索的"”中用。

通配符是精确匹配。例如，如果输入关键词 `cable`，系统也可以检索出包括 cabling 的词。如果输入 `cable*`，系统就检索不出 cabling，因为没有“e”。通配符*能够检索出不是后缀变化的词。例如，输入 `cable*`可以检索出 cableguns 和 cableway，但是输入 `cable` 就不可以，这样只能检索出普通的词根变化。例如，-ed，-es 和-ing。

第六，结构顺序：在高级检索中，检索框之间的逻辑计算优先顺序是由上至下。

4）个性化服务。在主页的右上角注册用户，可以得到系统提供的个性化服务。对于授权用户，是免费的。主页中的“My Settings”菜单项为个性化服务功能。其中，

“Preferences”：可以进行检索选项的设定；结果排序的设定及下载格式的设定。

“Content Alerts”：设置内容提醒，可以对期刊、图书、会议论文等出版物设置提醒，当出版物有新的内容出版，系统会发到设置的邮箱中。

“Search Alerts”：在检索结果页面，保存检索式，设置检索提醒，系统会把检索式检索的新结果发到设置的邮箱中。在“Search Alerts”菜单项中可以对检索提醒进行编辑、删除等操作。

“Search History”：显示曾经检索过的检索式和结果，可以重新进行检索，几个检索式之间也可以按照布尔算法，组合后再检索。

5）在线帮助功能。在主页“Get Help”菜单中，提供在线帮助，有详细的浏览和使用说明。

例如，在 IEEE Xplore 平台中检索有关高电压开关智能化的文献。检索式为 `(Intelligent OR smart) AND ("high voltage"OR HV) AND ("circuit breaker"OR switchgear* OR GIS)`（3.1）

用高级检索：由于系统高级检索的结构顺序，无法用高级检索一次性完成以上这个检索

式，只能去掉后面两个括号里的或变成：(Intelligent OR smart) AND "high voltage "AND "circuit breaker"，如图 3-93 所示，检索入口选择除了文章题名（document title）字段。

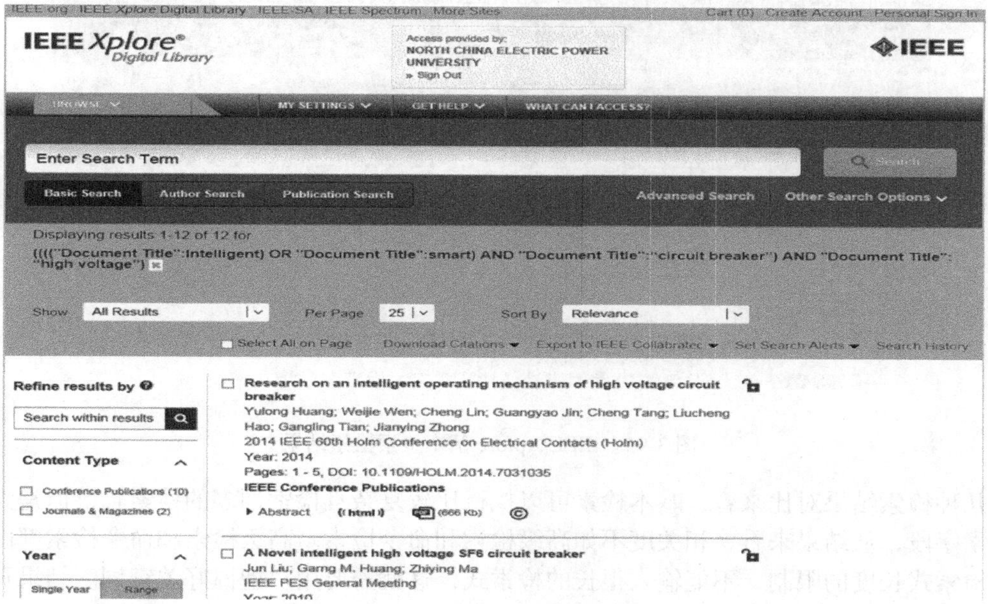

图 3-93 IEEE Xplore 高级检索结果

用命令检索：IEEE Xplore 中的命令检索最多只能输入 15 个单词，因此检索式简化为 smart AND "high voltage"AND"circuit breaker"，检索入口仍然选择文章题名，如图 3-94 所示。能够执行检索式（3.1）的方法，只有基本检索，其检索结果如图 3-95 所示。

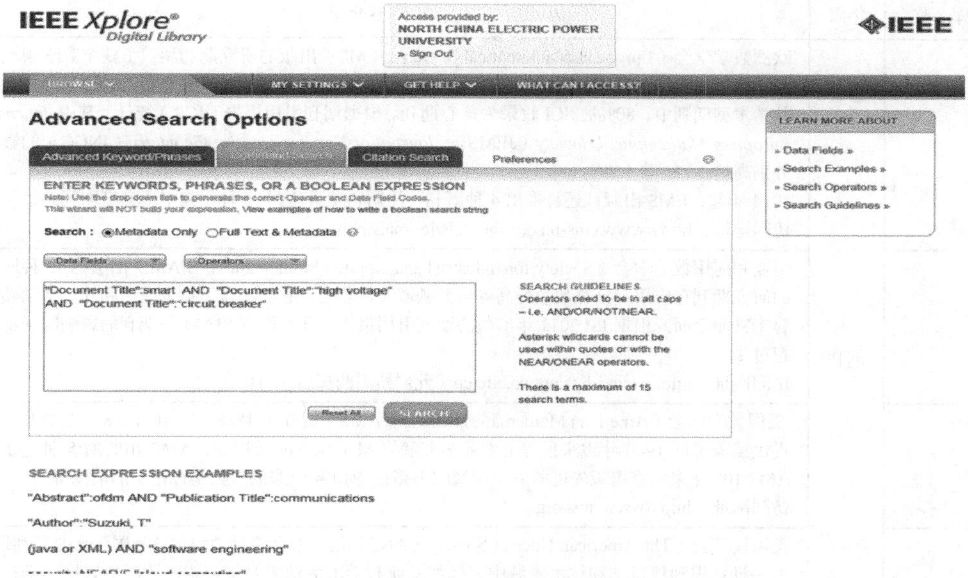

图 3-94 IEEE Xplore 命令检索结果

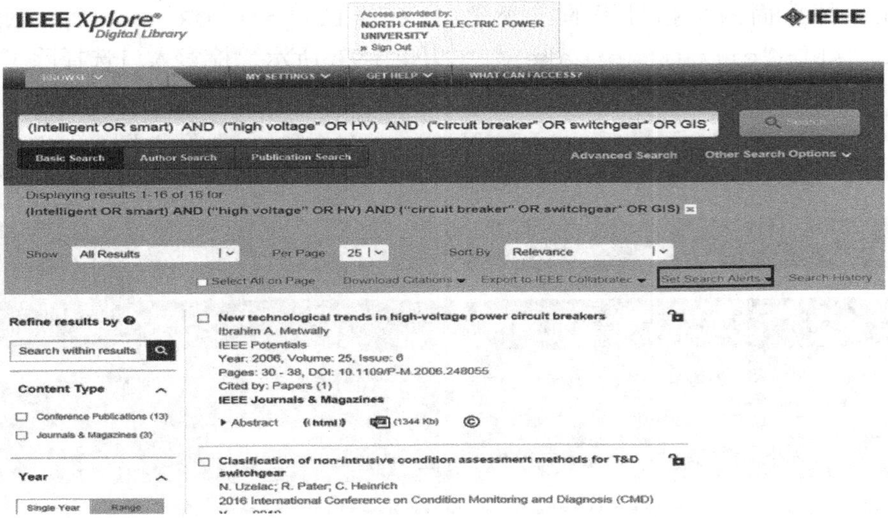

图 3-95　IEEE Xplore 基本检索检索结果

几种检索结果对比来看，基本检索可以执行比较复杂且检索词多的检索式，但是无法限制检索字段，从结果来看，相关度不如高级检索和命令检索。高级检索和命令检索都由于结构和检索式长度的限制，不能输入很长的检索式，这就需要用户把握好关键词。结果页面中可以保存检索式，设置检索提醒。

2. 其他学协会出版社电子资源

自然科学及工程学科著名专业学协会出版社出版的数字资源见表 3-10。

表 3-10　自然科学及工程学科著名专业学协会出版社出版的数字资源

数据库名称	年限	内容介绍
EMS	创刊	欧洲数学学会（European Mathematical Society，EMS）出版的研究期刊涵盖了整个数学领域，既有基础理论研究，也有应用研究，内容丰富而全面，在高等研究领域非常著名，2013 年已出版的 15 种学术型期刊中，80%被 SCI 收录为核心期刊。根据期刊引用报告（JCR）统计，其中 *Journal of the European Mathematical Society*（JEMS）、*Journal of Noncommutative Geometry*（JNCG）的影响因子分别高达 1.736 和 1.296。 2014 年起，EMS 出版社还将推出 4 种新刊，使期刊总量达到 20 种，其中研究型期刊总量为 19 种。 访问地址：http://www.ems-ph.org/journals/journals.php
SIAM		工业和应用数学学会（Society for Industrisl and Applied Mathematics，SIAM）出版的 15 种同行评审的研究期刊在应用和计算数学的高等研究领域非常著名，它们涵盖了整个应用和计算数学领域，内容丰富而全面。根据 ISI 2012 年出版的期刊引用报告，几乎所有 SIAM 的期刊的影响因子都接近或超过 1。 访问网址：http://siam.lib.tsinghua.edu.cn（此网站需购买后才可以访问）
AMS		美国数学学会（American Mathematics Society，AMS）成立于 1888 年，拥有 2.8 万名会员。该学会提供覆盖了自 1940 年以来世界范围数学文献的 MathSciNet 数据库；AMS 出版的 8 种电子期刊；AMS 100 年来一直出版先进的数学领域的书籍；1940 年以来的《数学评论》的信息等。 访问网址：http://www.ams.org
ANS		美国核学会（The American Nuclear Society，ANS）是一家有关科学和教育的国际化非营利性组织，由一批意识到核科学和技术领域中多样的专业和学术活动需要整合统一才能更好推动学科发展的有识之士于 1954 年 12 月 11 日在美国华盛顿国家科学院创立。其核心目标是提升核科学和技术应用的意识和理解。目前出版 4 种期刊。 访问网址：http：//www.ans.org/

续表

数据库名称	年限	内容介绍
Emerald	创刊	Emerald 于 1967 年由来自世界著名百所商学院之一英国布拉德福德大学管理中心的学者建立，主要出版管理学、图书馆学、工程学等专业领域的期刊。Emerald 目前出版的期刊包括 200 种管理学（超过全球同类期刊 12%，内容包含 32 种图书馆学和信息管理学期刊，其中 10 种被 ISI 收录），16 种为工程学（几乎全被 SCI、EI 收录）。 访问网址：http://www.emeraldinsight.com
APS		美国物理学会（The American Physical Society，APS）成立于 1899 年，其宗旨为“增进物理学知识的发展与传播”。 APS 出版的 *Physical Review*、*Physical Review Letters*、*Reviews of Modern Physics* 等 13 种物理评论系列期刊，分别是各专业领域最受尊重、被引用次数最多的科技期刊之一，在全球物理学界及相关学科领域的研究者中具有极高的声望。 访问网址：http://journals.aps.org/
AIP		美国物理联合会 AIP（American Institute of Physics）创立于 1931 年，致力于推广物理科学和专业，也是世界上居于领导地位的物理期刊出版社之一。AIP 现出版有 12 种物理学术期刊（大部分回溯到第一卷第一期，其中许多拥有该领域最高的影响因子）、两种杂志（包括 Physics Today）以及 AIP 会议论文集系列（回溯到 1970 年第一卷）。 访问网址：https://www.aip.org/
ASME		美国机械工程师学会（American Society of Mechanical Engineers，ASME）成立于 1880 年，现已成为一家拥有全球超过 130000 名会员的国际性非营利教育和技术组织，是世界上最大的技术出版机构之一。ASME 每年召开约 30 场大型技术研讨会，吸引着来自 90 个国家的研究者和工程师；每年举办近 200 个专业发展课程和研讨会。目前，ASME 制定的 500 多个工业和制造业标准已被全球 100 多个国家采纳。2016 年，ASME 数据库包含 29 种专业期刊、1400 多卷会议录（每年新增 80～100 卷）、180 多本电子书（每年新增 10～20 本）。 访问网址：http://asmedigitalcollection.asme.org/index.aspx
ASCE		美国土木工程协会（The American Society of Civil Engineers，ASCE）成立于 1852 年，已有 150 多年悠久历史。现今，ASCE 已和其他国家的 65 个土木工程学会有合作协议，所服务的会员包括来自 159 个国家和地区超过 13 万人的专业人员，是全球最大的土木工程出版机构，每年有 5 万多页的出版物，包括 35 种专业期刊，以及各种图书、会议录、委员会报告、实践手册、标准和专论等。目前 ASCE 数据库中包含的 ASCE 期刊和会议录共超过 11 万篇，并以每年 8000 篇的速率新增。 访问网址：http://www.asce.org/
IOP		英国物理学会（Institute of physics，IOP）是国际性的学术协会和专业机构，是全球领先的专注于物理学及相关学科的科技出版社，IOP 出版如下世界知名的学协会的期刊：英国物理学会、中国物理学会、欧洲物理学会、德国物理学会、欧洲光学学会、国际计量局、伦敦数学学会、国际原子能机构、瑞典皇家科学院、放射保护学会、医学物理和工程学会、中国科学院等离子体物理研究所和中国力学学会、意大利里雅斯特国际高级研究生院、石油物探技术研究院、国际呼吸研究协会和国际呼吸气味研究学会等。 现在 IOP 出版 47 种电子期刊，其中全部被 SCI 收录，39 种有影响因子。出版学科包括应用物理、计算机科学、凝聚态和材料科学、物理总论、高能和核能物理、数学和应用数学、数学物理、测量科学和传感器、医学和生物学、光学、原子和分子物理、物理教育学、等离子物理等。 访问网址：http://iopscience.iop.org/
Begell House		Begell House 出版社是一家学术出版机构，提供工程技术与生物医药科学应用方面最新的研究成果及相关信息。Begell House 所有的出版物可通过 Begell 数字图书馆为广大用户提供全文服务，包括工程和生物科学两个学科资源包。 工程资源包收录了包括 26 种期刊全文、13 种电子书、2 种会议录文献、4 种在线数据库和 2 个参考资源，涉及热能工程、纳米、能源、环境、核科学、动力工程、材料、无线电通信等学科，汇集了 30 多年来热能与流体科学领域 最先进的理论和工程应用研究成果。 访问网址：http://www.begellhouse.com/

续表

数据库名称	年限	内容介绍
ACS	创刊	美国化学学会（American Chemical Society，ACS）成立于 1876 年，是世界上历史最悠久的科技学协会之一。其出版物涵盖了有机化学、分析化学、应用化学、材料学、分子生物化学、环境科学、药物化学、农业学、材料学、食品科学等 24 个化学相关领域。 ACS 出版的 40 多种期刊中，最早可回溯到 1879 年创刊的《美国化学学会会志》，最新是 2014 年创刊的《ACS 光子学》。ACS 期刊以"高品质、高影响力"著称，被期刊引用报告评论为"化学领域中被引用次数最多的期刊"。此外 ACS 还出版纸本和电子版的化学教育期刊、新闻杂志和试剂参考手册等。 访问网址：http://pubs.acs.org/
RSC		英国皇家化学学会（Royal Society of Chemistry，RSC）成立于 1841 年，是以促进全球化学领域研究发展与传播为宗旨的国际权威学术机构，是化学信息的一个重要宣传机关和出版商。RSC 出版的期刊是化学领域的核心期刊，大部分被 SCI 和 MEDLINE 收录，如 *Analyst*、*Chemical Society Reviews*、*Chemical Communications*、*Green Chemistry* 等都是相关领域中非常著名的期刊。 访问网址：http://pubs.rsc.org/
AIAA		美国航空航天学会（American Institute of Aeronautics and Astronautics，AIAA）于 1963 年由美国火箭学会和美国宇航科学学会合并而成，是世界上最大的航空航天出版机构之一。在多年的发展历史中，AIAA 致力于航空、航天、国防科技领域的研究，出版了 1000 多种出版物，包括期刊、杂志、系列图书、美国和国际标准。AIAA 电子期刊及会议录全文数据库提供了航空航天科学领域独一无二的权威文献资源。 访问网址：http://www.aiaa.org/
ACM		美国计算机协会（Association for Computing Machinery，ACM）创立于 1947 年，是全球历史最悠久和最大的计算机教育、科研机构。ACM 致力于发展信息技术教育、科研和应用，出版最具权威和前瞻性的文献，如专业期刊、会议录和新闻快报，并于 1999 年开始提供在线数据库服务——美国计算机协会数字图书馆。在过去的几年里，ACM 全文数据库增加了 20 世纪 50 年代至今的所有出版物的全文内容，以及 Special Interest Group 的相关出版物，包括快报和会议录。同时 ACM 还整合了第三方出版社的内容，全面集成了"在线计算机文献指南"（The Guide to Computing Literature）这个书目文摘数据库。它集合了 ACM 和其他 3000 多家出版社的出版物，旨在为专业和非专业人士提供了解计算机和信息技术领域资源的窗口。 2014 年 ACM 与 Morgan & Claypool 出版社合作推出电子书系列 *ACM eBooks Collection* Ⅰ，此专辑计划推出 25 本左右电子书。这一系列的图书将主要关注计算机科学领域内的研究生教材、行业研究综述、从业者的职业指导等方面。 访问网址：http://www.acm.org/

3.3.4 数据库集成商出版的网络数据库

1. EBSCO 数据库

（1）数据库介绍

EBSCO 出版公司是世界上最大的全文期刊数据集成出版商，具有 60 多年历史的大型文献服务专业公司，提供期刊、文献定购及出版等服务，总部设在美国，19 个国家设有分部。开发了近 100 多个在线文献数据库，涉及自然科学、社会科学、人文和艺术等多种学术领域。其中两个主要全文数据库是：综合学科参考文献大全（Academic Search Ultimate，ASU）和商业资源参考文献大全（Business Source Ultimate，BSU）①。

1）Academic Search Ultimate（ASU）。

收录年限：1887 年至今。

文献类型：期刊、书籍专著、会议论文、百科全书、演讲、传记、灰色文献、工作文稿、

① 中国知网 EBSCO 介绍. http://ebsco.cnki.net/。

博客、法律、政府文档等。

主题范畴：多元化的学术研究领域，包括生物科学、工程技术、社会科学、心理学、教育、法律、医学、语言学、人文、信息科技、通信传播、公共管理、历史学、计算机科学、军事、文化、健康卫生医疗、哲学、艺术、视觉传达、表演、哲学、各国文学等。并收录数千种来自亚洲、大洋洲、欧洲及拉丁美洲等当地语言的全文期刊。

数据内容：ASU 收录 16600 多种期刊的文摘索引，其中 14800 多种为同行评审期刊的文摘；近 12000 种全文期刊，其中 10500 多种为同行评审全文期刊。此外，ASU 还收录有来自美国联合通讯社的 6 万笔视频内容及 900 多种非刊类全文文献，如 360 多种全文书籍专著，百余种会议论文、百科和专题报告全文等。

数据库的数据总量及更新频率：28795266，周更新。

各学科文献量：全文期刊中，人文与社会科学有 4700 余种，科学类 6000 余种，技术类 2100 余种，卫生医药类 6000 余种，其中部分期刊为交叉学科。

2）Business Source Ultimate（BSU）。

收录年限：1886 年至今。

文献类型：期刊、书籍专著、公司信息、国家报告、行业报告、经济报告、案例研究等。

主题范畴：商业经济相关主题，如营销、管理、管理信息系统（MIS）、生产与作业管理（POM）、会计、金融、经济等。除此之外，BSU 数据库还收录非期刊的全文数据包含书籍、专题论文、参考工具资料、书摘、会议论文、案例研究、投资研究报告、产业报告、市场研究报告、国家报告、企业公司档案、SWOT 分析等。

数据内容：BSU 为 EBSCO 最完整的商管财经全文数据库，现收录 6100 多种期刊索引及摘要，其中近 3400 种为同行评审期刊的索摘；4800 多种全文期刊，其中近 2500 种为同行评审全文期刊；另外 BSU 还收录这些非刊类全文资源：来自美国联合通讯社的 6 万笔视频内容，近千种书籍专著，超过 2 万份公司介绍，1200 多份国家经济报告，8400 多份行业报告，900 多份案例研究，2600 多份市场研究报告，4200 多份 SWOT 分析等。

数据库的数据总量及更新频率：16509029，周更新。

各学科文献量：全文期刊中，财务税收方面有 400 余种，银行金融和投资方面有 700 余种，商业方面有 700 余种，经济方面有 1700 余种，管理类有 900 余种，市场营销方面有 200 余种，其中部分期刊为交叉学科。

3）其他数据。

①EBSCO 动物：自然与常见动物生活习性方面的文献；

②ERIC：教育资源文摘数据库，提供 2200 余种文摘刊物和 980 余种教育相关期刊的文摘以及引用信息；

③医学在线：医学文摘数据库，提供 4600 余种生物和医学期刊的文摘；

④报纸资源：报纸资源数据库，选择性提供 180 余种报刊全文；

⑤职业发展文集：550 多种教育核心期刊全文数据库；

⑥地区商业新闻：75 种美国区域商业文献全文数据库；

⑦世界杂志大全：250 种主要英语国家的出版物全文汇总。

数据库的服务方式：该数据库对于正式购买的机构用户采用 IP 地址控制方式，提供远程访问服务。正式订购的用户可以在线下载全文，在 IP 地址范围内不需要用户名和密码。

（2）数据库使用方法

数据库主页地址为：http：//search.ebscohost.com，如图 3-96 所示。

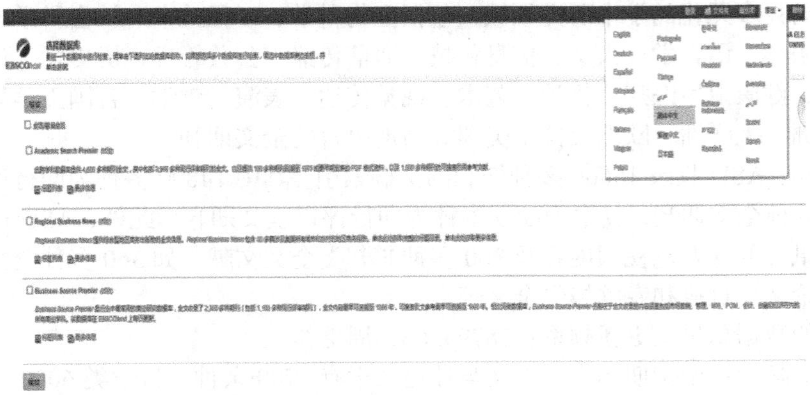

图 3-96　EBSCOhost 选择数据库页面

EBSCOhost 主页会列出机构有权限访问的所有数据库，右上角可以选择语言，系统支持多语言的检索页面。

1）浏览功能。主页中每一个数据库的下方都有“标题列表”按钮，提供字顺浏览入口。在浏览界面，除字顺浏览外还可以主题浏览和关键词浏览。浏览结果在每一种文献下方列出数据库的收藏年限，以及文献的收藏形式，是否有全文信息。没有 PDF 全文标识的期刊，表明此种期刊有部分是只有文摘的。

例如，以 ASU 为例，查找期刊“Applied Energy”，浏览框中输入期刊名称，点击任何一种浏览方式，所检索的期刊会列在最前面，如图 3-97 所示。找到期刊后点击名称进入期刊页面，如图 3-98 所示。

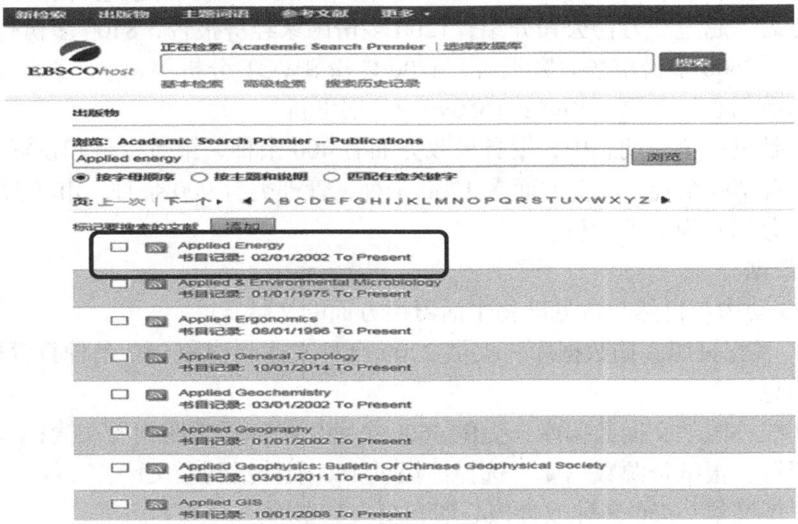

图 3-97　EBSCOhost 浏览结果页面

期刊信息页面揭示了期刊的基本信息，包括出版社、出版周期等。右方列出数据库收藏这本期刊的范围。点击某一期后，这一期收录的文章会在页面中列出，进入文章浏览的详细页面，左侧页面的选项，可以缩小搜寻结果，还可以检视数据类型（Source Types），筛选出学术期刊（Academic Journals）、杂志（Magazines）或报纸（Newspapers）等需要的文献类型，如图 3-99 所示。

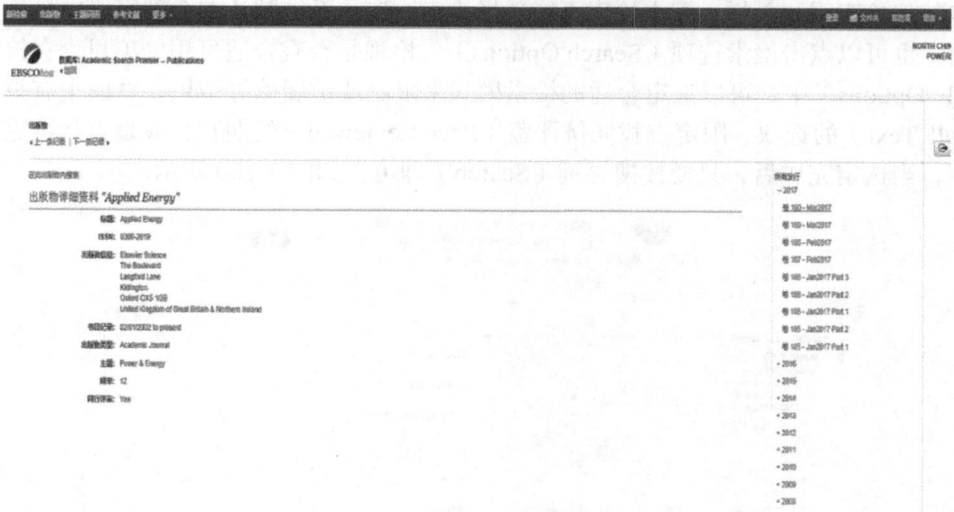

图 3-98　EBSCOhost 期刊详细页面

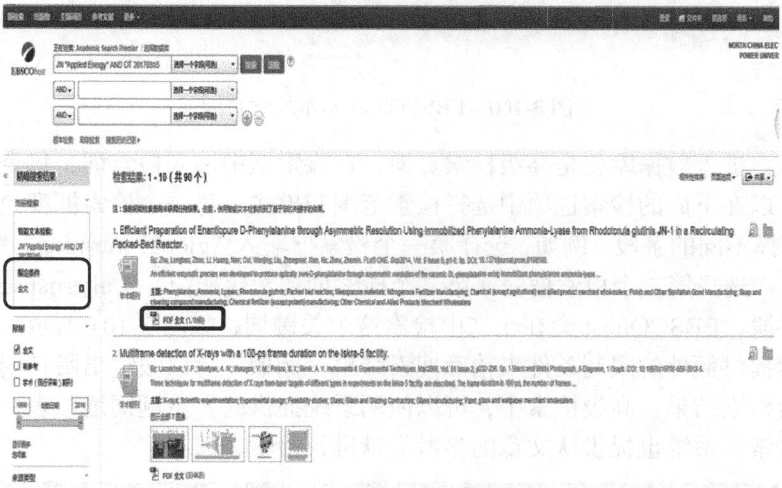

图 3-99　EBSCOhost 期刊文章详细页面

由于 ASU 是一个文摘和全文并有的数据库，浏览结果的文章不会全部都可以有访问全文的权限。如果想看全文，需要选中左面导航中 Limt to 中的“full text”，结果就会显示本期刊中所有收录了全文的文章。全文下载的标识会出现在题录的下方。

在浏览文章的页面中，点击文章的标题，即可进入详细记录的画面中，在此，可以使用打印、电子邮件寄送、储存、引用、导出引用信息等功能，还可以将这笔记录添加到个人资料夹（Folder）中，如果需要长久使用个人资料夹，则需要点击画面右上方的登入（Sign In），并填写完注册表格后，即可马上免费使用个人资料夹功能。

2）检索功能。数据库主页列出了授权使用的 EBSCO 数据库，全部选中，点击“继续”进入系统的检索页面，进行跨库检索，点击某一个数据库，则可进入该数据库的检索页面。

这里以 ASU 为例，介绍 EBSCO 的检索方法。

基本检索：系统默认的是高级检索页面，点击检索框下面的基本检索，进入基本检索页面，和其他检索系统一样，基本检索不能选择检索入口，系统默认在全部字段中检索。在搜寻之前，也可以点击检索选项（Search Options），检视是否有合适可用的项目。在检索选项（Search Options）中，可以选定合适的检索模式来限制或扩展搜寻结果，页面中有只显示全文（Full Text）的选项、限定查找同侪评鉴（Peer Reviewed）的期刊，或是查找特定出版品的内容，当选定完成后，只要按搜寻键（Search）即可，如图 3-100 所示。

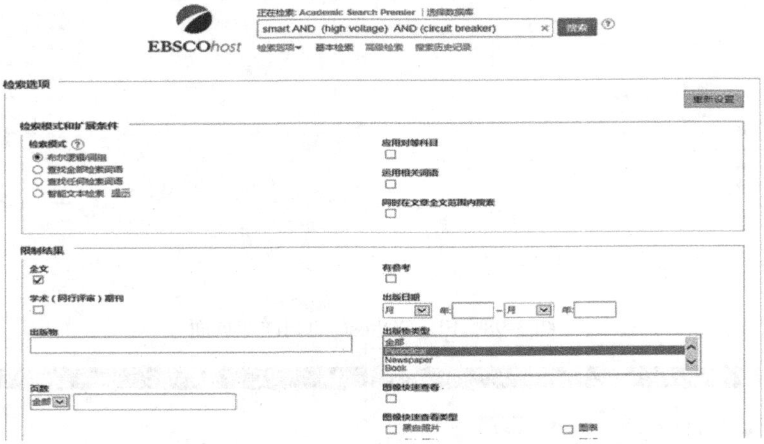

图 3-100　EBSCOhost 基本检索页面

高级检索：进入数据库就是高级检索页面，在检索框中输入检索词，每个检索框以布尔算符组合，可以在下面的检索选项中选择检索范围和模式。每一个检索框都允许针对文章的不同区域，选择不同的字段。例如，选择第一个检索框输入“global warming”然后下拉菜单，选择“主题”。选择第二个检索框输入第二个检索词“替代能源”（alternative energy），选择“全文”字段，EBSCOhost 会在全文中检索这个关键词，如图 3-101 所示。在检索选项区域，高级检索提供额外的限制条件来精确搜索结果。例如，可以限定出版日期做全文检索，点击搜索查看检索结果。高级检索中，可以使用系统提供的“主题词语”表，选择规范化的主题词进行检索。系统也提供从文章的参考文献进行检索。

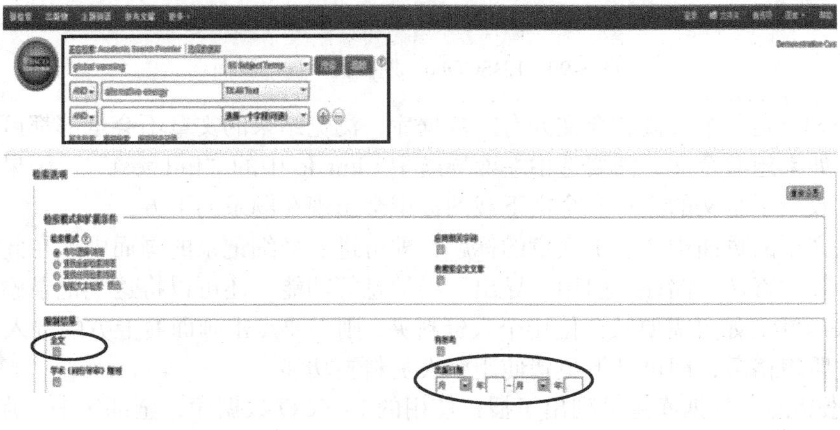

图 3-101　EBSCOhost 高级检索页面

索引检索：索引检索允许用户先通过浏览数据库中特定的索引区域的内容，然后再实施检索。选择数据库以后，在基本检索页面和高级检索页面上面的工具栏中，点击“更多”选项。然后点击“索引”，如果同时在多个数据库中检索，每一个数据库名称都会出现在下拉框中，如图 3-102 所示。选择想要的数据库，即进入该数据库的索引检索界面。在下拉框中选择特定的字段索引，如“Author”。在浏览区域输入你要检索的内容，如 Updike。点击浏览，要搜索的结果就按照字母 A～Z 的方式排列出来，以选择的关键词为开头，排在第一个，如图 3-103 所示。在想要选择的词的左侧方框内打钩，重复前面的动作就可以在浏览区域添加更多关键词。点击“搜索”可以查检索结果。

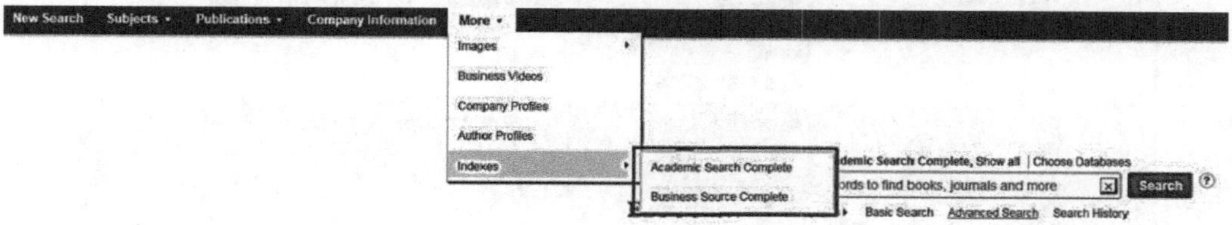

图 3-102　EBSCOhost 索引检索页面

图 3-103　EBSCOhost 索引浏览页面

检索历史：点击搜索历史可以查阅到曾经的检索历史记录，每一步检索历史，还可以互相用“AND”或者“OR”组合重新检索。也可以在右侧选择“编辑”，检索词会重新出现到检索框中，可以直接修改再次检索，而不用再重新输入检索词，如图 3-104 所示。

3）检索语言与检索技巧。

第一，短语检索：用引号代表词组短语检索。

停用词的使用：EBSCO 忽略停用词，即使出现在引号里也一样。停用词是常用的单词，如冠词、代词和介词。停用词没有相关性，因此不列在检索词典里，但是使用位置算符时，停用词参加计数。忽略停用词可以使得检索引擎更加准确地列出检索结果，特别是在使用自然语言检索的时候。EBSCO 中，如果检索词中出现 n 个停用词，系统将以 n 个任意词代替，如检索 `company of America`，系统将检出 America、company in America 或 company for America。如果检索 `company of the America`。系统将检索出 company 和 America 之间相隔两个任意单词的结果。

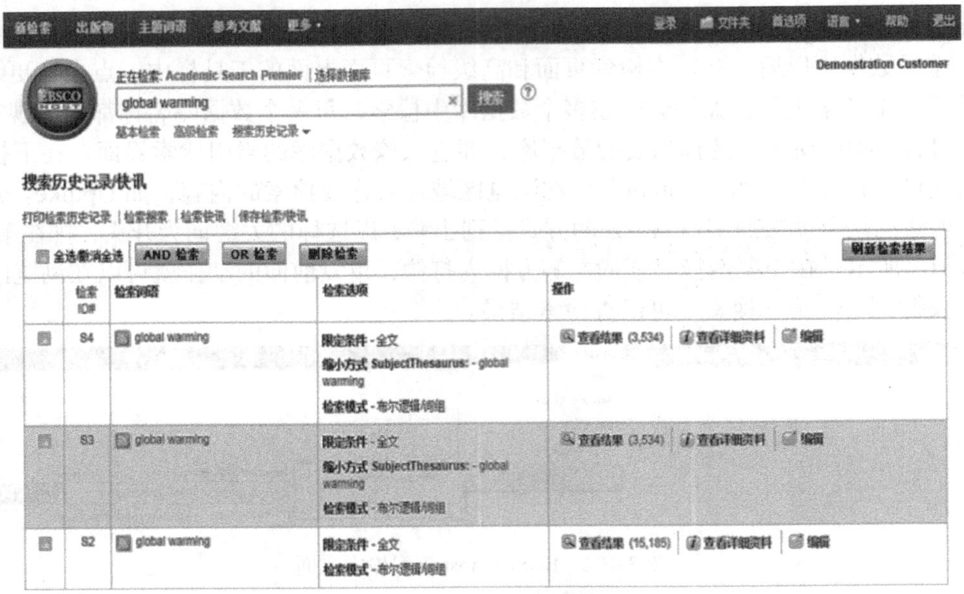

图 3-104　EBSCOhost 检索历史页面

精确检索：检索词用双引号引起来，系统将检索出完全匹配的结果，为精确检索。在双引号中不能够出现停用词。否则没有检索结果。如果检索词中出现字段名，则要用双引号引起来，否则系统会当作字段名处理。如果检索模式选择了“Find all of my search terms”，输入的检索词之间是与的关系。然而如果输入的检索词用引号引起来，则仍然会当作词组检索。

使用标点符号：如果检索短语中包含标点符号，系统会检索出带标点符号和不带标点符号的结果。例如，输入 Coca-Cola，能够检索出 Coca Cola 和 Coca-Cola。如果检索的标题结尾带“？”，需要把“？”去掉。否则系统会认为是通配符。

第二，位置算符。

可以使用位置算符检索两个检索词之间相隔一定的单词数量。位置算符可用在主题检索和布尔检索模式中。位置算符用 N（n）或者 W（n）表示。N（n）表示两个词之间可以间隔 0～*n* 个词，词序可以颠倒。W（n）表示两个词之间可以间隔 0～*n* 个词，词序不变。另外，算符两边可以用多个检索词。例如，oil W3 (disaster OR clean-up OR contamination)。

第三，通配符和截词符。

使用通配符和截词符可以检索未知的字符、多种拼写或者词尾多变化的检索词。两者都不可以出现在单词的开头。通配符“？”代表一个未知的字符。可用在单词中间和结尾。例如，输入 ne?t，可检索出 neat、nest 或 next。通配符“#”代表多个字符，可用在单词中间。例如，输入 colo#r，可检索出 color 或者 colour。需要注意的是使用“#”，不可以检索出词根变化的词，如上个例子中，并不可以检索出 colors 或者 colours，而在检索 color 和 colour 时，默认的是可以检索出词根变化的。

截词符：截词符“*”可用在一个单词的结尾，可以检索到这个单词的各种词尾变化。例如，输入 comput*可检索到 computer、computing 等。“*”也可以用在两个单词的中间，替代任何一个单词。例如，输入 a midsummer*dream，系统可以检索到 a midsummer night's dream。

需要注意的是，通配符和截词符不能在一个单词中同时使用。例如，输入 p#ediatric*，等同于检索 p*。

第四，检索模式。

在检索选项下，检索模式提供了四种不同的检索方式，每种方式都可以和检索扩展方式组合，如相关关键词检索、在全文中检索或者在出版物题名中检索。①布尔/词组方式——支持布尔算符检索和精确词组检索；②查找所有检索词——自动把所有关键词进行“与”运算；③查找任意关键词——自动把所有关键词进行“或”运算；④智能文本检索——会将检索框变大，可以一次检索整个段落或整篇文章，系统利用智能文本检索技术，自动将检索框内的文本分解为关键词，并给予不同的权重，在文摘中进行检索，并将检索结果以相关性的排序呈现。如果没有文摘，则在文章题名中检索。

个性化功能：使用文件夹创建我的 EBSCOhost 文件夹需要点击登录，在这个页面中点击创建一个新账号，填写完相应区域点击提交，一旦信息被接受，就会自动登录，如图 3-105 所示。

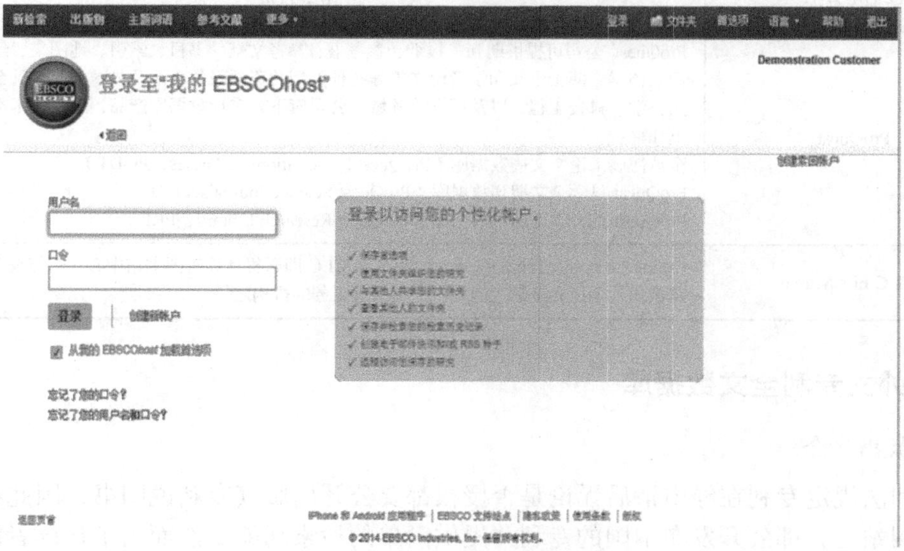

图 3-105　EBSCOhost 个性化服务登录页面

4）检索结果与设置提醒。

第一，关于检索结果，“我的 EBSCOhost”用户可以在文件夹中储存图片、视频、搜索链接、检索条件记录、搜索快讯、期刊快讯等。从个人文件夹中，用户可以打印、发邮件、保存、导出检索结果，包括图片和视频等。

我的 EBSCOhost 也可以让用户创建属于自己的新的文件夹，点击我的自定义项，新建即可。它可以帮助用户把存好的文章有序的组织起来，保存在不同的子文件夹中，创建一个新文件夹需要点击新建，给文件夹命名，保存。

自定义文件夹会被添加在自定义区域，从文件夹区域中选择相应的文章，可以将该文章复制或者移动到自定义文件夹中。

当登录到个人文件夹后，不论选择基本检索还是高级检索，都可以把检索结果添加到文件夹中，只要点击文章标题右侧的文件夹图标即可。这些保存的结果方便用户日后查阅，也可以打印，发邮件，或者保存到电脑中。

当点击共享，并点击将搜索添加至文件夹的链接时，就会在个人文件夹中添加一个永久性的搜索链接，可以发邮件，保存，或之后再次搜索，显示最新结果。

第二，设置提醒：系统提供设置期刊提醒和检索提醒的功能。在出版物详细信息的页面，点击“分享”按钮，在下拉菜单中，点击电子邮件快讯，即可打开一个新的窗口。设置邮件订阅参数，添加邮箱地址，点击保存快讯。当新一期的期刊可阅读时，就会收到通知。如果想对邮件订阅进行个性化的定制。也可以点击高级设置，进行进一步的设定。

检索提醒的设定是在检索结果页面，从检索结果列表中设置电子邮件快讯非常简便快捷。在检索结果页面，点击“分享”按钮，从下拉菜单中选择“电子邮件快讯”。

2. 其他数据集成商出版的网络数据库

数据集成商出版的网络数据库见表 3-11。

表 3-11　数据集成商出版的网络数据库

数据库名称	内容介绍
ProQuest	ProQuest 公司可提供期刊、报纸、参考书、参考文献、书目、索引、地图集、绝版书籍、记录档案、博士论文和学者论文集等各种类型的资源服务，涉及艺术人文、社会科学、自然科学、科技工程，以及医学等领域。公司旗下有多种数据库产品，工程技术类的包括如下几种： 全球博硕士论文文摘数据库（ProQuest Dissertations & Theses，PQDT）； ProQuest 科学全文期刊数据库（ProQuest Science Journals，PSJ）； ProQuest 综合学术期刊数据库（ProQuest Research Library，PRL）
OCLC FirstSearch	Online Computer Library Center，Inc.，OCLC 即联机计算机图书馆中心，总部设在美国的俄亥俄州，是世界上最大的提供文献信息服务的机构之一

3.3.5　外文专利全文数据库

1. 数据库介绍

专利法规定专利在经申请后无论是否授权都要公开出版其专利说明书，因此在各国的专利局网站上，都公开发布本国的专利并提供简单的检索功能。然而为了让读者能够更快捷，更方便准确地检索到全球专利，仍然有数据公司根据各国专利局提供的专利，开发一个功能强大的检索平台，使得授权用户可以在一个平台上就可以检索到全球主要国家的专利文献。

美国的 LexisNexis（律商联讯）公司出版的 Total Patent 全球专利数据库正是这样一个商业的专利数据库。使用 TotalPaten 可访问 100 个国家及组织所公布的专利文献，其中包括 31 个国家的全文数据。

该数据库对于正式购买的机构用户采用 IP 地址控制方式，提供远程访问服务。正式订购的用户可以在线下载全文，在 IP 地址范围内不需要用户名和密码。

2. 数据库使用方法

（1）检索方法

1）引导性检索（Guided Search）。引导性检索支持各种逻辑运算符、位置符及 200 多种检索字段。用户可以构建复杂的检索式。检索途径在检索框上方的“Search Within”中选择，检索框下方可以进一步设置其他途径的限制，如代理人、发明人、发明日期等，如图 3-106 所示。

2）高级检索。高级检索方法中，比引导性检索有更多的检索途径进行限定。图 3-107 为 TotalPatent 高级检索页面。

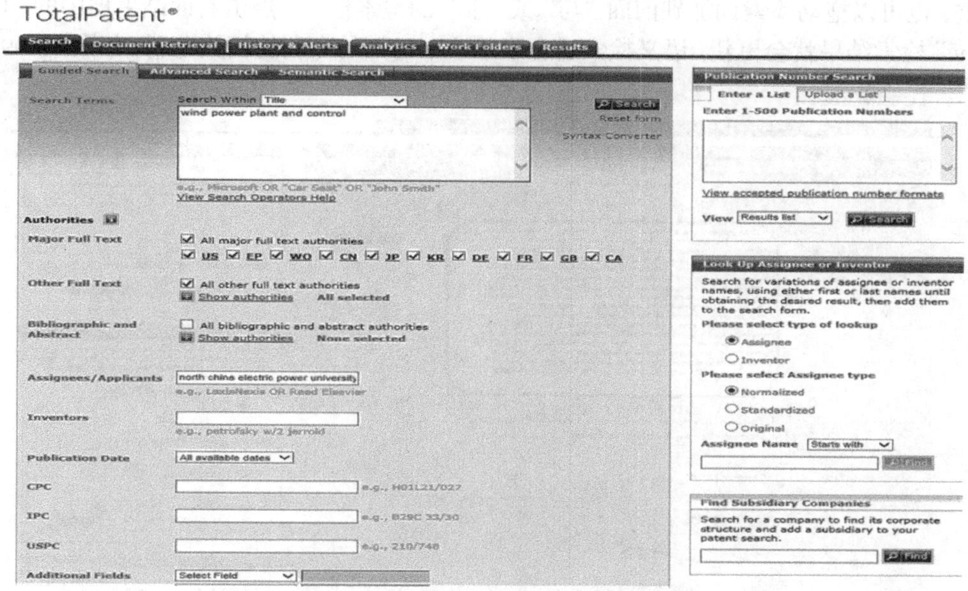

图 3-106　TotalPatent 引导性检索页面

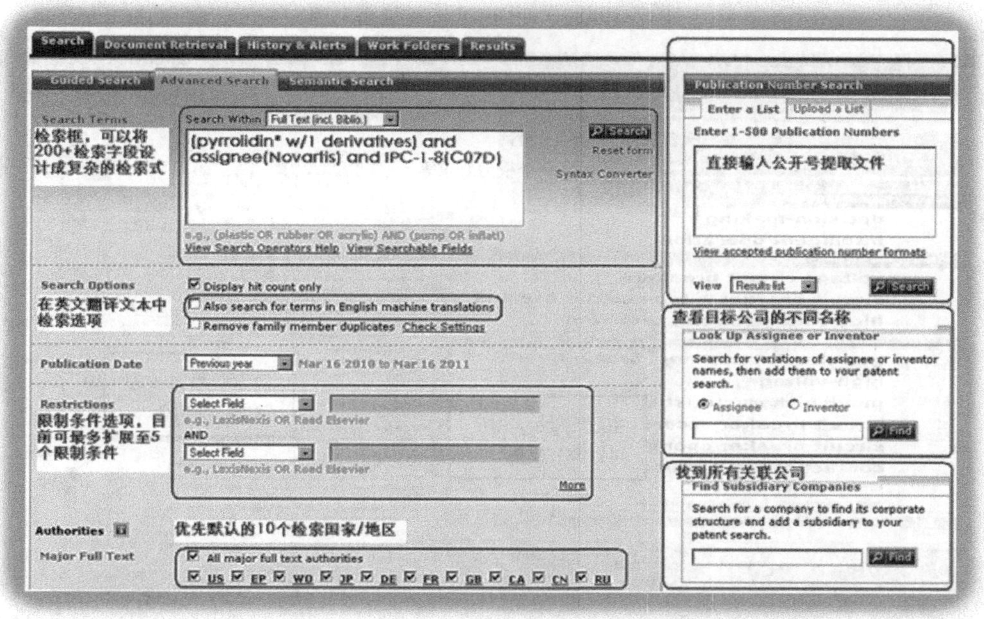

图 3-107　TotalPatent 高级检索页面

3）语义检索。语义检索不仅可以检索关键技术词汇，而且可以检索相关技术概念。检索框中可以输入一段话，或者一个权利要求等，如图 3-108 所示。

点击预览结果(Preview Results)，右侧显示检索结果，左侧最上面的“Your search Terms”解释了输入的内容，下面“Connect by Boolean by AND”系统根据输入的内容抽取出为逻辑“与”的关键词，下面为同义词，即逻辑“或”的关键词。再下面“Any of these terms”系统列出了输入内容中其他的关键词，按照在文中出现的次数划分权重，点击检索词，可以修改其权重，也可以拖动检索词加到前面“与”或“非”的检索框中，点击右面结果框中的“Refresh Preview”检索结果就会更新。语义检索适合跟踪一个已知的专利的相关专利，如图 3-109 所示。

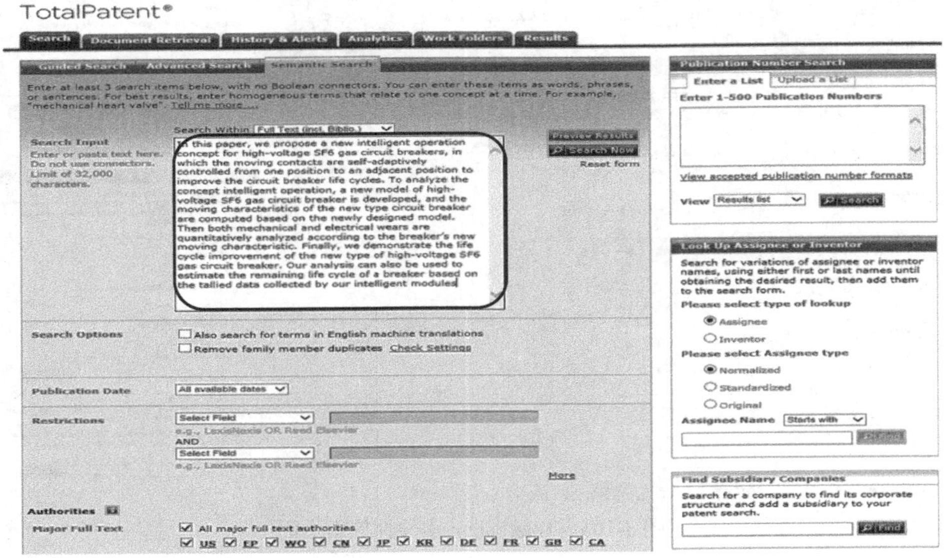

图 3-108　TotalPatent 语义检索页面

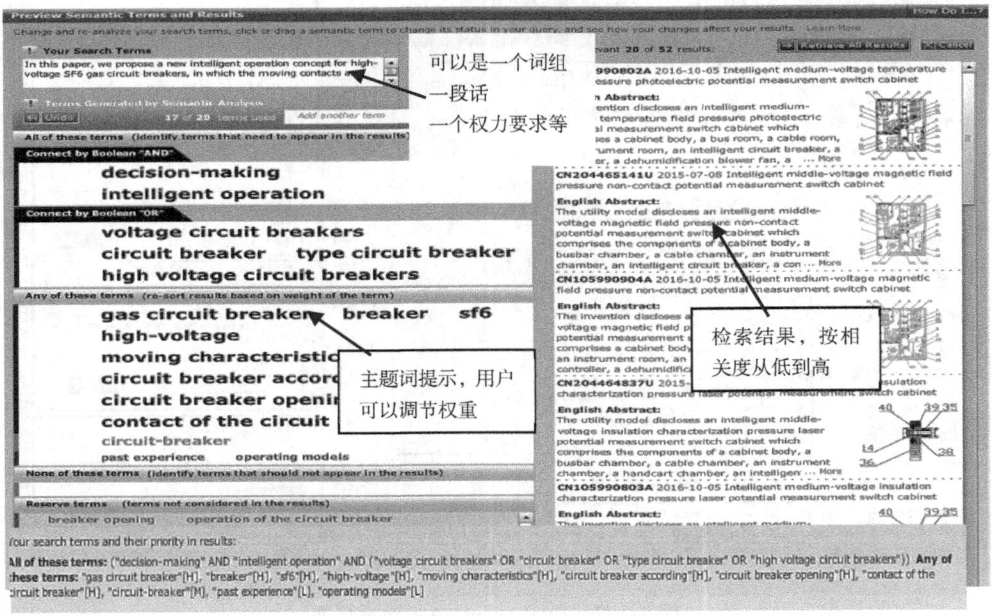

图 3-109　TotalPatent 语义检索结果页面

4）公司名称标准化（公司目录树）。系统对较大公司进行了公司名称（涉及专利几乎占整个专利库的一半）进行了规范化和标准化，包括为未提供拉丁文名称的非拉丁文名称指定拉丁文名称。用户可以不用知道公司名称及其他每个可能出现的条目。从下面的例子可很容易看出使用标准化名称后检索结果有明显不同。单纯搜索“PANASONIC”这一名称的结果就相差 43000 条。这自然会对竞争对手分析、检索和一般目的产生巨大影响。总体来说，任何不使用标准化名称的检索或者分析将只能得出实际结果的 40%（在这个具体例子中），如图 3-110 所示。

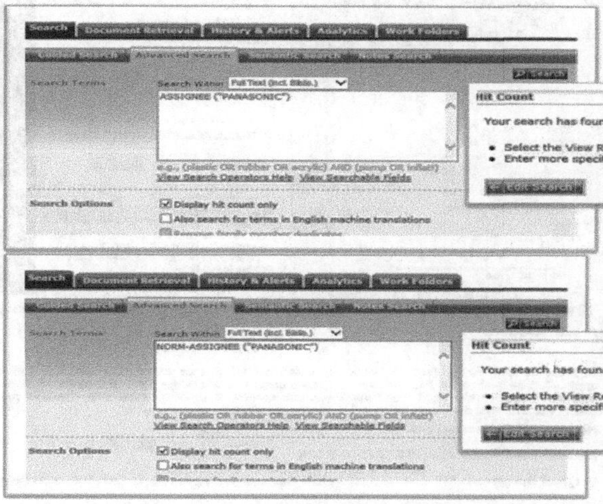

图 3-110 TotalPatent 公司目录树检索页面

同时，TotalPatent 检索页面中独有的“Find Subsidiary Companies”功能与名称标准化配合，可以帮助用户在专利检索前全面了解目标公司的组织结构、公司所有名称的写法和几乎所有子公司信息，如图 3-111 所示。

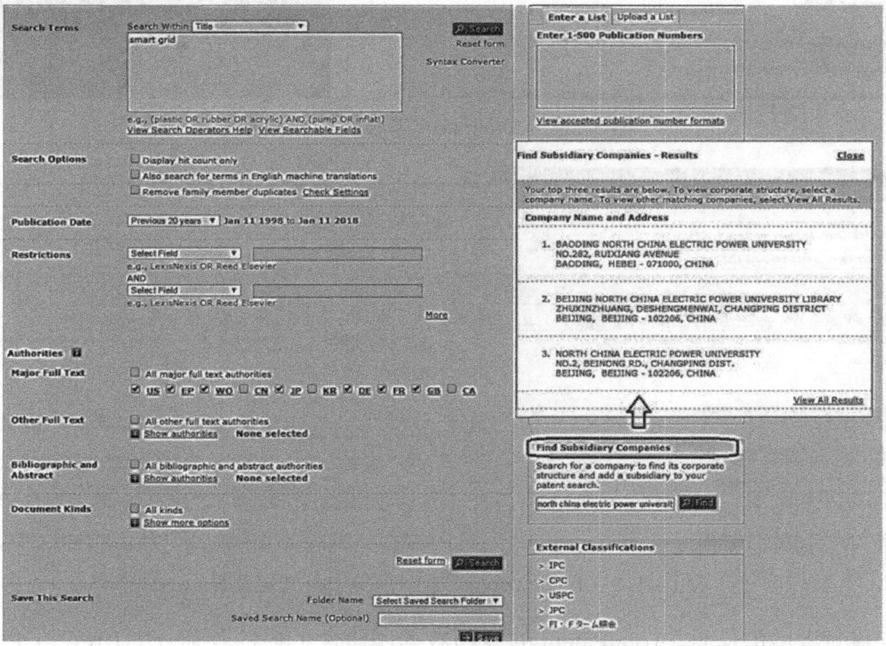

图 3-111 TotalPatent 公司目录树检索结果页面

5）支持原始语言（包括中文）检索。原始语言检索不仅适用于关键词，而且可以在各种字段中进行中文检索，如专利权人等。检索式：（低功耗 w/3 蓝牙）and ASSIGNEENAME（中兴 OR 苹果 OR 三星），如图 3-112 所示。检索结果的中英文对照显示：对于原语言检索结果，系统提供原语言和英语的对照结果显示，如图 3-113 所示。

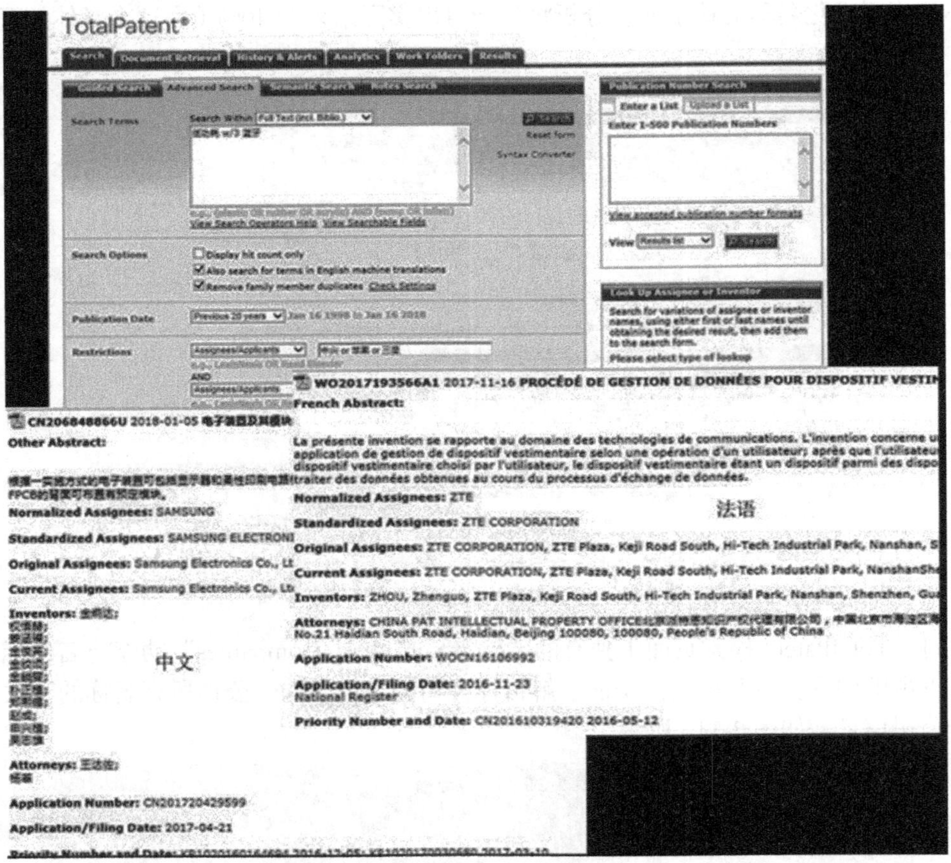

图 3-112　TotalPatent 多语言检索页面

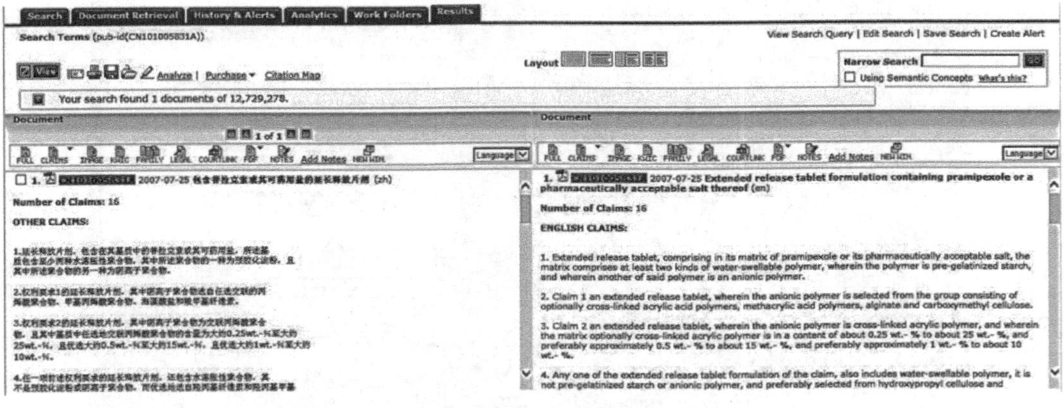

图 3-113　TotalPatent 检索结果的中英文对照显示

6）专利附带增值信息。TotalPatent 的专利数据还包含了各种专利分类（IPC，CPC，ELCA，

USPC，FI and F-term）、法律状态、简单同族和扩展同族、前后引证、扉页附图、全文附图及 PDF 公开文件等。进一步的增值信息包括美国专利审查过程信息链接、非专利文献引用信息。

7）检索结果共享。

协同办公：检索条件、在线文件夹、浏览文件共享可以在线分享公司内的其他用户。

多种形式的结果输出和下载：TotalPatent 结果输出能够提供 Excel、Word、PDF、TXT、HTML、XML 等多种格式下载。Excel 形式支持一次 5000 篇专利下载，同时可以输出几十种字段，如图 3-114 所示。

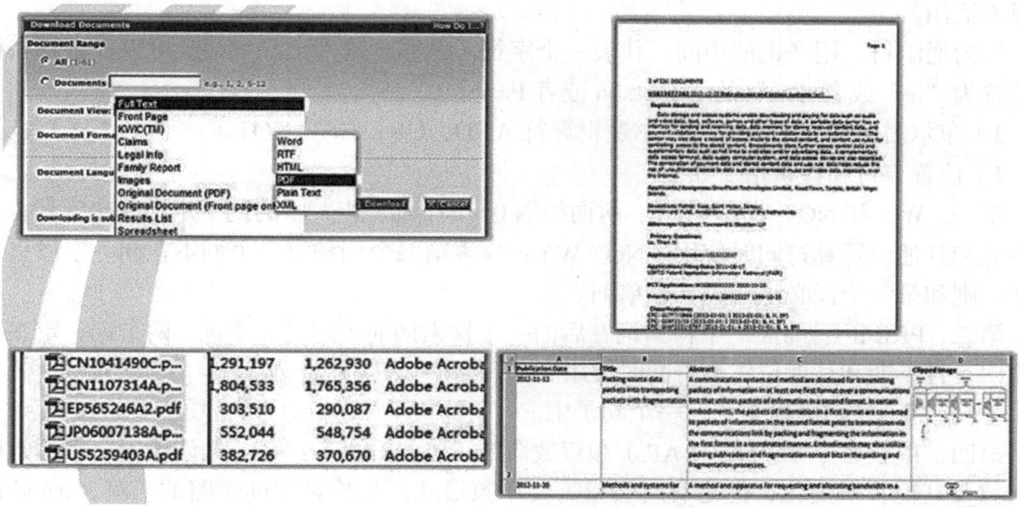

图 3-114　TotalPatent 结果输出的多种形式

专利跟踪：可以跟踪提醒指定公司、发明人、律所、关键词、特定专利技术等新出现的专利；也可以跟踪提醒已经公开的专利的同族、法律状态、分类、专利权人及引证的变化，如图 3-115 所示。

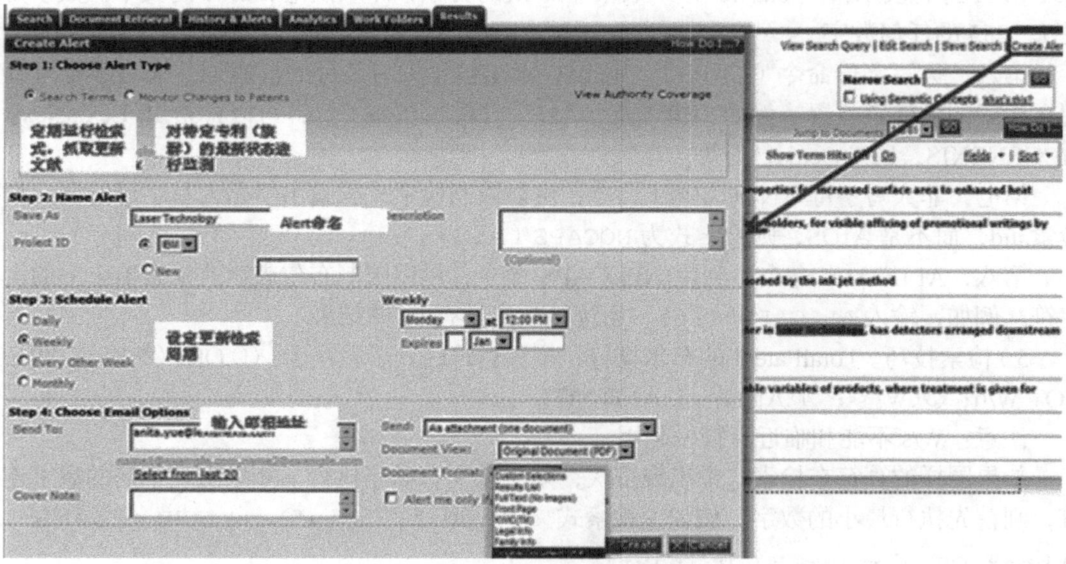

图 3-115　TotalPatent 专利跟踪

（2）检索规定和技巧

1）检索词的规定。输入多个检索词，系统默认为一个词组，除非用逻辑算符隔开。

2）截词符和通配符。

! 为截词符，用在词的结尾处，表示词后面可加任意多字符。例如，输入 inflat!可以检索到“inflate”“inflation”“inflatable”“inflated”。

截词符适用于那些截词的词根是唯一的，例如，如果输入 ski!，用户原本的意思是想检索出“ski”或“skiing”，但是也可以检索出“skill”“skip”“skittle”等。因此截词符在这里不适用。

* 为通配符，用在词的中间，代表一个字符。例如，输入 p**rson 可以检索到在相应的位置为“ie”或者“ea”的词 Pierson 或者 Pearson。

3）布尔表达式。系统支持布尔逻辑算符 AND，OR，AND NOT。

4）位置算符和检索指令如下。

第一，W/n 和 NOT W/n—W/n：两词相隔 0～n 个词。相关联的词一定在一个字段内。并且不能和其他位置算符同时使用。NOT W/n：检索第二个词和第一个词不在同一字段里；如果在，则和第一个词必须相隔 n 个单词。

第二，PRE/n--：前面一个检索词在后面一个检索词前不超过 n 个词。两个词一定在一个字段内，且不能和其他位置算符同时使用。

第三，W/s：两个检索词在一个句子中。

第四，单数命令（SINGULAR）和双数命令（PLURAL）：系统默认检索出单词的单数和双数及其他字根变化，但是有时会只需要单数形式，如检索帮助走路的工具，walkingaid 而不要 AIDS，检索式为 SINGULAR (aid) W/5 walking。同理，当只需要双数检索词时，用双数命令。例如，需要检索出版社 Indiana Mills & Manufacturing，输入检索式 indiana W/3 PLURAL (mills)。

第五，至少（ATLEAST）命令—检索文献中深度讨论的主题。检索式为 ATLEAST10 (plastic)，表示检索 plastic 至少要出现 10 次的文献，深入谈论 plastic 的文章。数字可以是 1～255 的任何数字。

第六，大写字母命令（CAPS）：可以检索出包含大写字母的检索词，大写字母可以出现在检索词的任意位置。例如，检索式 CAPS (lexisnexis)，可以检索出 LexisNexis，LEXISNEXIS，Lexisnexis，等等。

第七，非大写字母（NOCAPS）命令：可以限制检索式检索出不是大写字母的词，如要检索 aid，而不是 AIDS，则检索式为 NOCAPS（aid）。

第八，ALLCAPS 命令：利用 ALLCAPS 命令，可以限制布尔表达式检索出全部的大写字符。例如，输入 ALLCAPS (it)，系统检索出具有 IT 的结果。

5）检索技巧。TotalPatent 的布尔算符和位置算符的先后顺序为：①.OR；②.W/n，PRE/n，NOT W/n；③.W/ s ；④.AND；⑤.AND NOT。

注意：W/s 不能和临近算符一起用。

如果同样的算符在检索式中出现多次，则从左到右顺序执行，如果出现不同的数字连接符，则首先执行最小的数字。例如，检索式 device W/25 inflat! AND plastic OR rubber OR acrylic W/10 injur!

由于 OR 优先级别最高，因此首先执行“plastic OR rubber OR acrylic”；其次 W/10 数字最小，执行 plastic OR rubber OR acrylic W/10 injur!；根据优先顺序，再执行 device W/25 inflat!；最后执行 AND 命令。

（3）专利分析

TotalPatent 提供两种分析功能。对比分析和图表统计分析。分析功能首先要把需要分析的专利存到文件夹里，对相应的文件夹进行分析。在结果页面选中需要分析的专利，点击上方的分析（Analyse）菜单，会弹出一个选择框，选择需要分析的方式，如图 3-116 所示。

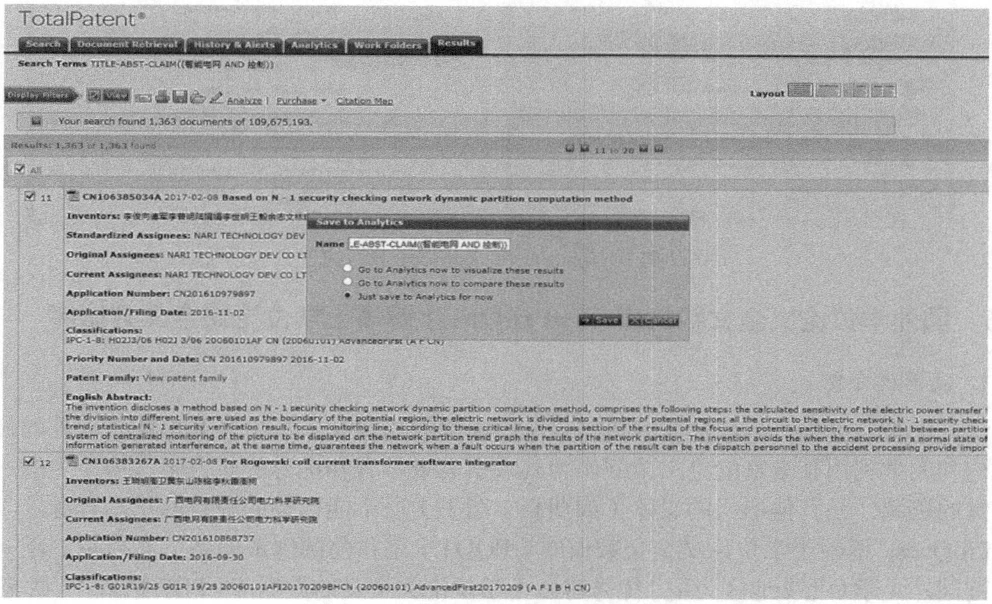

图 3-116　TotalPatent 专利分析页面

1）统计分析。支持多种条件任意组合，形成多种形式统计图表。利用“Create Chart”按钮，可以进行研究方向、申请人、发明人等的统计。

2）对比分析，验证检索条件。利用对比分析功能（Compare），直观了解不同检索条件的异同。

3）引证分析，发现专利价值。利用检索结果页面中的引证分析功能菜单（Citation Map），了解专利之间的前后引证关系，分析出处于核心未知的专利：核心技术或有缺陷的技术。

4）专利同族演进分析。在专利的详细页面中，点击同族专利的按钮（Family）。系统显示这个专利的所有同族专利及这些专利的申请时间。

5）专利诉讼（美国）分析，风险控制。各种方式的专利诉讼检索及诉讼信息浏览，如图 3-117 所示。

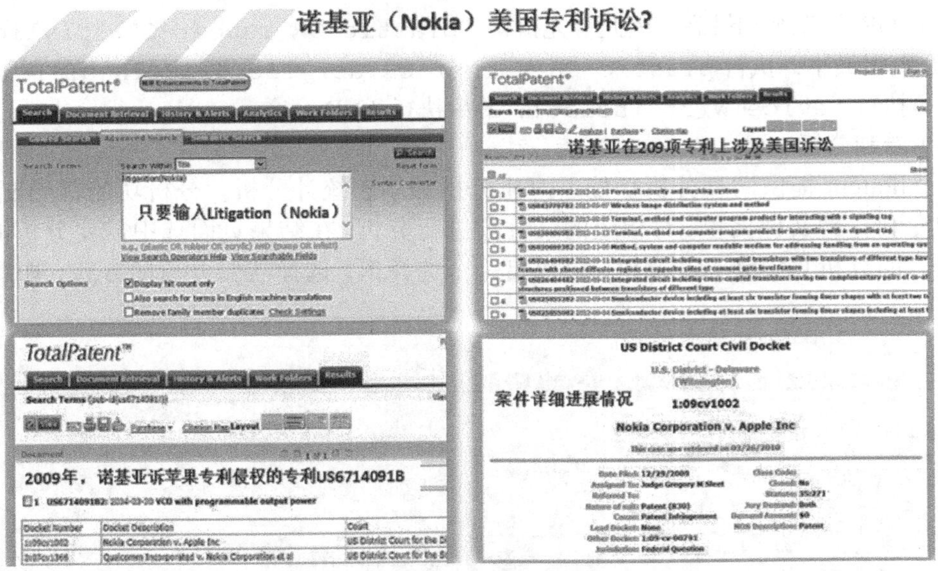

图 3-117　TotalPatent 跟踪诉讼专利的进展

3.3.6　国外学位论文全文数据库——ProQuest 博硕士学位论文全文数据库

1. 数据库介绍

学位论文是由各个高校和研究机构收藏，由于版权复杂，极少公开出版。国外的许多学术机构和大学利用其丰富的论文馆藏作为其吸引高级学者和优秀的研究生、博士生的一种非常宝贵的资源，是其他形式的媒体（如期刊、图书）所不能代替的独特的学术资源。

ProQuest 博硕士学位论文全文数据库（PQDT）是目前国内最完备、高质量、唯一的可以查询国外大学（北美地区为主）优秀博硕士学位论文全文的数据库（PDF 格式），截至 2016 年 12 月 29 日，累积国外优秀博硕士学位论文全文 62.7 万多篇，年更新论文 6 万多篇。这个数据库覆盖了大部分北美地区高等院校及世界其他地区数千个高等院校每年获得通过的博硕士学位论文。很多世界著名的高校，包括哈佛大学、麻省理工学院、剑桥大学、斯坦福大学、香港科技大学的博硕士学位论文也收录在这个数据库中。

数据库中收录的 1980 年 7 月以后出版的所有博士学位论文信息中均包含有作者撰写的 350 字摘要，1988 年以后出版的硕士学位论文信息中均包含有作者撰写的 150 字摘要。ProQuest 博硕士学位论文全文数据库每年新收录的论文数量超过 5 万篇，确保用户可以检索到最新的论文信息。

ProQuest 博硕士学位论文全文数据库是一个覆盖学科范围十分全面的数据库，包含了自然科学、社会科学和生命科学在内的 11 个大的学科，下辖 31 个一级学科和 266 个二级学科。包括：生物科学、地球和环境科学、健康科学、净化科学、应用科学、心理学、沟通和艺术、教育学、语言文字、文学和语言学、社会学、哲学、宗教和神学。

数据库的服务方式：数据库采取国内镜像模式提供服务，镜像点分别为北京 CALIS 服务器、中信所服务器、上交大服务器。对于正式购买的机构用户采用 IP 地址控制方式，提供远程访问服务。正式订购的用户可以在线下载全文，在 IP 地址范围内不需要用户名和密码。数据库的文摘题录数据为开放资源，提供互联网免费访问。

2. 数据库使用方法

数据库主页地址为：http://proquest.calis.edu.cn。

PQDT 的平台是个中文平台，主页（图 3-118）的右上角可以进行中文和英文的切换，可以选择几个镜像站点。

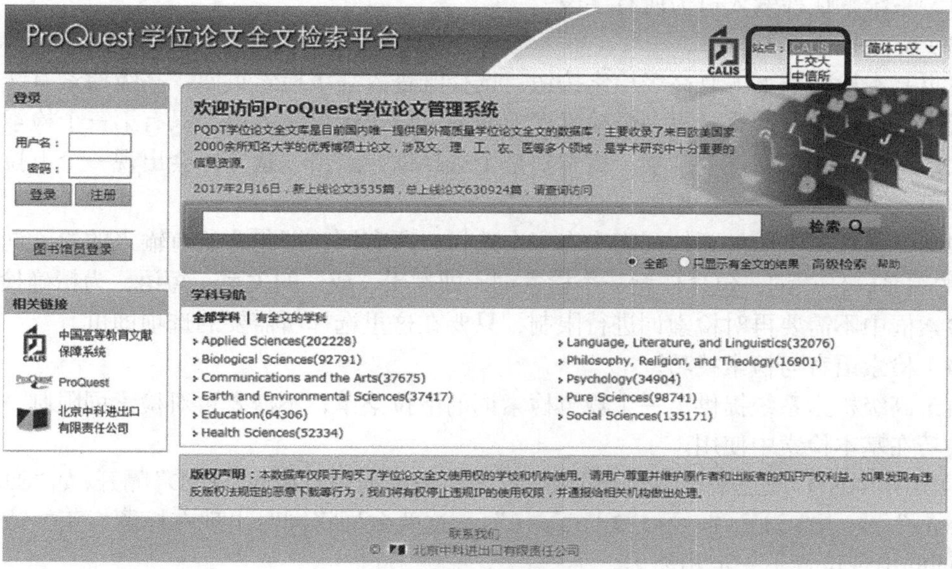

图 3-118　PQDT 主页

（1）浏览功能

主页下方按照学科方向，提供论文的浏览，学科分类是 PQDT 系统自定的学科分类，如图 3-119 所示。工程类都在应用科学（Applied Sciences）里。

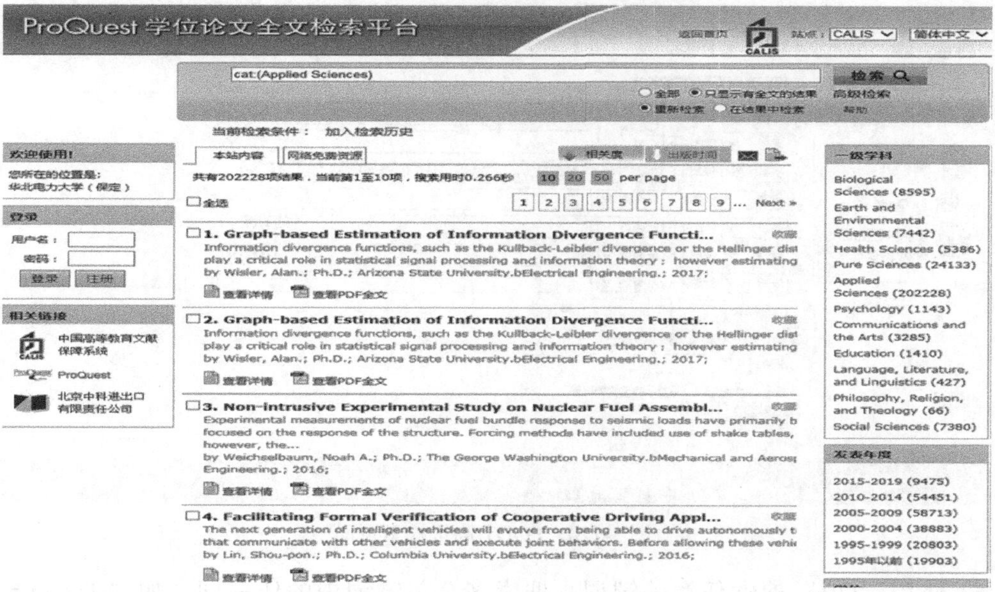

图 3-119　PQDT 浏览结果页面

浏览结果页面中，右侧为一级学科“Applied Sciences”下的二级学科，可以继续点击选中浏览，结果页面可以在线查看文摘和全文。年度分布，各种学位分布。

（2）基本检索

主页中间为基本检索框，在检索框中输入检索式，即可进行检索，基本检索不能选择检索入口，系统默认检索入口为所有字段。

（3）高级检索

主页基本检索框下方有高级检索按钮，选择既进入高级检索页面，高级检索有 7 个检索框互相进行逻辑组合运算，每一个检索框前面都可以选择检索入口，只有第三个检索框中有学科入口的选项，选择这个选项，检索框是个选择框，点击“选”，会出现一个下拉菜单，选择学科，不能自行输入，如图 3-120 所示。

中间“包含以下”的下拉列表中有三个选择：所有词，即包含所有输入的检索词，逻辑“与”的关系；任意词，包含任意一个检索词，即逻辑“或”的关系；短语，为精确检索。因此在检索框中不需要再对检索词进行限制，只要在这里选择所需要的选项即可。

（4）检索语言与检索技巧

由于高级检索系统提供了一个规范检索词的下拉菜单，不需要再对检索词限制，这里的检索技巧在基本检索中使用。

1）使用“AND”或空格搜索全部关键词。多个关键词用空格或“AND”隔开，如“digital library”或“digital AND library”，这两个词将同时出现在标题、正文或摘要中（两个词的出现位置不一定相邻）。

2）使用双引号搜索完整的关键词。如果输入的关键词本身包括空格并且不希望被分割，可以在关键词两边加上西文双引号，如“digital library”。

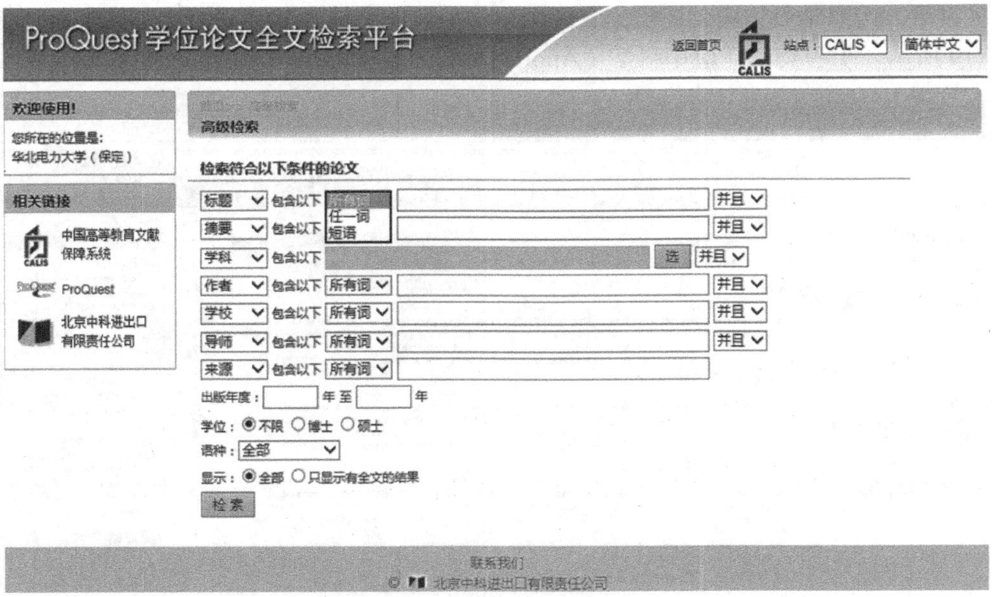

图 3-120　PQDT 高级检索页面

3）使用“OR”搜索任意关键词。搜索多个关键词中的任一词，如“digital OR library”，这时搜索结果将包含这两个词中的任一个或全部。

4）使用“AND NOT”排除关键词。排除包含指定关键词的搜索结果，如“digital library AND NOT study”，这时搜索结果将同时包含前两个词，但不包含“study”。

3.4　国内外学术资源一站式发现和获取系统

3.4.1　知识发现系统的概念和特点

随着数字资源量的剧增，用户对多种文献资源统一检索的需求日益增强。为了提高检索效率和知识搜索的深度，系统开发商对各个出版机构提供的元数据进行了分析、整理、数据合成，开发了基于大规模合成元数据的资源发现系统，也称知识发现系统。资源发现系统实现了对文献信息资源进行深入检索、对知识进行深度挖掘的功能。资源发现系统比跨库检索系统具有更快捷、知识挖掘更深入、检索方式更灵活、获取信息量更大等优点。因此，在 2009 年 1 月美国图书馆协会（American Library Association，ALA）年会上，当 Series Solution 公司宣布即将发布全球第一个网络级资源发现系统——Summon 时，资源发现系统作为全新的学术信息发现工具立即引起了全球图书馆的关注。随后 Ex Libris 公司推出 Primo Central，EBSCOhost 公司推出 EBSCOhost Discovery System（EDS），这些资源发现系统以“简单、快速、易用”的检索体验颠覆了传统的图书馆跨库检索系统带给用户的感受。本节将就目前国内外主流的 Summon、Primo、EDS 及国内的超星发现和百度学术做简单介绍。知识发现系统的功能特点有以下四点。

（1）统一发现和统一检索

通过使用同一界面上的单一检索框，提供类似 Google 的简单检索，用户不必在各个数据库系统之间跳转，不必花费很大的精力去学习和掌握各个数据库系统的使用方法，可以以自己使用互联网的经验来使用图书馆的资源发现系统。统一资源发现系统可以实现对图书馆纸质资源和电子资源的整合，能够同时检索图书馆各种类型的资源，甚至包括那些没有被图书馆订购但被中心索引覆盖的其他资源，如开发获取资源。

（2）检索速度的提升与检索结果的显示

统一资源发现系统是基于格式统一、结构清晰的元数据中心索引进行的检索，因此检索速度可以达到秒级，甚至毫秒级。其检索结果可进行不同版本、不同媒介形式的聚类显示，可进行相关性排序、时间排序等。在命中结果较多时，能够进行二次检索。同时，检索结果能够提供详细的书目信息和实时馆藏信息。

（3）原文链接与获取

目前的统一资源发现系统都集成了原文获取链接功能，可以实现对全文的链接与获取。通过这一服务，可以实现对图书馆书目系统（OPAC）、全文数据库、文摘和引文数据库，乃至原文传递、参考咨询、馆际互借等服务的集成。

（4）Web2.0 功能及移动服务的支持

统一资源发现系统的 Web2.0 功能有效地提升了用户体验。例如，对检索结果提供内容敏感的特定资源推荐或者补充结果集的资源推荐；允许用户对检索结果创建标签、评分、发表评论等；提供可视化的标签云图；混搭 Wiki 词条、图书封面、网摘、目次和读者评论等；

支持移动服务。系统的全部内容都可以通过移动终端有效检索，有效地解决了某些内容在移动检索终端进行检索时被排除在检索结果集之外的问题。

3.4.2 国外主流知识发现系统

1. Summon 发现系统

自 20 世纪 90 年代开始，图书馆资源发现系统逐渐被大众知晓。发现系统共经历了 3 个发展阶段：第一阶段为联邦检索系统、第二阶段为现行的发现系统、第三个阶段为进化中的发现系统。联邦检索系统是基于应用层的信息整合技术，然而随着资源量的不断增加，其受到不同资源对象数据接口差异的限制及由于网络环境的不同，难以实现全部结果的查重、排序和归并，在检索范围、检索速度和检索质量上有待提高；第二代资源发现系统（现行的发现系统）应运而生，其特征是关键词检索、元数据驱动和一站式检索等，是发现系统的又一次飞跃；以知识探索、语义内容、个性化与移动服务为特征的第三代发现系统是图书馆正在追寻的目标系统，资源发现系统从根本上改变了联邦检索系统运行速度慢、返回结果有限的缺点，又进一步实现了资源的深度揭示和融合。2013 年夏季 ProQuest 旗下的 Serial Solution 发布了 Summon2.0 版本，Summon 是正处于第二代发现系统向第三代系统转型之中，它是唯一一个基于内容的统一索引服务，是全部元数据和全文数据的仓储。该系统完全基于成熟开放的系统体系结构，支持包括但不限于如下标准和协议 OpenURL、XML、OAI、RSS、SOAP、SRU/SRW、CSS，支持图书馆各种类型数据所需要的各种体系结构，因此 Summon 具有高可用性、高可靠性、高速结果返回且支持图书馆联盟的可扩展性，同时具有集成扩展性，通过开放式 API，Summon 服务能够与图书馆任何现有系统无缝集成，其一站式检索与相关性排序、360Link 全文链接解析、360Core 电子资源导航、移动服务支持和系统嵌入、智慧关联检索、全球学者信息的揭示等功能都在引领图书馆资源发现系统的新风尚，为越来越多的用户所青睐。

Summon 网络级资源与发现服务具有以下特点：

1）Summon 完全以软件即服务模式（SAAS）。为用户提供服务。每隔两到四个星期 Summon 就会有新功能或改良功能推出，这些新功能一经推出就会应用于所有 Summon 的客户站点，所有 Summon 的用户总是自动获得并使用最先进的技术和最新的服务版本。

2）Summon 的丰富资源。到目前为止 Summon 包括超过 10000 家出版商的内容，包含 150000 种期刊、20 多亿条数据、100 多种资源类型，元数据每日更新。独享资源包括 PQDT、CSA、ebrary 等。同时 Summon 与 CALIS 达成协议，可利用 56 万篇学术论文；且分别与维普、Apabi 达成相关数据使用协议，实现 CNKI 90%覆盖，万方 98%覆盖，维普 100%覆盖。

3）Summon 的移动界面。Summon 可以提供在移动设备上使用的读者界面，移动设备包括各种智能手机、平板电脑及其平板电子设备。

4）可自选界面语言，支持中英文。支持中文检索，实现繁体和简体互检，拼音检索等；Summon 发现服务中索引了来自 CALIS 的学术内容，CALIS 的 56 万篇学位论文的摘要和元数据已经与 Summon 签约并将加到 Summon 的中心索引中；对于更为复杂和精确的中文分词机制、中文切分词机制和中文的相关性排序机制、中文人名的检索都在不断发展。

5）面向读者简单、快速、易用的优势。Summon 是一个完全利用元数据和全文数据进行检索的发现服务，检索速度更快，同时检索结果的相关性更加全面准确；检索过程会以互联网检索速度返回按相关性排序的检索结果，并通过 Open URL 链接器直接链接至全文；读者只需使用一个与 Google 类似的单一检索框，即可在几秒钟之内检索到您图书馆的各种电子和纸本馆藏、目录记录、期刊文章、数据库、报纸文章、电子书籍及更多类型的资料，是真正的一站式整合检索。

目前，国内以北京大学图书馆、浙江大学图书馆、西安交通大学图书馆、东南大学图书馆、中南大学图书馆、山东大学图书馆、哈尔滨工业大学图书馆为代表的近 20 所高校图书馆引进了 Summon 发现系统，系统命名上多采用“**学术搜索”“发现系统”等，如北京大学的“未名学术搜索”、浙江大学的“求是学术搜索”及西安交通大学的“思源搜索”（图 3-121）。

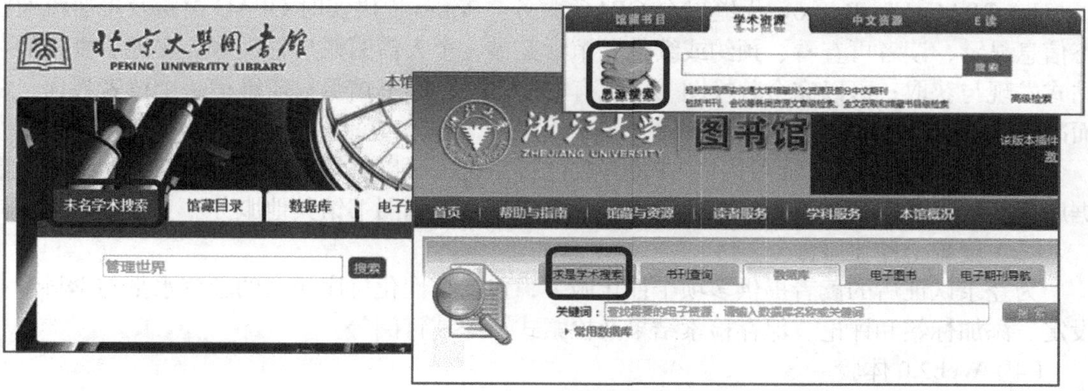

图 3-121　Summon 发现系统主界面

2. Primo 发现系统

2009 年 7 月，Ex Libris 公司公开了 Primo Central 元数据仓储的建设进展情况，其统一资源发现系统 Primo 测试版也于 2010 年 1 月发布，同时将原有的 Primo 架构集成到 Primo Central 和馆藏目录系统之上。Primo 目前全球用户超过 1000 家。Primo 发现与获取系统是该公司推出的统一资源发现与获取解决方案 URD2（Unified Resource Discovery and Delivery）的核心组成部分。

URD2 主要包括四个模块：①Primo（包含 Primo Central 集中式索引）、②SFX 开放链接 xit、③Metalib 联邦检索系统、④bX 学术文章推荐服务。

Primo Central 目前索引记录规模超过 5 亿。包括期刊文章、报纸文章、电子图书、学位论文、会议论文、专利、图书馆书目记录、OA 记录、机构仓储记录等。其中约 90%的记录包含完整元数据（含主题词或关键词），85%的记录为元数据+文摘，一半左右的记录为元数据+文摘+全文。

Primo 除了提供图书馆本身拥有的目录资源外，还在更高的层次上将印本资源和电子资源集成在一起，无论其格式还是位置，都能够提供分面搜索/导航（Faceted Search/Navigation）、搜索结果智能排序、允许用户发表评论、收藏和共享并支持个性化服务，以及其他有关向用户传递内容的丰富功能。面向读者服务的 Primo 一站式学术资源发现与获取系统具有以下特点。

（1）一站式发现：实现图书馆各种类型资源的统一揭示与检索

1）Primo 的检索范围涵盖了图书馆的各类资源，其中包含图书馆订购的来自出版商/数据库集成商的电子资源；图书馆自有资源——馆藏书刊、随书光盘、视音频、学位论文、机构仓储等。

2）bX 学术文章推荐服务。通过对 SFX（开放链接系统）用户的使用日志进行数据挖掘而形成的 bX 学术文章推荐服务，是全球第一个学术推荐服务，旨在帮助读者发现通过其他方式无法找到的相关文章，进一步扩展了读者的发现体验。

3）支持书目记录功能需求（functional requirements for bibliographic records，FRBR），聚类显示不同版本/分册、不同来源的记录。

（2）一站式获取

1）OPAC Via Primo，无缝融合 OPAC 服务。Primo 提供实时 OPAC 馆藏及单册流通状态信息显示，读者可查看、预约或续借、馆际互借，个人借阅账户管理等。实现了真正的一站式发现与获取；可以完全替换图书馆现有的 OPAC，图书馆员只需维护一个读者界面，从而减少 TCO（总拥有成本）。

2）SFX 开放链接。通过内嵌 SFX 开放链接系统，可以直接链接到图书馆订购的全文数据库，使读者能够快捷恰当地获取全文；或者引导读者到图书馆其他服务。

（3）读者个性化服务

为登录认证后的读者提供多项个性化服务，包括个性化排序相关的教育水平与学科专业设定、添加标签和评论、保存检索结果及检索式、RSS 订阅等。

（4）Web2.0 体验

Primo 提供完整的 Web2.0 功能：包括 Did you mean 检索提示、标签、评论，以及 Wiki 百科词条、网摘目次等各种丰富的信息和服务的混搭（Mashup），为读者带来无法超越的发现体验。同时，Primo 还专门为图书馆员的提供了个性化设计，具体如下。

1）后台管理 Back Office。

第一，提供基于 Web 易于操作的后台管理界面。

第二，可通过后台管理界面装载、处理本馆的各种元数据，对其进行全文索引。

第三，可对本馆各种馆藏和特藏资源的数据质量进行直接控制，包括显示字段、链接字段、检索字段、分面字段、排序字段等均可配置，并能使用 Enrichment API 进一步完善数据质量，为发现与获取服务提供最坚实的基础。

第四，Primo 提供丰富的统计报告，报告可输出为 PDF、Excel、Word、PowerPoint 等格式。

2）灵活的可配置性。

第一，界面定制：可以为不同的分馆/成员馆、院系设计多个不同的读者界面，设定相应的检索点、检索范围、简明/详细显示字段、链接、分面等。

第二，可配置的排序：用户可以对字段、本馆馆藏等设置阈值，实现检索结果提升（Results Boosting）；通过设置搜索引擎的混合（Blending）参数，实现来自本馆馆藏与集中式索引检索结果记录的混合显示控制，同时确保本馆馆藏的相对优先的显示。

第三，FRBR 设置：Primo 对这种元数据记录自动进行 FRBR 合并，并且可以设置聚类合并的条件和规则。

3）开放平台设计。

第一，Primo 提供多种规范的 API 接口，包括 X-services、Web Services、Deep Linking、RTA（Real Time Availability）、Enrichment、Deep Search、Plug-ins 和 Adaptors 等，以及 Layout Editor、CSS 等用户配置，用户可以根据自身需要创建本馆应用，同时实现与外部第三方系统的无缝集成。目前已经提供了基于 API 接口开发的 OCLC WorldCat，以及读秀、CNKI 及万方数据的第三节点。

第二，Ex Libris 提供专门的开放平台（Open Platform），全球 Primo 用户可以分享和共享各种本地化和用户化开发功能及开发代码。此外，公司还每年邀请用户开发人员与公司产品设计和开发人员一起交流和学习。

Primo 发现与获取系统自 2007 年发布以来，用户规模快速扩展，目前全球用户超过 1000 家。国内的上海交通大学、清华大学、中国科学院高能物理研究所、中国社会科学院图书馆、中国农业科学院农业信息研究所、郑州大学图书馆等十几所高校或研究机构先后成为 Primo 发现系统的用户，在学术资源发现与获取系统市场处于领先地位。清华大学的“水木搜索”与上海交通大学的“思源探索”检索界面如图 3-122 所示。

图 3-122　清华大学的“水木搜索”与上海交通大学的“思源探索”

3. EDS 发现系统

EBSCO 于 2010 年 1 月正式推出 EBSCO Discovery Service（EDS，EBSCO 的发现服务）。EBSCO 是一家提供文摘、索引和全文数据库的文献服务公司，EBSCO 拥有 6700 余种全文期刊，内容涉及艺术、教育、人文、应用科学、法学、图书馆学、传记等。EDS 为云端资源探索服务暨集中式预先索引库，提供用户查询超过 8 亿篇的学术资源文献索引，并搭配 EBSCO Fulltext Finder 全文链接解析服务，引导用户前往图书馆收录该索引文献对应的已订购全文数据库，不仅让读者感受一站式资源探索服务，更让图书馆体验一站式的电子资源管理成效。EDS 具有三个特征：首先是定位为学术性的搜索引擎，其次是拥有简洁快速的一栏式检索界面，最后就是注重用户体验，尽可能将全部资源集中在一个平台进行即平台融合（Platform Blanding）。EBSCO 区别于其他发现系统大致表现在以下几个方面：

1）EDS 的相关度排序更加注重学术性的搜索体验，通过一套特有的算法，考量每一条信息的主题、文摘、关键词等内容，为这条信息打出一个综合得分，让更有价值的信息在学术搜索引擎排序时有一个更好的位置。

2）EDS 的元数据质量非常高，将所有不同的数据库统一融合成一个数据库，将每条信息也就是元数据描述非常仔细详尽，即使是非常偏门的资料也可以定义得非常细致便于搜索。目前 EDS 的元数据涵盖约 20000 个期刊出版社及 70000 个图书出版社的内容。

3）EDS 界面用户定制化，通过客户自己的改造和功能增加，让系统符合读者的使用习惯。EDS Find+知识发现平台是由美国 EBSCO 公司和南京大学数图实验室联合研发，利用 EDS 平台授权提供的国外出版商合法元数据的外文多语种搜索技术，结合本地化服务功能，搭建的资源发现系统，是 EDS 平台的中国本土化产品。武汉大学图书馆引进了 EDS Find+，构建了珞珈学术搜索平台；中山大学图书馆引进了 EBSCO Discovery Service 资源发现与获取系统（图 3-123）。

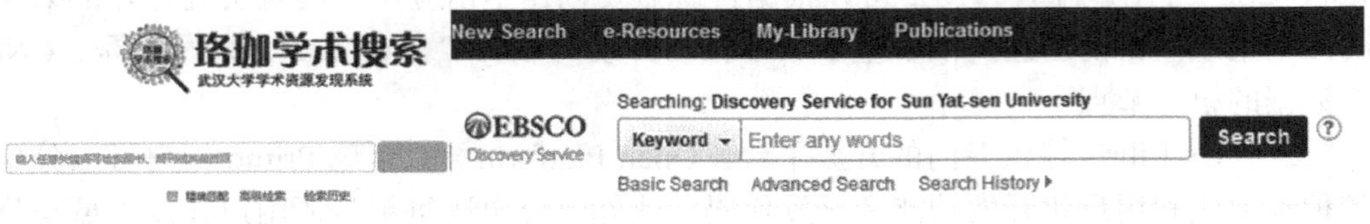

图 3-123　武汉大学学术资源发现系统与中山大学发现系统

3.4.3　国内主要的发现系统

1. *超星发现系统*

超星发现以近十亿海量元数据为基础，利用数据仓储、资源整合、知识挖掘、数据分析、文献计量学模型等相关技术，较好地解决了复杂异构数据库群的集成整合，完成高效、精准、统一的学术资源搜索，进而通过分面聚类、引文分析、知识关联分析等实现高价值学术文献发现、纵横结合的深度知识挖掘、可视化的全方位知识关联。

访问 http://www.zhizhen.com 进入超星发现系统（图 3-124）。在检索框中输入查询词，单击“检索”即可在海量的资源中查找相关的各种类型文献。

图 3-124　超星发现系统首页

超星发现系统具有如下几项核心功能。

超星发现平台的检索案例

（1）多维分面聚类

超星发现依托高厚度的元数据资源，通过采用分面分析法，可将搜索结果按照各类文献的时间维度、文献类型维度、主题维度、学科维度、作者维度、机构维度、权威工具收录维度及全文来源维度等进行维度的聚类。

（2）智能辅助搜索

超星发现系统提供强大的智能辅助搜索功能。借助内置规范知识库与用户的历史检索发现行为习惯，自动判别并切换到与用户近期行为最贴切的领域和关注热点，同步显示与用户检索主题相应的解释，帮助实时把握所检索主题的内涵，并优先按用户筛选文献的喜欢显示检索结果，提供发现精准度和检准率。

（3）立体引文分析

超星发现可实现图书与图书之间、期刊与期刊之间、图书与期刊之间、其他各类文献之间的相互参考、相互引证关系分析；文献引用频率分析研究，可有效测定与评价某一文献、某一学科、某一作者，乃至某一机构的学术影响力；文献间相互引证逻辑关系，可分析获得某一学术思想的历史渊源、传承脉络及演变规律。

（4）可视化的知识关联图谱

超星发现系统能够按照知识概念给出知识关联图谱，通过单向或双向线性知识关联构成的链状、网状结构，形成主题、学科、作者、机构、地区等关联图，从而反映出学术思想之间的相互影响和源流。

（5）学术趋势分析功能

超星发现系统能够对搜索结果进行年代分布规律分析的功能，可揭示出任意主题学术研究的时序变化趋势图，进而帮助研究者在大时间尺度和全面数据分析的高度洞察该领域研究的起点、成长、起伏与兴衰，从整体把握事物发展的完整过程和走向，为预测该学术未来发展的趋势提供帮助。

2. 百度学术

（1）简介

2014 年 6 月初，百度公司正式推出了一项免费学术文献搜索服务——百度学术。凭借百度公司强大的搜索引擎技术和研发实力，百度学术（xueshu.baidu.com）作为一款集学术搜索和学者主页、文献互助、写作助手等服务为一体的学术平台，成为科研工作者获取文献的利器。

百度学术检索页面如图 3-125 所示。百度学术汇聚了全球范围数据库的海量学术资源（约 7 亿篇学术文献），收录国内外数据商或站点超过 120 万家，如中国知网、维普、万方、Elsevier、Springer、Wiley、NCBI 等。拥有互联网最全的开放资源 OA（OpenAccess Resource），收录各种类型的学术文献，如期刊论文、学位论文、会议论文、图书、专利等。构建了 30 亿文献引证关系网络，客观评价了文献的学术价值，全面揭示了学术的发展脉络。

图 3-125　百度学术检索页面

（2）百度学术的主要功能

1）学术搜索功能。

第一，百度学术搜索使用方法。

如图 3-125 所示，可以直接在搜索框输入所需研究方向的关键词，将呈现与之最相关的文献资料；也提供高级检索选项供选择，只需点击搜索框右端的高级搜索按钮，即可选择检索词出现的位置、文献的作者、出版物、年份、语种等多种高级定制条件；此外，系统还提供一些简单的搜索语法：①精确搜索某个关键词，只需加双引号，如"机器学习"；②直接搜索某个作者，可以使用 author:()语法，如 author:（李健）；③直接搜索某本期刊上的文献，可以使用 journal:()语法，如 journal:（软件学报）。

对于搜索结果，如图 3-126 所示，用户可以针对自身需求在搜索结果的左侧进行定制化筛选，其中包括论文发表时间、学科领域、文献类型及 SCI、EI 核心收录等多个维度可供选择。

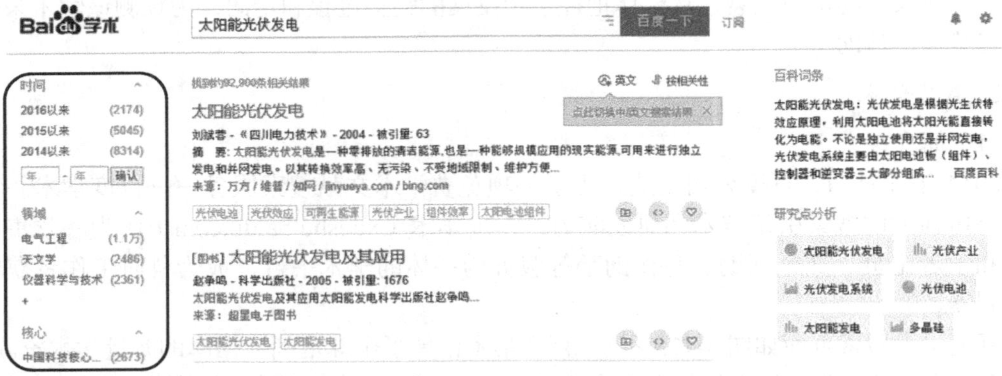

图 3-126　百度学术检索结果（以"太阳能光伏发电"为例）

找到了需要的文献后，系统会自动推荐与该篇论文相关的其他论文，以及该篇论文的参考文献和参考该篇论文的文献，方便用户从各个维度获得相关研究文献。

相关文献：搜索结果页中特定某篇文献的右侧"相关文章"按钮会提供与该论文相关的其他论文，点击搜索结果页中的文献标题进入文献详情页，在页面的下方同样可以获得相关论文推荐。

引证/参考文献：在任何页面点击文献被引量数字，将会获得参考该篇论文的文献信息；同时在文献详情页中也可以获得相关文献、引证/参考文献信息。

第二，获取文献引用格式。对于百度学术收录的文献，系统提供自动生成引用格式服务，方便用户写作时便捷引用该文献。目前，系统支持 GB/T 7714、MLA、APA、BibteX、EndNote、RefMan、NoteFirst、NoteExpress 8 种格式的参考文献导出，在任何页面，只需要点击某篇文献的"引用"按钮即可获得不同类型的引用格式。如图 3-127 所示。

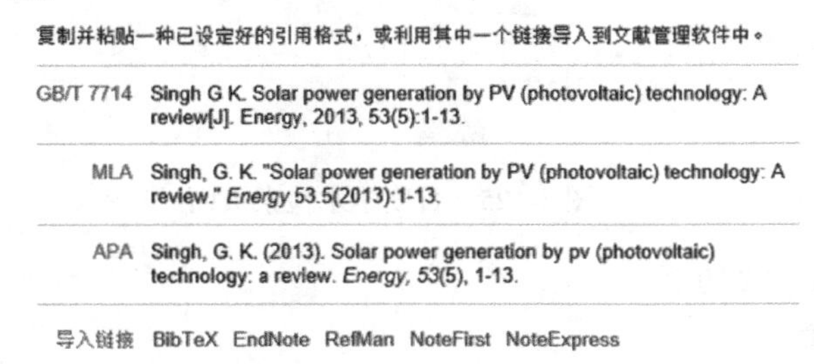

图 3-127　百度学术自动生成的多种引用格式

第三，获取全文。对于在百度学术中查找到的任何文献，系统提供多种方式来获取全文。①直接下载：百度学术收录了世界范围内的网络学术资源，包括非常多的 OA（open access）资源，当检索到的文献有“免费下载”按钮，点击后即可获得该文献的免费下载渠道；②如果某篇文献并没有网络 OA 渠道，用户还可以通过文献互助平台发起求助，有其他用户应助后，即可获得该文献的全文。

第四，对关键词和文章进行订阅&收藏。

订阅：用户可以订阅自己使用过的搜索词，订阅之后，一旦有与该关键词相关的文献，系统将立即推送给用户（可以限定只推送特定核心数据库收录的文献）。对于推送的内容，用户可以在“我的学术—消息中心”中看到，也可以设置邮箱，系统会自动将推动的文献发送至用户的邮箱。

收藏：用户还可以收藏对自己有价值的文献，收藏之后可以随时回顾，并且可以对文献打不同标签、添加备注及批量导出收藏的文献。在任何页面，只需要点击某篇文献对应的“收藏”按钮即可完成收藏，对于已经收藏的文献，可以在“我的学术—我的收藏”中找到。

2）特色功能。

第一，论文助手。论文助手是一款集合文献深度挖掘搜集、快速查重检测和实用毕业指南于一体的实用平台，如图 3-128 所示。该平台包括开题分析、论文润色及论文查重三个功能模块。

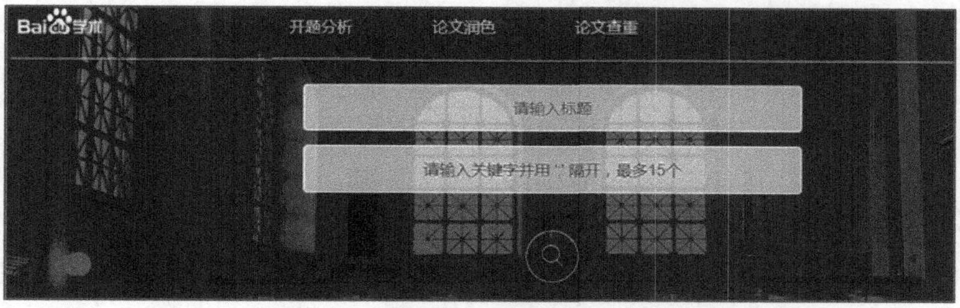

图 3-128 百度学术的论文助手页面

开题分析：帮助学生进行前期文献深度挖掘，可视化展现研究热点趋势，智能推荐相关研究文献和实用论文。

论文润色：资深润色专家立足英文学术论文的语言需求，从西方人的思维表达习惯、语言、语法、篇章结构、用词、行文、逻辑关系、句子衔接、段落顺序、流畅度十大方面进行专业润色，为用户的英文学术论文提出专业建议和详尽指导，系统提供的服务包括但不限于 SCI、SSCI、EI、IEEE 等各类国际学术期刊论文。

论文查重：百度学术为用户提供了查重系统集合平台，集合多家官方查重产品，步骤简洁，提供高效精准安全的查重检测服务。查重只需三步：提交论文—选择平台—付款。能够快速准确地进行查重，查重结果详尽直观，帮助学生快速定位重复字段，顺利通过论文审核。

第二，文献互助。文献互助是一个支持公开求助全文的免费平台，用户可以发布自己想要的文献信息等待应助，他人应助成功后，用户即可在“我的求助”中下载到全文。如图 3-129 所示。

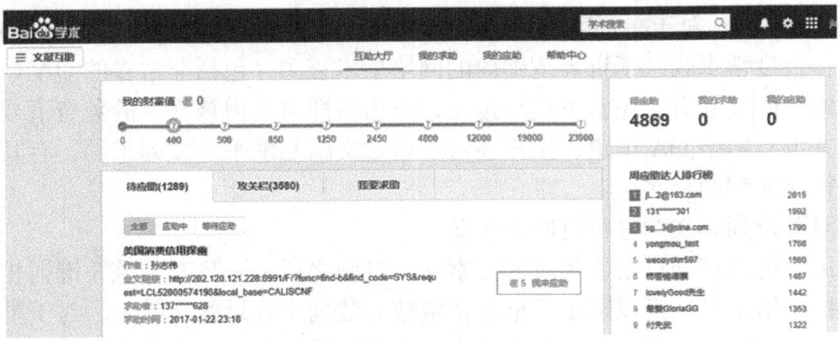

图 3-129　百度学术的论文互助页面

第三，学者主页。百度学术拥有国内最大的学者主页库，包含 360 万中国学者的主页，它是一个帮助学者管理和展示学术成果的平台（图 3-130），能够实现以下功能。

成果汇总：自动汇总科研成果，一键导出成果报告。

提升学术影响力：全面计算 h 指数、g 指数、被引频次，彰显影响力。

成果可视化：完美生成成果类型分布图等多种统计图，成果多维度展现。

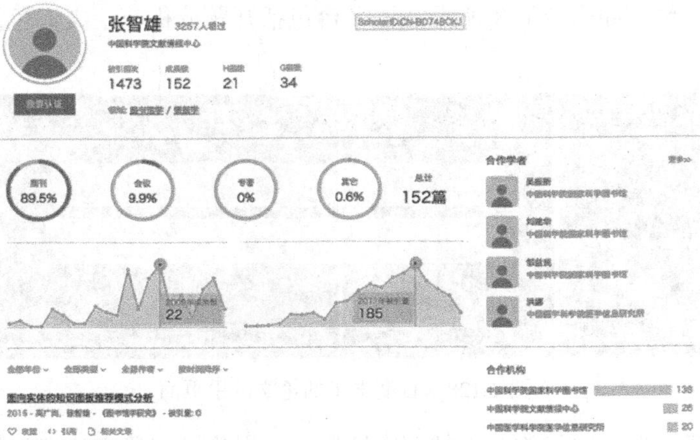

图 3-130　百度学术的学者主页（以“张智雄”为例）

3.5　文献传递服务系统

网络信息量的激增与书刊价格的不断上涨，使得任何一个图书馆都无法仅依靠本馆馆藏来满足读者所有的信息需求。为弥补本馆馆藏不足，图书馆充分利用网络信息资源，积极开展馆际互借与原文传递服务。

馆际互借（inter library loan，ILL）是图书馆为了共享信息资源，在馆与馆之间达成馆际互借协议，当本馆的馆藏文献不能满足读者需要时，向对方馆去借本馆未收藏的文献资料，多为返还式借阅。

随着馆际互借服务的进一步发展，馆际互借的对象得以扩展，文献类型包括图书、期刊论文、科技报告、学位论文、专利文献等多种。传递方式也呈多样性发展，大量的服务是通过复印、扫描、下载甚至拍照等手段把读者所需要的信息复制出来，传递手段除了传统的邮寄、快递以外，可以是传真、E-mail 等形式。继而馆际互借由返还式发展到非返还式，馆际互借的概念演变成文献传递服务。

文献传递（document delivery），又称原文传递，是指将用户所需的文献（或复制品）以有效的方式直接或间接传递给用户的一种非返还式的文献提供服务，它具有快速、高效、简便的特点。文献传递是在信息技术的支撑下从馆际互借发展而来，但又优于馆际互借的一种服务。文献传递服务扩大了读者获取文献信息资源的范围，解决了利用非本馆文献资源的问题，提高了文献保障能力；同时使文献资源得到充分利用，是文献信息资源共享得以实现的很好方式；有利于优化馆藏资源配置，节约购书经费，有利于文献经费的合理使用。

数字图书馆常用的文献传递服务方式一般有两种：①电子邮件，即将读者需要的文献通过电子邮件直接传递到图书馆或读者的 Email 信箱中，这是目前文献传递采用的主要服务方式；②文献传递管理系统，如果图书馆是共建共享单位，一般可以通过使用该共建共享平台提供的文献传递管理系统来传递文献。

文献传递服务工作程序主要包括：

1）查询相关文献信息目录。

2）填写文献传递申请，委托本单位图书馆进行文献传递。

3）图书馆接受申请，有关馆员依据用户提供的文献完整信息，本着先本地后外地的查询原则，依次查询本馆期刊目录、各级联合目录及网上各种期刊数据库。

4）传递原文。利用现代化的电子和网络等工具，如 E-mail、传真、电话、邮递等方式进行原文传递。

5）归档统计。有关人员要做好登记，记录索取原文满足及其文献源的有关情况，为建立本馆文献传递服务的文献源数据库打好基础。

目前全国性的文献保障服务系统主要有三个，分别是：全国高等院校图书文献保障体系（CALIS）文献传递系统、中国高校人文社科文献中心（CASHL）的文献传递系统和国家科技图书文献中心（NSTL）的文献传递系统；区域性文献保障服务系统将以北京地区高校图书馆文献资源保障体系（BALIS）和江苏省高等学校文献保障系统（JALIS）为例做简要介绍；其他文献保障服务系统主要有：超星的读秀中文学术搜索平台和百链。

这些文献传递系统是由不同的机构、基于不同的范围、针对不同的用户群建立的文献服务系统，但它们共同的建设目标是利用网络平台为用户提供文献服务，实现网上交互式的文献申请与提供，在网络环境下最大限度地实现文献的共建和共享。

3.5.1　全国性的文献传递系统

1. CALIS 全文获取服务体系

（1）资源概况

CALIS（China Academic Library & Information System）是中国高等教育文献保障系统（http：//www.calis.edu.cn）的英文缩写，它与中国教育科研网（CERNET）均为国家“211 工程”的公共服务体系项目，其主要目标是为高等教育的教学、科研提供丰富的学术研究资源和服务，如图 3-131 所示。

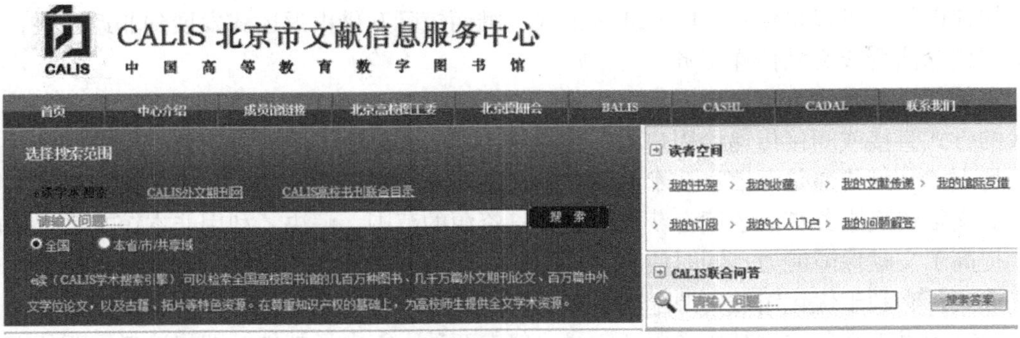

图 3-131　中国高等教育文献保障系统 CALIS 主页

CALIS 管理中心设在北京大学，下设了文理、工程、农学、医学四个全国文献信息服务中心，华东北、华东南、华中、华南、西北、西南、东北七个地区文献信息服务中心和一个东北地区国防文献信息服务中心。迄今参加 CALIS 项目建设和获取 CALIS 服务的成员馆已超过 500 家。CALIS 提供的文献服务源有下列几种。

第一，CALIS 外文期刊网（CCC）。

该系统收录了近 10 万种高校收藏的纸本期刊和电子期刊信息，其中有 4 万多种期刊的文章篇名信息可实现每周更新；目前期刊文章的篇名目次信息量达 8000 多万条。其网址为 http：//ccc.calis.edu.cn/，如图 3-132 所示。

图 3-132　CALIS 外文期刊网主页截图

CALIS 外文期刊网的特点有：①全面揭示高校纸本期刊和全文数据库电子期刊。②系统标注了 CALIS 高校图书馆的纸本馆藏和电子资源馆藏；CCC 具备篇名目次检索、馆藏期刊的 OPAC 链接、电子期刊全文链接，揭示国内馆藏情况并提供各种分类统计数据，具备了强大、准确的揭示功能、完善的链接功能和各种统计分析功能。③一查既得：为用户提供一站式期刊和文章检索及全文链接服务。④系统把各图书馆馆藏纸本期刊和图书馆购买全文数据库所包含的电子期刊与篇名目次有机地集成到一起，使读者可以直接通过系统的资源调度得到电子全文。⑤为用户提供个性化的全文传递服务。⑥系统连接了 CALIS 馆际互借系统，读者可以把查找到的文章信息直接发送文献传递请求获取全文（无须重新输入篇名及出处信息）。⑦为读者提供期刊管理工具。⑧注册用户还可以定制“最新文献报导”和“我的期刊收藏夹”等个性化服务。

第二，e 读学术搜索。

CALIS 的 e 读学术搜索集成高校所有资源，整合图书馆纸本馆藏、电子馆藏和相关网络资源，使读者在海量的图书馆资源中通过一站式检索，查找所需文献，并可通过平台索要全文（通过邮箱接收全文）。e 读的资源主要有：600 多家图书馆的丰富馆藏；200 多万种图书；3600 多万篇外文期刊论文；70 多万篇中外文学位论文，学位论文数据与 CNKI 和万方数据库内容互补；还提供古籍、拓片等“特藏”资源。新版 e 读于 2015 年 3 月正式上线，命名为“开元之海·e 读”，其网址为 http：//www.yidu.edu.cn/，如图 3-133 所示。

图 3-133　开元知海·e 读主页

“开元知海·e 读”是 CALIS 和方正联合开发的学术资源发现系统，用于检索、发现国内高校图书馆的馆藏资源。它可与 CALIS 馆际互借系统配套使用，在一站式发现本馆资源的同时还可通过馆际互借、文献传递的形式获取外馆文献。

第三，CALIS 学位论文。

CALIS 学位论文中心服务系统面向全国高校师生提供中外文学位论文检索和获取服务。目前的博硕士学位论文数据已逾 384 万条，其中中文数据约 172 万条，外文数据约 212 万条。该系统采用 e 读搜索引擎，检索功能便捷灵活，提供简单检索和高级检索功能，可进行多字段组配检索，也从资源类型、检索范围、时间、语种、论文来源等多角度进行限定检索。系统能够根据用户登录身份显示适合用户的检索结果，检索结果通过多种途径的分面和排序方式进行过滤、聚合与导引，并与其他类型资源关联，方便读者快速定位所需信息。如图 3-134 所示。

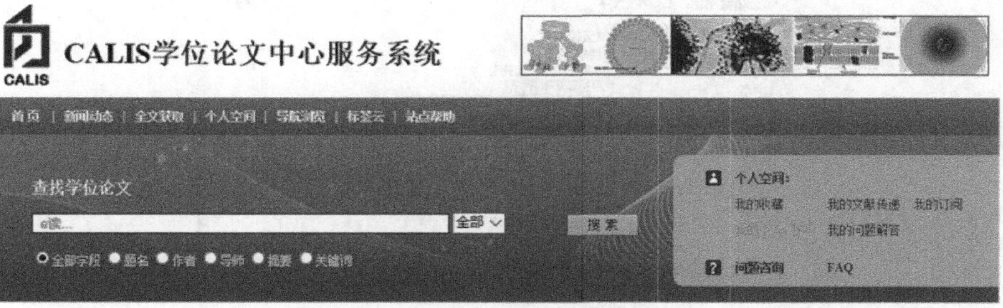

图 3-134　CALIS 学位论文系统主页

第四，“e 得”文献获取。

“e 得”是 CALIS 文献提供服务门户，是面向读者的服务网站，为读者提供从文献检索到原文获取一站式文献提供服务。“e 得”是 CALIS 提供的“e”系列服务之一。“e 得”的定位是——打造成为真正能获取资源的、面向读者的服务网站。其服务内容有：①文献传递（非返还式），包括外文期刊、NSTL、CASHL 期刊、学位论文、联合目录图书；②馆际互借（返还式），通过 CALIS 可借上海图书馆馆藏及外教中心教材的资源；③单篇订购，维普期刊论文；④代查代检服务。其网址为 http：//yide.calis.edu.cn/。如图 3-135 所示。

图 3-135　CALIS“e 得”文献获取门户网站

（2）CALIS 文献传递服务的注册与应用

第一，注册用户。读者首先登录 CALIS 系统主页（http：//www.calis.edu.cn/）右上方的“高校读者登录”按钮，进入高校读者认证界面，如图 3-136 所示。选取所属图书馆，然后点击“去该馆登录”，CALIS 中心通过各高校图书馆 OPAC 系统确认读者身份。待页面右上角显示“您好，××大学用户”（图 3-137），表明已通过身份验证，成功登录。如首次使用，还需点击页面的“我的文献传递”，进入后补充完整个人信息，如电话、邮箱等，点击提交，即可完成注册。读者注册成功后，需等待图书馆审批通过并注入资金方可使用。注册后 1～2 后即可登录系统提交申请。

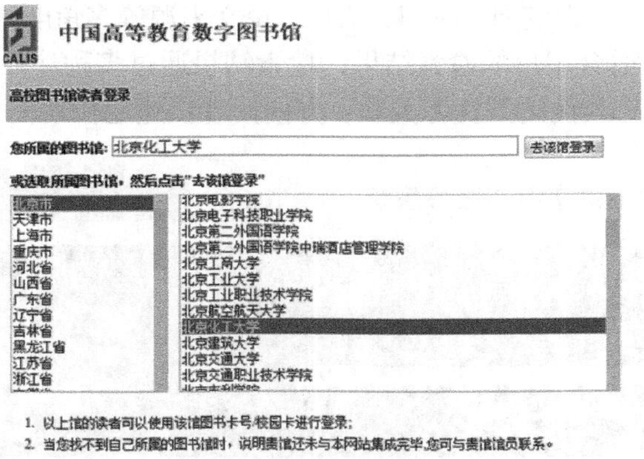

图 3-136　CALIS 高校图书馆读者登录界面

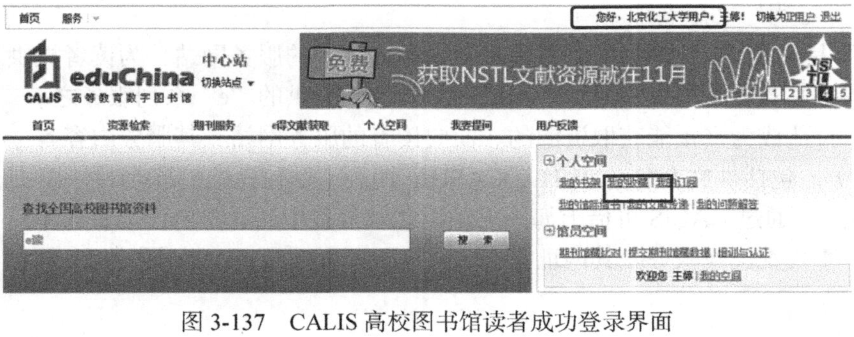

图 3-137　CALIS 高校图书馆读者成功登录界面

第二，检索并提交文献申请。

方法一：在“e 读”里检索到的文献（包括图书、学位论文、期刊文献等），请到“读秀”平台（www.duxiu.com）中检索并确认本馆是否已经购买电子版原文或纸本。如图 3-138 所示，在读秀中可以直接阅读或下载《花儿朵朵 中国各民族知识图谱》的电子版；通过“读秀”检索可知，学位论文《面向科学计量分析的知识图谱构建与应用研究》可在 CNKI（本馆已购买）中免费下载。如果在读秀里检索不到该文献，或检索到后无法获取（图 3-139），请使用“e 读”的“文献传递”功能（图 3-140）。对于注册成功的用户，点击“文献传递”按钮后，系统将跳转到图 3-141 界面。关于“e 读”文献传递的费用问题：①国内能获取的文献，“e 读”系统执行 0.3 元/页的收费标准，目前系统对所有文献补贴 50%，即系统实际按 0.15 元/页收费；②若需要到国外获取文献（如大英图书馆、哈佛大学图书馆等），费用普遍在 100 元以上，提交申请时可在“费用限制”一栏填上可以承担的最大金额。

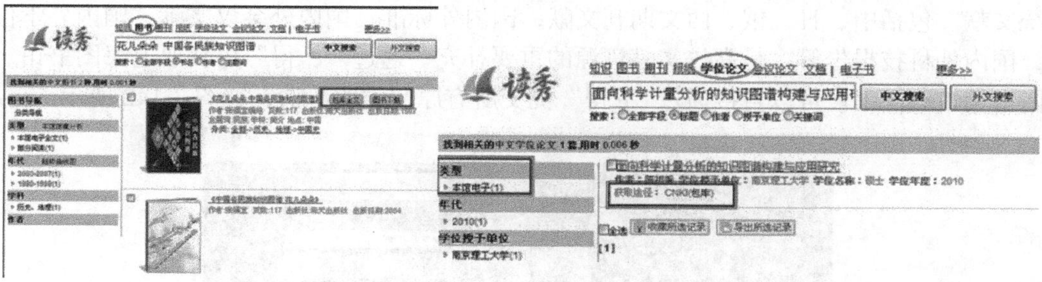

图 3-138　读秀平台的检索结果（本馆有馆藏）

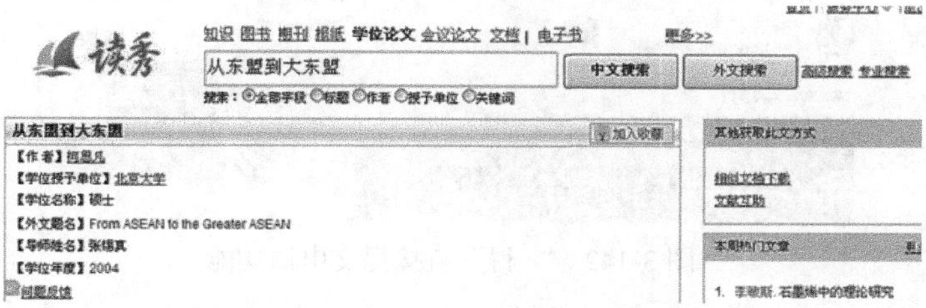

图 3-139　读秀平台的检索结果（本馆无馆藏）

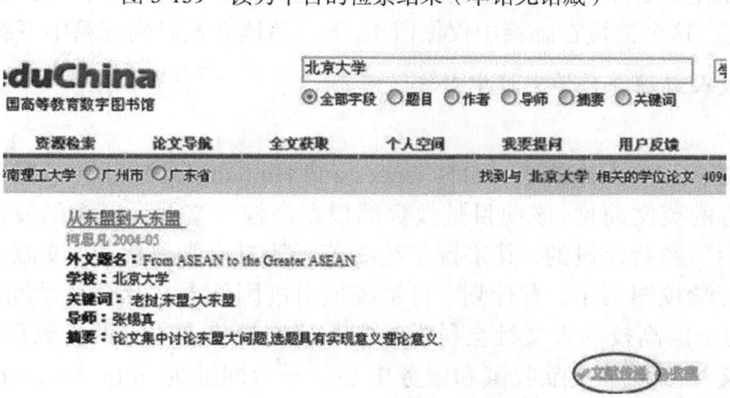

图 3-140　“e 读”中的文献传递功能

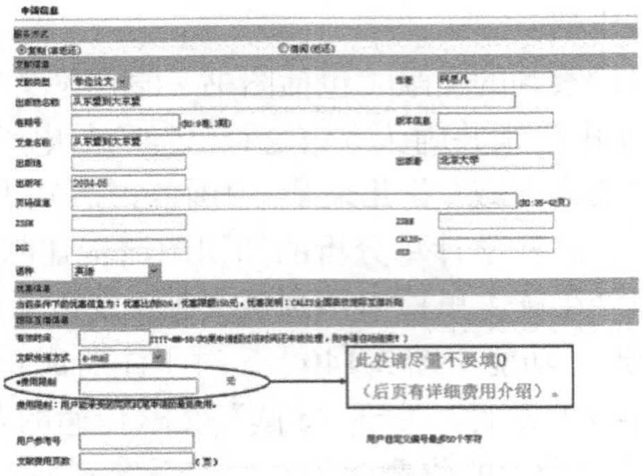

图 3-141　CALIS 原文传递申请页面

方法二：通过“e 得”获取全文。通过“e 得”可获取 NSTL（国家科技图书文献中心）系统文献。包括中、日、俄、西文期刊文献，国内外标准，国内外会议文献，国内外学位论文，国内外科技报告等，是高校文献资源的重要补充。通过“e 得”可获取上海图书馆、国家图书馆馆藏图书。可以直接通过“e 得”提交所有原文索取申请，如图 3-142 所示。

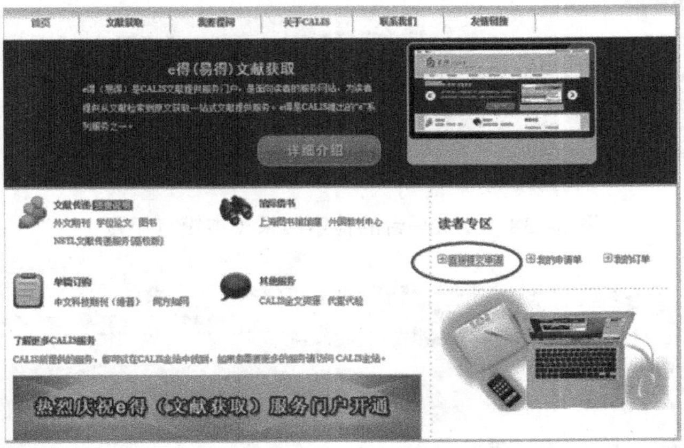

图 3-142　“e 得”直接提交申请功能

第三，接收原文文献。图书馆收到申请后进行查找，向读者邮箱中发生原文文献的网址链接，不是原文。这个链接在邮箱中仅保留 15 天，请读者及时到邮箱中下载文献。

2. 中国高校人文社会科学文献中心

（1）概况

CASHL（China Academic Social Sciences and Humanities Library）是中国高校人文社会科学文献中心的英文简称，该项目是教育部根据高校人文社会科学的发展和文献资源建设的需要投入专项经费建设的。其宗旨是组织若干所具有学科优势、文献资源优势和服务条件优势的高等学校图书馆，有计划、有系统地引进国外人文社会科学期刊，借助现代化的服务手段，为全国高校的人文社会科学教学和研究提供高水平的文献保障服务，是全国性的唯一的人文社会科学文献收藏和服务中心。平台网址为 http://www.cashl.edu.cn。如图 3-143 所示。

图 3-143　CASHL 开世览文服务平台

CASHL 于 2004 年 3 月 15 日正式启动，其服务体系由项目管理中心和 2 个全国中心、5 个区域中心及 10 个学科中心组成。该系统目前已收藏有 11800 多种国外人文社会科学领域的核心期刊和重要期刊、1799 种电子期刊、34 万种电子图书及 91 万种外文图书，拥有“高校人文社科期刊目次库”和“高校人文社科外文图书联合目录”等数据库，提供文献检索和浏览、馆际互借、原文传递、咨询等服务。任何一所高校，只要与 CASHL 签订协议，即可享受文献传递、专家咨询服务。

（2）CASHL 文献获取流程

CASHL 文献获取分用户注册、账户确认、检索文献及递交申请四个步骤完成。

1）用户注册。登录开世览文主页，点击“注册”进入注册界面，填写用户基本信息和用户详细信息；点击“提交”后进入 CASHL 馆际互借读者网上注册页面，继续填写相关信息（请注意务必正确选择所属学校），单击“提交”完成注册。

2）账户确认。新注册用户需持注册时填写的有效证件到所属图书馆进行身份审核并确认后，才能成为 CASHL 合法注册用户。

3）检索与递交文献传递申请。例如，在 CASHL 中查找到篇名为“Abraham lincoln”的文章，并递交原文传递申请。

进入 CASHL 平台，在“资源发现”的“文章”简单检索输入框中输入“Abraham lincoln”，检索途径选“篇名”，点击“查询”按钮（图 3-144 所示）。在检索结果显示页面找到所需资源，点击进入该文章的详细信息页面（图 3-145）。该页面给出了这篇文章的馆藏地址，选中其中一家图书馆，点击“发送文献传递请求”，之前如果没有登录，需输入用户名、密码及验证码进行登录，才可完成传递请求。普通文献传递请求在 1 个工作日内做出响应，3 个工作日内送出文献；加急文献请求在 0.5 个工作日内做出响应，1 个工作日内送出文献。

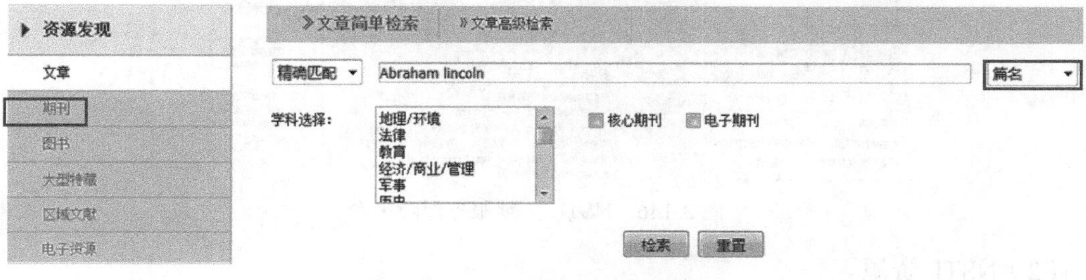

图 3-144　CASHL 文章检索界面

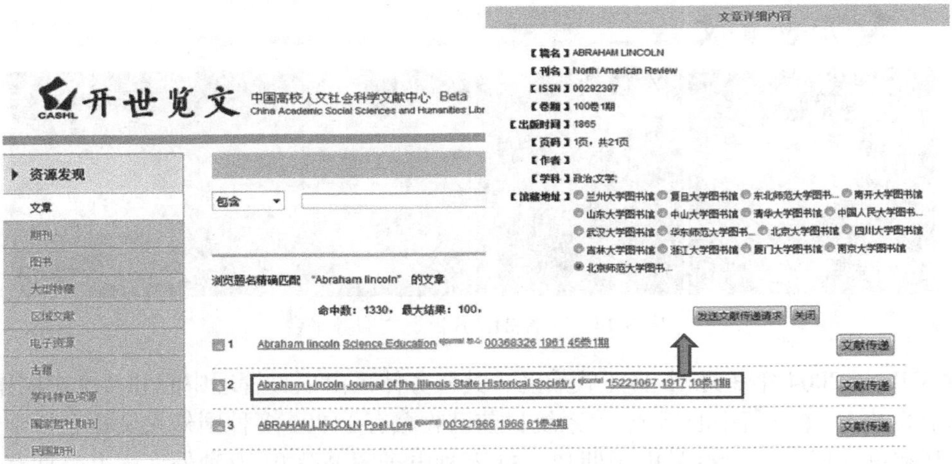

图 3-145　CASHL 文献传递请求页面

3. 国家科技图书文献中心/国家科技数字图书馆

（1）概况

国家科技图书文献中心（National Science And Technology Library，NSTL）是根据国务院领导的批示于 2000 年 6 月 12 日组建的一个虚拟的科技文献信息服务机构，成员单位包括中国科学院文献情报中心、工程技术图书馆（中国科学技术信息研究所、机械工业信息研究所、冶金工业信息标准研究院、中国化工信息中心）、中国农业科学院图书馆、中国医学科学院图书馆。网上共建单位包括中国标准化研究院和中国计量科学研究院。中心设办公室负责科技文献信息资源共建共享工作的组织、协调与管理。系统主要提供文献检索、原文传递、联机公共目录查询、期刊目次浏览、代查代借、专家咨询、国家科技报告服务、重点领域信息门户导航等服务。平台网址为 http://www.nstl.gov.cn/。如图 3-146 所示。

图 3-146　NSTL 文献服务保障平台

（2）NSTL 资源

经过十多年的建设和发展，NSTL 已经成为我国收集外文印本科技文献资源最多的，面向全国提供服务的科技文献信息机构，拥有各类外文印本文献 25000 余种，其中外文期刊 17000 余种，外文会议录 8000 余种；购买开通的现刊数据库有 49 个（近 12000 种外文现刊），回溯数据库 19 个（1500 余种外文回溯期刊），中文电子图书 23 万余册。学科范围覆盖自然科学、工程技术、农业科技和医药卫生四大领域的 100 多个学科和专业。

（3）NSTL 文献检索及文献传递

NSTL 是我国外文科技信息资源保障主体，是机构用户获取文献的有效途径。用户登录 NSTL 后可进行文献检索及文献传递操作。NSTL 提供 4 种检索方式：普通检索、高级检索、期刊检索和分类检索（图 3-147）。选取合适的检索方式，页面右侧会显示相应的检索流程说明。非注册用户可免费获得除全文提供以外的各项服务，注册用户同时可获得全文服务。

个体用户一般先在图 3-147 页面上方点击“新用户注册”，申请人单位需填写申请人所在工作单位。注册成功后，需持注册时填写的有效证件到所属图书馆进行身份审核并充值。充值后用户方可通过文献传递获取全文。如图 3-148 所示，读者如需全文传递可把选择的文献加入购物车进行订购，NSTL 支持网上支付。

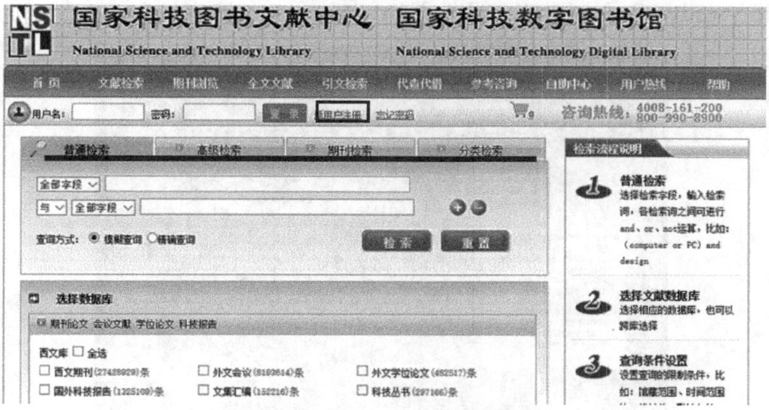

图 3-147　NSTL 文献检索界面

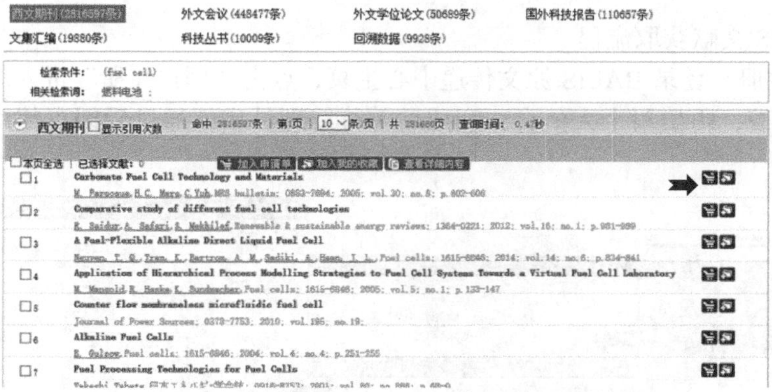

图 3-148　NSTL 检索结果（检索词取“fuel cell”）

3.5.2　区域性的文献传递系统

1. 北京地区高校图书馆文献资源保障体系

（1）北京地区高校图书馆文献资源保障体系原文传递简介

北京地区高校图书馆文献资源保障体系（Beijing Academic Library & Information System,

BALIS），其宗旨是在北京市教育委员会的领导下，把国家的投资、现代化图书馆理念、先进的技术手段、高校丰富的文献资源和人力资源整合起来，实现文献信息资源的共建、共知、共享，以发挥最大的社会效益和经济效益，为北京的高等教育服务，为北京的经济建设和社会发展服务。

BALIS 原文传递中心是北京地区高校图书馆文献保障体系即 BALIS 下设的原文传递、馆际互借、资源协调、培训四个中心之一，于 2007 年 11 月正式启动。该中心的建设目的是：在北京地区高校图工委的统一领导下，依托成熟的系统平台，充分利用北京高校丰富馆藏资源和高校间便捷的网络环境，采用集中式门户平台和分布式服务结合的方式，为北京地区高校读者提供原文传递服务。BALIS 原文传递中心馆设立在中国人民大学图书馆内，其主要职能为：协调各馆的资源及原文传递服务，提供服务支持，负责各成员的使用经费统计和补贴的发放和为成员馆读者提供原文传递服务。目前，成员馆已达 89 个，可为注册读者提供期刊论文、学位论文、会议论文等文献传递服务。BALIS 原文传递中心的主页地址为 http://202.112.118.46/ywcdwz/index.html，如图 3-149 所示。

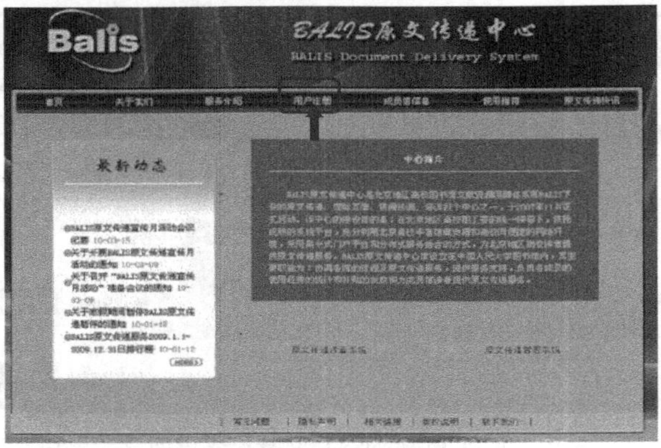

图 3-149　BALIS 原文传递中心主页

（2）BALIS 文献获取流程

1）用户注册。登录 BALIS 原文传递中心主页，点击“用户注册”进入注册界面，先选定自己所在学校，再填写个人信息，完成后等待管理员审核通过后即可使用，如图 3-150 所示。

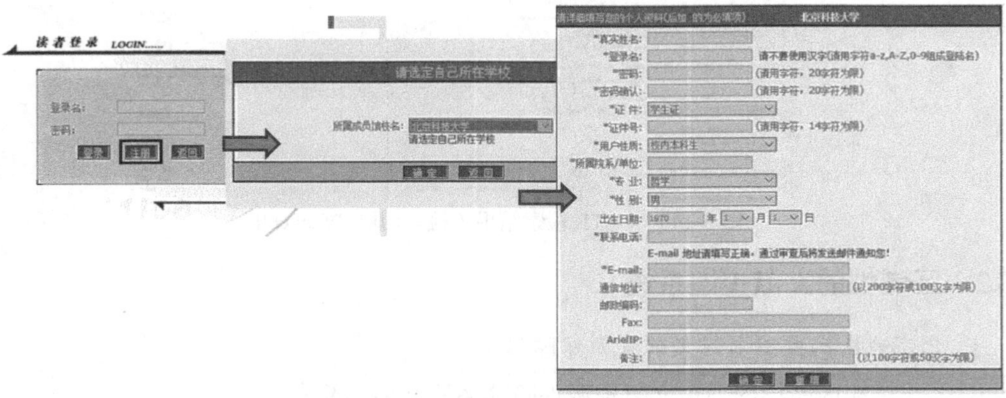

图 3-150　BALIS 原文传递用户注册流程图

2）自主申请原文。请在 BALIS 中查找到篇名为“Modified tandem gratings anastigmatic imaging spectrometer with oblique incidence for spectral broadband ”的文章，并申请原文。

用户登录后，点击“资源检索”，输入期刊的标题名称后，点击“外文搜索”，如图 3-151 所示。在检索结果界面，点击检出的文献记录，系统即可展示出该文献的详细信息，并列举出 BALIS 成员馆中的收藏单位，点击右侧的“文献传递”按钮，系统将该文献信息提取并自动填写到文献传递申请单中，选择合适的出借馆发送请求，提交申请即可（图 3-152）。

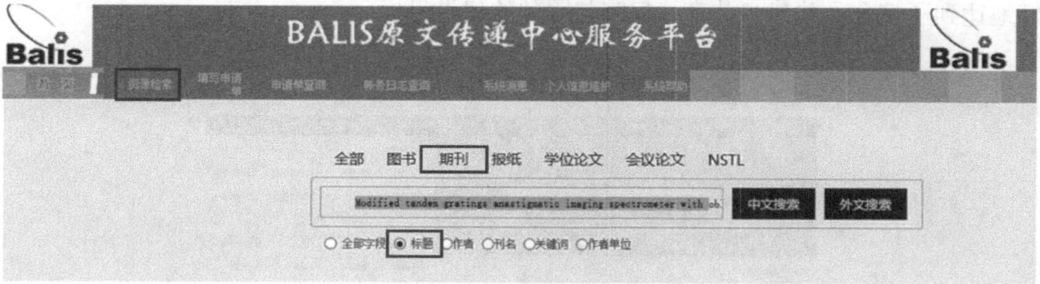

图 3-151　BALIS 原文传递资源检索界面

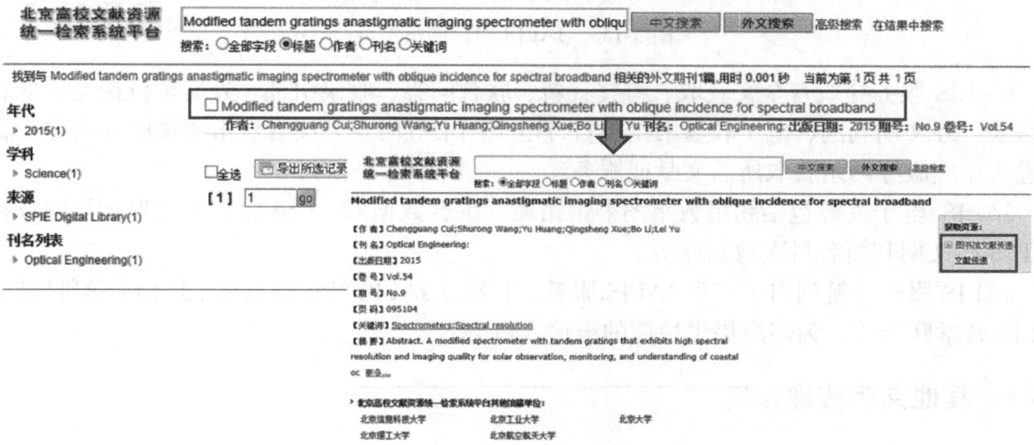

图 3-152　BALIS 文献传递资源获取界面

当资源检索结果为“0”（即读者找不到文献信息）或者是对于 BALIS 成员馆未收藏的任何文献（如京外高校学位论文、期刊论文或会议论文），均可手工填写原文传递申请单，通过学科服务馆（包括中国人民大学、北京交通大学、北京科技大学、北京邮电大学、北京大学医学部、北京师范大学 6 家学科服务馆）代查。

2. 江苏省高等学校文献信息保障体系

江苏省高等学校文献信息保障体系（Jiang Su Academic Library & Information System，JALIS），是 CALIS 建设的一个组成部分，在全国 CALIS 管理中心的统一领导和组织下开展项目的实施。JALIS 管理中心设在南京大学，下设 8 个地区、学科中心和 4 个书刊采编中心，形成了“管理中心—学科/地区中心—基层图书馆”的三级服务网络体系。

JALIS 管理中心通过与 CALIS 的协调，在江苏地区推进、实施 CALIS 的相关服务计划，规划江苏省内的文献资源建设，督导地区/学科中心的服务工作，处理日常的管理工作。地区、学科中心依托所在馆开展服务，形成针对本地区、学科群的辐射面，成为地区性的文献中心和文献服务中心，为本地区的教育发展、经济发展提供支持，各个中心设有专职人员负责文献传递、馆际互借服务。

JALIS 门户网址为 http：//www.jalis.org.cn/，如图 3-153 所示。JALIS 是江苏省高等学校数字图书馆，开辟有“中心介绍”“分类资源”“特色项目”“特色资源”“江苏省图工委”“JALIS 项目建设”等栏目，将江苏省高校自建与参建 CALIS 的资源整合在 JALIS 门户上，很好地达到了整合、共建、共享、保障与服务的建设目标。

图 3-153　JALIS 门户网站主页

CALIS 服务导航有全文获取、科技查新、联合问答、收录引证、外文学位论文、书刊联合目录、外文期刊网、电子教参书籍、百万电子图书等内容。读者点击所需服务内容，就可以进入相应服务网站获取所需文献或服务。

JALIS 电子资源包括超星数字图书馆馆藏、维普数据库、CSSCI、人大报刊复印资料、CALIS 西文期刊篇名目次数据库等。

JALIS 服务导航列出了三类 JALIS 服务，主要有 JALIS 特色数据库、JALIS 学科导航库、JALIS 教学联合体，为用户提供快捷的链接入口。

3.5.3　其他文献传递系统

1. 读秀中文学术搜索

（1）简介

读秀中文学术搜索（www.duxiu.com）是由海量全文数据及资料基本信息组成的超大型数据库，为用户提供深入到图书章节和内容的全文检索，部分文献的原文试读，以及高效查找、获取各种类型学术文献资料的一站式检索，周到的参考咨询服务，是一个真正意义上的学术搜索引擎及文献资料服务平台。其中，可以申请图书馆文献传递的数据量达到 310 万册。

读秀中文学术搜索的特点如下：

1）其收录的中文图书书目数据是国内收录最全、最新的。

2）将图书馆现有的纸质图书和电子图书及各种图书馆异构资源，如期刊、标准、专利、学位论文都整合到统一平台，实现统一检索和统一管理。

3）它集成了业界先进的搜索技术，突破以往简单的元数据检索模式，实现了基于图书内容的检索，使图书的检索深入章节和全文。利用读秀进行深入检索，读者能在短时间内获得更深入、准确、全面的文献信息。

4）读秀提供图书的部分原文试读，全面揭示图书内容，便于读者了解图书，选取图书。

5）读秀提供馆内电子图书全文阅读、馆内纸质图书借阅、馆际互借图书、部分原文的传递、网上购买图书等多种获取图书的途径。

6）读秀还提供了流量统计、图书推荐以及图书共享等多种定制的特色功能，满足用户个性化的管理需求和阅读需求。

（2）检索

这里重点介绍读秀的知识检索。知识检索是在全文中进行检索，如图 3-154 所示，在“知识”频道的检索框中输入“微电子材料”，即进入图书全文检索相关知识点。检索结果（图 3-155）以章节形式显示，后面是“PDF 下载”链接。点击章节名，可以阅读围绕该检索点所在页的原文，检索结果同时显示关键词所在的章节信息（来源、页码等），并可对检索结果保存、打印。不可忽视检索结果页面右栏信息，列举出了该知识点相关的词条、图书、期刊、报纸、学位论文等数据。

图 3-154　读秀知识检索界面

图 3-155　读秀知识检索结果

读秀检索出的图书有几类：①包库全文，可全文在线阅读；②图书下载，可整本下载；③馆藏纸本，本馆有纸本馆藏；④部分阅读，提供部分阅读，其余部分可通过文献传递，无须登录，直接输入接收文献的邮箱即可获取。

（3）读秀的文献传递

读秀系统不仅可以对文献资源及其全文内容提供深度检索，而且还可以提供原文传递服务。如图 3-156 所示。读秀系统可以为读者提供最多 50 页的原文传递服务。读者先根据显示的目录页，选定所需的页数，提交需求信息，原文以电子邮件的方式，免费发送到读者的邮箱中，每次发送的原文可以有 20 天的有效期，这一期间内，读者可以随时浏览并打印，如图 3-157 所示。

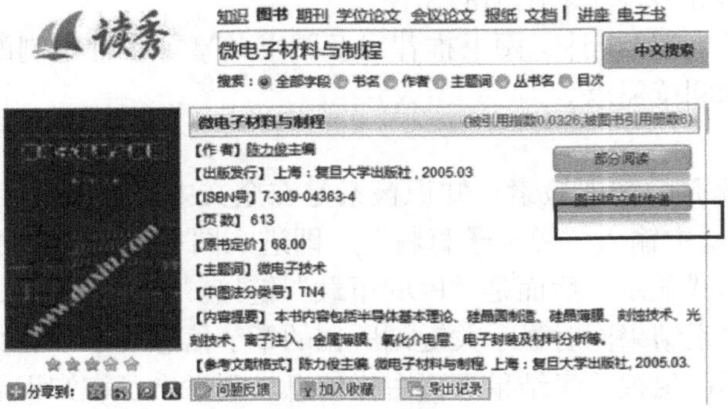

图 3-156　读秀文献传递界面

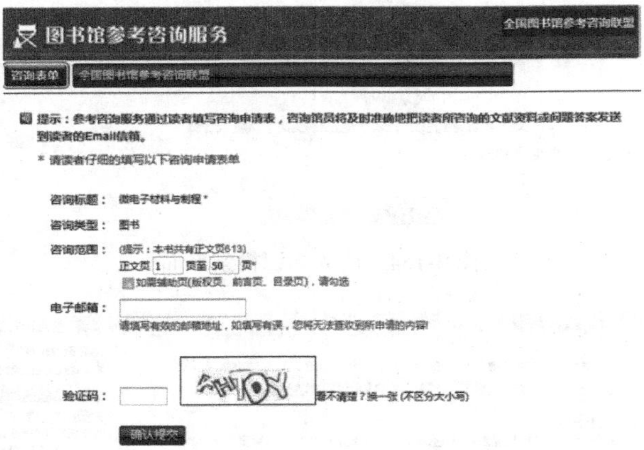

图 3-157　读秀文献传递索取界面

2. 百链

（1）简介

百链是全国图书馆资源的联合搜索，可以搜索到包括图书、期刊论文、报纸、专利、标准、视频等各类资源，并且通过超链接方式帮助读者找寻获取途径。目前在百链可以搜索到：学术文献资源 4.2 亿篇；中文期刊 7412 万篇；中文报纸 8300 万篇，外文期刊 13878 万篇；开放学术资源 3700 万篇。平均每天以 20 万条索引的速度更新。

百链与读秀同是超星公司旗下产品，号称中英文统一检索平台，但读秀在中文检索上更出色，百链在英文检索上更出彩。

（2）检索及获取文献实例

以外文文献为例，查找并获取与“储能材料”相关的文章。访问 www.blyun.com，进入百链。选择文献类型，以“期刊”为例，并在搜索框中输入“energy storage materials”，点击“外文搜索”按钮（如图 3-158 所示）。浏览检索结果，如图 3-159 所示。在搜索结果页面选择需要的文献，进入详细页面，查看文献详细信息，并从页面（图 3-160）右侧“获取资源”栏目获取文献。获取资源方式一：本馆全文链接。如果有“本馆全文链接”，可直接点击进入图书馆数据库的详细页面阅读和下载全文。获取资源方式二：没有“本馆全文链接”的文献，点击“邮箱接受全文”方式共享获取。进入“全国图书馆参考咨询服务平台”页面（图 3-161），填写自己常用的邮箱地址和验证码，点击“确认提交”。24 小时内查看填写的邮箱，将会收到所需文献。需要注意的是：如果长时间没有收到邮件，邮箱可能误认为是垃圾邮件，请检查被过滤的邮件中是否有回复邮件；或更换邮件地址再次提交参考咨询申请。另外，申请外文图书室，除了需要填写常用的邮箱和验证码外，还有填写申请的页面范围。

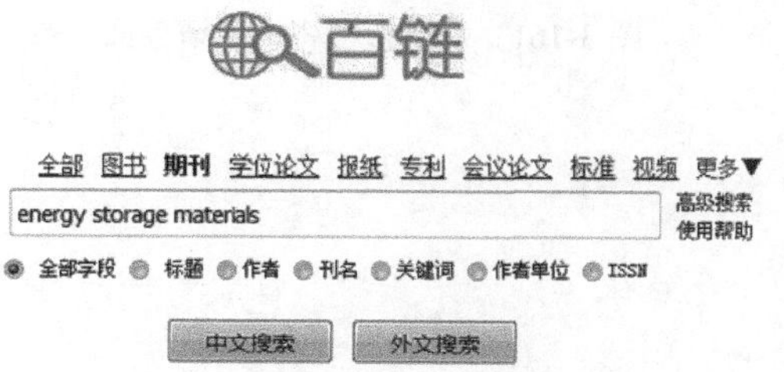

图 3-158　百链检索界面

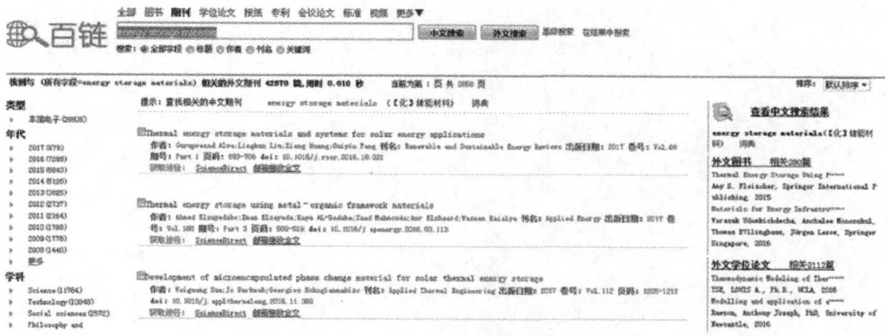

图 3-159　百链检索结果

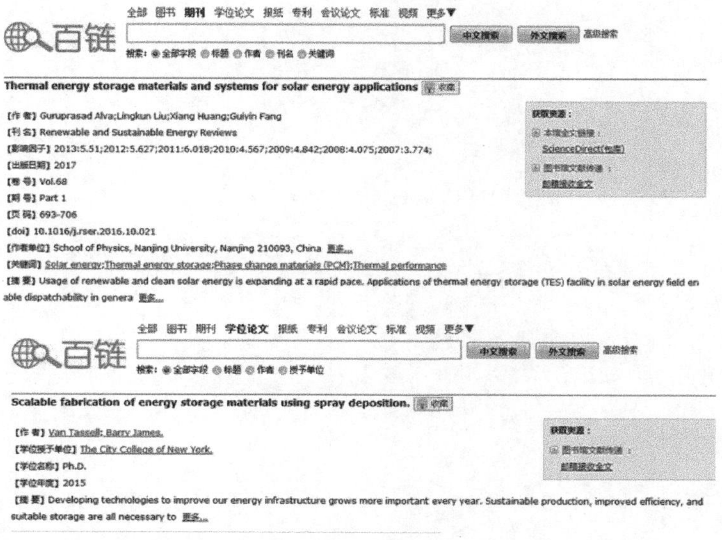

图 3-160　百链系统“获取资源”栏目

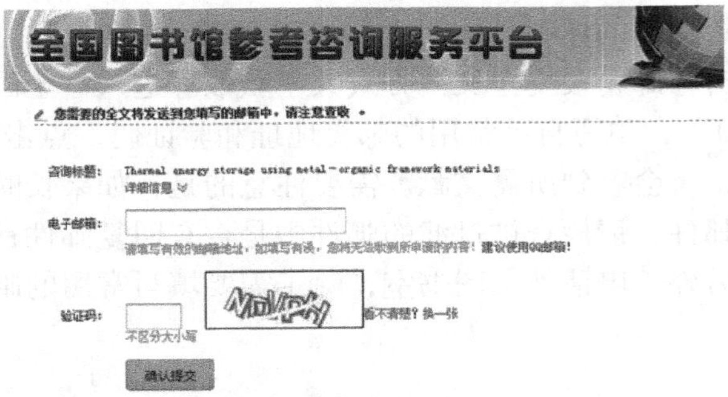

图 3-161　百链参考咨询申请界面

第 4 章 文摘型网络数据库的功能和应用

国家标准《信息与文献术语》（GB/T 4894—2009）定义文摘数据库为“能连续分析、揭示某一学科或地区的期刊或其他文献的参考书目集合”（中国标准出版社，2010），这类数据库的著录项目中包含描述文献外部特征和内部特征的信息（如篇名、作者、出处、摘要、关键词、叙词、报告号等），但是不收录文献原文。利用数据库技术，按照一定的原则和方法，将上述信息进行组织编排，提供尽可能多的检索途径，方便读者在海量信息集合中快速、准确地查找有价值的参考信息。

4.1 中文文摘数据库

随着国内数字出版发展的越来越规范，各个出版集团纷纷走向数字化出版。全文数据库已经在读者使用文献中占主导地位。然而文摘型数据库以其收录的文献范围和索引编制方法，在出版物评价、文献影响力分析、文献计量等方面，和全文数据库有着截然不同的作用。下面将介绍中国科学引文数据库。

4.1.1 数据库简介

中国科学引文数据库（Chinese Science Citation Database，CSCD），是 1989 年由中国科学院和国家自然科学基金委员会共同资助，中国科学院文献情报中心承建的一个综合性文献数据库。收录我国数学、物理、化学、天文学、地学、生物学、农林科学、医药卫生、工程技术、环境科学和管理科学等领域出版的中英文科技核心期刊和优秀期刊千余种，目前已积累从 1989 年到现在的论文记录 300 万条，引文记录近 1700 万条，每年新增 25 万条数据。系统除具备一般的检索功能外，还提供新型的索引关系——引文索引，使用该功能，用户可迅速从数百万条引文中查询到某篇科技文献被引用的详细情况，还可以从一篇早期的重要文献或著者姓名入手，检索到一批近期发表的相关文献，对交叉学科和新学科的发展研究具有十分重要的参考价值。

中国科学引文数据库共遴选了 1124 种期刊，其中英文期刊 110 种，中文期刊 1014 种；核心库期刊 751 种（以 C 为标记），扩展库期刊 373 种（以 E 为标记）。

CSCD 出版以来，依据年度数据进行统计，统计的对象涵盖机构、地区、基金资助、合作研究、人才研究、文献评价等多方面，从论文的产出力和影响力两个层面，较为全面地揭示了我国自然科学领域论文产出及影响的机构和区域分布，揭示了在我国科研领域论文发表最多的学者，排列出在我国科学研究中作者引用率最高的专著和期刊。为广大用户，尤其是科研管理部门提供了一份重要的、量化的参考依据，是推荐“中国科学院院士”、申请“国家杰出青年基金”等多项国家级奖项人才选拔的指定查询库。已在我国科研院所、高等学校的课题查新、基金资助、项目评估、成果申报、人才选拔及文献计量与评价研究等多方面作为权威文献检索工具获得广泛应用。

2007 年中国科学引文数据库与美国 Thomson-Reuters Scientific 合作，以 ISI Web of Knowledge 为平台，实现与 WEB OF SCIENCE 的跨库检索，中国科学引文数据库是 ISI Web of Knowledge 平台上第一个非英文语种的数据库。因此 CSCD 目前有两个平台，本节以中国科学院文献情报中心的平台为例，介绍数据库的使用方法。

4.1.2　数据库的功能

CSCD 平台首页网址为 http://www.sciencechina.cn。

CSCD 提供两种功能：来源文献检索功能和引文检索功能。

1）来源文献检索功能，检索机构和个人被收录的论文总量。

2）引文检索功能，检索论文被引用情况，反映机构的科研，尤其是基础研究的水平，以及个人的研究能力与学术水平。

4.1.3　数据库检索方法

（1）简单检索

简单检索在检索框中输入检索词，选择下拉菜单中的检索入口即可进行检索。例如，检索刘东升 2012～2015 年的论文收录情况。检索入口选择第一作者，页面下方可以进行其他条件的限制，如论文的收录年限的限制、学科范围的限制等，如图 4-1 所示。

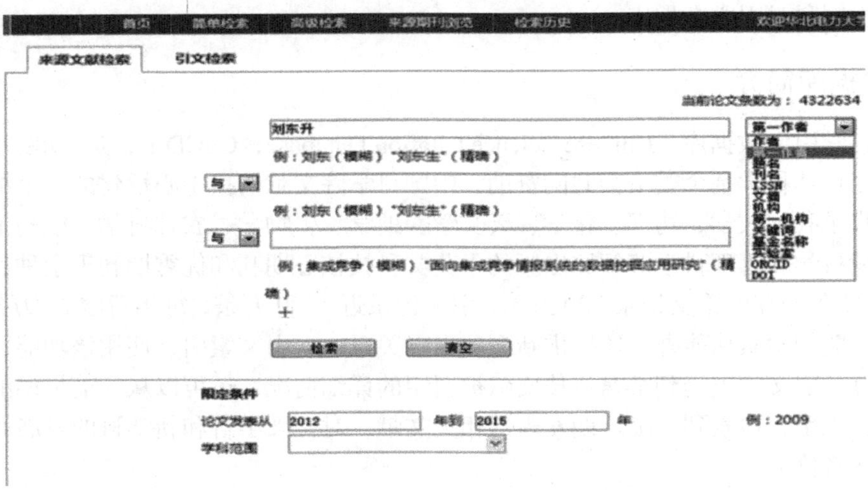

图 4-1　CSCD 简单检索页面

系统对检索词的限定非常简单，只有精确和模糊的限定。如果只是输入检索词，为模糊检索，即只要输入的检索词中的字在所选字段中出现即可，不必是一个单独的词。检索词加“ ”，为精确检索，输入的检索词当作一个词组检索。检索框下面的“+”可以增加检索框。

（2）高级检索

高级检索在页面的下方选择检索入口和检索词，点击“增加”按钮，在上方的检索框中生成检索式进行检索。

其他限制条件都需要点击相应的“增加”按钮，提交到检索框中进行限制。如图 4-2 所示。

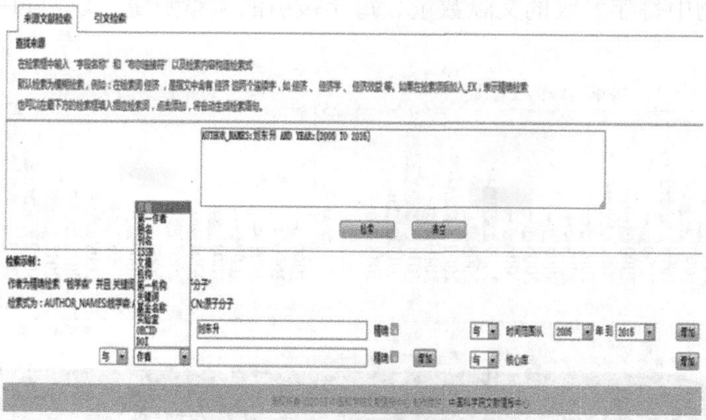

图 4-2　CSCD 高级检索页面

（3）来源期刊浏览

和全文数据库一样，浏览功能也是检索方法一种。点击来源期刊浏览菜单，系统提供按照字母顺序浏览出版物，也可以在右上角的检索框中输入想要检索的出版物名称检索。浏览功能帮助用户了解 CSCD 收录的期刊情况。

（4）检索历史的应用

检索历史菜单中，可以点击曾经检索过的检索式，重新检索，而不用重新输入检索式。

4.1.4　数据库检索结果分析

（1）来源文献检索的结果分析

结果页面（图 4-3）中，下方是检索到的来源文献，CSCD 提供来源文献的全文链接，可以链接到相应的全文数据库的页面；可以再进行结果限定，即二次检索；点击被引次数的数字，可以直接查看引证文献。上方列出了来源文献的出处、发表的年代分布、第一作者及学科的分布。来源文献可以输出，打印和题录的下载等。点击上方的检索结果分析，系统可以提供来源文献的数量、年代、作者、学科等的分析报告。

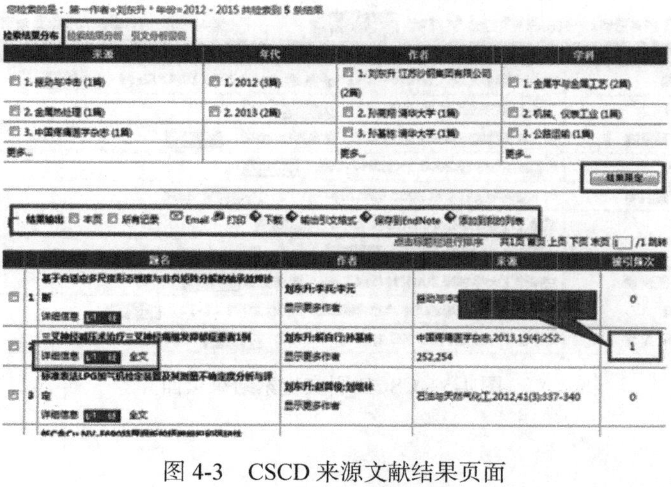

图 4-3　CSCD 来源文献结果页面

图 4-4 为 CSCD 来源文献结果分析中的引文分析报告，显示出被检索的作者在 CSCD 数据库收录的出版物中每年发表的文献数量、每年被引的文献数量，以及每一篇来源文献每一年的被引数量。

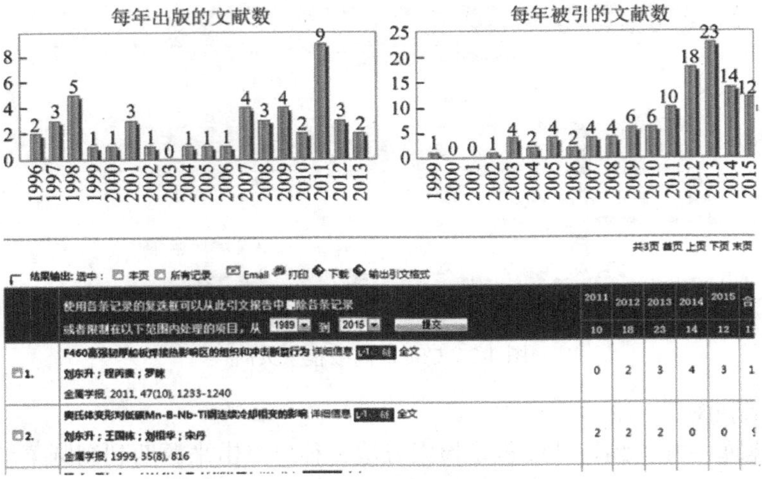

图 4-4　CSCD 来源文献结果分析报告

（2）引文检索结果分析

在图 4-5 引文检索结果的页面中，下方列出了被引作者的论文及每篇论文的被引频次，上方列出了这些被引论文的出处、年代分布和第一作者。点击“检索结果分析”按钮，可以输出详细的分析报告。CSCD 引文检索结果分析报告如图 4-6 所示。

图 4-5　CSCD 引文检索结果页面

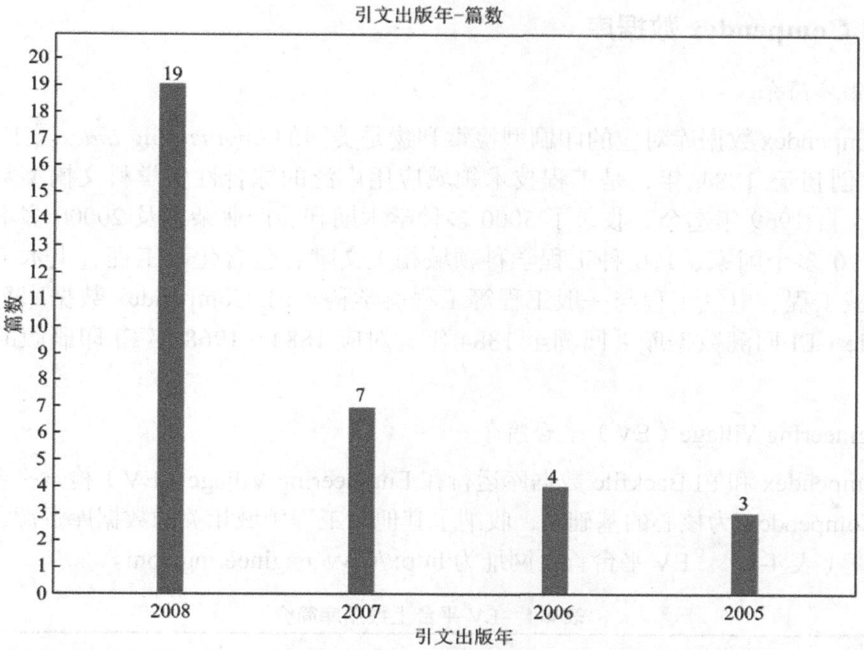

引文出版年	篇数
2008	19
2007	7
2006	4
2005	3

图 4-6　CSCD 引文检索结果分析报告

4.2　外文文摘型数据库

外文文摘型数据库，以收录全面、系统而成为科研工作者最有用的工具之一。文摘索引型数据库一般收录特定时期的综合学科领域或某一学科分支的相同或不同出版类型的文献。文摘索引型数据库的收录文献不涉及作者的著作权，数据库制作商不必和著者或文献出版者发生版权关系，依据自己的目的采集收录文献具有很强的连续性，所以有的文摘索引型数据库能反映某一段时间内某一学科某一领域的理论和方法的进展及技术与手段的应用，体现了学术上的发展和继承的特点，为读者了解借鉴同行的研究成果和学术创新提供帮助。有的收录文章因质量高而在学术界享有盛名，甚至成为学术评价的重要工具，所起的作用远远超出了数据库制作商当初的愿望。另外，文摘型数据库检索平台的检索功能强大，提供多个检索字段和二次检索的限定方式及其他辅助工具，方便读者快速找到相关文献。

本节将重点介绍几个常用的外文综合性文摘数据库[EI Compendex 数据库、WEB OF SCIENCE 核心合集引文索引数据库（包含 SCI、SSCI、AHCI、CPCI 等数据库）]。

4.2.1 EI Compendex 数据库

1. 数据库简介

EI Compendex数据库对应的印刷型检索刊物是美国的*Engineering Index*(《工程索引》)，简称 EI，创刊于 1884 年，是工程技术领域应用广泛的综合性多学科文摘型数据库。EI Compendex 自 1969 年迄今，收录了 5000 多种学术期刊、产业杂志及 20000 多本会议论文集，涵盖 70 多个国家、190 种工程学科领域相关文献，包含化学工程、土木工程、采矿工程、机械工程、电气工程与一般工程等工程类学科。EI Compendex 数据库每周更新。EI Backfile（EI 回溯数据库）回溯至 1884 年，对应 1884～1968 年 EI 印刷版的 170 多万条记录。

2. Engineering Village（EV）平台简介

EI Compendex 和 EI Backfile 数据库运行在 Engineering Village（EV）检索平台上。该平台以 EI Compendex 为核心的基础上，收纳了其他与工程领域相关的数据库资源，主要包括以下数据库（表 4-1）。EV 平台首页网址为 http://www.engineering.com。

表 4-1 EV 平台上数据库简介

数据库名称	数据库简介
Compendex	见 4.2.1
Inspec	对应 *Science Abstract*，即《科学文摘》，收录全球电子工程、电子学、物理学、控制工程、信息科技、通讯学、电子计算器等科学文献，从 4000 多种科学和技术性期刊、2000 篇会议记录中收录超过 1100 万篇书目摘要数据，1969 年至今
NTIS	美国政府报告文摘数据库，1899 年至今
Referex	汇集了 2000 多种来自爱思唯尔出版集团的高品质工程领域专著，提供全文
GeoBASE	由加拿大测绘委员会监制出版的地理学参考数据库，1980 年至今
GeoRef	由美国地质学会编辑发行的地学参考数据库，全球数据回溯至 1933 年
EnCompassLIT & EnCompassPAT	内容来自美国石油学会于 1964 年起收录有关石油、石化和天然气工业相关的科技文献及专利摘要
Chimica&CBNB	化学与化工财经新闻
PaperChem	造纸化学文摘
USPTO / EPO	来自美国商标局及欧洲专利局的专利文献

3. EV 平台实施检索

EV 平台可提供快速检索(Quick search)、专家检索(Expert search)和词库检索(Thesaurus Search）三种检索方式。

（1）快速检索

1）检索页面。平台首页即为快速检索页面，如图 4-7 所示。

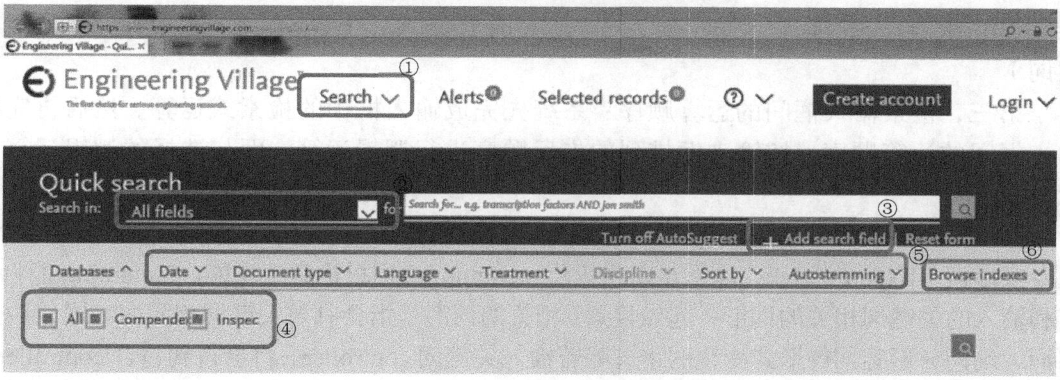

图 4-7　EV 平台快速检索

①选择检索方式，点击“Search”旁边的下拉箭头，系统会列出检索方式选项，包括快速检索、专家检索、叙词检索、检索历史。系统默认为快速检索（Quick Search）。

②选择检索字段，可以选择所有字段（All fields）、摘要（Abstract）、作者（Author）、标题（Title）、出版社（Publisher）、来源刊名（Source title）或控制词汇（Controlled term）等。需要注意的是，如果同时选择多个数据库，则检索字段选择菜单中只会列出这几个数据库所共有的字段。在检索字段旁边的输入框输入检索词，则系统会在选择的字段内进行匹配检索。

③增加检索字段（Add search field），根据检索需求，增加检索输入框。

④选择数据库，在检索框下面列出各种检索限制条件。系统默认列出数据库（Databases）选项，选择要检索 EV 平台下哪些数据库（主要为 Compendex 及 Inspec）。可以选择某一个数据库进行单库检索，也可以选择多个数据库进行跨库检索。

⑤其他检索限制选项，包括文献出版日期（Date）、文献类型（Document type）、语言（Language）、文献处理类型（Treatment）、学科（Discpline，适用于单选 Inspec 数据）、结果排序依据（Sort by）、词根检索选项（Autostemming）。点击选项旁边的下拉箭头，可出现该限制选项下的可选条件。例如，点击“Language”旁边的下拉箭头，系统会列出数据库中所收录原始文献的语言，如“Chinese”“English”“German”等选项可供选择。

⑥浏览索引（Browse indexes），可利用索引功能浏览／查询作者（author）、作者所在机构（author affiliation）、控制词汇（controlled term）、来源刊名（source title）和出版社（publisher）。

2）检索相关说明。

第一，词组检索：检索框中输入的检索词默认为逻辑与的关系，如输入：solar energy，系统默认按照 solar AND energy 进行检索，如果要搜索词组，或是检索词中包含一些停用词，需要在词的前后加上英文状态下的双引号“”或者大括号{}，如 "near field scanning",{chemical physics}

第二，检索输入框内的运算顺序：在同一检索框中，按从左到右的顺序运算。可以用英文输入法状态下的圆括号()改变逻辑运算顺序。例如，输入：a AND b OR c 等同于(a AND b)OR c；输入 a OR b AND c 等同于(a OR b)AND c（其中 a，b，c 为检索词）。

第三，检索输入框间的运算顺序：系统先完成输入框中的检索式运算，然后再完成输入框间的运算顺序，按输入框排列的先后顺序进行逻辑运算，而与选择的逻辑运算符无关。

第四，词根检索（stemming）：Engineering Village 在快速检索（Quick search，预设）及专家检索（Expert search，非默认）中提供 stemming（词根检索）功能。Stemming 能将所有和输入的关键词相关的词汇一起做检索（相关的词汇是指含有与关键词相同的字尾、字根、名词/动词/形容词等形式变化的字），如若输入关键词 controllers，将会得到包含 controllers、control、controlling、controlled 及 controls 这些关键词的检索结果；Stemming search 提供更大范围的相关检索结果。

注：系统会自动执行 stemming 检索（除了关键词为作者名称或关键词有引号“”或大括号{}）；若要关闭 stemming 功能，勾选“Autostemming off ”前面的复选框。

第五，截词符（*）和通配符（?）。“*”可代替 0 到多个字符，如输入 comput*，可找到包含 computer、computers、computerize、computerization 等词的文献。“？”可以代表一个字母，例如，输入 wom?n，可以找到包含 woman 或 women 的文献。

第六，布尔逻辑运算符（AND、OR、NOT）。在检索输入框中两个或两个以上关键词可以做下列组合（以 solar 和 radiation 这两个关键词为例）。

AND：输入 solar AND radiation，检索结果会出现同时含有这两个关键词的文献。

OR：输入 solar OR radiation，检索结果会出现含有 solar 的文献及含有 radiation 的文献。

NOT：输入 solar NOT radiation，检索结果会出现含有 solar 但没有 radiation 的文献。

第七，大小写，系统对输入的检索词及检索运算符不区分大小写。

3）检索示例。

例如，检索课题“研究不同变压器缺陷类型在温度、水分、工况、绝缘结构等多因素耦合作用下局部放电全过程的超高频统计谱图”，检索步骤如下。

第一，确定检索词为 transformer（变压器），partial discharge 或 PD(局部放电)，spectrogram or spectrum（谱图）。

第二，确定检索式为 transformer AND(partial discharge OR PD)AND(ultra high frequency OR UHF)AND (spectrogram OR spectrum)。

第三，利用 EV 平台的快速检索功能进行检索，如图 4-8 所示。

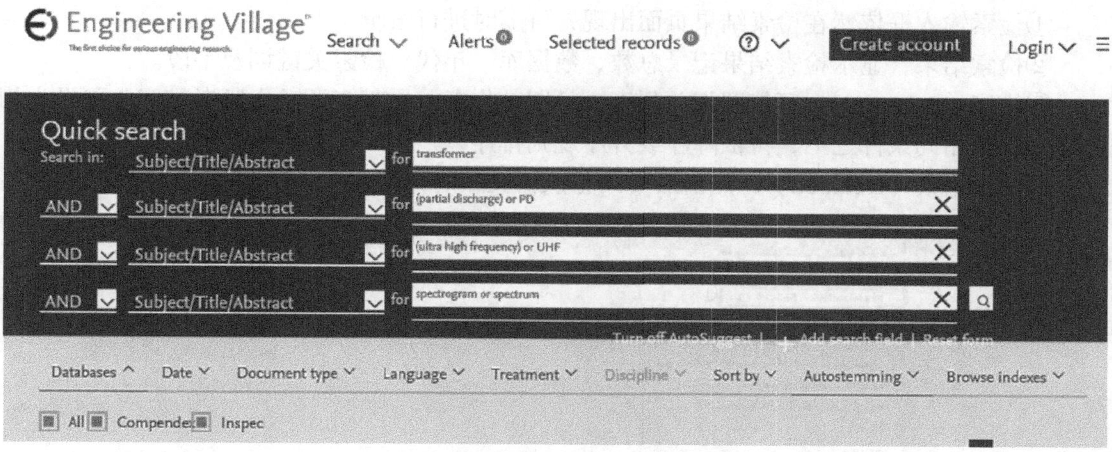

图 4-8　利用 EV 进行快速检索

4）检索结果。在如图 4-8 输入完检索式后，点击“Search”按钮即可进行检索，出现如图 4-9 所示的检索结果页面。

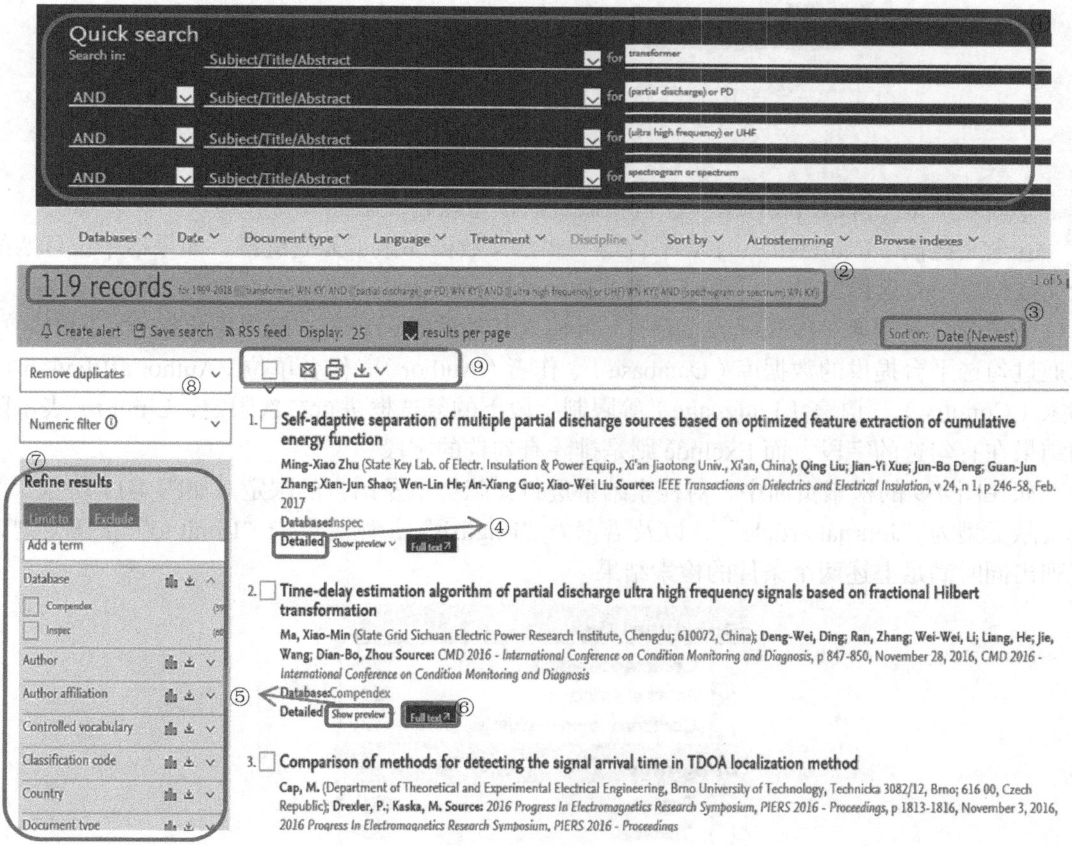

图 4-9　EV 平台检索结果页面

①检索输入框依然在检索结果页面出现，可随时进行编辑。

②检索结果，显示检索结果记录总数、数据库、年代、检索关键词及字段。

③排序（Sort on），可依照相关程度、日期、作者、文献来源、出版者排序（预设为相关度）；在相同条件之下，再依降序或升序规则排序 。

④详细格式（Detailed），点击后可浏览该篇文献的详细格式，如图 4-10 所示。

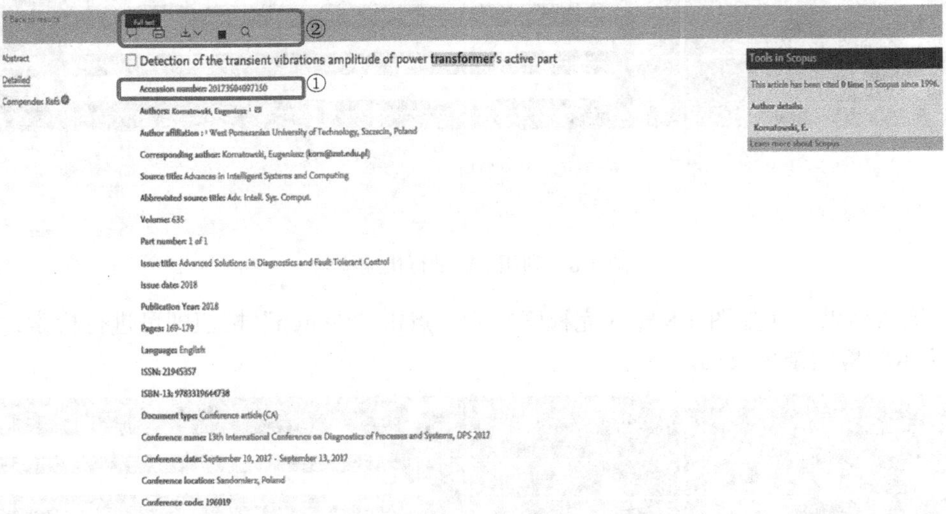

图 4-10　EV 平台单篇文献的详细格式页面

⑤摘要预览（Show preview），可在该页面预览该篇文献的摘要。

⑥全文链接（Full text），EV 平台与一些全文数据库做了无缝链接，如果本单位订购的全文数据库中有这篇文献，可直接点击此按钮获取全文。

⑦精炼检索结果（Refine results），可输入其他关键词后，在结果中再检索；同时还可以通过勾选平台提供的数据库（Database）、作者（Author）、作者单位（Author affiliation）、国家（Conutry）、语言（Language）等限制字段下的复选框进行二次限定，Limit to 表示限制结果在有勾选的字段，而 Exclude 则是排除有勾选的字段。

如在图 4-9 的检索页面中，对检索结果进行文献类型及语言的限定，如图 4-11 所示，选择文献类型为“Journal article”，以及语言为“English”，然后点击“Limit to”按钮，则系统列出同时满足上述两个条件的检索结果。

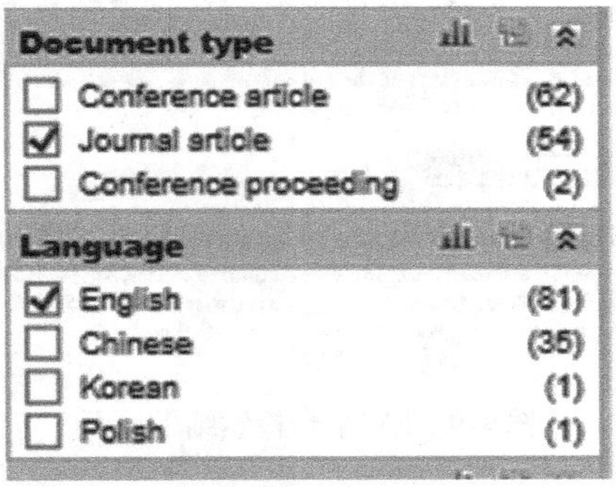

图 4-11　EV 平台精炼检索结果

⑧去除重复（Remove duplicates），可将同时选择的多个数据库中重复检索的数据去除。

⑨管理选中的文献，可通过勾选文献旁边的复选框选择文献，可对选中的文献进行管理，如查看选中记录（Selected Records）、E-mail、打印（Print），下载（Download）等。此时可选择记录的输出格式，有引文格式（Citation），摘要格式（Abstract）及详细格式（Detailed records），同时下载时还可选择文件格式，如 Excel、PDF、rtf 格式等。

5）单篇文献页面。点击检索结果页（图 4-9）中一篇文献下的“Detailed”按钮，进入该篇文献的详细格式页面，如图 4-10 所示。在文章的详细格式页面，除了文章的基本信息外，还包括了期刊或会议的详细信息和这篇文章的主标题（Main heading）、控制词（Controlled terms）等，作者、期刊、主标题、控制词等项目有超级链接，可获取更多的信息。

①存取号（Accession number），为这条记录在数据库中的编号，此编号在数据库中是唯一的，并且只在详细格式页面显示。

②工具条，依次分别为创建分享这条记录的链接、打印这条记录、下载这条记录、查看检索历史、重新检索。

（2）专家检索

在如图 4-7 所示的平台首页点击“Search”旁边的下拉箭头，点击“Expert search”按钮，进入专家检索页面。在专家检索页面，点击“Search code”旁边的下拉箭头，可现实数据库中检索字段在专家检索中所对应的缩写代码。要进行专家检索，需要在检索“Search for”旁的输入框中输入检索式，检索式由检索词和字段缩写代码及字段限制符“wn”组成，如输入下面检索式：(zhang jianhua) wn au，表示在所选数据库中检索作者姓名为“zhang jianhua”的文章。

又如图 4-8 中的快速检索，如果利用专家检索，则应输入以下检索式：(transformer WN KY) AND (((partical charge) OR PD) WN KY) AND (((ultra hign frequency) OR UHF) WN KY) AND ((spectrogram OR spectrum) WN KY)。提示：应在英文输入法状态下输入。

（3）词库检索

在如图 4-7 所示的平台首页点击“Search”旁边的下拉箭头，点击“Thesaurus search”按钮，进入词库检索页面。词库检索词表检索可用于 Inspec、Compendex、GeoRef 及 GEOBASE 四种数据库。词库检索有三种检索方式选择检索方式，分别如下。

第一，查询（Search）：查询功能会显示所有在意义上相似的控制词汇。

第二，精确词汇（Exact term）：会显示输入词汇的广义词（Broader terms）、狭义词（Narrower terms）或相关词（Related terms），也就是该词汇的等级关系。如图 4-12 所示，选择 Compendex 数据库，输入 climate change，选择“Exact term”的结果。

第三，浏览（Browse）：可浏览您输入的词汇在主题词表中依字母顺序排列的位置（上下词汇在意义上不一定相关，仅只是依照字母做排列）。词库检索后，可在检索结果页面选择检索词，并选择词间的关系，然后进行检索。通过专家检索和词库检索得到检索结果后，检索结果的处理同快速检索相同。

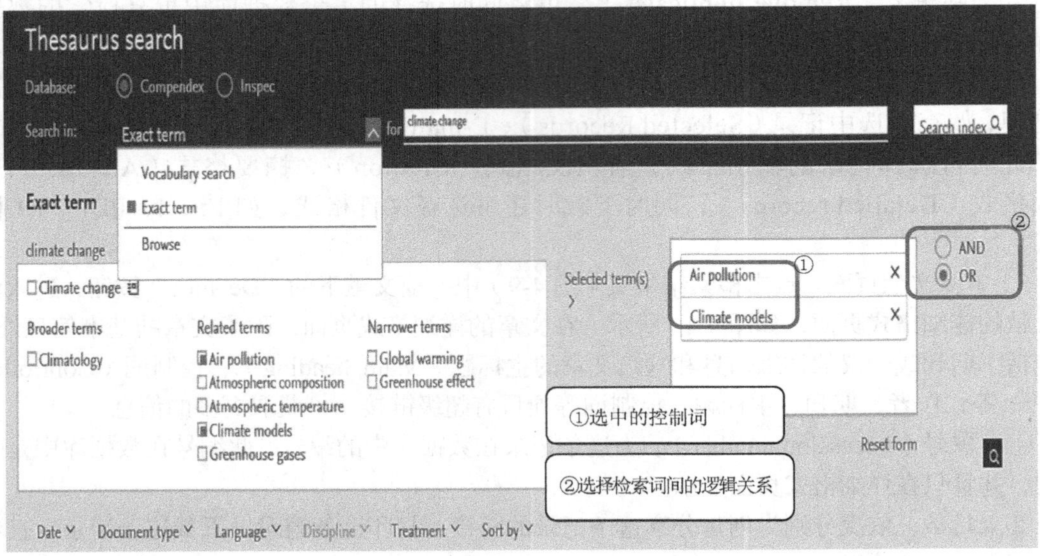

图 4-12　EV 平台词库检索的精确词汇检索

（4）个性化服务

在 EV 平台的任何页面，都可以注册（Register）或登录（Login）以获得个性化服务。个性化检索页面设定、查看/更新已储存的检索结果和邮件提醒、查看/更新文件夹及移除账号等。

（5）EI 收录查询

EI Compendex 数据库作为重要的外文检索工具之一，除了可以检索课题相关文献外，论文被其收录情况经常作为学术评价的重要指标之一，因此，经常需要检索个人或单位发表文章被 EI 收录情况。所谓某篇文章被 EI 收录，是指在 EI Compendex 数据库中能够检索到该篇文献。因此，查询 EI 收录时在平台上只选择 Compendex 数据库。

查询个人发表文章被 EI 收录情况，一般可通过作者姓名（Author）结合作者单位（Author affiliation）字段结合检索。在 EI Compendex 数据库中国，作者姓名和单位的格式没有统一，因此需要考虑作者的多种书写格式，作者单位一般也需要用截词算符，以免漏检。

例如，检索华北电力大学杨勇平教授 2015 年至今发表文章被 EI 收录情况。常用的作者书写格式为 yang yongping；yang yong-ping；yongping yang；yong-ping yang；yang y.p.。华北电力大学常用的格式为 north china electric power university。但数据库中也常有其他格式，如 n. china elect. power univ。因此，作者单位字段可利用截词符表示为 n* china elec* power univ*。利用快速检索的查询结果如图 4-13 所示.

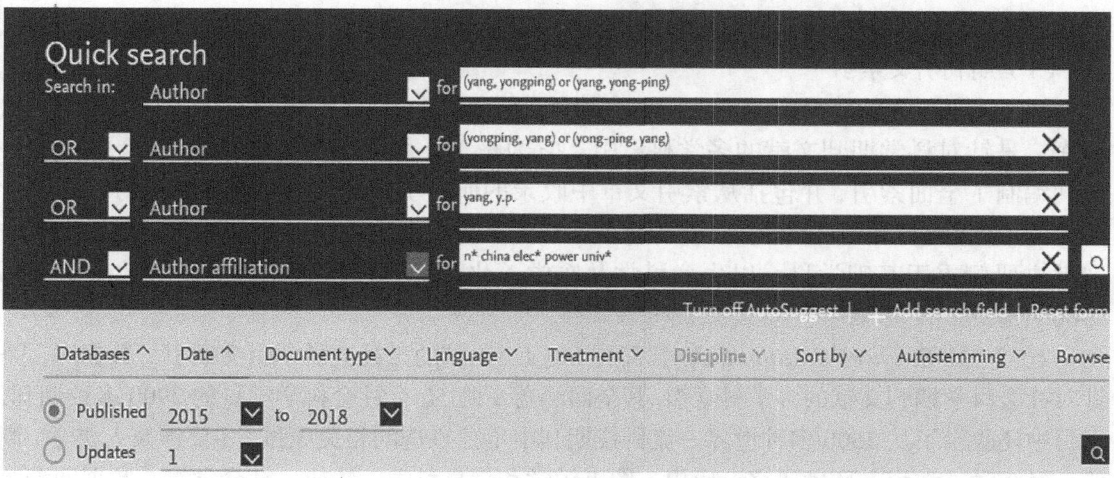

图 4-13 查询 EI Compendex 收录情况

其中，用“OR”连接姓名的各种形式，可以输入在一个检索输入框，也可以分别输入在不同的输入框。因为涉及检索框间的运算顺序，需要先把“OR”的检索词输入在前面的检索框，最后再输入作者单位，并选择“AND”逻辑算符。可以通过浏览作者单位索引来查看作者单位的不同格式，要注意词的缩写形式。浏览完索引后再利用截词符来表示作者单位。

4.2.2 WEB OF SCIENCE 核心合集引文索引数据库

1. 引文索引简介

Dr. Garfield（加菲尔德）1955 年在 *Science* 上发表题为 *Citation Indexes for Science* 的论文，介绍了引文索引的方法。加菲尔德认为检索的目的是获得相关文献，因此作为一种检索工具，它应该能提供查找相关文献的各种途径，为此，引文索引在对来源文献进行编目的同时，也将它们的参考文献条目收集起来编成引文索引，从而使检索者既可以通过常规的方式获得相关文献，也可以通过参考文献途径获得相关文献，这是引文索引的特色之处（花芳，2014）。因此，引文索引数据库由两部分组成，一部分是来源索引，另一部分是参考文献索引。

来源索引是来源文献的集合，是数据库所收录的期刊或会议录上所刊载的文章的摘要信息。参考文献索引是来源文献的参考文献的集合，每篇参考文献（即引文）构成数据库中的一个引文款目。因此，通过引文索引数据库，任何查找文献的检索者只要知道一篇被引用的文献，都可以通过该被引文献的信息（作者、出处、题名等）展开检索，找到一篇或多篇关于这个主题的其他论文，由此可轻松地追溯课题的起源和发展，揭示研究之间隐含的联系，全面掌握有关某一研究课题的过去、现在与将来。通过引文索引，既可以越查越旧，也可以越查越新。

2. WEB OF SCIENCE 核心合集引文索引数据库

WEB OF SCIENCE 核心合集引文索引数据库是科睿唯安信息服务（北京）有限公司的系

列数据库产品之一，包含三个期刊引文索引数据库和两个会议录引文索引数据库。

（1）期刊引文索引

1）*Science Citation Index Expanded*，简称 SCI-Expanded，美国的《科学引文索引》数据库，是针对科学期刊文献的多学科索引。它为跨 150 个自然科学学科的 8300 多种主要期刊编制了全面索引，并包括从索引文章中收录的所有引用的参考文献。涉及的学科包括数理化、生命科学、临床医学、天文地理、环境、材料、农业、工程技术等。SCI 收录的文献主要侧重于基础学科，以生命科学及医学、化学、物理所占比例最高。数据回溯至 1900 年。

2）*Social Sciences Citation Index*，简称 SSCI，美国的《社会科学引文索引》数据库，是针对社会科学期刊文献的多学科索引。其全面涵盖了跨 50 个社会科学学科的 2900 多种期刊，索引中还收录了从 3500 多种世界一流科技期刊中单独挑选的相关项目。主要涉及人类学、商业、经济学、教育、环境研究、历史、图书馆学和信息科学、法律、社会学等。数据回溯至 1900 年。

3）*Arts&Humanities Citation Index*，简称 AHCI，美国的《艺术与人文科学引文索引》，是针对艺术和人文科学期刊文献的多学科索引，它完全覆盖了超过 1600 种世界领先的艺术和人文期刊，同时还为从 6000 多种主要自然科学和社会科学期刊中单独挑选的相关项目编制了索引。所涉及的学科包括考古学、建筑、艺术、亚洲研究、电影/广播/电视、民俗、历史、哲学、语言、文学评论、文学、音乐、哲学、诗歌、宗教、戏剧等。数据回溯至 1975 年。

（2）两大国际会议录引文索引

1）*Conference Proceedings Citation Index-Science*，简称 CPCI-S，美国的《科学会议录索引》。此引文索引涵盖了所有科技领域的会议录文献。

2）*Conference Proceedings Citation Index-Social Sciences & Humanities*，简称 CPCI-SSH，美国的《社会科学及人文科学会议录索引》。此引文索引涵盖了社会科学、艺术及人文科学的所有领域的会议录文献。

CPCI-S 和 CPCI-SSH 合称为 CPCI，每年收录 10000 多种学术会议论文资料，包括专著、丛书、预印本所刊载的会议论文的引文信息，数据回溯至 1990 年。

3. WEB OF SCIENCE 引文索引数据库检索

（1）WEB OF SCIENCE 平台简介

WEB OF SCIENCE 是一个综合性检索平台，可检索科睿唯安信息服务（北京）有限公司的 11 个摘要索引数据库。WEB OF SCIENCE 核心合集是该平台上的核心产品。WEB OF SCIENCE 检索平台除了常规的普通检索功能外，还提供引文检索，以及强大的分析功能。

平台登录网址为 http://www.webofknowledge.com/。平台首页是所有数据库的跨库检索页面，可以在此输入检索词进行跨库基本检索。要检索指定的数据库，如 SCI，需要点击页面上“所有数据库”旁边的下拉按钮选择 WEB OF SCIENCE 核心合集，如图 4-14 所示，就可以进入如图 4-15 所示的 WEB OF SCIENCE 核心合集基本检索页面。

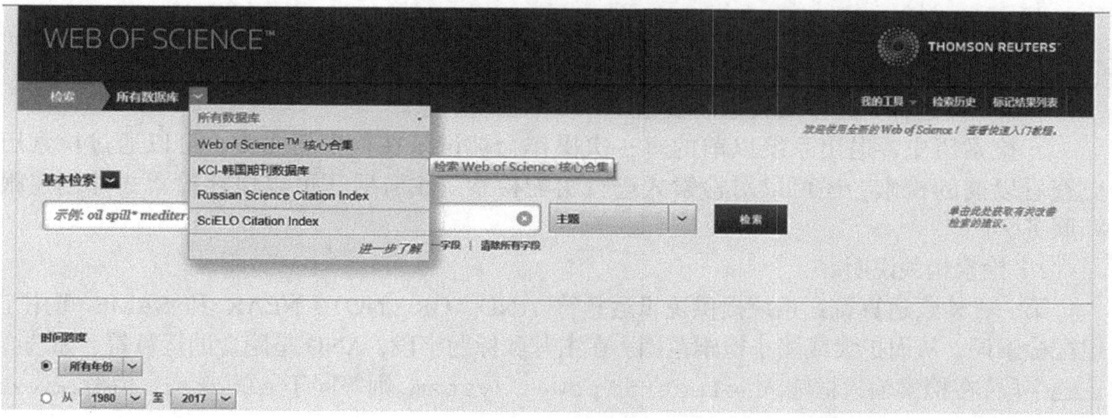

图 4-14　在 WEB OF SCIENCE 平台首页进入核心合集数据库

（2）引文索引数据库的基本检索

1）基本检索首页。以 SCI 数据库为例介绍引文索引数据库的检索。图 4-15 为选择 WEB OF SCIENCE 核心合集后进入的首页面，其中：

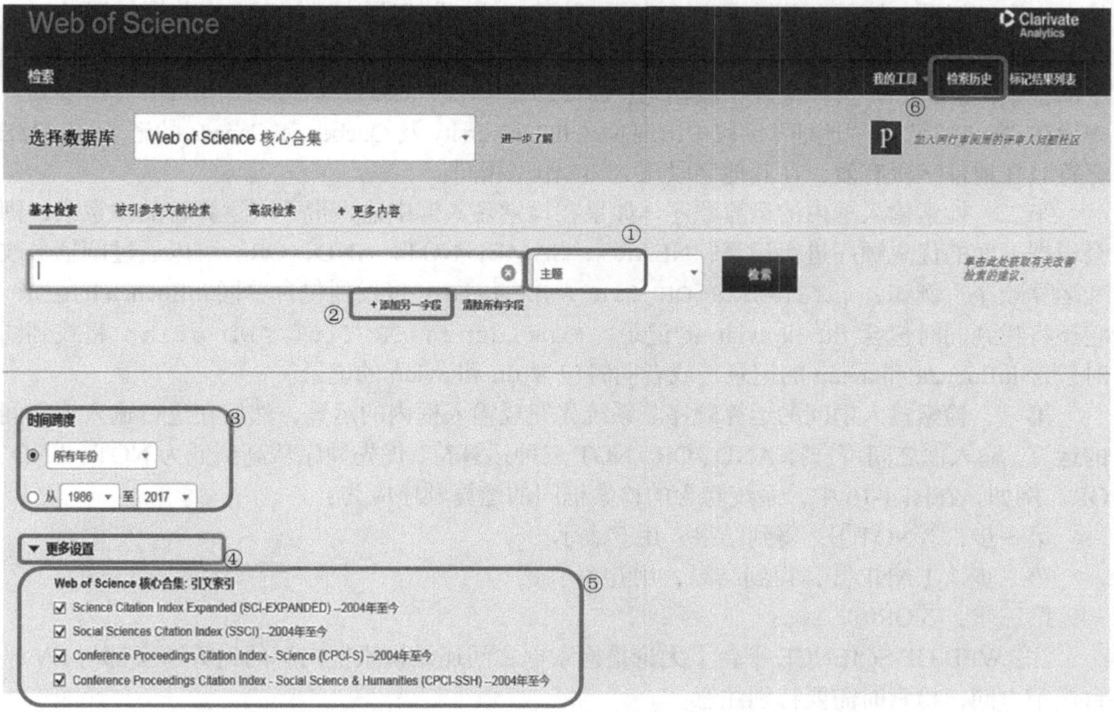

图 4-15　WEB OF SCIENCE 核心合集的基本检索

①选择检索字段，点击下拉菜单可选择与输入的检索词相匹配的检索字段，包括主题、标题、作者、地址、出版物名称等 18 个检索字段。选择主题字段系统将在文章的标题、摘要、作者提供的关键词及系统提供的扩展关键词（Keywords Plus）字段进行检索。

②添加另一字段，系统默认列出一个检索字段，可根据检索需求添加多个检索字段进行组合检索。

③时间跨度，选择检索限定的时间范围。

④更多设置，点击“更多设置”旁边的按钮，可展开数据库库列表。

⑤数据库选择，选择要检索的数据库。可单选或多选。

⑥检索历史，退出系统以前的每一次操作会被记录在检索历史中。可以通过检索历史查看以前的检索，还可以对检索式进行组配检索。注册后还可以保存检索式并创建跟踪服务。

2）检索相关说明。

第一，检索运算符：系统提供逻辑运算符 AND、OR、NOT、NEAR 和 SAME 可用于组配检索词，从而扩大或缩小检索范围。在主题和标题字段，AND 是隐含的运算符，如选择主题字段，在检索输入框输入：electric power system，则等同于 electric AND power AND system。

NEAR 算符：使用 NEAR/x 可查找由该运算符连接的检索词之间相隔指定数量的单词的记录。该规则也适用于单词处于不同字段的情况。用数字取代 x 可指定将检索词分开的最大单词数。如果只使用 NEAR 而不使用/x，则系统将查找其中的检索词由 NEAR 连接且彼此相隔不到 15 个单词的记录。例如，选择主题字段，输入 salmon NEAR/8 virus，系统将查找在文章的标题、摘要、关键词中“salmon”和“virus”相隔小于等于 8 个单词的记录。

SAME 算符：在“地址”检索中，使用 SAME 将检索限制为出现在“全记录”同一地址中的检索词。例如，选择地址字段输入：McGill Univ SAME Quebec SAME Canada。查找在“全记录”的“地址”字段中出现 McGill University 及 Quebec 和 Canada 的记录。SAME 算符只在地址字段有效，在其他字段与 AND 作用相同。

第二，检索输入框内的运算顺序。如果在检索输入框中输入带不同运算符的检索式，则会根据下面的优先顺序进行运算：NEAR/x；SAME；NOT；AND；OR。可以通过圆括号改变运算顺序。例如，influenza OR flu AND avian 将找到包含单词 influenza 的记录。它还将找到同时包含 flu 和 avian 的记录。(influenza OR flu) AND avian 将找到同时包含 influenza 和 avian 的记录，或者同时包含 flu 和 avian 的记录。

第三，检索输入框间的运算顺序。系统先完成输入框内的运算，然后在进行输入框之间的运算。输入框之间可选择 AND、OR、NOT 三种运算符，优先顺序从高到低为 NOT、AND、OR。例如，在图 4-16 中，系统隐含的检索框间的运算顺序应为：

第一步，③NOT④，得到结果，用⑤表示。

第二步，①AND②，得到结果，用⑥表示。

第三步，⑤OR⑥。

注：WEB OF SCIENCE 平台上无论是检索框之间还是检索框内部的运算顺序都与 EV 平台规定不同，检索时需要特别注意。

第四，和通配符*、? 和 $。*表示任何字符组，包括空字符。例如，enzym*可查找：enzyme、enzymes、 enzymatic、enzymic。?表示任意一个字符。例如，输入 wom?n 可查找：woman、women。$为美元符号，表示零或一个字符。例如，输入 colo$r 可查找：color、colour。

第五，短语检索：可使用双引号进行短语检索。如在检索输入框中输入“water consumption”可查找包含与 water consumption 完全匹配的短语的记录。在进行短语检索时，仍可在词后加上截词符，如输入“carbon nanotube*”，可以检索包含“carbon nanotube”和“carbon nanotubes”的记录，避免漏检。

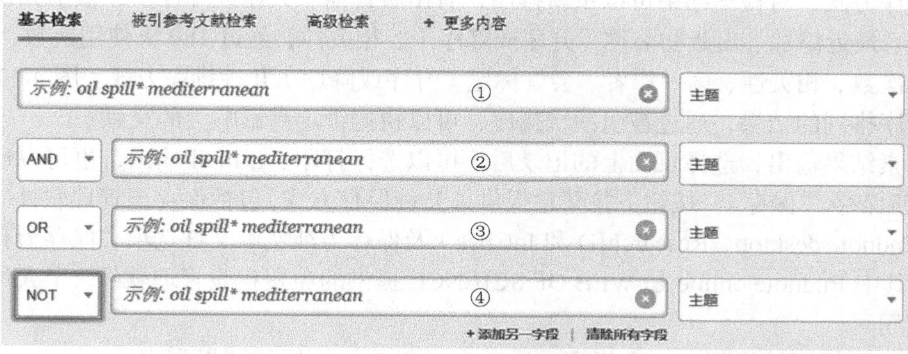

图 4-16　WEB OF SCIENCE 平台检索框间运算顺序

3）检索结果显示及输出。例如，利用 SCI 数据库检索碳纳米管（carbon nanotube）研究的进展情况。在图 4-14 所示的基本检索界面，选择 SCI-Expanded 数据库，选择主题字段，输入"carbon nanotube*"，得到检索结果如图 4-17 所示。

①检索结果汇总，显示检索结果数量、检索式和选择的数据库。

②精炼检索结果，可再输入检索词在结果内检索，或者通过选择平台提供的 WEB OF SCIENCE 类别、文献类型、研究方向、作者、来源出版物名称、出版年、国家/地区等选项进行二次限定。通过精炼检索结果，可快速将结果限定在自己所关心的领域。

在本例中，利用"研究方向"进行二次限定，点击"研究方向"后，系统会列出文章数量较多的前 5 个方向，还可以点击"更多选项分类"显示涉及的所有研究方向。本例中选择"MATERIALS SCIENCE"，然后点击"精炼"按钮，则会显示精炼后的检索结果记录页面，此时记录数为 47096 条。

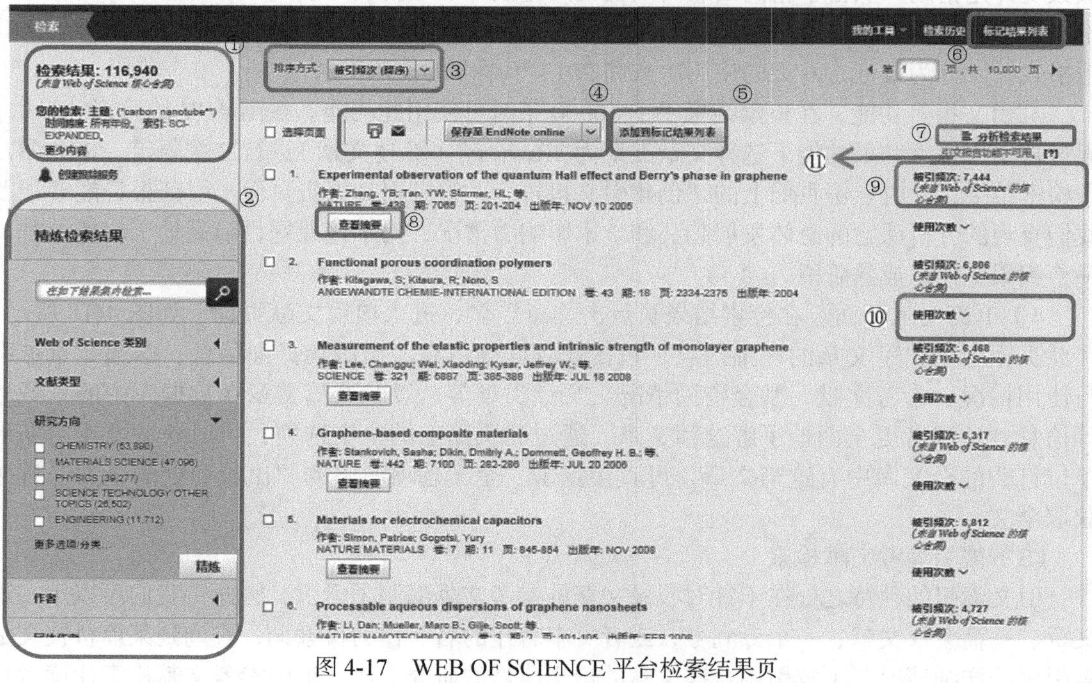

图 4-17　WEB OF SCIENCE 平台检索结果页

③排序方式，对检索结果可以重新排序，有出版日期（升序或降序）、被引频次（升序或降序）、最近添加、出版物名称（升序或降序）、相关性、最近 180 天使用次数、2013 年至今使用次数、相关性、第一作者、会议标题（升序或降序）几种排序方式。图 4-17 是按被引频次降序排列的结果，通过被引频次排序，可以快速锁定高影响力的文献。

④检索结果输出，选择页面上的记录后，可以选择打印、E-mail 输出，也可以通过“保存至”按钮保存。“保存至”按钮下拉菜单提供了几种保存方式，包括保存至管理软件(Endnote online、Endnote desktop、ResearchID 和 InCites) 及保存为纯文本文件选项“保存为其他文件格式”。其中 Endnote online 是 WEB OF SCIENCE 提供的免费在线管理软件，个人注册登录后即可使用。

⑤添加到标记结果列表，选择记录后，也可以添加到标记结果列表。

⑥执行几次检索分别添加到标记结果列表后，在标记结果列表选项中可对这些选中的记录统一输出处理。

⑦分析检索结果，点击此按钮可进入检索结果分析页面。平台提供了强大的分析功能，可以将结果按作者、出版年份、学科领域、研究机构、文献语种和期刊名称等 16 个角度进行分析，通过分析，可以归纳总结出相关研究领域的发展趋势、某个特定的课题都分布在哪些不同的学科中；有哪些相关期刊供投稿时参考；……通过多角度、全方位的深入分析，可以从宏观层面揭示学科/课题的发展趋势和现状。

⑧查看摘要，可直接在此页面查看某篇文章的摘要。

⑨被引频次，点击此链接，会显示这篇文章的施引文献。如图 4-17 的第 1 条记录，被引频次为 7444，也就是在 WEB OF SCIENCE 所收录的文章中，有 7444 篇文章引用了第 1 条记录。

⑩使用次数，可以衡量用户对于 WEB OF SCIENCE 平台上这篇文章的关注程度。使用次数统计是指用户点击了指向出版商处全文的链接（通过直接链接或 Open URL），或是对论文进行了保存以便在题录管理工具中使用（通过直接导出或保存为可以之后重新导入的其他格式）。分为最近 180 天的使用次数和 2013 年至今的使用次数。

⑪引文报告功能，在检索结果小于 10000 条时可使用此功能。在图 4-17 的检索结果中，通过再精炼检索结果功能下选择文献类型为“Review”（综述文献）进行二次限定，得到 6875 条检索结果，此时点击页面上的“创建引文报告”，得到引文报告页面。引证报告能够帮助我们直观的分析课题的总体发展趋势和学术影响力情况，揭示该课题目前是处于快速上升、平稳积累、还是成熟阶段。

4）单篇文献页面。在检索结果页点击文章篇名，进入单篇文献页面。如图 4-18 所示。在此页面上列出了文章的详细信息，包括作者详细信息、出版物详细信息、这篇文章被引与使用情况、参考文献、基金资助情况、文献类型等，以及这篇文章在数据库中的入藏号等信息，让读者更全面地了解这篇文献。通过此页面上的全文选项，可以获取全文。如果单位订购的全文库中有这篇文章，可直接点击“全文选项”下的“出版商处的全文”直接获取全文。

（3）被引参考文献检索

引文索引的独特之处在于针对收录文章的参考文献编制了索引，因此，我们可以用一篇文章、一篇会议文献、一个专利号，或者一本著作的名字作为检索词，查询到某篇科技文献被引用的详细情况，了解引用这些文献的论文所做的研究工作。被引参考文献检索让读者在不了解关键词或者难于限定关键词的时候，可以从一篇高质量的文献出发，了解课题的全貌。例如，要解决以下问题，都可以通过被引参考文献检索：某一理论有没有得到进一步的证实，是否已经应用到了新的领域?某项研究的最新进展及其延伸？某个实验方法是否得到改进？如何了解某篇论文/某部论著被引用情况？

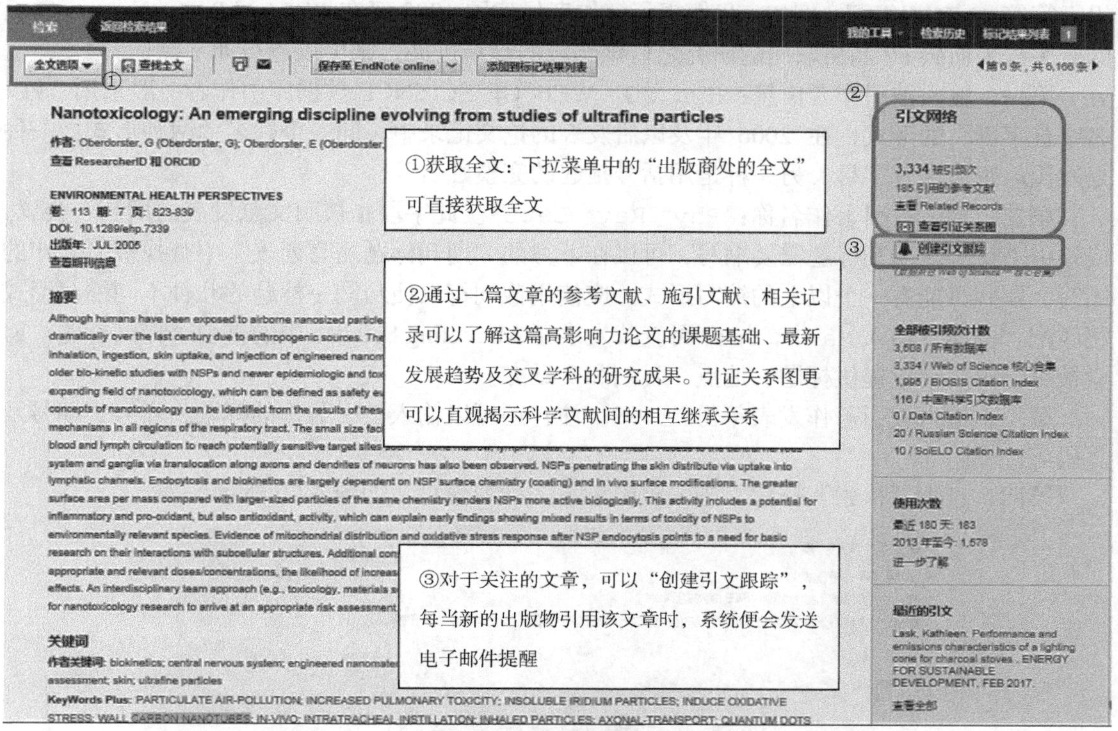

图 4-18　WEB OF SCIENCE 平台单篇文献页面

在图 4-15 所示的基本检索页面上，点击工具栏的“被引参考文献检索”按钮，进入被引参考文献检索页面，如图 4-19 所示。可以通过输入被引文献的作者、发表年份、标题、著作（出版物名称，如期刊或会议录等）、年、卷、期等信息来检索该文献被引用情况。

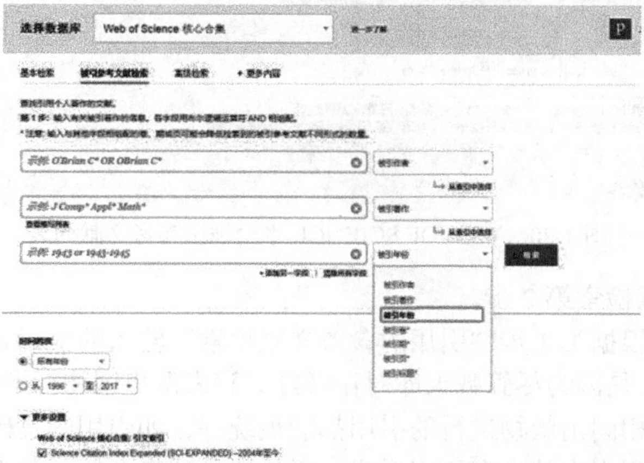

图 4-19　WEB OF SCIENCE 平台被引参考文献检索

执行被引参考文献检索需要两步。第 1 步：输入有关被引著作的信息。第 2 步：选择被引参考文献并单击“完成检索”。

1）被引参考文献检索第 1 步。

在图 4-19 所示的页面选择被引参考文献已知的字段，输入相应检索词。各字段用布尔逻辑运算符 AND 相组配。例如，我们想了解作者侯建国 1999 年在 *Physical Review Letters* 发表的有关硅表面碳 60 晶格取向的研究之后该领域的最新进展，则可以进行如下操作。

第一，输入被引作者信息：Hou JG。WEB OF SCIENCE 数据库中作者一般采用“姓+名字首字母”的形式，在 2006 年及以后发表的论文记录中，同一个姓名的两种形式。一种是姓氏后跟名字首字母。另一种是用括号括起的完整姓名。

第二，输入被引著作名称：Phy* Rev* Lett*。此字段指被引文献发表的期刊、会议，或被引书籍等。期刊标题需要缩写，可以在下方的“期刊标题缩写列表”中查找被引著作的缩写。期刊可能有一个以上的缩写形式。应使用截词符以便与同一标题的几种不同缩写形式相匹配。例如，输入 Mark* Sci*可查找发表于 Marketing Science 中的被引著作的标题。检索被引会议时，应提供标题、地点、日期和赞助方。

第三，输入被引著作发表年份：1999。注：还可以输入被引著作的标题、卷号、期号及页码等。

第四，点击“检索”按钮，进入被引参考文献列表页，如图 4-20 所示。

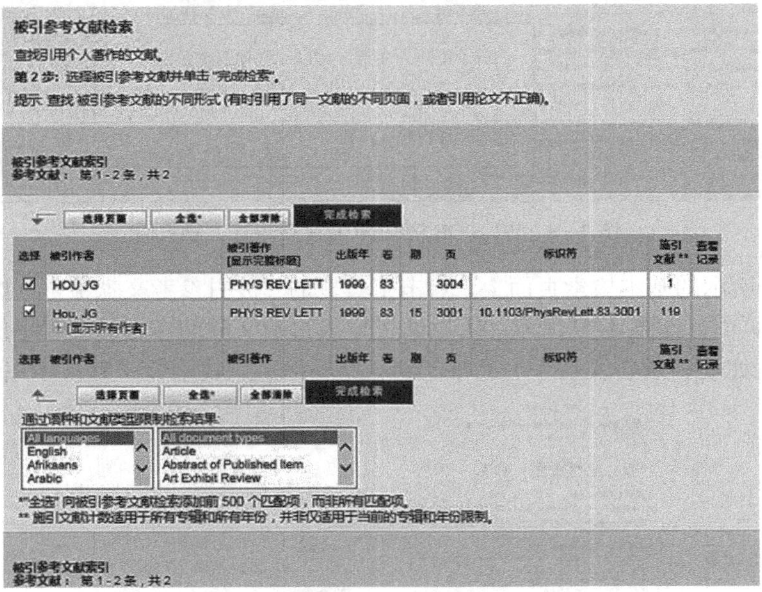

图 4-20　WEB OF SCIENCE 平台被引参考文献列表

2）被引参考文献检索第 2 步。

此页面显示系统根据第 1 步“引用的参考文献检索”输入的检索式找到的引用的参考文献列表。出现此列表，是因为尽管数据库对作者姓名和来源出版物标题进行了尽可能地统一，然而，并不是所有对相同出版物进行的引用都能被统一，如引用的页码不同、卷号不同等，因此引用的参考文献列表中就会有不同形式。通过选择列表左侧的复选框，选择相关条目，点击“完成检索”，转至检索结果页面，在此页面上列出来自 WEB OF SCIENCE 的施引文献。因单位订购的数据库及年代不同，此页面的结果可能与图 4-24 中的施引文献次数不完全相同。对于检索结果，也可以进行如前面所述的分析、精炼、输出等操作。

（4）个性化功能

在平台注册后，可以得到很多个性化服务，包括：

1）引文跟踪服务。对于自己关注的文章，可以在该文章的单篇文献页面，创建此文章引文跟踪，当 WEB OF SCIENCE 引文数据库库中有文章引用了该文献时，系统会发送邮件提醒。

2）检索式的管理。注册后通过检索历史可以保存检索式并创建定题服务，这样就可以通过邮件了解课题的最新进展，也可以选择 RSS Feed 将检索结果的 XML 网址粘贴至自己的 RSS 浏览器中，可以直接通过 RSS 浏览器查看 WEB OF SCIENCE 核心合集中收录的最新记录。

3）使用免费管理软件 Endnote 管理文献并写作。注册后，系统提供免费的 Endnote Web 管理软件，既可以管理文献信息，又可以帮助作者规范论文写作格式，甚至可以用它与同学、同事共享研究文献。

（5）充分利用系统帮助文件与索引实施检索

例如，检索北京化工大学发表论文被 SCI-Expanded 收录情况，需要按如下步骤检索。

1）确定检索词的英文名称，通过学校官方网站，确定单位的英文名称为 Beijing University of Chemical Technology。

2）利用基本检索进行试检，选择地址字段，数据库选择 SCE-Expanded，输入 Beijing University of Chemical Technology，执行检索，得到检索结果为 0，如图 4-21 所示。此结果肯定不正确，并且系统也给了错误提示。

图 4-21　WEB OF SCIENCE 平台检索提示页面

3）提示中提到不能用一些停用词，如“of ”，另外还有缩写形式，因此首先去掉检索词中的 of，得到检索词，Beijing University Chemical Technology，输入后结果依然为 0。然后通过“查看缩写列表”，确定单位名称中各个词有无缩写形式，发现除了 University 缩写为 UNIV 外，并无其他词对应的缩写。

4）利用索引。系统提供了“机构扩展”字段的索引，因此在页面选择此字段，查看索引，可以输入关键词查找，如本例中输入 chemical，查找到“Beijing University of Chemical University”，点击左侧的添加按钮，如图 4-22 所示，选中后直接添加到检索页面的相应字段，得到检索结果 11705 条记录（检索日期：2017 年 1 月 18 日）。

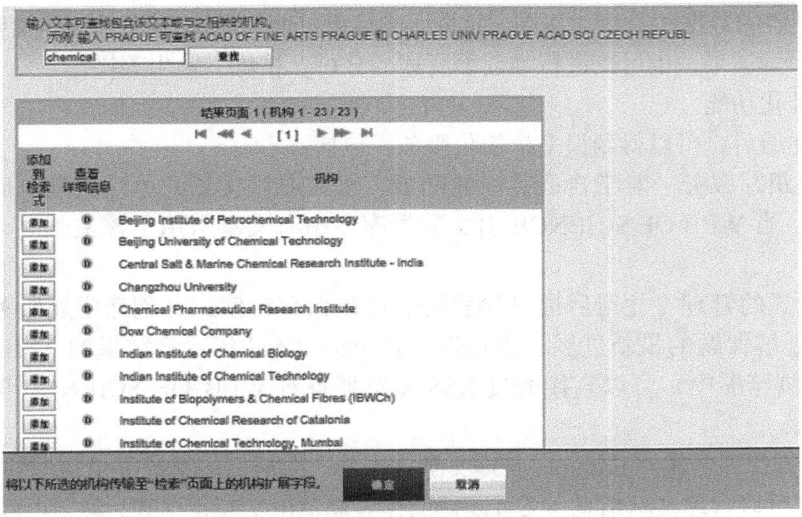

图 4-22　WEB OF SCIENCE 平台利用机构扩展索引

5）在检索结果页面查看单篇文献，发现在作者地址信息大多为“Beijing Univ Chem Technol”形式，因此返回检索页面选择地址字段，输入“Beijing Univ* Chem* Technol*”检索后得到 11257 条记录。

4.2.3　美国《化学文摘》网络版——SciFinder Scholar

1. SciFinder 简介

SciFinder Scholar 是美国化学会（American Chemical Society，ACS）旗下的化学文摘社（Chemical Abstract Service，CAS）出版的 *Chemical Abstract*（《化学文摘》，简称 CA）数据库的联机版。SciFinder Scholar 整合了 Medline 医学数据库，世界各国 63 家专利发行机构的全文专利文献及 CA 从 1907 年至今的所有文献和部分 1907 年以前的文献。CAS 的数据库源于化学，并超越化学，它涵盖的学科包括应用化学、化学工程、普通化学、生物化学、有机化学、大分子化学、物理化学、无机化学、分析化学、生命科学、医学、聚合物化学、材料学、地质学、食品科学和农学等。图 4-23 和表 4-2 展示了 SciFinder Scholar 覆盖的各数据库的主要内容及其相互关系。

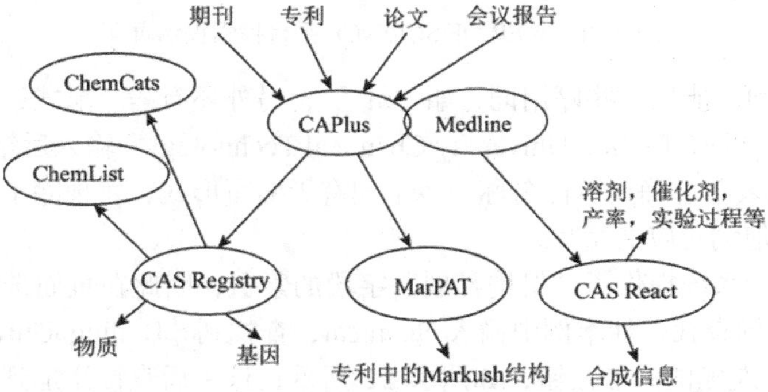

图 4-23　SciFinder Scholar 系统子数据库及其关系

表 4-2　SciFinder Scholar 覆盖的各数据库的详细信息

数据库	主要内容	记录数	覆盖时间	更新周期
CAPlus	当今世界上最新最全的化学题录型数据库	＞4300 万期刊，专利，学位论文记录； ＞1 万种科技期刊的覆盖；63 家专利发行机构的专利；1997 年以来的 3.65 亿条引文记录	回溯到 1800 年	每日更新
Medline	当今世界上最具权威性的文摘类医学文献数据库之一	＞2200 万篇生命科学尤其是生物医学方面的期刊文献； ＞5600 种期刊文献	回溯到 1946 年	每日更新
CAS Registry	CAS 的化学物质登录号数据库，是化学物质信息的“黄金标准”	＞1.18 亿个独特物质； ＞6600 万个基因序列； ＞4 亿条实验和预测数据； ＞68 亿条物质属性值	物质报道文献回溯到 1802 年	每日更新
CAS React	检索化学反应最权威的来源：反应中的结构信息；反应中所有物质的 CAS 登录号；详细的反应条件；实验过程	＞7660 万单步多步反应； ＞1400 万物质合成制备信息	反应回溯到 1840 年；反应条件起始于 2003 年	每日更新
ChemCats	ChemCats 提供物质的供应商信息	＞1.02 亿商用化学品； ＞3300 万独特的物质； ＞660 个全球范围内的供应机构； ＞750 化学品目录	最新	每周更新
ChemList	全球范围内的法规信息	＞34.6 万个化学管制品目录； 15 个国际和国家目录	1980 年至今	每周更新
MarPAT	全球专利文献中的 Markush 结构库，能够最大限度地帮助找到结构相关专利文献	＞113 万代表有机或者金属有机的 Markush 结构	回溯到 1961 年	每日更新

2. Scifinder Scholar 的检索方法及实例

首次访问 Scifinder Scholar Web 版时，需先申请个人账号，高校用户在注册时务必使用学校邮箱。注册成功获得自己的账号后，在学校 IP 范围内登录网址：https://scifinder.cas.org/，输入自己的 SF 用户名和密码即可使用 SciFinder Scholar。根据检索对象的不同，SciFinder 的检索可分成三类：文献检索（Explore References）、物质检索（Explore Substances）、反应检索（Explore Reactions）。

（1）文献检索

SciFinder Scholar 提供了主题检索（Research Topic）、作者名检索（Author Name）、机构名检索（Company Name）、文献标识符检索（Document Identifier）、期刊名称（Journal）和专利（Patent）信息（公开号、申请号等）及从物质、反应入手等多种获取文献的方法。检索时需根据检索目的和需求，选取相应的检索方式：如检索某特定领域的文献，需选取主题检索；关注物质有关的文献，则需先获取物质，再获得文献；关注某科研人员的文献，则直接通过作者名检索；关注某机构科研发展，需通过机构名检索。

1）主题（Research Topic）检索。

检索实例 1　查找“光学活性螺旋聚合物制备及性能研究”方面的文献。

第一，在主题检索（Research Topic）检索框中输入“optical active with helical polymer”，点击 Search（图 4-24）。这里需要注意：术语之间最好用英文的介词 of、with、by、beyond，in、on、as 等连接，不建议使用布尔逻辑符 AND，最多输入 5 个术语，2～3 个最好。

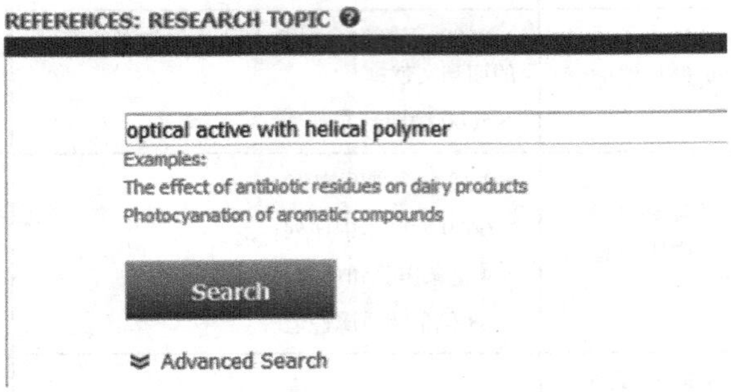

图 4-24　Scifinder Scholar 平台主题检索（Research Topic）

第二，进入主题检索的候选项，如图 4-25 所示。其中“concepts”表示对关键词做了同义词、近义词的扩展；“closely associated with one another”表示同时出现在一个句子中。因此，建议选取含有 concept 和 closely associated 的选项，得到的文献相关性强而全面。选取检索到 479 条密切相关记录，点击“Get References”。

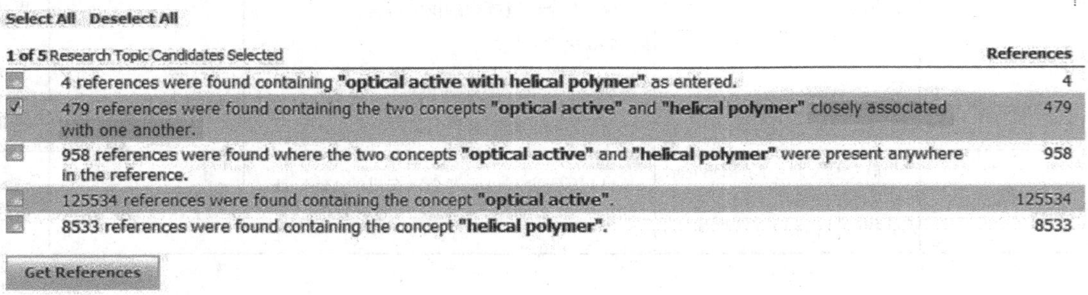

图 4-25　Scifinder Scholar 平台主题检索的候选项

第三，按照被引次数多少（Citing References）排序，可以迅速聚焦该领域中的高被引论文。SciFinder Scholar 还提供了 Analyze、Refine 和 Categorize 三个强大的文献处理工具，有助于检索结果的进一步处理。运用 Analyze 分析工具，可获取本领域的研究人员、研究机构、合作伙伴、竞争对手等多方面信息。这里运用其中的 CA Section Title 分析出有 219 篇关于“光学活性螺旋聚合物制备”的文献，97 篇关于“光学活性螺旋聚合物物理特性”的文献报道，如图 4-26 所示。Refine 可用于进一步限定文献，缩小范围。例如，Refine-主题词 research topic-nanoparticles，再用 Fe3O4 进行二次主题限定，共锁定 6 篇与“手性螺旋聚合物/Fe3O4 磁性纳米粒子与微球的制备”密切相关的文献，如图 4-27 所示。Categorize 学科分类功能则是基于 Index Term，根据大学科方向对文献进行自动分类。

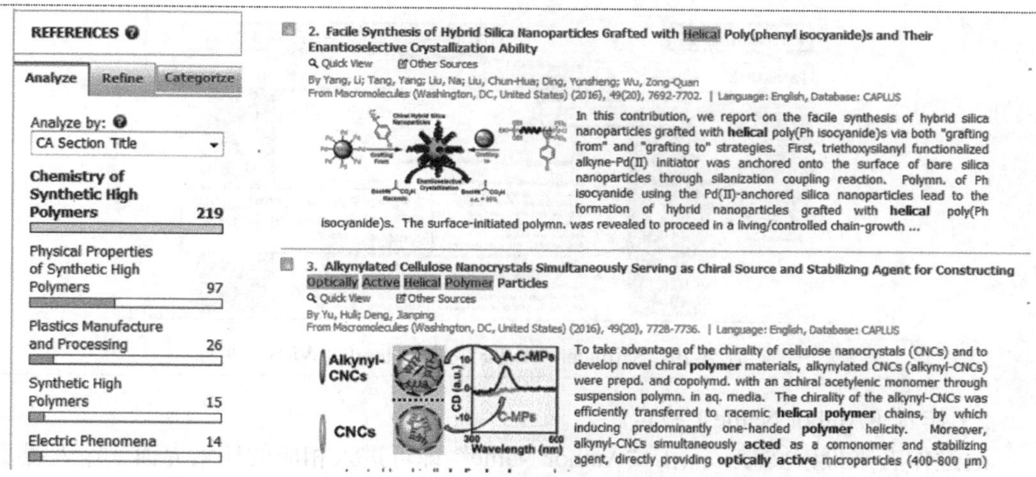

图 4-26　Scifinder Scholar 平台主题检索的候选项

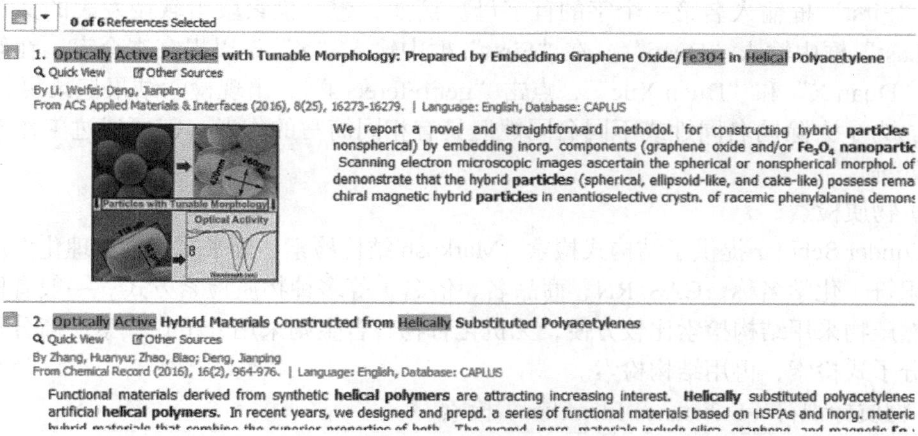

图 4-27　检索实例 1 的密切相关文献

第四，CAS 于 2015 年 2 月正式发布了一款获取专利文献的利器 PatentPakTM，已无缝嵌入 SciFinder 的检索结果中。请留意“PatentPakTM”图标，如图 4-28 所示。点击 PatentPak，可获取 PatentPak Viewer，如图 4-29 所示。在 PatentPak 浏览器中既可以浏览并下载专利全文，还能够快速查找并定位专利中关键化学信息，极大地节约了用户研究专利时花费的时间。

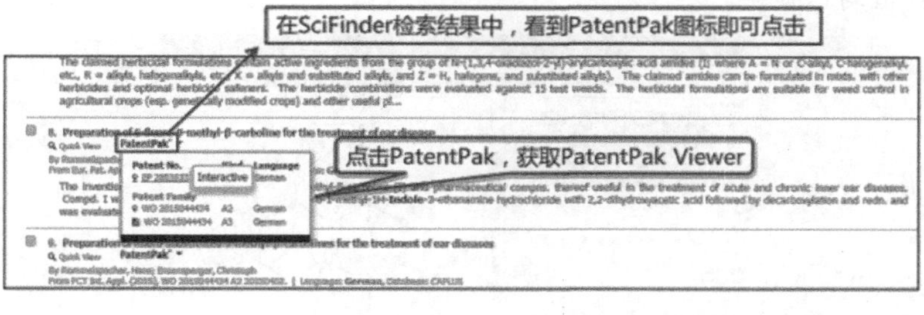

图 4-28　Scifinder Scholar 中的 PatentPakTM

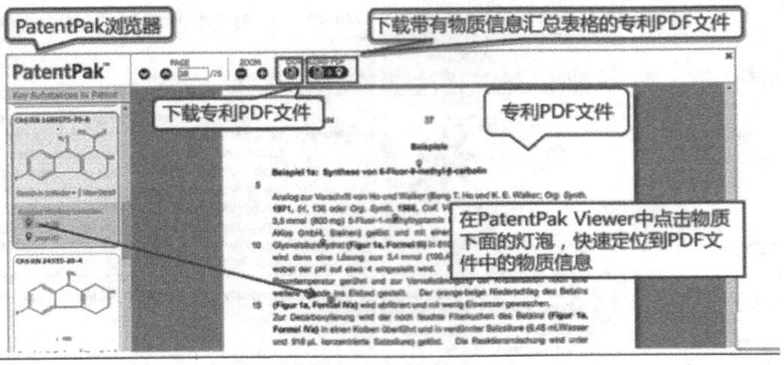

图 4-29　Scifinder Scholar 中的 PatentPak Viewer 页面

2）作者（Author Name）检索。

通过作者来检索文献，点击“Author Name”即可进入相应的检索界面。输入想要检索作者的姓名，可以检索到该作者发表的文献。对于中国作者，在“Last”框输入“姓”的全称，在“First”框输入名第一个字的首字母。例如，想要检索段雪教授发表的文章，则需要在“Last”框中输入“Duan”，在“First”框中输入“X”，以提高查全率。在候选姓名里选择“Duan X”和“Duan Xue”，点击“get refereces”，出现检索结果记录集，共 1198 条记录。为了去除同名同姓或不同名同姓但具有相同简写的作者，需要通过工作单位做进一步的处理。

（2）物质检索

SciFinder Scholar 提供了结构式检索、Markush 结构检索、分子式检索、理化性质检索及物质标识符（化学名称、CAS RN、商品名、俗名）等多种物质检索方式。一般有机物化合物、天然产物采用结构检索比较方便；无机化合物、合金则采用分子式检索；高分子化合物首先用分子式检索，再用结构检索。

1）物质标识符（Substance Identifier）检索。

检索实例 2　青蒿素（*Artemisinin*）是一种从甜蒿属植物（苦艾）中提取出来的物质。在我国历来用作退热药。它的衍生物已成为世界卫生组织防疟疾砷类药物之一。试检索青蒿素的质谱图（Mass Spectrum）。

第一，选取 SUBSTANCES 下的“Substance Identifier”选项，输入化学名称“Arteannuin”。进入青蒿素记录页面。SciFinder Scholar 给出了它的登录号 63968-64-9。点击显微镜查看该物质的详细情况（图 4-30 所示）。青蒿素的 CAS 号、分子式、结构式、化学名、别名，以及常见性质数值均已提供。

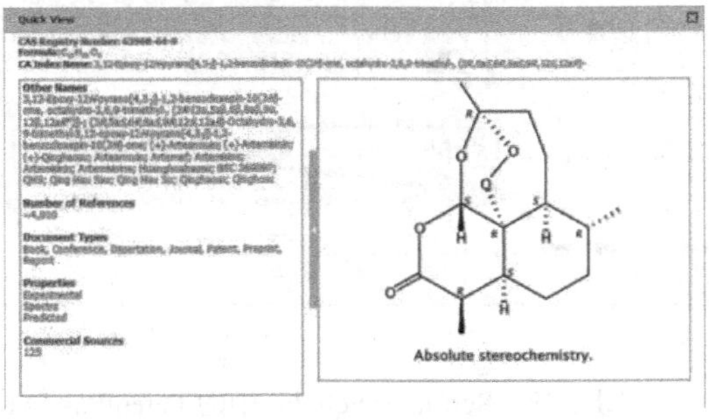

图 4-30　Scifinder Scholar 中的青蒿素的详细情况页面

第二，点击 Key Physical Properties 中的 Spectra，显示出青蒿素相关的诸多谱图信息，如图 4-31 所示，选取其中的 Mass 即可得到青蒿素的质谱图。

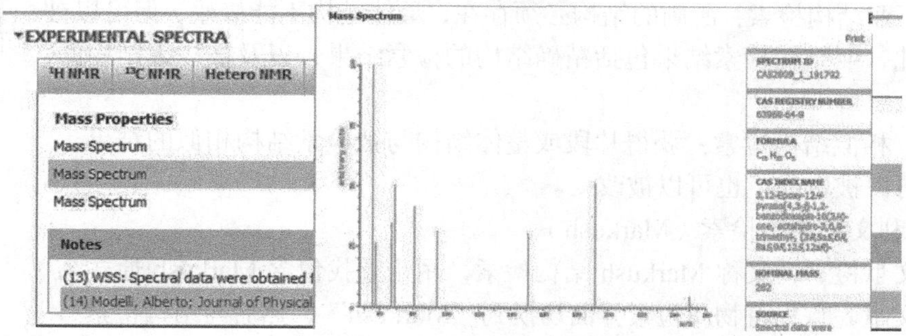

图 4-31　Scifinder Scholar 中的青蒿素的 Mass（质谱图）

2）分子式（Molecular Formula）检索。

如果能够确定一个化合物的分子式，可以直接使用分子式检索。分子式的编写需要遵守 Hill 排序规则：不含碳化合物，按元素符号的字母顺序排列；分子式为含碳化合物时，则“C”在前，如有氢则紧随其后，其他元素符号按字母顺序排在氢的后面。对于无机金属盐化合物，金属离子和阴离子间用点“.”分开，如十二烷基硫酸钠盐（sulfuric acid monododecyl ester sodium salt）采用 C12 H26 O4 S . Na 检索。对于有机物来说，具有相同分子式的结构（同分异构体）非常多，如检索 3-氨基丙基三乙氧基硅烷，输入 C9 H23 N O3 Si，检出 41 个具有同一分子式的同分异构体。为了得到目标物质，在本例中，使用了物质相关文献数量“Number of References”进行排序，结果可见，3-氨基丙基三乙氧基硅烷是具有相同 $C_9H_{23}NO_3Si$ 分子式的所有化合物中最热门的化合物。

3）结构（Chemical Structure）检索。进入结构“Chemical Structure”检索界面，点击“Click to Edit”会弹出化学结构编辑器“Structure Editor”，如图 4-32 所示，图中对化学结构编辑器中各种工具的使用做了简要说明。

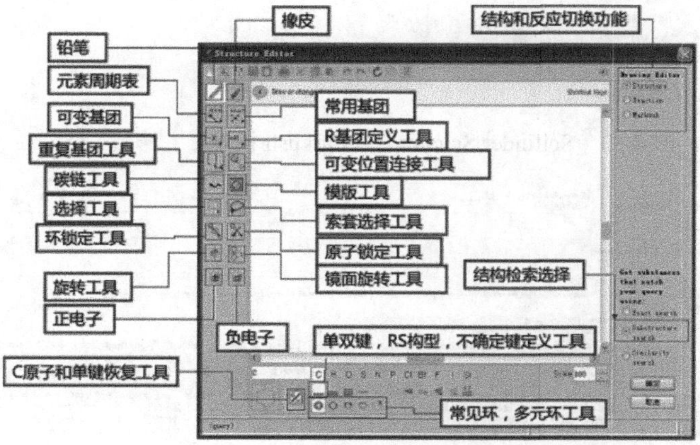

图 4-32　Scifinder Scholar 中的化学结构编辑器（Structure Editor）

SciFinder 提供了三种类型的结构检索，即精确结构检索“Exact Structure”、亚结构检索“Substructure”和相似结构检索“Similarity”。

第一，精确结构检索：任何一种明确的结构，使用精确结构都能够检索

用结构式检索二茂铁

到。精确结构检索用于获得盐、聚合物、混合物、配合物等物质，母体结构不能修改，不能修饰。

第二，亚结构检索：所画的结构必须存在，母体结构不能修改，但可以被修饰。因此，亚结构检索结果包括精确结构的检索结果，以及被检索结构的修饰结构。

亚结构检索实例

第三，相似结构检索：获得片段或整体结构与被检索结构相似的结果，母体结构可以被取代，也可以被改变。

相似结构检索实例

4）专利文献结构检索（Markush）。

专利文献检索，又称 Markush 结构检索，用于查找包含 Markush 通式结构的专利文献。首先将物质检索界面切换到“Markush”，然后与结构检索一样使用结构编辑器（Structure Editor）绘制化学结构式或结构片段，通常还要设定可变结构，最后点击“Search”按钮获取相关文献，如图 4-33 所示；并通过 Refine 功能，将文献类型限定在“Patent”，如图 4-34 所示。Markush 结构检索在操作上类似于结构检索，但单从化学专利的检索结构上说，Markush 结构检索的结果要多于结构检索。这是因为 Markush 结构检索考虑了所谓的预测结构，因为在专利中，通常保护（Claim）的并不是一个结构，而且是一组结构，但在具体文献中，不会列举出所有可能的结构，而只是一个母体和一类列的描述，这正是 Markush 结构检索的特别之处。

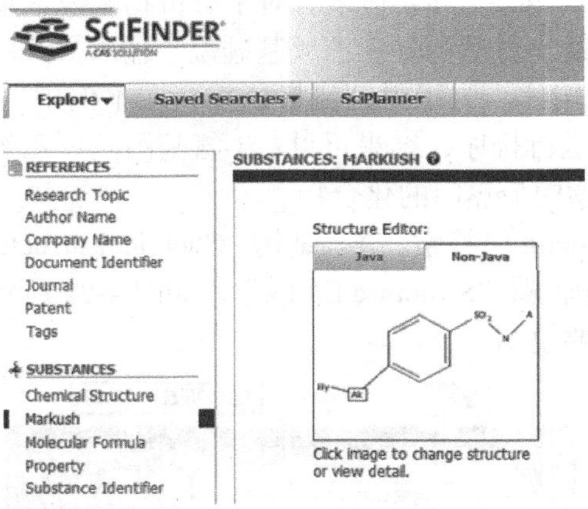

图 4-33　Scifinder Scholar 中 Markush 检索

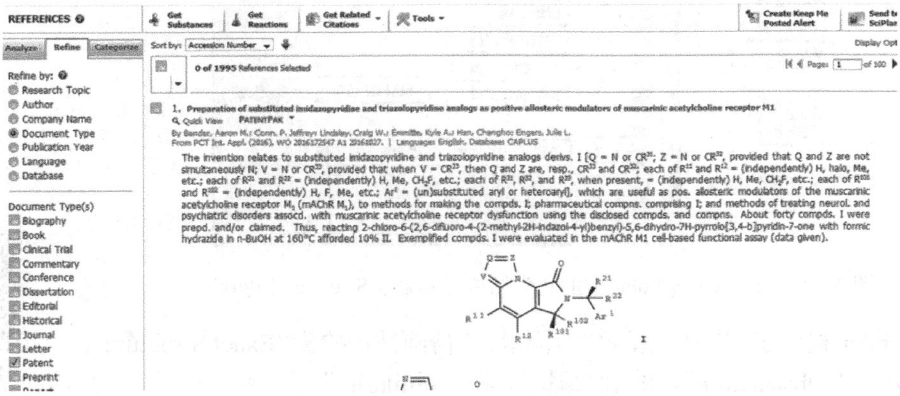

图 4-34　Scifinder Scholar 平台文献类型限定为专利文献

（3）反应检索

SciFinder 提供了极其强大的化学反应检索功能，这一功能对有机合成和药物合成研究极为有用，便于寻找某一物质可能的合成路径、最佳的合成路径、溶剂、催化物及相应的专利信息等。反应通常有两种获取方法：如果已知物质，即可通过物质获取反应；若已知文献，则从文献中获取反应。反应检索亦分为：精确结构反应检索和亚结构反应检索。

反应绘制工具：反应编辑器与结构编辑器的主要区别在于增加了指定反应角色、标记反应位置等反应相关的工具，如图 4-35 所示。

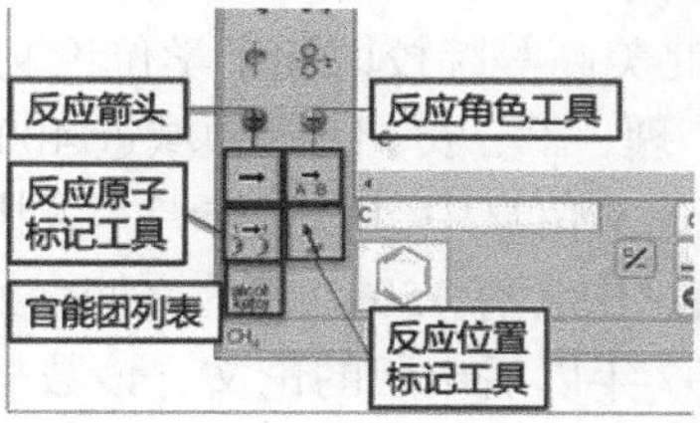

图 4-35　Scifinder Scholar 平台反应绘制工具

精确结构反应检索实例

亚结构反应检索实例

1）精确结构反应检索。

2）亚结构反应检索。

3. 检索结果的下载与保存

在 SciFinder 中将检索结果导出有三种形式（图 4-36）。

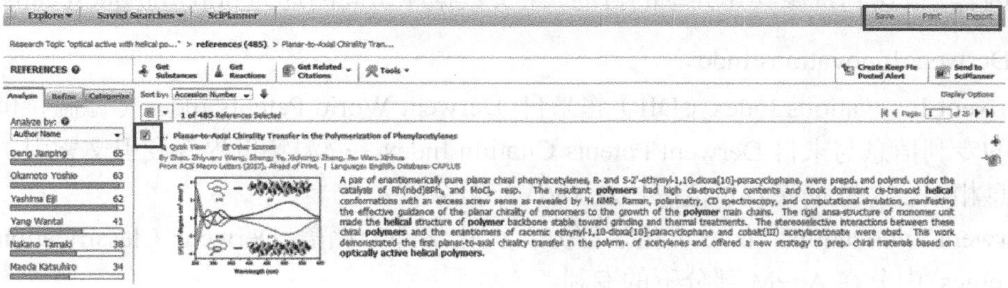

图 4-36　SciFinder Scholar 检索结果的输出

第一种是保存为记录集“Save”：将检索式及结果保存到 SciFinder 服务器上，以后登录系统随时可以调出，并可以对不同的记录集进行逻辑运算。

第二种是打印“Print”：通常是将记录集的标题和摘要打印成 PDF 格式，保存在用户自己的电脑里，可以方便阅读和批注。

第三种是导出“Export”：将记录集以文献管理软件的格式导出，通常选择其中的“.ris”格式，因为这种格式最为通用，几乎所有的文献管理软件（如 Endnote、NoteExpress 等）都能够导入。

4.2.4　其他常用英文文摘数据库

1. Scopus

Scopus 为全球最大的索引摘要数据库，由全球超过 500 位用户及图书管理人员所共同设计发展而成，提供了协助研究追踪分析与可视化的智能工具。来自全球 5000 个出版公司，收录 21915 种文献，主要为同侪审查期刊，会议论文、丛书、商业期刊，确保其广泛的跨领域性。此外，Scopus 不仅提供文献的引文追踪，还可以直接整合搜索页资源引用及专利引用。Scopus 还可直接连接到全文文章、图书馆的资源及其他书目管理软件等应用。

学科范围——主要涉及物理与工程学、健康科学、社会科学、心理学与经济学、生命科学、艺术与人文等。访问网址为 http://www.scopus.com。

2. ProQuest Dissertations and Theses A&I（ProQuest 博硕士学位论文全文数据库）

ProQuest 博硕士学位论文全文数据库，由美国 ProQuest 公司提供，是目前世界上最大和使用最广泛的学位论文数据库，特别是北美高等院校博硕士学位论文的核心资源，截至目前，该数据库收录了全球 2000 余所大学文、理、工、农、医等领域近 400 万篇毕业论文的摘要及索引信息。1980 年以后出版的博士学位论文信息中包含了作者本人撰写的长达 350 个字的文摘。1988 年以后出版的硕士学位论文信息中含有 150 个字的文摘。另外，该数据库大量提供前 24 页可以免费预览，特别是对于 1997 年以后出版的论文，该数据库为周更新。平均每年新增超过 8 万篇论文条目。目前，数据库中还收录 CALIS 高校学位论文文摘数据近 15 万篇，并且在不断增加中。

PQDT 包括两个专集，PQDT A - Dissertations and Theses A&I: The Humanities and Social Sciences Collection（人文与社科专集），PQDT B - Dissertations and Theses A&I: The Sciences and Engineering Collection（科学与工程专集）。该数据库通过 ProQuest（http://search.proquest.com）平台访问。2009 年起，CALIS 集团联合全国高校购买了 PQDD 学位论文数据库中的部分全文内容，以达到资源共建共享的目的。全文数据库访问网址为 http://proquest.calis.edu.cn。

3. Derwent Innovations Index

Derwent Innovations Index（DII）将来自 Derwent World Patents Index（德温特世界专利索引）的专利信息与来自 Derwent Patents Citation Index（德温特世界专利引文索引）的专利引文信息相结合。数据库收录范围：从 1963 年至今。

Derwent Innovations Index（化学部分）：化学部分涵盖 Derwent Classification of All Technologies 中分在 A～M 部分下的专利。

Derwent Innovations Index（电气和电子部分）：电气和电子部分涵盖 Derwent Classification of All Technologies 中分在 S～X 部分下的专利。

Derwent Innovations Index（工程部分）：工程部分涵盖 Derwent Classification of All Technologies 中分在 P～Q 部分下的专利。

Derwent Chemistry Resource：Derwent Chemistry Resource 可以浏览其中的化学结构，从而构思出化合物结构进展方面的新想法，并了解新近问世的化合物。DII 在 WEB OF SCIENCE 平台检索，访问网址为 http://www.webofknowledge.com。

4.3 文献分析工具

4.3.1 文献信息分析的意义

通常我们利用文献的有两种途径：①从单篇文献中获取所需要的知识，如一种化学合成路线，一种设备测试方法等，这个时候我们只要查准，找到一篇相关的文献解决问题即可，而不必在意是否还有其他的文献可以解决这个问题，也并不需要借助于更多、更复杂的信息分析方法。②有别于第一种途径，不是从单篇的文献中获取知识，而是从大量文献之间的关系中更快地找到自己想要的重要文献，并通过知识挖掘找到深度信息，从不同的视角发现研究的热点和研究的前沿，通常意义上的基于文献的知识发现就是指的这种途径。

为什么进行文献信息分析？其目的在于：①了解领域，轻松查找领域早期、近年及最新的文献，全面了解领域的发展历程；②把握趋势，根据领域内研究方向出现时间、频次及衰减情况，分析出其研究走向和趋势；③发现热点，及时找到最新、最热的文献，把握研究热点；④合作或竞争，熟悉领域内重要作者、竞争对手和机构。

4.3.2　文献信息分析的境界

文献信息分析分为四个境界：基于文献数据库的分析、基于文献管理软件的分析、基于专业分析数据库及基于专业分析软件的分析。

1. 基于文献数据库的分析

这类知识发现主要是借助于文献的各种特征的数量，采用数学与统计学方法来描述、评价和预测科学技术的现状与发展趋势，分析结果采用数据和图表的形式给出，简单明了，清晰严谨。目前国内外的大部分文献检索数据库都提供了这个分析功能。例如，常见的中文万方数据库、清华同方数据库和外文的 EI 数据库、SCI 数据库等，此外国内外开放的各种知识发现系统可以同时完成基于文献特征的知识发现。

2. 基于文献管理软件的分析

随着计算机科学的发展，有越来越多的专用文献管理软件，如 EndNote、Reference Manager、NoteExpress 及 CNKI 数字化学习与研究平台（E-Study），帮助用户轻松完成参考文献的整理与标注的同时，还提供了联合多种数据与资源文献的信息分析功能。

3. 基于专业分析数据库的分析

专业分析数据库近年来也逐渐增多，各有特色，其中常用的分析数据库有 ESI、InCites 及 Scival。

（1）ESI

ESI（Essential Science Indicators），即基本科学指标数据库，是由世界著名的学术信息出版机构美国科技信息所（ISI）于 2001 年推出的衡量科学研究绩效、跟踪科学发展趋势的计量分析数据库。ESI 根据学科发展的特点设置了以下 22 个学科：农业科学、生物学与生物化学、化学、临床医学、计算机科学、经济学与商学、工程学、环境科学与生态学、地球科学、免疫学、材料科学、数学、微生物学、分子生物学与遗传学、综合交叉学科、神经科学与行为科学、药理学与毒物学、物理学、植物学与动物学、精神病学与心理学、社会科学总论、空间科学等。ESI 从引文分析的角度，分别对科学家、研究机构、国家、期刊进行论文收录数、论文被引频次、论文篇均被引频次进行统计分析和排序，并对高被引论文进行分析。ESI 以 10 年为 1 个周期对全球所有大学及科研机构的 SCI、SSCI 论文及其引用情况等进行统计和比较，按论文总被引次数排列前 1%的学科方可进入 ESI 学科排行，给出排名进入全球前 1%的大学及科研机构的排序，每 2 个月公布 1 次。

（2）InCites

InCites 是一个基于 WEB OF SCIENCE 权威引文数据建立的科研评估与分析工具，综合各种计量指标和 30 年来各学科各年度的全球基准数据。InCites 可以根据需求为报告选择合适的时间范围。InCites 能够帮助政府和学术研究机构中的决策者、科研管理人员分析本机构的学术表现和影响力，并针对全球同行的研究成果进行比较，以发掘机构内具有学术影响力和发展潜力的研究人员，并检测机构的科研合作活动，以寻求潜在的科研合作机会。

（3）Scival

Scopus 数据库由 Elsevier 于 2004 年底推出，是目前收集科学文献最全面的摘要与索引数据库，涵盖了来自全球 5000 多个出版商超过 21900 多本期刊、近 70000 种丛书，以及来自超过 17000 项会议的会议论文集。其内容几乎覆盖了当今全球所有的科学学科，是目前世界上最大的二次文献数据库，也是国内学者了解国外学术研究热点及动向的重要窗口。Scival 是 Elsevier 在 2009 年研发的一个科研评价工具，数据库来源是 Scopus 数据库近 6 年的文献。Scival 从一个全新的视角出发，跨学科揭示科研绩效的产出，通过共引聚类原理创建可视化数据库分析结果。目前，Scopus 和 Scival 已经为泰晤士国际大学排名、QS 国际大学排名、US News 大学排名及上海交通大学学术排名等全球知名的国际大学排名机构提供统计数据库源和评价指标。

4. 基于专业分析软件的分析

21 世纪是一个“知识”爆炸的时代，快速了解某个行业的研究热点及主流的研究思想变得越来越重要。信息可视化工具的出现，使得大规模非数值型信息得以视觉呈现，为人们对某一领域的文献数据进行分析和研究提供了帮助，使用户能够快速发现学术界在该领域的最新或热点问题。包括 CiteSpace、HistCite、Quosa、社交网络分析软件 Ucinet、Bibexcel、Publish or perish 在内的多种信息可视化工具应运而生，其中 CiteSpace、HistCite 备受关注。

（1）CiteSpace 信息可视化软件

CiteSpace 信息可视化软件（图 4-37）是由华人学者陈超美博士于 2004 年针对 WEB OF SCIENCE 开发的一种多元、分时、动态的复杂网络分析的新一代信息可视化软件。凭借其强大和先进的功能，该软件在国内外得到了广泛的应用和关注，主要功能是绘制科学和技术领域发展的知识图谱，直观地展现科学知识领域的信息全景。另外，CiteSpace 实现了一系列先进算法，可以辨认新兴研究前沿专业术语，也能识别出研究发展过程中的关键点，对于研究人员具有极大的参考价值。它利用分时动态的可视化图谱展示科学知识的宏观结构及其发展脉络的方式，是科学和艺术的完美结合。

读者可以登录网站 http://cluster.cis.drexel.edu/～cchen/citespace 免费使用，目前该软件已升级到 CiteSpace Ⅱ版本，可支持 WEB OF SCIENCE、Pubmed、CSSCI 等多种中外数据源。

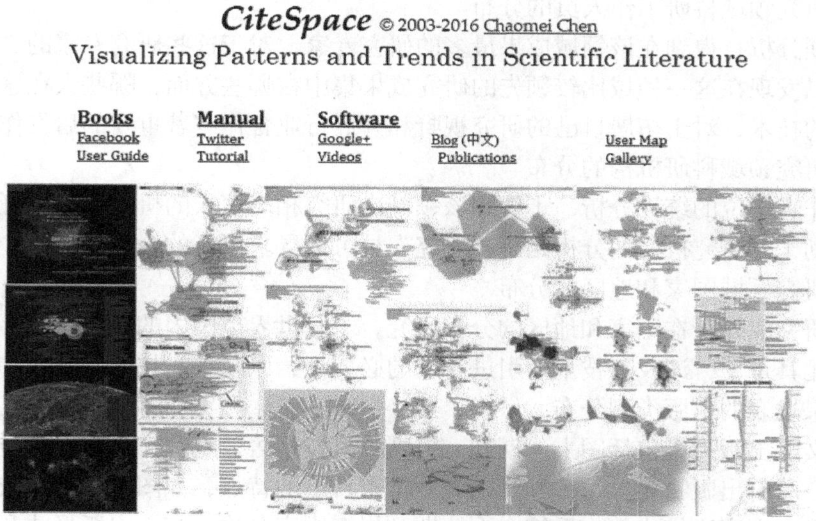

图 4-37　CiteSpace 信息可视化软件

（2）HistCite 引文分析软件

HistCite 是世界著名文献计量学家尤金·加菲尔德（Eugene Garfield）开发的引文编年可视化程序。该软件能够用图示的方式展示某一领域不同文献之间的关系，可以快速帮助我们绘制出一个领域的发展历史，定位出该领域的重要文献，以及最新的重要文献。与 WEB OF SCIENCE 数据库的引文分析功能不同，HistCite 引入了领域内引文分析的概念，使用了领域内被引频次等特有指标，从而弥补了总被引频次无法体现学科差异的缺陷，成为这一工具的最大特色。另外，HistCite 还具有辅助检索的作用，可以从 HistCite 建立的参考文献列表中找出那些未出现指定检索词而遗漏的重要文献。该软件的最新试用版本可以从 http://science. thomsonreuters. com/scientific/m/HistCiteInstaller.msi 网站下载。

本节主要介绍基于文献数据库的信息分析，还将结合案例具体介绍 WEB OF SCIENCE 数据库提供的信息分析功能及如何利用 ESI 进行热点分析。

4.3.3　基于文献数据库的信息分析

文献的特征主要包括文献的来源、作者、作者单位、出版时间、关键词、文摘等，基于文献数据库的信息分析就是基于文献特征的知识发现，主要采用统计方法完成。经过对大量文献特征的分析，可以获得整个领域的研究成果的纵向和横向分布情况，对于从宏观角度把握所研究领域的现状有重要作用。

1. 基于文献数据库信息分析的途径

通过系统分析文献的外部特征，我们可以发现如下一些信息，如果进一步加以提炼并为我们所用就能转化成知识。

（1）该研究领域研究成果的年代分布

通过研究领域研究成果的年代分布，可以掌握相关研究是从什么时候开始的，哪些年是该领域研究最密集的时候，什么时候相关研究趋于成熟或饱和，而这种年代分布又反映了社会热点或者科学发展的水平之间的关系等值得关注的问题。

（2）该研究领域科研工作人员的分布

通过该项分析，得到在该领域成果最多的研究专家，对于这些研究专家的文献进一步跟踪分析，可以发现在这一领域比较领先的研究成果集中在哪些方面，哪些人在这些方面掌握了比较核心的技术，对于拓展自己的研究视野和开展行业合作有着重要的启发作用。

（3）该研究领域科研机构的分布

通过对作者单位的统计分析，了解到该领域内研究相对深入的机构和正在开展此项研究的机构，借助于对研究机构的分析结果，研究人员可以寻求可能的合作机会。

（4）该研究领域国家和地区的分布

通过对研究成果所在国家和地区的分布研究，了解世界范围内的研究状况，这项统计对于专利成果尤其重要，涉及新技术的引进开发的必要性，以及核心技术的研发和拓展等。

（5）成果发表的出版类型分布

常见的文献出版类型包括图书、期刊、报纸、科技报告、专利、标准、学位论文、会议论文、档案、政府出版物等。每一种文献类型都有自己的特点，如图书是论述或介绍某一学科或领域知识，内容比较成熟，系统全面；期刊指有固定名称、统一出版形式和一定出版规律的定期或不定期的连续出版物，内容新颖、时效性强；会议文献是指在国际和国内重要的学术或专业性会议上宣读发表的论文、报告，内容学术性强，内容新颖；科技报告是国家政府部门或科研生产单位关于某项研究的总结报告，或是研究过程中的阶段进展成果；学位论文指高等院校、科研单位的研究生为申请硕士、博士等学位而提交的学术论文，质量参差不齐，但质量高的往往很有独创性。

正是因为这些出版类型的不同特点，反映研究成果的成熟度、新颖度、广度和深度不同，因此，掌握文献类型的分布特点，就可以全方位了解该领域的研究程度，尤其是专利文献不仅反映了技术的进步，还可以反映研究成果的受保护领域，这对于科学研究来说尤为重要，可以保护自己的研究成果不仅新颖而且有用。

（6）该研究领域的研究方向分布

通过对关键词、主题词等的词频分析，可以得出该研究领域都有哪些研究方向，对于整个领域研究的整体把握起到了非常重要的作用。关键词和主题词的分析会让研究人员从宏观上把握整个领域的研究分支，有些时候，这样的分析会给研究人员带来很重要的灵感，发现研究的空白或薄弱领域，引领自己的研究向更宽的方向发展。

2. 具体案例

这类知识发现主要是借助文献的各种特征的数量，采用数学与统计学方法来描述、评价和预测科学技术的现状与发展趋势，分析结果采用数据和图表的形式给出，简单明了，清晰严谨。目前国内外的大部分文献检索数据库都提供了这个分析功能。例如，常见的中文万方数据库、清华同方数据库、维普数据库和外文的 EI 数据库、WEB OF SCIENCE 数据库等，都能完成基于文献特征的知识发现。下面将以 WEB OF SCIENCE、Engineering village 为例，通过具体案例说明如何通过基于文献特征的知识发现方法多角度地分析文献，快速了解课题的来龙去脉，更好地助力科研选题。

（1）基于 WEB OF SCIENCE 数据库的信息分析

随着社会经济的发展及人类对自然资源的耗竭，资源回收利用越来越受到国际社会的重视。其中，废水资源化作为资源回收利用的一个方面，已成为环境工程领域重要的研究方向之一。为了深入了解目前废水资源回收技术的研究现状，及时把握其发展新动向及其前沿，我们将利用 WEB OF SCIENCE 数据库的信息分析功能获取有价值的信息。

我们选定 WEB OF SCIENCE 核心合集数据库提供的数据进行统计分析。通过拟定废水资源回收主题，选取该领域引用率较高的几篇综述文章认真阅读，以便对该领域有一定了解。在此基础上，利用废水（wastewater or sewage or effluent）、回收（reclamation or reuse or recovery or recycl*）等关键词，构造检索式：标题= `wastewater or sewage or effluent and` 主题词= `reuse or recycl* or reclamation or recovery`，检索时间跨度选取 2001～2017 年。根据检索式，共检索出 9515 篇文章（图 4-38），利用 SCI 提供的“Analyze Results”和“创建引文报告”功能对结果进行统计分析。

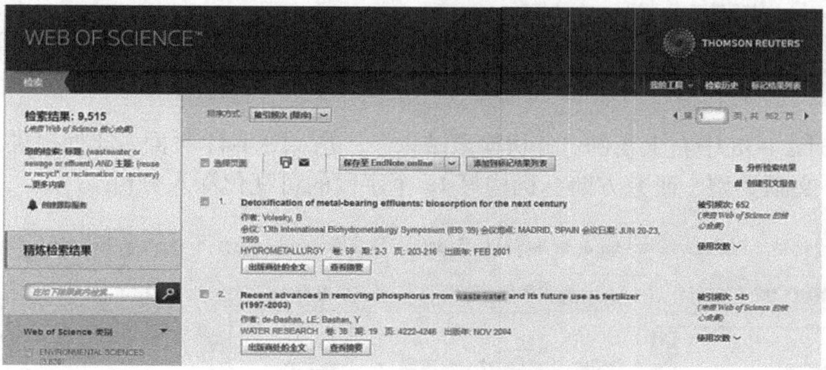

图 4-38　WEB OF SCIENCE 检索结果页面

1）点击图 4-38 中右上角的“创建引文报告”可以得到 2001～2016 年废水资源回收领域论文的 SCI 引文报告，如图 4-39 所示。其中的每年出版文献数量趋势图，可以帮助了解本课题的发展趋势及判断课题的发展阶段；按照被引频次（降序）排列（图 4-38），可以帮助用户快速锁定高被引用的论文，题名为 Detoxification of metal-bearing effluents：biosorption for the next century 的一篇会议论文，总被引次数高达 652 次，应该引起高度关注。点击进入该论文的详细页面，如图 4-40 所示，右上角为其引文网络，其中，引用文献反映了该项研究的最新进展、最新应用和改进情况；作者引用的参考文献，可追溯研究的历史；Related records 链接到与这篇文章引用了相同参考文献的文章列表，题名通过同被引文献而相关，可了解研究扩展到哪些领域。

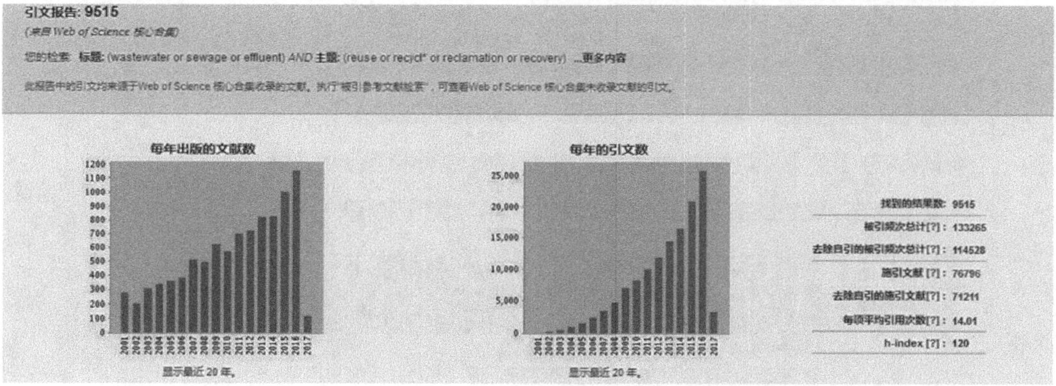

图 4-39　2001～2016 年废水资源回收领域论文的 SCI 引文报告

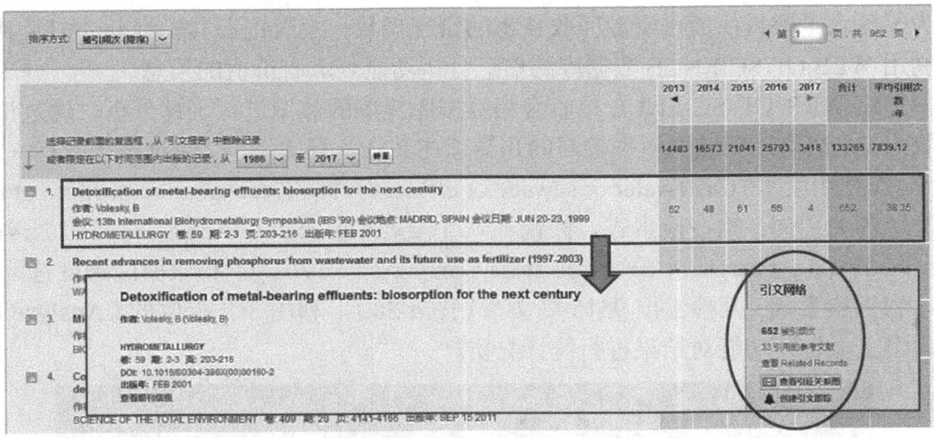

图 4-40　按照被引频次（降序）排列后的检索结果

2）点击图 4-38 中右上角的“分析检索结果”，进入图 4-41 页面，此处提供了基于作者、国家/地区、文献类型、研究方向、机构等 16 个字段的可视化深入分析。

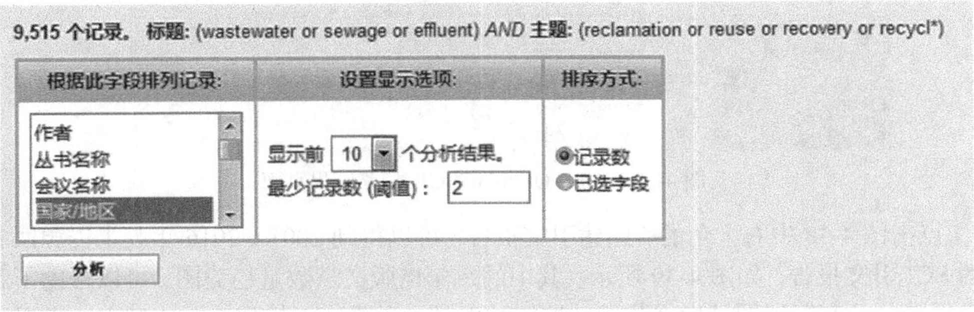

图 4-41　WEB OF SCIENCE 的“分析检索结果”功能

第一，国家/地区分析，便于了解该课题研究的国际化程度、主要分布地区。从图 4-42 可以看出，中国是排在第一位的国家，说明中国在废水资源回收方面的研究是比较领先的，成果比较多，同时也说明我们国家比较重视这方面的研究。

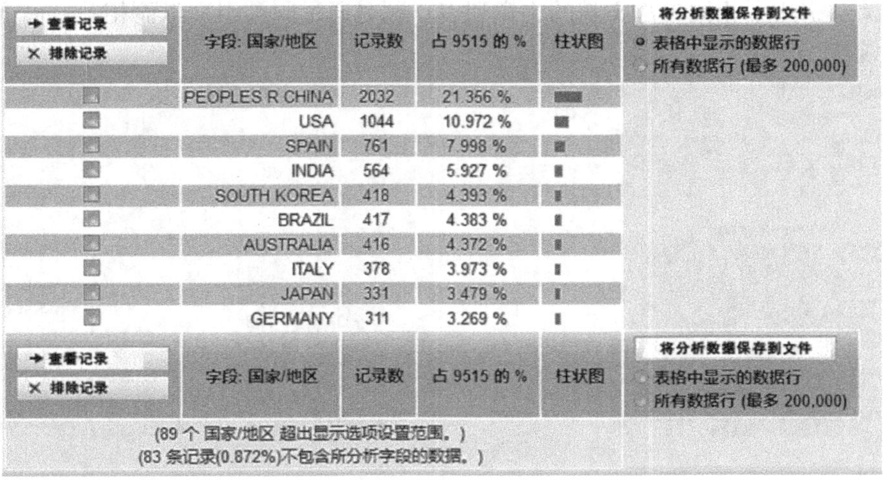

字段: 国家/地区	记录数	占 9515 的 %
PEOPLES R CHINA	2032	21.356 %
USA	1044	10.972 %
SPAIN	761	7.998 %
INDIA	564	5.927 %
SOUTH KOREA	418	4.393 %
BRAZIL	417	4.383 %
AUSTRALIA	416	4.372 %
ITALY	378	3.973 %
JAPAN	331	3.479 %
GERMANY	311	3.269 %

图 4-42　国家/地区分析图

第二，机构分析，用于发现该领域高产出的大学和研究机构，有利于机构间的合作、学术交流以及发现适合自己深造的研究机构。图 4-43 向我们揭示了发表文献最多的机构，其中居前 3 位的研究机构分别是：中国科学院（CHINESE ACAD SCI）、哈尔滨工业大学（HARBIN INST TECHNOL）和清华大学（TSINGHUA UNIV），这三家机构发表论文均在 100 篇以上。印度的印度工业大学（INDIAN INST TECHNOL）名列第四，说明中国和印度在废水资源处理领域的研究已经形成一定的国际影响力。

请使用以下复选框查看相应记录。您可以选择查看已选择的记录，也可以排除这些记录 (并查看其他记录)。

→ 查看记录 / × 排除记录	字段: 机构	记录数	占 9515 的 %	柱状图	将分析数据保存到文件 ◉ 表格中显示的数据行 ○ 所有数据行 (最多 200,000)
□	CHINESE ACAD SCI	228	2.396 %	|	
□	HARBIN INST TECHNOL	144	1.513 %	|	
□	TSINGHUA UNIV	117	1.230 %	|	
□	INDIAN INST TECHNOL	93	0.977 %	|	
□	TONGJI UNIV	89	0.935 %	|	
□	UNIV GRANADA	68	0.715 %	|	
□	UNIV QUEENSLAND	68	0.715 %	|	
□	ZHEJIANG UNIV	63	0.662 %	|	
□	UNIV TECHNOL SYDNEY	60	0.631 %	|	
□	UNIV SAO PAULO	59	0.620 %	|	
→ 查看记录 / × 排除记录	字段: 机构	记录数	占 9515 的 %	柱状图	将分析数据保存到文件 ○ 表格中显示的数据行 ○ 所有数据行 (最多 200,000)

(2,043 个 机构 超出显示选项设置范围。)
(90 条记录(0.946%)不包含所分析字段的数据。)

图 4-43　机构分析图

第三，作者分析，有利于发现该领域的高产出研究人员，有利于机构的人才招聘、选择同行审稿专家以及选择潜在的合作者。图 4-44 中列举出废水资源回收领域发表论文数量排名前十的研究者名单，这个图对我们的重要作用不仅仅体现在可以了解作者的分布情况，还可以帮助我们找到利用词检索时漏掉的重要文献。如果我们从作者字段出发，检索这些作者的文献，我们可能会发现相关的新知识，并同时了解到这个领域研究贡献比较大、比较权威的人物。

请使用以下复选框查看相应记录。您可以选择查看已选择的记录，也可以排除这些记录 (并查看其他记录)。

→ 查看记录 / × 排除记录	字段: 作者	记录数	占 9515 的 %	柱状图	将分析数据保存到文件 ◉ 表格中显示的数据行 ○ 所有数据行 (最多 200,000)
□	ZHANG Y	43	0.452 %	|	
□	WANG L	42	0.441 %	|	
□	HU HY	37	0.389 %	|	
□	WANG Y	37	0.389 %	|	
□	KALAVROUZIOTIS IK	33	0.347 %	|	
□	LI Y	33	0.347 %	|	
□	LIU Y	33	0.347 %	|	
□	VIGNESWARAN S	32	0.336 %	|	
□	NGO HH	31	0.326 %	|	
□	OCHANDO-PULIDO JM	30	0.315 %	|	
→ 查看记录 / × 排除记录	字段: 作者	记录数	占 9515 的 %	柱状图	将分析数据保存到文件 ○ 表格中显示的数据行 ○ 所有数据行 (最多 200,000)

(6,449 个 作者 超出显示选项设置范围。)

图 4-44　研究作者分布图

第四，来源出版物分析，有利于了解该研究领域的核心期刊，看看哪些期刊发文最多，哪些期刊更适合投稿。从图 4-45 获知，废水资源研究领域的前三甲顶级期刊，分别是 *WATER SCIENCE AND TECHNOLOGY* 发表论文数为 680 篇；*DESALINATION* 发表论文数为 438 篇；*DESALINATION AND WATER TREATMENT* 发表论文数为 407 篇。

请使用以下复选框查看相应记录。您可以选择查看已选择的记录，也可以排除这些记录 (并查看其他记录)。

→ 查看记录 × 排除记录	字段: 来源出版物名称	记录数	占 9515 的 %	柱状图
	WATER SCIENCE AND TECHNOLOGY	680	7.147 %	
	DESALINATION	438	4.603 %	
	DESALINATION AND WATER TREATMENT	407	4.277 %	
	WATER RESEARCH	339	3.563 %	
	BIORESOURCE TECHNOLOGY	317	3.332 %	
	JOURNAL OF HAZARDOUS MATERIALS	227	2.386 %	
	CHEMICAL ENGINEERING JOURNAL	171	1.797 %	
	SEPARATION AND PURIFICATION TECHNOLOGY	156	1.640 %	
	ADVANCED MATERIALS RESEARCH	155	1.629 %	
	ENVIRONMENTAL TECHNOLOGY	146	1.534 %	
→ 查看记录 × 排除记录	字段: 来源出版物名称	记录数	占 9515 的 %	柱状图

将分析数据保存到文件
表格中显示的数据行
所有数据行 (最多 200,000)

(729 个 来源出版物名称 超出显示选项设置范围。)

图 4-45　来源出版物分析图

第五，学科分布特征图，可以帮助了解该研究主要涉及的研究方向。从图 4-46 中看出环境科学（*ENVIRONMENTAL SCIENCES*）所占比例最高，为 40.252%；其次是环境工程、水资源和化学工程 3 个学科领域，分别为 30.152%，28.944%和 23.248%。

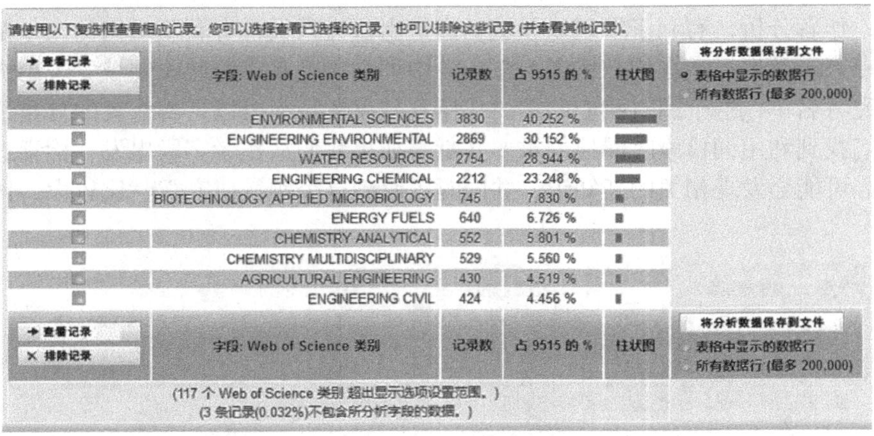

请使用以下复选框查看相应记录。您可以选择查看已选择的记录，也可以排除这些记录 (并查看其他记录)。

→ 查看记录 × 排除记录	字段: Web of Science 类别	记录数	占 9515 的 %	柱状图
	ENVIRONMENTAL SCIENCES	3830	40.252 %	
	ENGINEERING ENVIRONMENTAL	2869	30.152 %	
	WATER RESOURCES	2754	28.944 %	
	ENGINEERING CHEMICAL	2212	23.248 %	
	BIOTECHNOLOGY APPLIED MICROBIOLOGY	745	7.830 %	
	ENERGY FUELS	640	6.726 %	
	CHEMISTRY ANALYTICAL	552	5.801 %	
	CHEMISTRY MULTIDISCIPLINARY	529	5.560 %	
	AGRICULTURAL ENGINEERING	430	4.519 %	
	ENGINEERING CIVIL	424	4.456 %	
→ 查看记录 × 排除记录	字段: Web of Science 类别	记录数	占 9515 的 %	柱状图

将分析数据保存到文件
表格中显示的数据行
所有数据行 (最多 200,000)

(117 个 Web of Science 类别 超出显示选项设置范围。)
(3 条记录(0.032%)不包含所分析字段的数据。)

图 4-46　论文学科分布图

（2）利用 Engineering Village 发现研究热点

利用 Engineering Village 数据库的一些特殊字段及年代变化情况对污水处理（Wastewater Treatment）研究领域进行热点分析。在 Engineering Village 数据库中以“1969-2017:((“wastewater treatment”)WN KY)”为检索策略完成检索，并利用数据库对检索结果进行分析。利用 Refine results 精炼和分析检索结果。

1）受控词（Controlled vocabulary）是 EI 对文章进行主题分类后给出的检索标识，是经过规范化处理过的词汇。如图 4-47 所示，“最近几年比较热门的研究领域，排前五位的有：Wastewater Treatment（53005 篇）、Wastewater（15223 篇）、Effluents（9993 篇）、Water Treatment

Plants（7218 篇）、Chemical Oxygen Demand（6452 篇）。

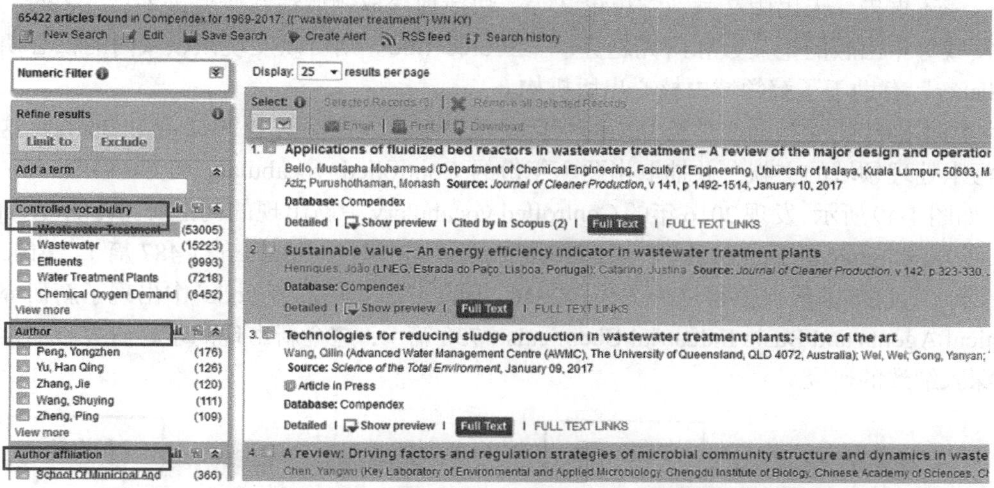

图 4-47　Engineering Village 数据库的 Refine results 截图 1

2）如图 4-47 所示，通过“Author”可以发现研究领域高产出和最活跃的学者；“Author affiliation”显示哈尔滨工业大学在该领域发文量最大，哈尔滨工业大学城市水资源与水环境国家重点实验室是该研究领域的权威机构。如图 4-48 所示，“Classification code（分类码）”是按 EI 分类体系分类标引，划分为六大类，186 个二级类目，二级类目又划分为若干小类。通过“Classification code(分类码)”，发现污水处理领域涉及 Industrial Wastes Treatment and Disposal、Chemical Operations、Chemical Products Generally、Industrial Wastes 及 Chemical Reactions 等多个主流研究学科和交叉研究学科，便于及时获取各学科方向的最新研究进展。

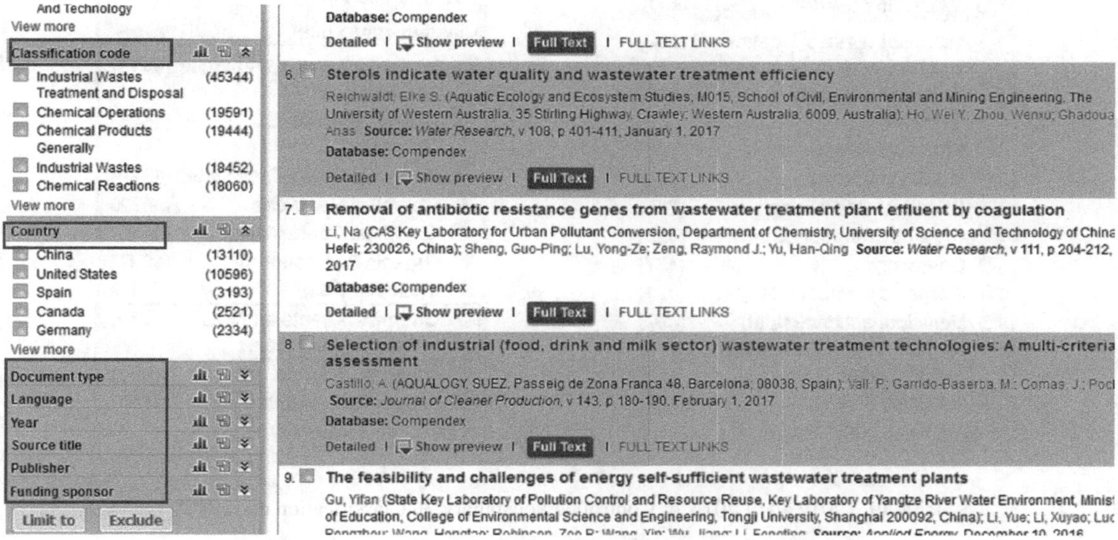

图 4-48　Engineering Village 数据库的 Refine results 截图 2

3）此外，还可以通过“Country”发现领域内研究最热的国家是中国、美国、西班牙及加拿大；“Document type”则按不同的文献类型，如会议论文、专题论文、专题综述、专题报告、综述报告、未出版文献、学位论文等，快捷地获取领域最新研究进展；“Year”呈现出该领域每年出版的论文数和研究趋势；“Source title”则可以发现该领域内的核心期刊；“Publisher”有助于了解领域内核心出版机构。

利用不同年代受控词或学科分类的变化发现热点。分别检索出2012年和2016年这两个年份污水处理领域的文献，并抽取出两个年份的Controlled vocabulary和Classification code对比，如图4-49所示，发现2016年的Controlled vocabulary中新出现的词汇有：Water Treatment（849篇）、Chemicals Removal（Water Treatment）（487篇）、Bacteria（487篇）、Efficiency（441篇），这些新热点值得格外关注；2016年的Classification code中出现了新研究方向Chemical Agents and Basic Industrial Chemicals（730篇），这个新出现的学科研究方向需要进一步深入细致的研究。

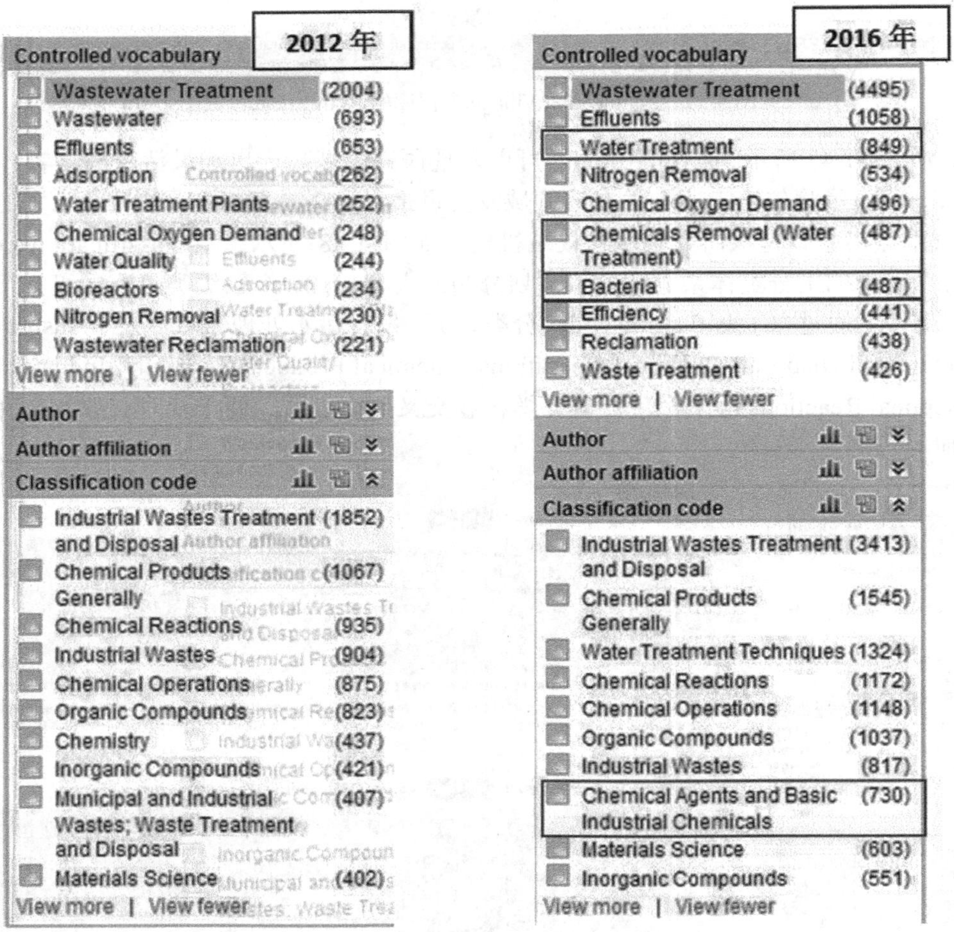

图4-49　2012年与2016年Controlled vocabulary和Classification code对比

第 5 章　免费和开放型科技信息网络资源的检索和利用

5.1　概　　述

随着互联网的迅猛发展，网络信息资源逐年增加，呈现海量、丰富、分散和免费等特点，图 5-1 和图 5-2 展示了中国近 7～9 年来年网站数量和网页数量的发展情况。（摘自《第 39 次中国互联网络发展状况统计报告》）。

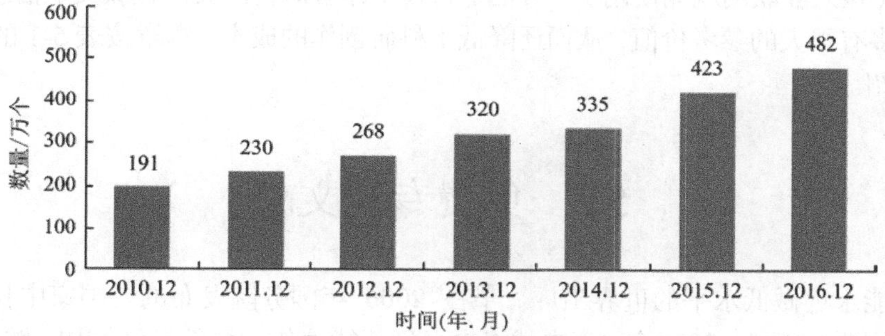

图 5-1　中国网站数量

图 5-2　中国网页数量

同时随着政府、机构组织、科研人员等信息共享意识的增加，免费和开放型的科技信息网络资源也越来越多，本章把这类连入互联网即能使用（一些系统可能需要事先进行免费注册登录后才能看到全文）的科技信息资源分成两大类：免费网络数据库和专业网站。

免费网络数据库按传统的文献出版类型可以分为免费专利文献数据库、免费科技期刊数据库、免费学位论文数据库、免费科技报告数据库、免费标准文献数据库、免费科技图书数据库、免费综合类文献数据库等；按收录内容详细程度可以分成题录、文摘和全文型，见表 5-1。

表 5-1 免费网络数据库覆盖文献类型和收录内容

出版类型	收录内容
免费专利文献数据库	国内外，许多有全文
免费科技期刊数据库	国内外，文摘/题录/全文
免费学位论文 数据库	国内，文摘/题录；国外，文摘/题录/全文
免费科技报告数据库	国内，题录/全文；国外，文摘/全文
免费标准文献数据库	国内外，绝大多数为文摘/题录，极少全文
免费科技图书数据库	国内，书目/摘要；国外，有全文
免费综合类文献数据库	国内外，题录/摘要/全文

专业网站主要是相关学术机构和政府中与科技相关部门的网站。这些免费科技信息资源的在线提供（接入互联网就能使用），方便了科技工作者对自己关注领域文献信息的获取；且这类信息许多有很大的参考价值，从而还降低了科研创作的成本。本章按表 5-1 的出版类型逐一给读者介绍。

5.2 免费专利文献

中国不能永远做低水平的世界工厂。早在 2006 年国务院发布的《国家中长期科学和技术发展规划纲要（2006—2020 年）》中就将提高创新能力作为调整经济结构、转变增长方式、提高国家竞争力的中心环节，把建设创新型国家作为未来的发展目标。目前中国正在从“制造型”经济向“创新性”经济过渡，近两年来李克强总理提倡的“大众创业、万众创新”也在全国如火如荼地开展，而专利就是创新的一种体现，同时掌握专利文献信息是进行技术创新的重要基础之一。

5.2.1 关于专利及专利文献

1. 关于专利

专利是知识产权的一种重要形式。按中国知识产权局网站上中的说法①，“专利（patent）一词来源于拉丁语 Litterae patentes，意为公开的信件或公共文献，是中世纪的君主用来颁布某种特权的证明。对‘专利’这一概念，目前尚无统一的定义，其中较为人们接受并被我国专利教科书所普遍采用的一种说法是：专利是专利权的简称。它是由专利机构依据发明申请所颁发的一种文件。这种文件叙述发明的内容，并且产生一种法律状态，即该获得专利的发明在一般情况下只有得到专利所有人的许可才能利用（包括制造、使用、销售和进口等），专利的保护有时间和地域的限制。《中华人民共和国专利法》将专利分为三种，即发明、实

① 专利. http://www.sipo.gov.cn/wxfw/zlwxxxggfw/zsyd/zlwxjczs/zlwxymcjs/201406/t20140630_973305.html[2017-02-15]。

用新型和外观设计。”每年全世界专利量很大，据世界知识产权组织统计[①]，2015 年全球 150 多个国家或地区的发明专利申请达 288 万多个（其中中国有 110 万多个），实用新型专利申请达 120 万多个，外观设计达 114 万多个。

2. 关于专利文献

专利文献主要是指实行专利制度的国家及国际专利组织在受理、审批、注册专利过程中产生的官方文件及其出版物的总称[②]，其蕴含着重要的技术、经济和法律等信息。

（1）专利文献的作用

专利文献的作用非常大，主要体现在以下几个方面[③]。

1）传播发明创造，促进技术进步。专利文献承载发明创造内容，与其他文献相比在传播发明创造方面作用突出：95%的发明创造被记录在专利文献之中，80%的发明创造仅在专利文献中记载。因特网使专利文献信息传播更方便：世界主要国家都在因特网上公告专利文献，网络已进入千家万户，坐在家中即可上网查询，使得公众可以在第一时间获得最新授予专利权的发明创造信息。因此发明创造通过专利文献得以传播，人们由此可以获得最新技术信息，扩大利用新技术的概率，进而起到促进全社会技术进步的作用。

2）警示竞争对手，保护知识产权。专利权人最担心的是竞争对手侵犯其专利权。所以专利权人寄希望于通过专利文献信息公布，向竞争对手传达一种警示信息。专利文献不仅向人们提供了发明创造技术内容，同时也向竞争对手展示了专利保护范围。甚至许多专利权人在其专利产品上注上专利标记，使得使用该产品的人可以轻而易举地找到该专利的说明书，了解其专利保护的内容，从而达到保护知识产权的目的。

3）借鉴权利信息，避免侵权纠纷。任何竞争对手都要尊重他人的知识产权，杜绝恶意侵权行为，避免无意侵权过失，以形成良好的市场竞争氛围。专利文献可以起到这方面的借鉴作用。专利文献中含有每一件专利的保护范围信息（权利要求书）、专利地域效力信息（申请的国家、地区）、专利时间效力信息（申请日期、公布日期）。专利文献信息恰似一面镜子，只要随时照一照（检索专利的法律信息），就可以实现自我约束，避免纠纷发生。

4）提供技术参考，启迪创新思路。企业是创新的主体，专利是创新的成果。在建设创新型国家过程中，企业不能盲目跟进，要借鉴前人的智慧，站在巨人的肩膀上，进行再创造。专利文献可以起到这方面的借鉴作用。研究本领域专利文献中记载的发明创造，对于企业创新具有非常重要的作用：不仅可使企业避免重复研究，节约研究时间（缩短 60%科研周期）和经费（节约 40%的科研经费），同时还可启迪企业研究人员的创新思路，提高创新的起点，实现创新目标。

（2）专利文献的主要特点

专利文献除了作用大外还呈现如下主要特点[④]：

1）数量巨大，内容广博，集专利技术法律经济信息于一体。截至 2017 年 2 月 15 日，经对中国知识产权局的专利检索系统“数据收录范围”页面（http://www.pss-system.

① WIPO IP Facts and Figures 2016 wipo.http://www.wipo.int/publications/en/details.jsp?id=4157&plang=EN [2017-02-15]。

② 专利文献.http://www.sipo.gov.cn/wxfw/zlwxxxggfw/zsyd/zlwxjczs/zlwxymcjs/201406/t20140630_973318.html [2017-02-15]。

③ 专利文献的作用. http://www.sipo.gov.cn/wxfw/zlwxxxggfw/zsyd/zlwxjczs/zlwxymcjs/201406/t20140630_973315.html[2017-02-15]。

④ 专利文献的特点. http://www.sipo.gov.cn/wxfw/zlwxxxggfw/zsyd/zlwxjczs/zlwxymcjs/201406/t20140630_973312.html[2017-02-15]。

gov.cn/sipopublicsearch/portal/uiInitPortalHome-showDataRange.shtml）的人工统计，全世界专利文献超过了 1.36 亿篇。专利文献涵盖了绝大多数技术领域，从小到大，从简到繁，几乎涉及人类生活的各个领域；专利文献不仅记录了发明创造内容，展示发明创造实施效果，同时还揭示每件专利保护的技术范围，记载了专利的权利人、发明人、专利生效时间等信息。

2）传播最新技术信息。申请人在一项发明创造完成之后总是以最快速度提交专利申请，以防竞争对手抢占先机。德国的一项调查表明，有 2/3 的发明创造是在完成后的一年之内提出专利申请的，第二年提出申请的接近 1/3，超过两年提出申请的不足 5%。

3）完整而详细揭示发明创造内容。专利申请文件一般都依照专利法规中关于充分公开的要求对发明创造的技术方案进行完整而详尽的描述，并且参照现有技术指明其发明点所在，说明具体实施方式，并给出有益效果。

4）格式统一规范，高度标准化，具有统一的分类体系。专利文献有统一的编排体例，采用国际统一的专利文献著录项目识别代码（INID 码），专利说明书有法定的文体结构，从发明创造名称、所涉及的技术领域和背景技术到发明内容、附图说明和具体实施方式等，每项内容都有具体的撰写要求和固定的顺序，并严格限定已有技术与发明内容之间的界线；各国出版的发明和实用新型文献采用或同时标注国际专利分类号（IPC），外观设计文献采用或同时标注国际外观设计分类号。

（3）专利文献的不足

任何事情都要一分为二，专利文献也有其不足之处，主要包括：

1）关键技术保留秘密，如电路图只给出示意图或框架图，没有具体数值。

2）专利的有效性不好说，如有些专利中的技术没有通过工业化实验，在实际中行不通和不容易实现。

3）授权专利文献公开延迟较长，如中国目前专利审查时间及过程太长，用户首先看到的是专利申请公开文献（专利号最后往往有 A 字母），并不是通过审查的专利授权公开文献（专利号最后往往有 B 字母），这样其参考价值就要打折扣。

4）重复量大，表现在一个专利在多个国家申请，同一件专利有多种说明书，甚至同一专利在不同国家或组织的专利文献标题还有不同。

因此，在利用专利文献的时候，应注意去伪存真，去粗取精，经过认真分析比较，获取真正有价值的信息。

（4）专利文献的其他相关知识

1）专利号。专利号又分为申请号和公开号，如中国专利申请号用 12 位阿拉伯数字表示，包括申请年号、申请种类号和申请流水号三个部分。按照由左向右的次序，专利申请号中的第 1～第 4 位数字表示受理专利申请的年号，第 5 位数字表示专利申请的种类，第 6～第 12 位数字（共 7 位）为申请流水号，表示受理专利申请的相对顺序。公开号（也称专利文献号）用 9 位阿拉伯数字表示，包括申请种类号和流水号两个部分，第 1 位数字表示申请种类号，第 2～第 9 位数字（共 8 位）为文献流水号，表示文献公布或公告的排列顺序。

至于上述的申请种类号，我国标准为：1 表示发明专利申请；2 表示实用新型专利申请；3 表示外观设计专利申请；8 表示进入中国国家阶段的 PCT（专利合作条约）发明专利申请；9 表示进入中国国家阶段的 PCT 实用新型专利申请。

另外，专利号还经常与国家代码联合使用，国家代码在专利号前面，专利国家代码一般由两位英文字母组成，如中国为 CN、美国为 US、日本为 JS、英国为 GB、德国为 DE、俄罗斯为 RU。例如，CN 201510123445，表示一个 2015 年的中国发明专利申请号。

2）专利说明书的组成要素。查阅专利文献，主要看其专利说明书。按国际上通用的专利文献编排方式，每一件说明书单行本依次由说明书扉页（biblio）、权利要求书（Claims）、说明书（Desc）、附图（drawing）等组成。扉页上包括发明名称、申请人、专利权人、申请号、公开（公告）号、分类号等全部著录项目和摘要及最重要的附图，要求优先权的还有优先权申请日、申请号和申请国。

3）专利分类号。目前绝大多数国家和国际性专利组织的专利文献对发明和实用新型所属技术领域都采用统一的分类标识——国际专利分类号（IPC），美国和欧洲专利局同时还有其一套分类体系；外观设计采用洛加诺（LOC）分类。

IPC 分类由“国际专利分类表”而定，目前最新的为 2016 年版。IPC 由部、大类、小类、大组、小组（逐级降低）组成，其对于海量专利文献的组织、管理和检索起到了关键作用。人们只需掌握属于自己从事的技术领域的国际专利分类号，通过一定的途径，即可以准确地获得世界各国的专利文献。

5.2.2　国内外主要专利数据库的检索与利用

对于专利文献，各国政府都要求公开，一般在政府知识产权局或专利局网站上都能免费检索，大多有全文。以下列举一些常用的国内外专利数据库，重点介绍其收录范围、更新情况、特点、检索与利用方法。

1. 中国知识产权局的“专利检索与分析”系统

（1）访问网址

访问网址为 http://www.pss-system.gov.cn/，首页如图 5-3 所示。

图 5-3　专利检索与分析系统首页

（2）收录范围

专利检索及分析系统共收集了 103 个国家、地区和组织的上亿篇专利数据（注：其网站号称 60 亿条专利资源，但本书 2017 年 2 月 15 日按其“数据收录范围”统计，仅有 1.36 亿条）。同时还收录了引文、同族、法律状态等数据信息。收录年限和更新情况每个国家都不一样，其主页上有揭示。中国专利更新最及时，为周更新，其他国家或组织延迟 1～3 月以上。

（3）系统平台突出的功能和特点

1）收录的专利数据量全球第一。

2）支持跨语言检索，实现中、英、日之间无差别检索，语言不再是用户获取专利智慧的障碍，轻松获取全球专利信息。

3）支持中、英、日、法、俄、德、阿拉伯语等 9 种语言的检索界面，国际性最佳。

4）具有专利分析功能，能实现快速分析、定制分析、高级分析、生成分析报告等。

5）具有专利引用揭示功能。

6）下载的全文易于阅读。

（4）检索和利用

1）检索功能描述。该系统检索功能丰富，包括常规检索、表格（高级）检索、药物专题检索、命令行检索、检索历史、检索结果浏览、摘要浏览、全文浏览、整篇下载、批量下载等，系统支持的逻辑运算符较为丰富，理论上能做到查全查准。

2）用户分类和权限说明。该系统把来访者分为“匿名用户”“普通注册用户”“高级用户”三种，目前成为“普通注册用户”不像系统所说需要实名注册，“高级用户”即为单位用户，需要填写申请表并上报地方知识产权局批准，经批准后上报国家知识产权局审核批准。不同用户在系统中的能使用的功能不同，如“匿名用户”只能浏览摘要，全文看不到；只有“高级用户”才能使用“命令行检索”“批量下载”“高级分析”等，“匿名用户”和“普通注册用户”一次检索集合最多显示 10000 篇，且只能对这 10000 篇以内的文献使用其简单的分析功能。对于一般人员建议注册成为“普通注册用户”即可。

3）检索界面和检索结果。这里，以“普通注册用户”的使用权限予以展示和说明，为提高查全率和查准率，建议直接进入“高级检索”检索界面，如图 5-4 所示。

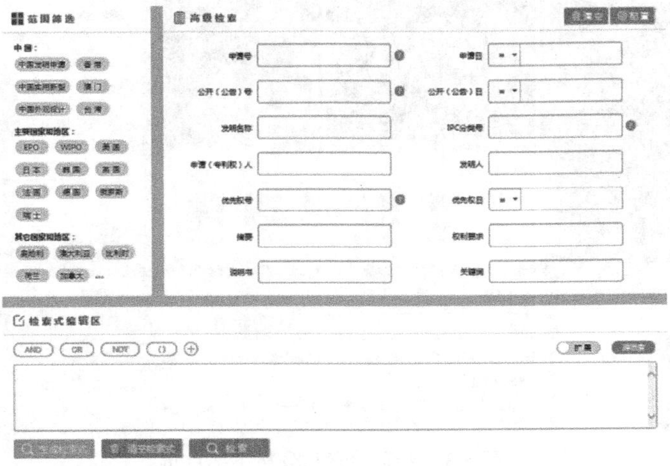

图 5-4　专利检索与分析系统高级检索界面

第一，该系统功能做得比较人性化，当光标指向表格、符号等处都会弹出说明，便于用户操作。且在下方的“检索式编辑区”能生成较为复杂的检索式，利于查全查准。该界面下的具体操作方法请见主页右上角“帮助中心”—“高级检索”。

第二，检索要点（对于专利检索，下同），专利检索要做到查准，检索策略建议使用“IPC AND 关键词”，即用户最好了解自己所关注领域的 IPC，要获取该 IPC，可以查看《国际专利分类表》，更简单的方法是先用关注的关键词进行检索，在结果集合中找几篇最满意的专利文献，从中查看其对应的 IPC；要做到查全，即要了解系统设定通配符（用于截词检索）等扩检手段，当前该系统通配符为 + 表示 0 到多个字符，？表示 1 个，同时在检索式编辑区右侧有个“扩展”开关。

检索完后，对检索结果界面也要有充分了解其使用方法，尤其是如何获得其专利说明书。图 5-5 为一检索结果的两个页面。

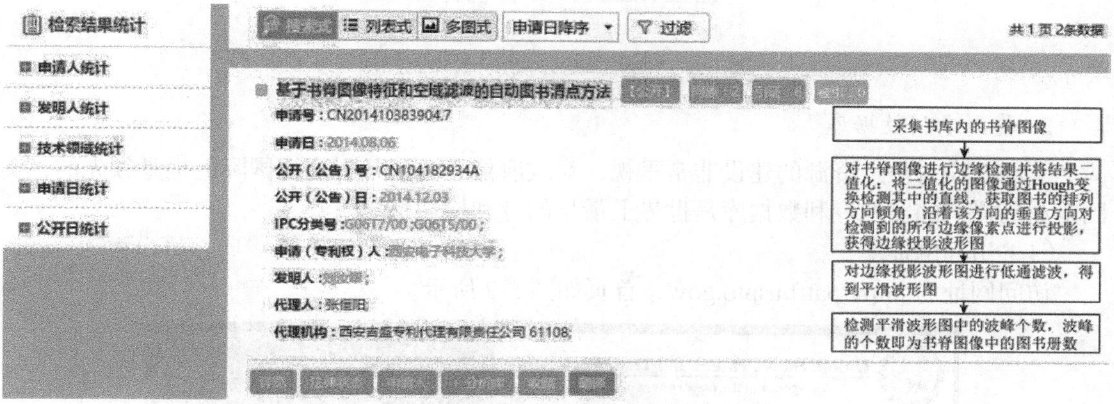

图 5-5　专利检索与分析系统检索结果首显界面

图 5-5 中左侧功能也很有用，即系统自动对检索结果进行了统计，从而了解你所关注研究内容有什么单位或个人在做，谁做得最多；你所关注研究内容分布在哪些 IPC 中，数量为多少，人们经常说的一句话，交叉领域最容易出成果；专利申请日和公开日又能告诉你，你所关注研究内容是否较新，是否是近几年的热点，还是已多年没有人涉及等信息。点击图 5-5 下方的“详览”，即进入图 5-6。

图 5-6 上展示该专利的全貌，“全文文本”可获取专利全文的 TXT 格式的文字描述，可拷贝出来，但不适合阅读，“全文图像”为专利说明书的扫描件，可逐页在线阅读（可放大），最好是直接点击左上角的“下载”，从而能得到 html 格式的文字描述和 PDF 格式的专利全文。

最后需要说明两点：①多年国家知识产权局的这个专利检索系统都在迭代升级，越做功能越强大、数据量也越来越多，但经测试，其检索功能方面存在着不足，2017 年 2 月间多次发现在使用“申请（专利权人）”这个字段进行检索时，对长关键词居然不支持，如以“西安电子科技大学”为关键词进行检索，得到一篇结果，但以“西安 AND 电子科技大学”则有结果。②该系统能获取自我们国家开始实施专利制度起始年（即 1985 年）至今的所有专利全文，其他国家则不能保证。这样我们还需要了解国外一些专利检索系统。

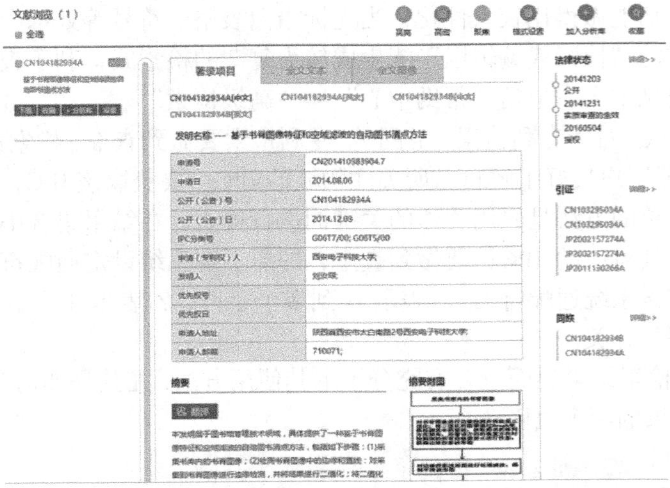

图 5-6　专利检索与分析系统详览界面

2. 美国专利数据库

美国政府对信息资源的建设非常重视，对政府信息的公开程度在国际上也是领先的，美国专利局提供的美国专利数据库是世界上最早的专利检索系统。

（1）访问网址

访问网址为 http://patft.uspto.gov/，首页如图 5-7 所示。

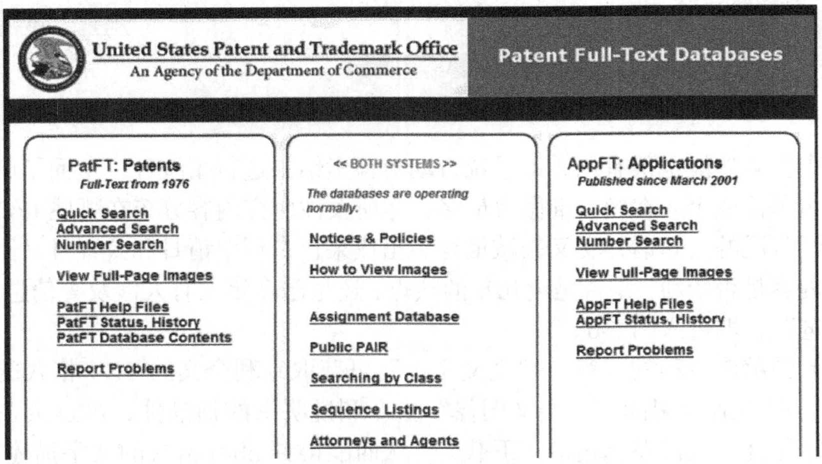

图 5-7　美国专利数据库首页

（2）收录范围

收录全部美国专利文献，1790～1975 年的仅有题录信息，1976 年以后的有全文。更新及时，周更新。

（3）系统平台突出的功能和特点

1）收录年限最长。

2）能构成复杂的检索式，检索准确，且所有访客权限一样。

3）可检索字段最多，达 50 多个，可见其信息组织能力多么强大。

4）检索结果显示条数无限制。

（4）检索与利用

1）检索功能描述：该系统提供的检索途径有专利号检索、快速检索、高级检索三种检索方式，并提供了众多的字段限制功能。高级检索中能构造保证查准的复杂检索式；系统支持与或非逻辑运行符（非为 AND NOT），支持词组检索，通配符为$ ，代表 0 到多个字符；允许在专利全文检索。

2）检索界面和检索结果。美国专利数据库快速检索界面和高级检索界面分别如图 5-8 和图 5-9 所示。

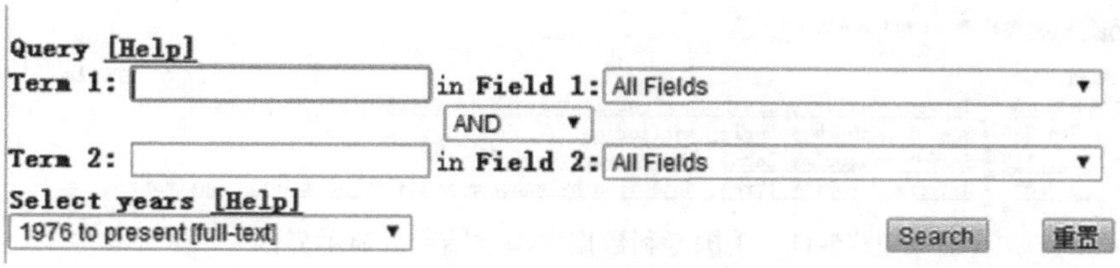

图 5-8　美国专利数据库快速检索界面

图 5-9　美国专利数据库高级检索界面

相当于命令行检索，此功能为免费专利数据库首创，且检索结果准确。要用好些检索框，请见右侧的示例，并掌握图 5-10 的字段代码（Field Code）。

Field Code	Field Name	Field Code	Field Name
PN	Patent Number	IN	Inventor Name
ISD	Issue Date	IC	Inventor City
TTL	Title	IS	Inventor State
ABST	Abstract	ICN	Inventor Country
ACLM	Claim(s)	AANM	Applicant Name
SPEC	Description/Specification	AACI	Applicant City
CCL	Current US Classification	AAST	Applicant State
CPC	Current CPC Classification	AACO	Applicant Country
CPCL	Current CPC Classification Class	AAAT	Applicant Type
ICL	International Classification	LREP	Attorney or Agent
APN	Application Serial Number	AN	Assignee Name
APD	Application Date	AC	Assignee City
APT	Application Type	AS	Assignee State
GOVT	Government Interest	ACN	Assignee Country
FMID	Patent Family ID	EXP	Primary Examiner
PARN	Parent Case Information	EXA	Assistant Examiner
RLAP	Related US App. Data	REF	Referenced By
RLFD	Related Application Filing Date	FREF	Foreign References
PRIR	Foreign Priority	OREF	Other References
PRAD	Priority Filing Date	COFC	Certificate of Correction
PCT	PCT Information	REEX	Re-Examination Certificate
PTAD	PCT Filing Date	PTAB	PTAB Trial Certificate
PT3D	PCT 371c124 Date	SEC	Supplemental Exam Certificate
PPPD	Prior Published Document Date	ILRN	International Registration Number
REIS	Reissue Data	ILRD	International Registration Date
RPAF	Reissued Patent Application Filing Date	ILPD	International Registration Publication Date
AFFF	130(b) Affirmation Flag	ILFD	Hague International Filing Date
AFFT	130(b) Affirmation Statement		

图 5-10　美国专利数据库字段代码对照表

美国专利数据库检索结果首显示界面和详览界面分别如图 5-11 和图 5-12 所示。

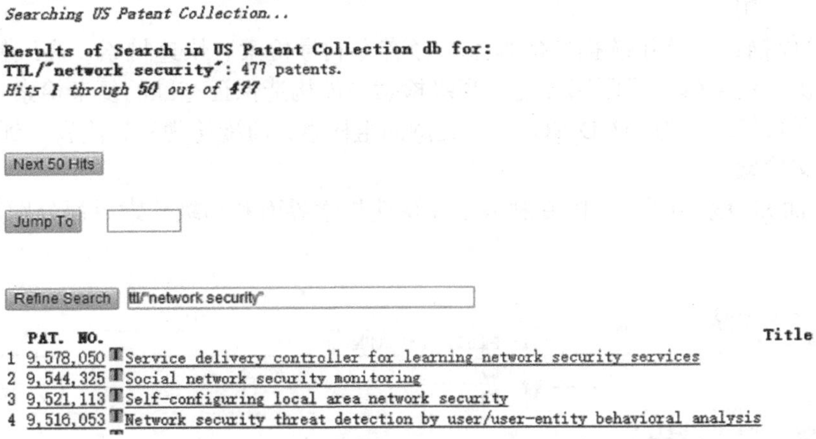

图 5-11　美国专利数据库检索结果首显示界面

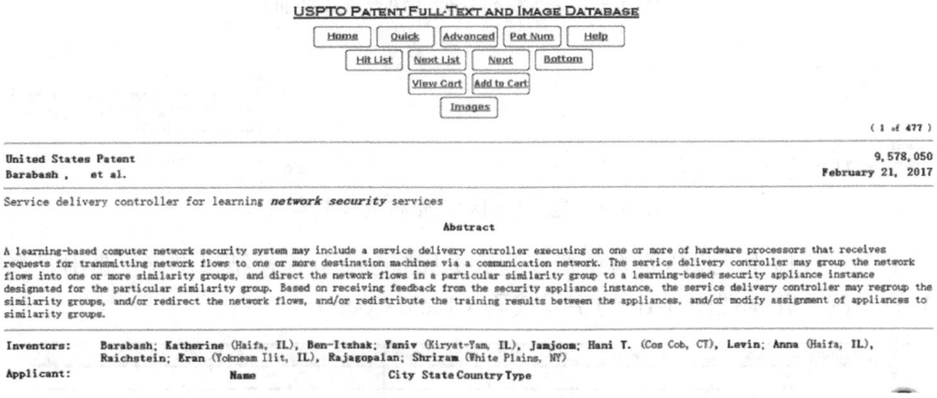

图 5-12　美国专利数据库检索结果详览界面

图 5-12 为某文献的全文文字描述（html 格式），点击上方的“Images”，则出现专利说明书全文图像（图 5-13），可分页浏览和下载（PDF 格式），点“Full Pages”可全部下载。

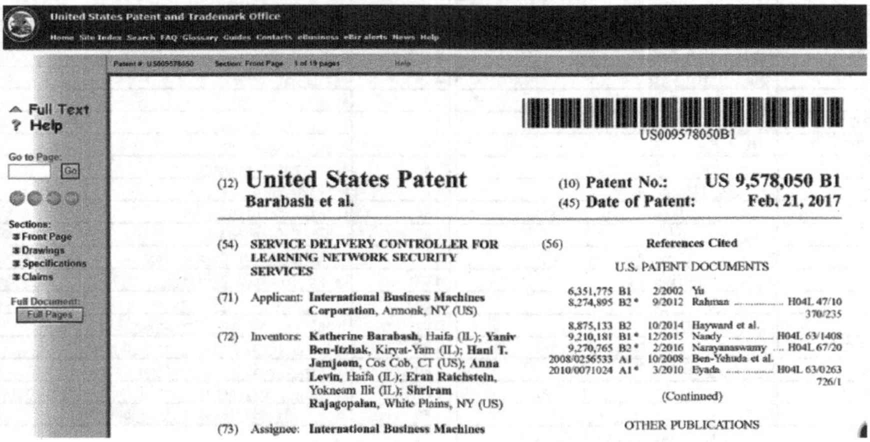

图 5-13　美国专利数据库检索结果专利说明书界面

3. 全球专利数据库

由欧洲专利局提供，是世界是首个收录众多国家的专利文献且提供免费全文下载的专利数据库。

（1）访问网址

访问网址为 http://worldwide.espacenet.com，首页如图 5-14 所示。

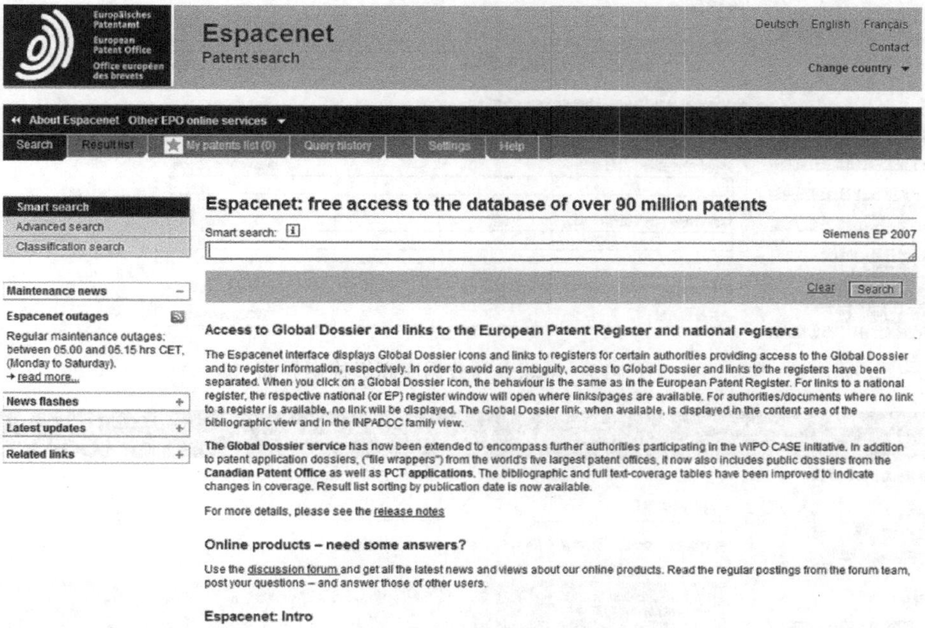

图 5-14　全球专利数据库首页

（2）收录范围

收录 90 多个国家或组织的专利文献 9000 万篇以上，收录年限各不同；欧洲专利局的专利（专利号 EP 打头）更新及时，其他的有 1～6 个月的延迟。

（3）系统平台突出的功能和特点

1）支持英、德、法三种语言的检索；

2）支持包括中文等 30 多个国家语言的检索界面；

3）具有实时的快速帮助信息提示（在网页左侧，所处界面不同帮助信息不同）；

4）方便获了同族专利；

5）对专利摘要部分能进行多语言的机器翻译。

（4）检索与利用

1）检索功能描述。该系统提供的检索途径有智能检索（Smart Search，一次可输入 20 个检索词）、高级检索（多个字段检索框组织，对于文字属性的，一次最多输入 10 个检索词）和分类检索。系统支持与或非逻辑运行符，支持词组检索，通配符有 3 种，* 代表 0 到多个字符，？代表 0 或 1 个，#代表 1 个。一次检索结果条数最多 500 条。

2）检索界面和检索结果

若是基于关键词进行检索，仍建议使用其高级检索，检索框之间为 AND 关系。图 5-15 为全球专利数据库高级检索界面。图 5-16 为全球专利数据库检索结果显示界面。

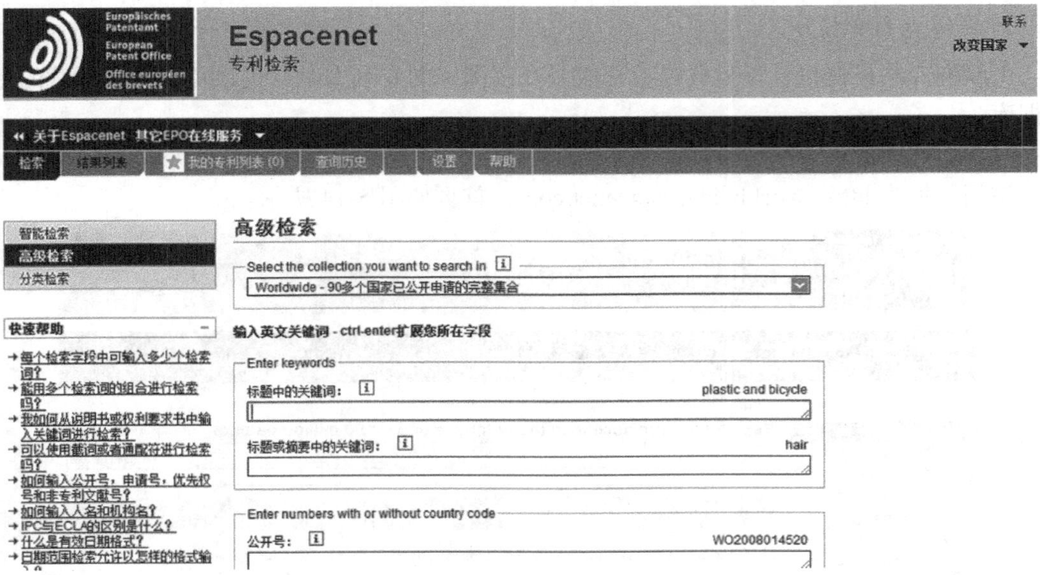

图 5-15　全球专利数据库高级检索界面

图 5-16　全球专利数据库检索结果显示界面

在图 5-17 界面下能进行摘要的机器翻译，利用此功能有助于我们申请国际专利时参考；点左侧的“INPADOC 同族专利”可了解得到该专利的同族专利，点击“原始文献”可浏览其说明书全文。建议对需要关注的专利文献，点上方的“加入我的专利列表”，最后可切换到图 5-18。

图 5-17　全球专利数据库详览界面

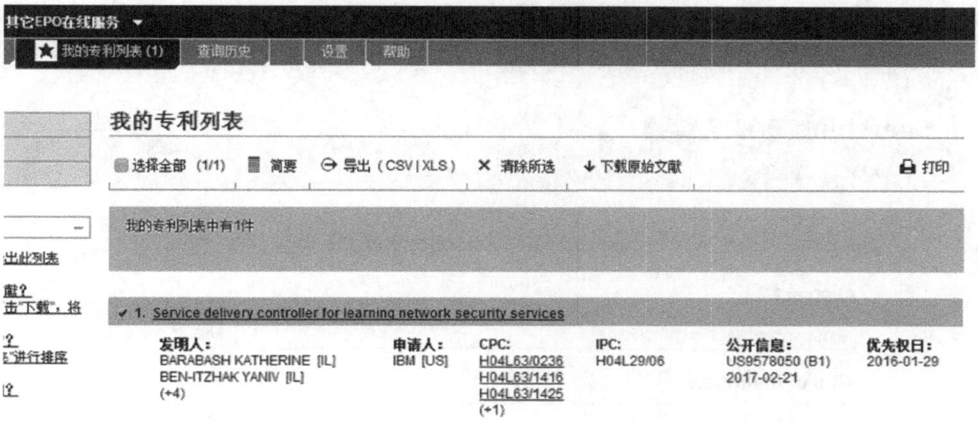

图 5-18　全球专利数据库“我的专利列表”界面

此页面下，可导出检索结果，点击“下载原始文献”获取其专利说明书（PDF 格式）。

4. 日本专利数据库

日本自明治维新后，特别重视专利制度的建设和实施。自 20 世纪 60 年代后，日本的发明创造已处于世界领先水平，也促使日本经济总量曾位于世界第二。至今我国许多家用电器厂家仍要向日本交纳专利费。日本专利数据库由日本知识产权局提供，提供日文和英文检索语言，以下针对大多数人介绍其英文检索。

（1）访问网址

访问网址为 https://www.j-platpat.inpit.go.jp/web/all/top/BTmTopEnglishPage，其首页如图 5-19 所示。

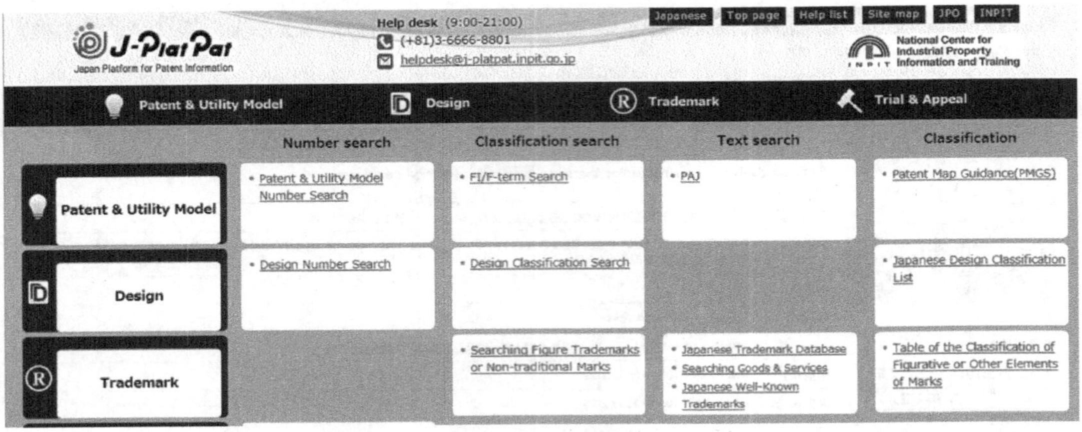

图 5-19　日本专利数据库英文首页

（2）收录范围

收录 1976 年以后的专利申请，有 2 个月的延迟。

（3）检索与利用

1）检索功能描述。该系统提供的检索途径有专利号检索、分类检索、文本检索和分类浏览，仅支持与或逻辑运行符。一次检索结果条数最多 1000 条。

2）检索界面和检索结果。使用关键词检索，可点击首页的“PAJ”。日本专利数据库文本检索界面、检索结果显示界面、检索结果详览界面如图 5-20～图 5-22 所示。

图 5-20　日本专利数据库文本检索界面

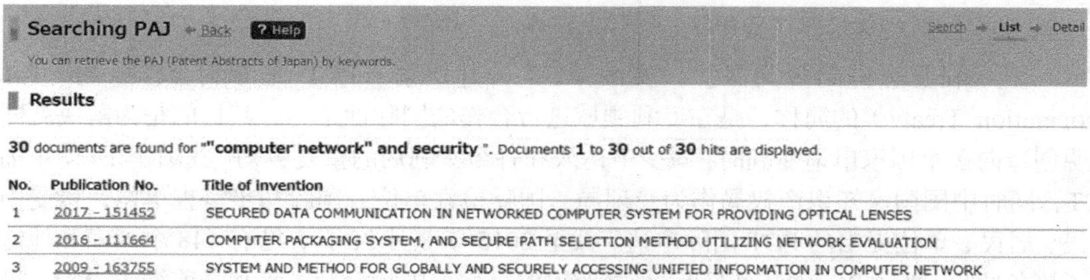

图 5-21　日本专利数据库检索结果显示界面

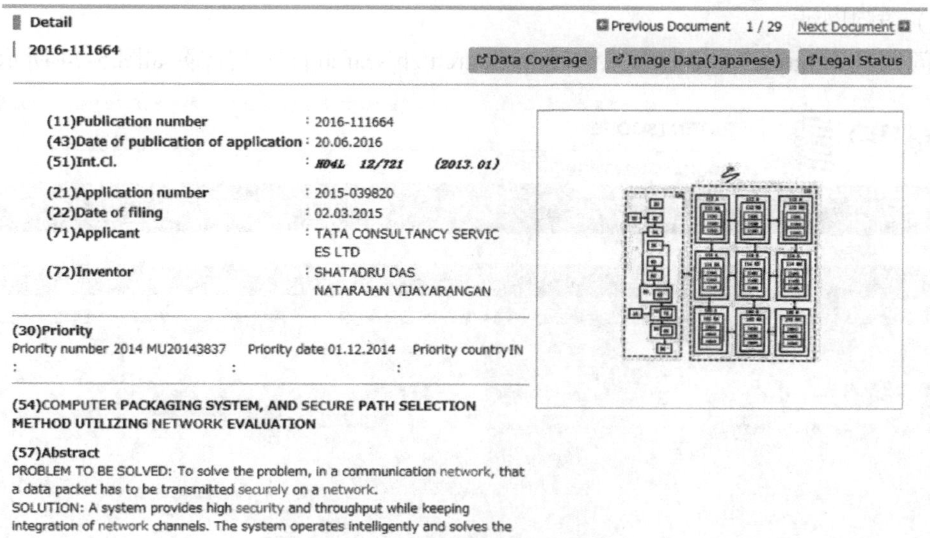

图 5-22　日本专利数据库检索结果详览界面

可以看到，该系统提供英文的摘要和权利要求书等。点击右上角“Image Data(Japanese)”可浏览全文（图 5-23），不能提供整篇专利下载。

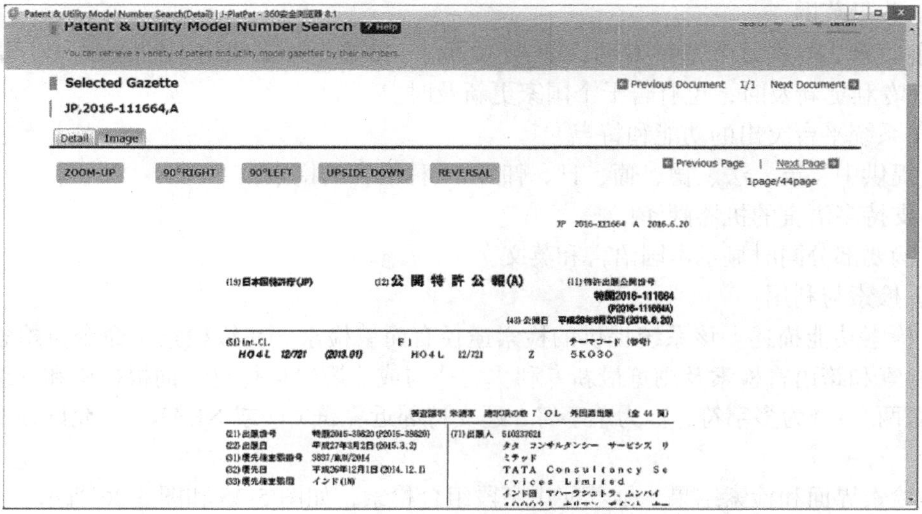

图 5-23　日本专利数据库图像全文

5. 世界知识产权组织（WIPO）专利数据库

一国专利要想得到多国保护，要做 PCT 国际申请。PCT 是专利合作条约（Patent Cooperation Treaty）的简称，是在专利领域进行合作的国际性条约。其目的是为解决就同一发明创造向多个国家申请专利时，减少申请人和各个专利局的重复劳动。我国于 1994 年加入 PCT，同时中国国家知识产权局作为受理局、国际检索单位、国际初步审查单位，接受中国公民、居民、单位提出的 PCT 国际申请。截至 2015 年 8 月 30 日，已有 148 个国家和地区加入了该条约①。通过 PCT 国际申请，最终获得的可称为国际专利，专利号前缀为 WO，世界知识产权组织（WIPO）专利数据库就收录了最全的 WO 专利。

（1）访问网址

访问网址为 https://patentscope.wipo.int/search/zh/search.jsf，其首页如图 5-24 所示。

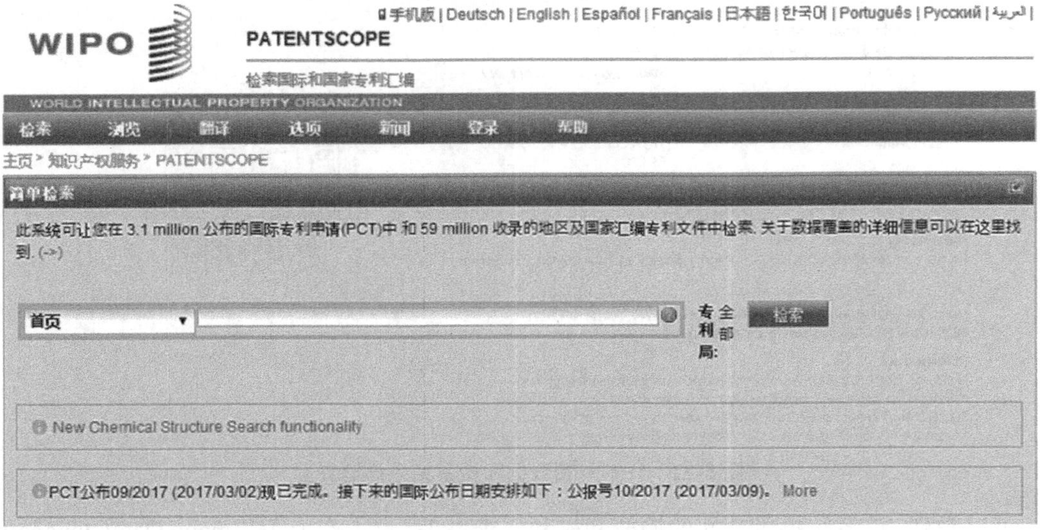

图 5-24　WIPO 专利数据库中文首页

（2）收录范围

目前收录 310 多万个 WO 专利，同时还收录了 40 多个国家或组织的 5500 多万篇专利文献，WO 专利更新及时，也有若干个国家更新及时。

（3）系统平台突出的功能和特点

1）提供中、英、法、德、葡、日、韩等 14 种语言的检索；

2）支持多语言的机器翻译；

3）摘要部分同时显示本国语言和英文。

（4）检索与利用

1）检索功能描述。该系统提供的检索途径有简单检索、高级检索（命令行检索）、字段组合检索和跨语言检索及浏览最新专利。支持与或非逻辑运行符、词根扩检和词组检索，通配符有两个：*为多字符，？为单字符，还支持邻近算符（～或 NEAR），允许在专利全文检索。

2）检索界面和检索结果。推荐使用字段组合检索，如图 5-25 和图 5-26 所示。

① “PCT 国际申请简介”宣传册. http://www.sipo.gov.cn/ztzl/ywzt/pct/jczs/201612/t20161230_1307444.html [2017-02-20]。

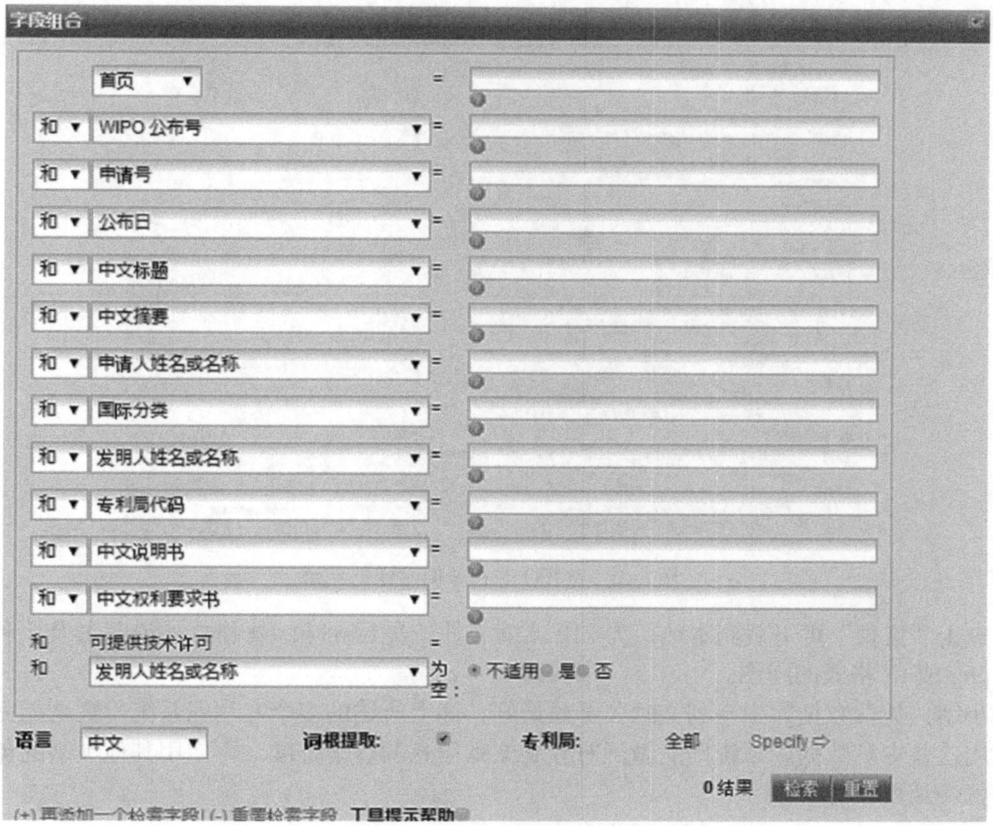

图 5-25　WIPO 专利数据库字段组织检索界面

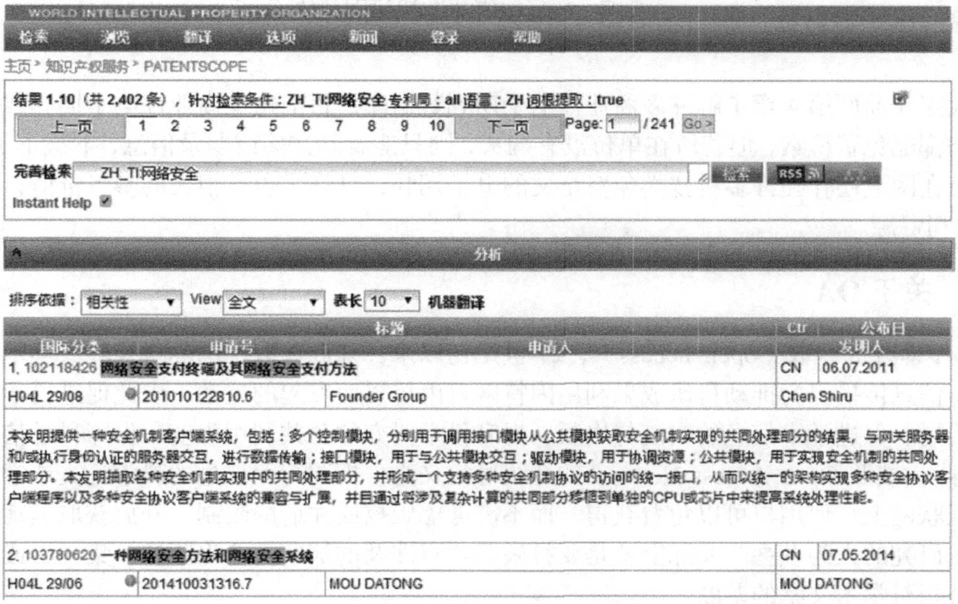

图 5-26　WIPO 专利数据库检索结果首显页面

点击专利号链接，进入如图 5-27 所示的详览界面。

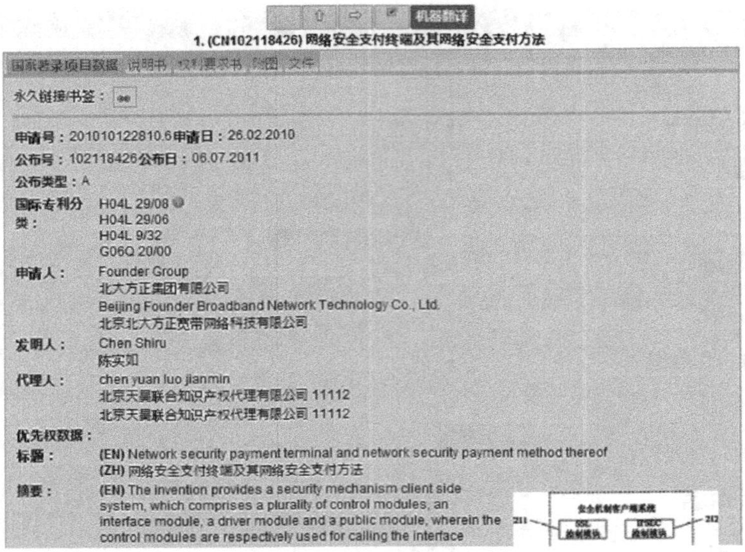

图 5-27　WIPO 专利数据库详览界面

点击“文件”可下载到本地，为 ZIP 压缩文件，含 html 和 txt 格式的说明书及权利要求书，png 或 tif 格式的附图。

小结：免费数据库中专利文献公开性最好，如上所述的多个专利库系统检索功能完备，会使用这些专利数据库系统则能做到对专利文献信息的查全查准，再使用其他类型的免费数据库就会觉得很容易。

5.3　免费科技期刊

大家在前面第 4 章了解许多商业性电子期刊数据库，目前这些商业性电子期刊数据库通过网络都能免费检索，但若所在单位没有购买，则只能看到文摘或题录信息，下载不了全文。实际上在网上还存在许多科技类免费全文的电子期刊，且许多也有很大的参考价值，尤其是 OA 期刊资源。

5.3.1　关于 OA

OA 即开放获取（open access），21 世纪初以来，开放获取是国际科技界、学术界、出版界、信息传播界为推动科研成果利用因特网自由传播而发起的运动，以此促进科学信息的广泛传播、促进学术信息的交流与出版、提升科学研究的公共利用程度、保障科学信息的长期保存①。按照 Open Access News 上的介绍可定义为：把同行评议过的科学论文或学术文献放到互联网上，使用户可以免费获得，而不需考虑版权或注册的限制，开放获取运动旨在打破学术研究的人为壁垒。实际上就是要打破第 4 章涉及的那些商业出版社（集团）或数据库商业公司对学术文献的垄断。

① 科学信息开放获取会议召开 利用互联网传播. http://tech.sina.com.cn/it/2005-06-23/2222644551.shtml[2017-02-22]。

目前 OA 模式主要有开放出版（金色 OA）和开放存储（绿色 OA）。开放出版是指期刊论文发表后通过互联网立即免费阅读，其有两种基本形式，一是整个期刊开放出版，所有论文均免费阅读，简称开放期刊；二是期刊本身以订阅为主，部分论文可在交纳论文处理费后开放阅读，简称开放论文。开放存储是指作者在论文发表后将论文存储到机构知识库或相关专业（学术）知识库中，立即或延迟一段时间后开放发布。

OA 期刊就是首先出现的且发展最快的 OA 学术资源，逐渐得到全球学术界的认同并成为各大搜索引擎和数据库收录的对象。据 Open Access Library 公司网站新闻报道，截至 2016 年 7 月，全球已有 25000 多本 OA 期刊，其中有约 4600 本可以在谷歌学术 2016 年发布的 Google Scholar Metrics 中查到 h5-index①。另据喻海良老师网上言论②，“在 2015 年，全世界已经发表了约 17 万篇 SCI 开源论文，其中中国作者贡献五分之一左右”，“现在 OA 期刊被 SCI 检索的已经有 1000 多个，这些期刊有一些已经成为学科的顶级期刊”，“现在全世界主流出版集团都跟进了，再过 20 年，我感觉开源期刊的份额会超过 50%”。由此可以看出 OA 期刊的发展现状及其具有的价值。

目前收录 OA 期刊的形式主要有专门的 OA 期刊网站、商业数据库或系统（有 OA 提示）、一些高校图书馆网站等，呈现形式有些是 OA 期刊链接，有些包括 OA 期刊文章级检索。

5.3.2　重要 OA 期刊网站介绍

1. 开放阅读期刊联盟

开放阅读期刊联盟（http://www.cujs.com/oajs/）以收录大学学报为主的 OA 期刊链接网页，是国内较早的 OA 期刊链接网页，但收录数量不多，只有 40 余种。其链接大多指到各期刊编辑部的网站上，有效性还是不错的。图 5-28 为开放阅读期刊联盟主页。

图 5-28　开放阅读期刊联盟主页

① Open Access Library. Rankings for Open Access Journals Released. http://www.oalib.com/news/3 [2017-02-25]。

② 喻海良. 答记者 12 问：发 OA 期刊论文后得哪些好处？如奖励. http://blog.sciencenet.cn/blog-117889-958785.html [2017-02-25]。

2. 中国科技期刊开放获取平台

中国科技期刊开放获取平台（http://www.oaj.cas.cn/）是由中国科学院创立的，承办单位为中国科技出版传媒股份有限公司（科学出版社），运营维护为北京中科期刊出版有限公司。是国内最早的中国 OA 期刊平台，收录期刊 654 种（其中可检索论文的刊有一半左右），论文数量超过 140 万篇，但该平台已多年未更新，绝大部分论文都是 2013 年以前的。图 5-29 为中国科技期刊开放获取平台主页。

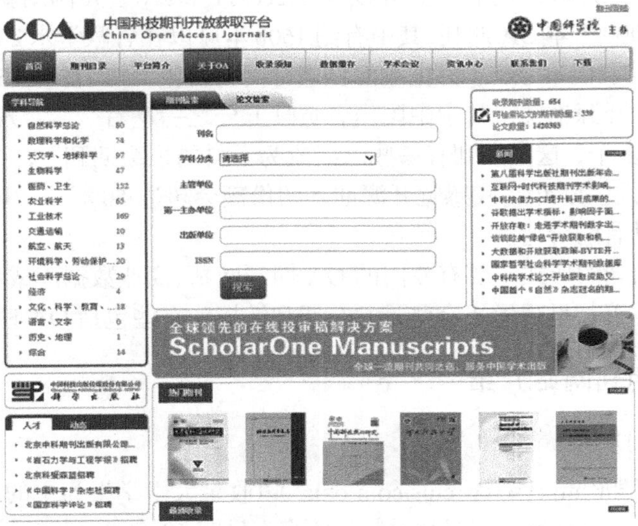

图 5-29　中国科技期刊开放获取平台主页

3. Go OA 英文多学科 OA 期刊平台

Go OA 英文多学科 OA 期刊平台（http://gooa.las.ac.cn/）由中国科学院文献信息中心提供，是国内较佳的 OA 期刊平台，其收录 1955 种英文 OA 期刊，其中国内的有 35 种；论文数量超过 40 万篇，更新还不错。特点是对图表及数据做了标引，论文参考文献齐全，还具有访客评分和分享功能（图 5-30）。这些特点在全球 OA 平台上表现突出。

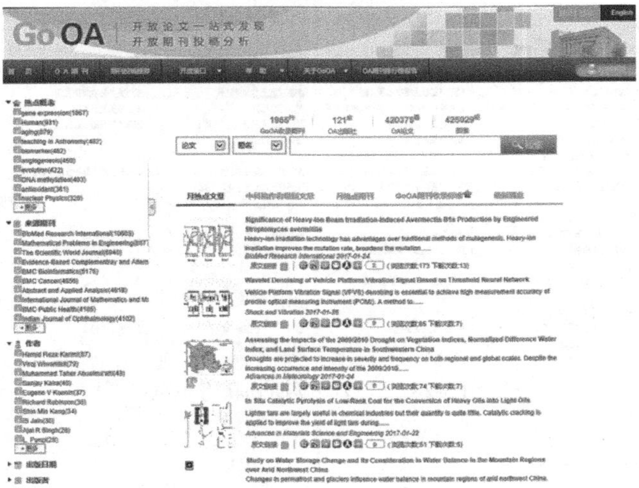

图 5-30　Go OA 英文多学科 OA 期刊平台主页

4. DOAJ

DOAJ（http://doaj.org）是全球最早且最有名的 OA 平台（图 5-31），由瑞典隆德大学图书馆（Lund University Libraries，Sweden）于 2003 年 5 月创建，其从最早收录 300 多种到现在收录约 9400 种期刊，其中 6700 多种可检索，论文数量超过 240 万篇。更新情况较好，收录的期刊数量经常略有变化。

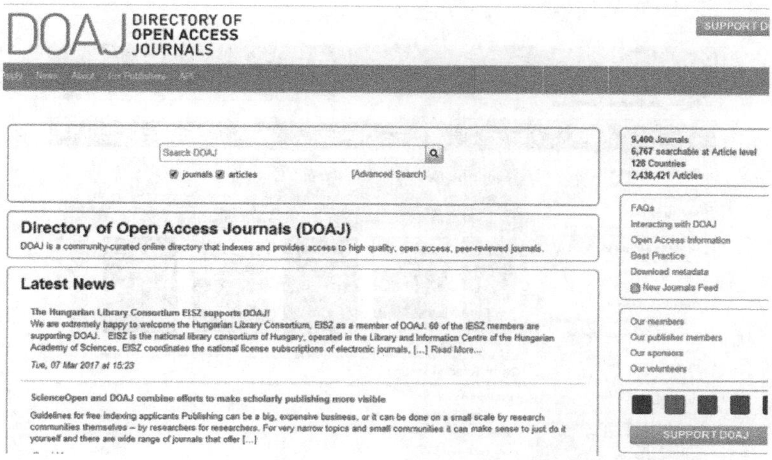

图 5-31　DOAJ 主页

5. OALib

OALib 平台（http://www.oalib.com）由 Open Access Library 公司管理，是目前全球较大的 OA 期刊平台，收录 12000 多种 OA 期刊（含中文 OA 期刊 400 多种），论文超过 420 万篇（注：其中有部分为机构库中的预印本）。更新情况也还可以。图 5-32 为 OALib 主页。

图 5-32　OALib 主页

6. Scientific Research OA 期刊平台

Scientific Research OA 期刊平台由 Scientific Research Publishing Inc.提供，其主要收录了 200 余种科学、技术和医学领域的期刊。网站收录图书和会议录，但图书极少，会议录为链接为主，指向会议发起网站。该平台也有突出的特点，如 OA 期刊数据字段齐全，更新及时，有分享功能，还提供影响因子和 h5 指数等。图 5-33 为 Scientific Research OA 期刊平台主页。

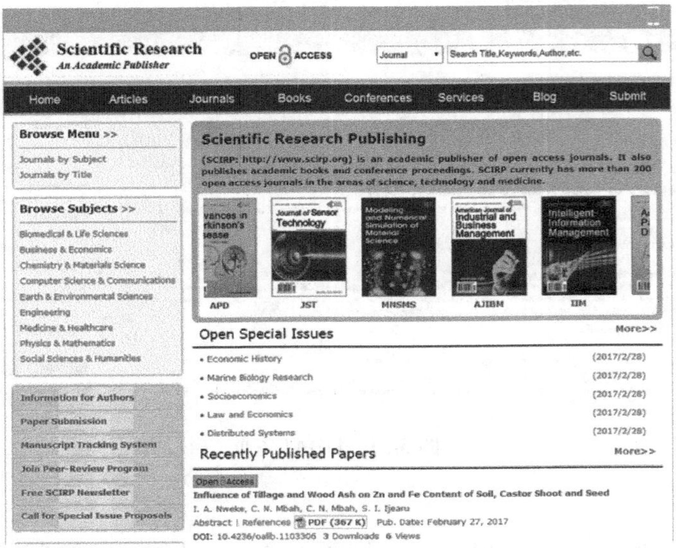

图 5-33　Scientific Research OA 期刊平台主页

7. 中国光学期刊网数据库

中国光学期刊网数据库（http://www.opticsjournal.net/Journals/Index）由中国科学院、中国科学技术协会重点支持，涵盖中国五大顶尖光学研究所所有期刊资源，即全文收录 27 种光电类中文核心精品期刊；另外收录 13 种光学期刊的文摘。该网的期刊以“集群”方式呈现，即以统一平台发布数据，支持简单检索、高级检索和按刊浏览，高级检索中逻辑运行符“与或非”表达符分别为“* | !”。全文更新及时，有些全文需要免费注册登录后才能下载。图 5-34 为中国光学期刊网主页。

图 5-34　中国光学期刊网主页

8. 西安交通大学图书馆 OA 期刊共享集成平台

西安交通大学图书馆 OA 期刊共享集成平台（http://oa.lib.xjtu.edu.cn/oa.do）是国内较早的 OA 期刊共享平台，收录期刊也较多，达 17000 多个，但近几年已没有维护更新。图 5-35 为西安交通大学图书馆 OA 期刊共享集成平台主页。

图 5-35　西安交通大学图书馆 OA 期刊共享集成平台主页

小结：可以看出，国内外揭示 OA 期刊平台很多，有一些在平台功能、更新、全文获取有效性等方面表现不错，我们应加以利用。但要注意一点，OA 期刊中的良莠不齐，甚至有所谓的“掠夺性出版商”（predatory publishers）出版的专门以敛财为目的 OA 期刊，我们要加以识别。在上述 OALib 平台上每年公布基于谷歌学术 h5-index 的 OA 期刊排行榜，且还按学科领域做了分类浏览（参见 http://www.oalib.com/rank/showKeywordsOfJournal）；敛财期刊最新一览表见脚注①。

5.4　免费学位论文

学位论文是指博硕士学生的毕业论文，国内的学位论文在网上很少有能免费提供全文的数据库，而国外的则有，且随着 OA 的发展，国外 OA 学位论文在网上也越来越多（绿色 OA 为主）。这里要重点说明的是，国内有多所一流大学的学位论文是不给 CNKI 和万方这种商业公司，如北京大学、清华大学、西安交通大学等，只有在国内免费学位论文数据库中才能查到。以下推荐几个国内外免费学位论文数据库。

5.4.1　CALIS 学位论文中心服务系统

CALIS 学位论文中心服务系统（http://etd.calis.edu.cn/）收录中文学位论文近 200 万篇，

① 诸平. 敛财期刊蓬勃发展：掘金重点在亚非——附敛财期刊最新一览表. http://blog.sciencenet.cn/home.php?mod=space&uid=212210&do=blog&id=927634　[2017-02-26]。

只能检索到文摘级，要获取全文只能通过系统的“文献传递”获取。因是一个 CALIS 项目，更新只到 2011 年，且收录高校不全。图 5-36 为 CALIS 学位论文中心服务系统主页。

图 5-36　CALIS 学位论文中心服务系统主页

5.4.2　国家图书馆博士论文数据库

国家图书馆是国内博硕士论文的法定收藏单位。该库以国家图书馆 20 多年来收藏的博士论文为基础建设的学位论文全文影像数据。目前博士论文全文影像资源库以书目数据、篇名数据、数字对象为内容，提供 25 万多篇博士论文全文前 24 页的展示浏览。年更新 3 万篇左右。国家图书馆博士论文数据库网址为 http://mylib.nlc.cn/web/guest/boshilunwen，其主页如图 5-37 所示。

图 5-37　国家图书馆博士论文数据库主页

5.4.3　NDLTD 全球学位论文检索系统

NDLTD 为 The Networked Digital Library of Theses and Dissertations（全球学位论文检索系统）的简称，1996 年就成立了，其旨在提供全球 ETD（electronic theses and dissertations）网上获取、交流和保存。目前能提供超过 460 万篇的 ETD。其网址为 http://search.ndltd.org/index.php，主页如图 5-38 所示，检索结果显示页面如图 5-39 所示。

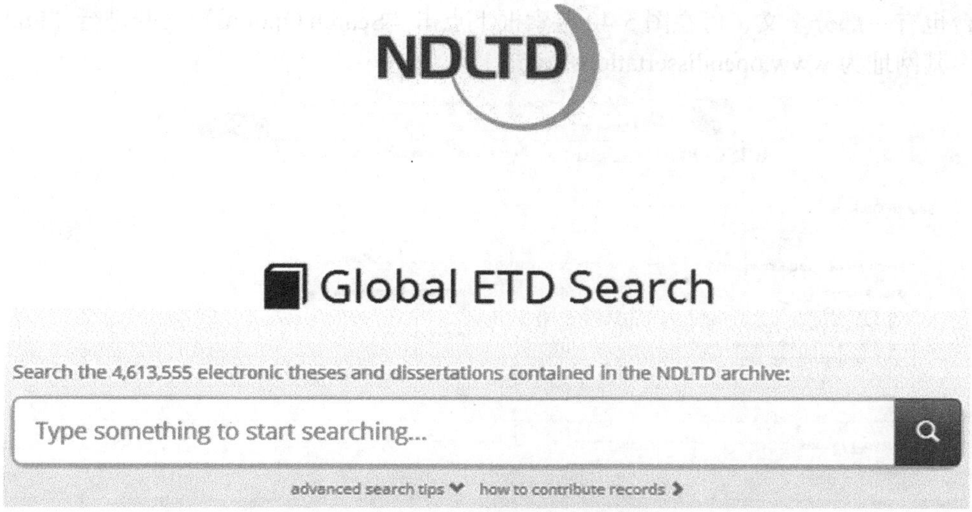

图 5-38　NDLTD 全球学位论文检索系统主页

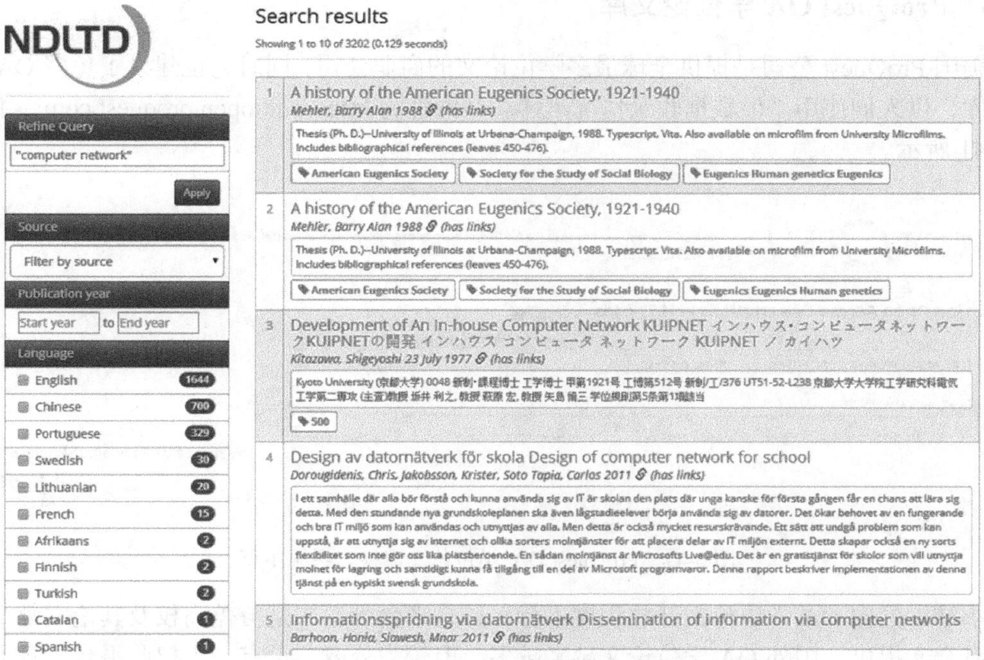

图 5-39　NDLTD 全球学位论文检索系统检索结果显示页面

从上述检索结果可以看出，该数据库收录了不同国家，不同语言的学位论文，早期的只有题录信息，1990 年以后的基本上有文摘信息，全文都是通过链接指向原国家存储网址，这样全文不能保证都能获取到（注：该平台上面的中文学位论文主要来自港台高校）。

5.4.4 美国博士论文库

美国博士论文库是由美国商业公司 EBSCO 提供技术支持的一个开放平台，其收录 1902 年以后美国高校博士论文 17 万多篇，检索结果为文摘级，全文大多指向对应高校收录的网址。该平台也有一部分全文，可在图 5-40 检索框下点击“Search Options”展开进行“Full Text”勾选，其网址为 www.opendissertations.com。

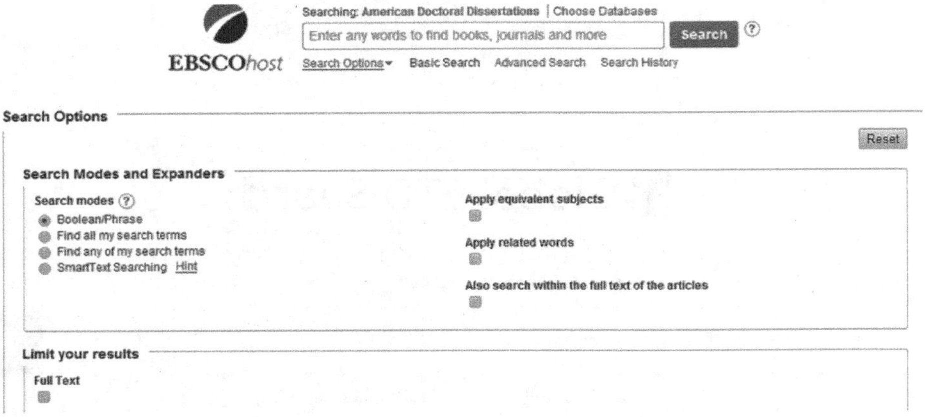

图 5-40　美国博士论文库主页

5.4.5 ProQuest OA 学位论文库

美国 ProQuest 公司是提供全球最多学位论文的商业公司，同时它也建设了免费 OA 学位论文库，供人们使用。但数据收录情况不详。其网址为 http://pqdtopen.proquest.com，主页如图 5-41 所示。

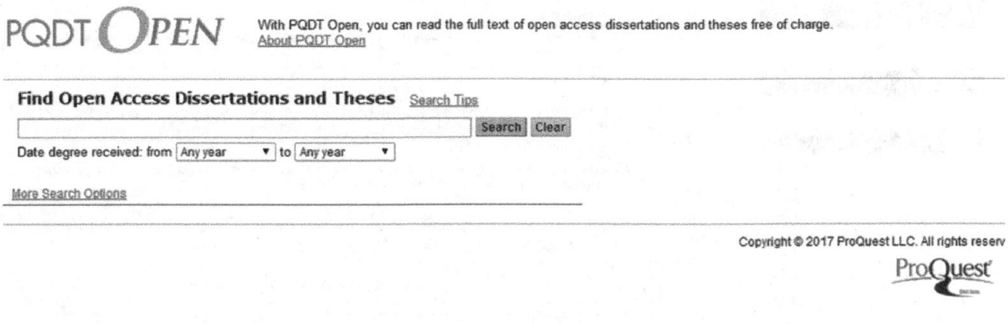

图 5-41　ProQuest OA 学位论文库检索系统主页

小结：国内 OA 学位论文开放程度不行，一是平台少，二是覆盖高校及其论文都少，三是没有全文提供。国外 OA 学位论文越来越多，但较为分散，没有一个权威平台，且大多数也是指向原存储机构中，许多全文链接失效。目前已有若干商业公司在整合这些 OA 学位论文，提供相应数据库和有效的全文链接，但要收费。

5.5　免费科技报告

这里的科技报告是指政府资助研发活动过程中产生的科技报告。科技报告的收集和公开，美国走在了世界前列。美国政府科技报告工作从 1945 年第 9568 号总统令开始有组织地开展，目前已形成世界上规模最大、内容最丰富、管理最完善的国家层面上的科技报告管理体系。美国政府科技报告类型包括专题技术报告、技术进展报告、最终技术报告和组织管理报告等多种类型，覆盖工业、农业、能源、交通、军事、航空等几十个学科①。其中最有名的美国政府报告称为“四大报告”，即美国国防部 AD 报告、国家航空航天局 NASA 报告、能源部 DE 报告和商务部 PB 报告。我国近几年才开展科技报告的收集和公开工作。科技报告文献少则几页，多则上百上千页，极具科研和产品开发参考价值。下面推荐几个免费科技报告系统（数据库）。

5.5.1　中国国家科技报告服务系统

中国国家科技报告服务系统 2014 年 3 月上线，由中国科技信息研究所建设的国家层面的共享和长期保存工程，是国内唯一的科技报告全文开放平台。目前收录国家自然科学基金、科学技术部、交通部和地方的科技报告 85000 多份，一般人通过实名注册后可以在线浏览全文，以科研管理人员经批准后还能提供统计分析服务。其网址为 http://www.nstrs.cn/，主页如图 5-42 所示。

图 5-42　中国国家科技报告服务系统主页

① 美国政府科技报告管理现状. http://www.nstrs.cn/Admin/Content/ArtileDetails.aspx?arid=4625&type=3[2017-03-04]。

5.5.2　美国国家科技报告图书馆

美国国家科技报告图书馆由美国商务部建设，收录面最广，目前收录美国 100 个政府机构，一个机构少则 1000 多份，多则超过 40 多万份（AD 报告），共 300 多万份科技报告，其中 80 万份有全文（PDF 格式）。包括美国的四大报告，但不全。其网址为 http://ntrl.ntis.gov/NTRL/，主页和检索结果显示页面如图 5-43 和图 5-44 所示。

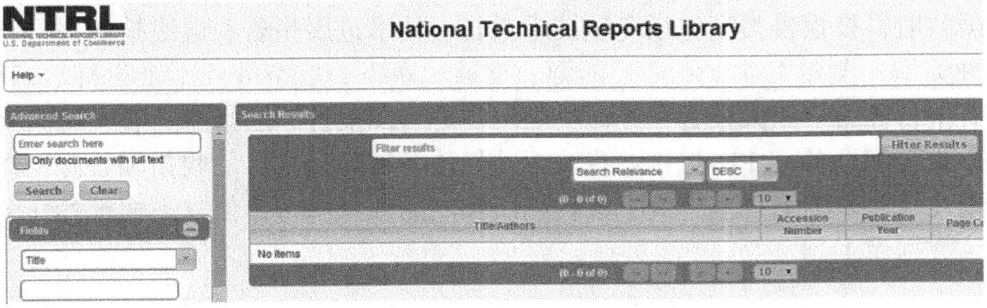

图 5-43　美国国家科技报告图书馆主页

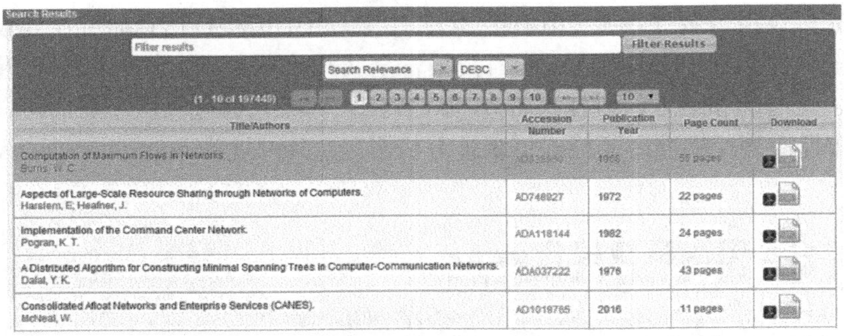

图 5-44　美国国家科技报告图书馆检索结果显示页面

5.5.3　美国国防部 AD 报告数据库

美国国防部 AD 报告数据库由美国国防技术信息中心（DTIC）提供，收录了 20 世纪中叶以后的所有 AD 报告全文 100 多万份，每年更新 4 万篇左右。该库的检索功能也较强①。其网址为 http://www.dtic.mil，主页如图 5-45 所示，检索结果显示页面如图 5-46 所示。

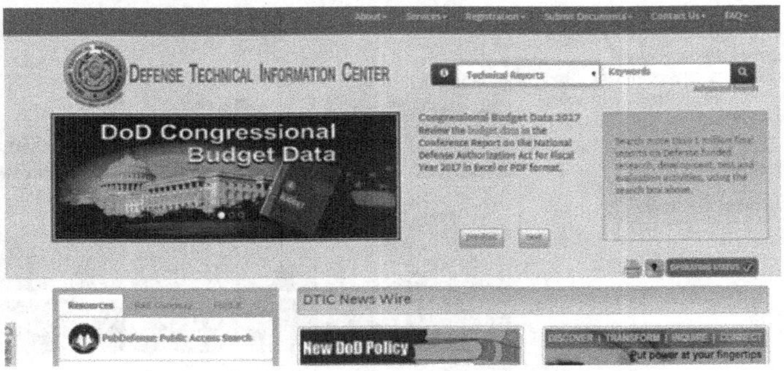

图 5-45　美国 AD 报告数据库主页

① 备注：美国的军网（.mil）对中国大陆是封锁的，国内科技工作者需要通过“翻墙”出去才能免费使用该数据库。

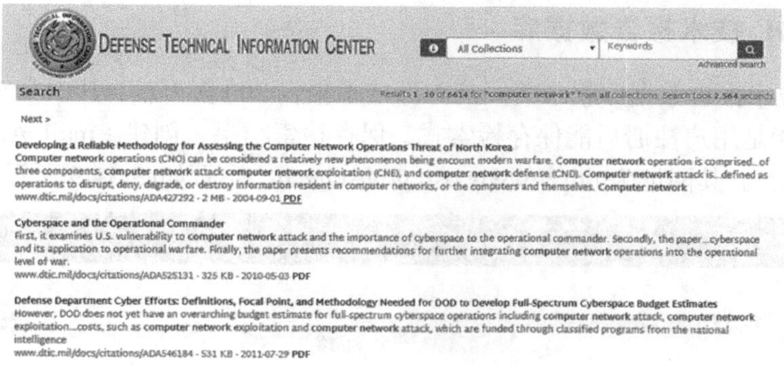

图 5-46　美国 AD 报告数据库检索结果显示页面

5.5.4　美国 NASA 技术报告数据库

美国 NASA 技术报告数据库收录美国国家航空航天局 50 万份左右的技术报告，在线有近一半全文（PDF 格式）。平台提供多途径检索，功能较好，检索结果有分享功能。其网址为 http://ntrs.nasa.gov/，主页如图 5-47 所示，检索结果显示页面如图 5-48 所示。

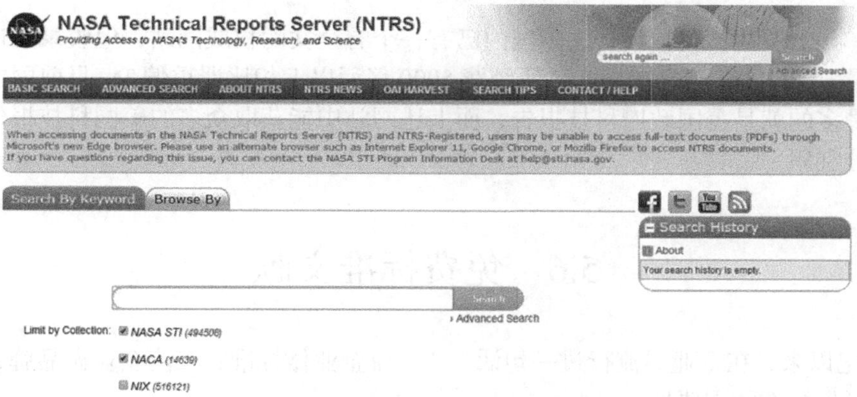

图 5-47　美国 NASA 报告数据库主页

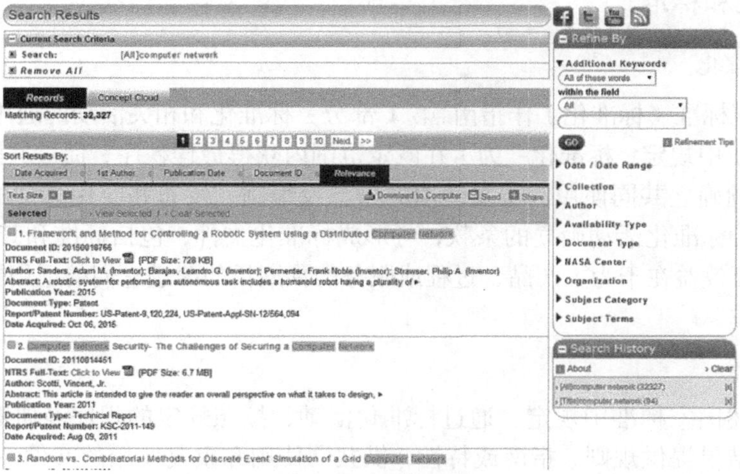

图 5-48　美国 NASA 报告数据库检索结果显示页面

5.5.5 美国 DE 技术报告数据库

美国 DE 技术报告数据库收录美国能源部技术报告 200 多万篇，其中全文 40 多万份。该平台突出的功能是用户注册后能保存检索式、保存检索结果、创建 Email Alerts 和导出数据（多种文件格式）。其网址为 http://www.osti.gov/scitech，主页如图 5-49 所示。

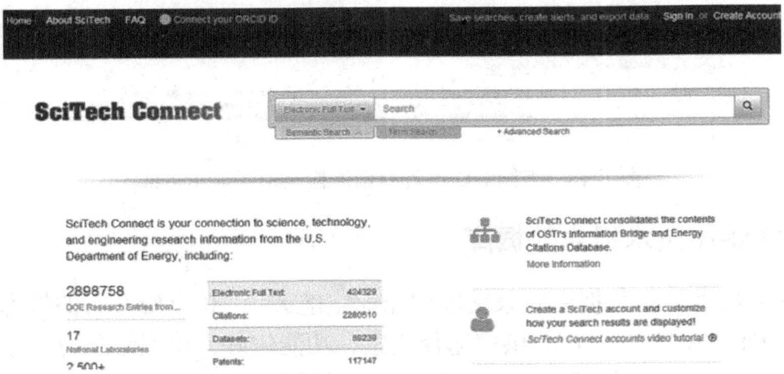

图 5-49　美国 DE 报告数据库主页

小结：如上所述，科技报告文献国内已有一个有全文的权威网站，但收录无论是报告类型还是数量，与我国一年财政投入科研经费 5000 亿元以上相比严重偏少。目前国内科技工作人员参考最多的就是美国政府科技报告，而上述网站中能获取众多的美国科技报告全文，大家可以充分利用。

5.6　免费标准文献

21 世纪以来，在企业界流行过一句话，“一流企业做标准，二流企业做品牌，三流企业做产品”可见标准的重要性。

5.6.1 标准化和标准

1. 关于标准化

在我国国家标准《标准化工作指南 第 1 部分：标准化和相关活动的通用术语》（GB/T 20000.1—2014）中规定：标准化“为了在既定范围内获得最佳秩序，促进共同效益，对现实问题或潜在问题确立共同使用和重复使用的条款及编制、发布和应用文件的活动”。并有两条注明：“①标准化活动确立的条款，可形成标准化文件，包括标准和其他标准化文件。②标准化的主要效益在于为了产品、过程或服务的预期目的改进它们的适用性，促进贸易、交流和技术合作”。

2. 关于标准

同样在上述国家标准中规定：通过标准化活动，按照规定的程序经协商一致制定，为各种活动或其结果提供规则、指南或特性，供共同使用和重复使用的文件。并有三条注明：“①标准宜以科学、技术和经验的综合成果为基础。②规定的程序指制定标准的机构颁布的标准制定程序。③诸如国际标准、区域标准、国家标准等，它们可以公开获得及必要时通过修正或修订保持与最新技术水平同步，因此它们被视为构成了公认的技术规则。其他层次上通过的标准，诸如专业协（学）会标准、企业标准等，在地域上可影响几个国家。”

在“标准”定义下面，还给出“国际标准”“区域标准”“国家标准”“行业标准”“地区标准”“企业标准”六个级别的定义。

我国按照标准的性质，标准分为强制性标准和推荐性标准。例如，我国强制性国家标准代号：GB；推荐性国家标准代号：GB/T。除军标外，我国标准的代号一般用两个大写汉语拼音字母表示。

3. 标准文献的作用

标准文献的作用非常大，表现在如下方面①：

1）通过标准文献可了解各国经济政策、技术政策、生产水平、资源状况和标准水平。

2）在科研、工程设计、工业生产、企业管理、技术转让、商品流通中，采用标准化的概念、术语、符号、公式、量值、频率等有助于克服技术交流的障碍。

3）国内外先进的标准可供推广研究，改进新产品，提高新工艺和技术水平依据。

4）标准文献是鉴定工程质量、校验产品、控制指标和统一试验方法的技术依据。

5）可以简化设计、缩短时间、节省人力、减少不必要的试验、计算，能够保证质量，减少成本。

6）进口设备可按标准文献进行装备、维修配制某些零件。

7）有利于企业或生产机构经营管理活动的统一化、制度化、科学化和文明化。

目前，商业性的标准全文数据库较贵，且不全，我们应充分利用网上免费途径获取，以下推荐几个网站。

5.6.2 标准数据库网站

1. 国家标准文献共享服务平台

该平台是国家科技基础条件平台重点建设项目之一，由国家质量监督检验检疫总局牵头，中国标准化研究院承担，向社会开放服务，提供标准动态跟踪，标准文献检索，标准文献全文传递和在线咨询等功能。其网址为 http://www.cssn.net.cn/，主页如图 5-50 所示。

图 5-50　国家标准文献共享服务平台主页

① 标准文献. http://baike.baidu.com/link?url=-SR8QBoEjQvXvcnhZDpRPCNxVLbZgjL9IxtFJiraBoNlVbNSS2XFJ1o54UZw-pzM-aBI8hypSwlRh9XTO3GLP7MCqmIj0OTI1P8eIsdD8InRJJLKgyzz1Si7S2ao05A-[2017-03-06]。

1）收录范围：中国标准 140 个品种、国际标准 13 个品种、国外标准近 100 个品种。

2）检索功能：功能相当全，提供了能满足不同层次用户的检索工具，最大限度地帮助用户查全查准，如图 5-51 所示的“全文检索”界面。

图 5-51　国家标准文献共享服务平台全文检索界面

该平台只提供我国强制国标的在线阅览（免费注册后可看到），其他标准全文不能免费获取，可在线下单购买进行文献传递获取。据网上权威信息报道[①]，我国国国家标准将分阶段免费公开，最迟 2020 年将全部面向公众开放获取。

（1）工业与信息化标准网

该网站隶属中国航空综合技术研究所（301 所），拥有国军标 GJB、航标 HB、外标（如美军标 MIL、SAE、ASTM）、国标 GB 及各行业标准，标准资源丰富，更新及时。同时网站还有相关武器工业、航空航天相关图书和其他相关标准数据库、定型文件编制系统等产品，极好地满足了用户需求。该网站突出特点收录我国的军标最全最新（为国家指定官方网站），但检索功能简单。同样，该平台标准全文不能免费获取，可在线下单购买进行文献传递获取。其主页如图 5-52 所示。

图 5-52　工业和信息化标准网主页

（2）ANSI 标准网

该网站由美国国家标准化研究院（ANSI）设立，主要收录了国际标准和美国国家的各类

① 国家标准将全面免费公开. http://www.sac.gov.cn/xw/bzhxw/201702/t20170213_226150.htm [2017-03-05]。

型标准。检索功能简单，全文不能免费获取，可在线下单购买进行文献传递获取。其网址为 https://webstore.ansi.org/，主页如图 5-53 所示。

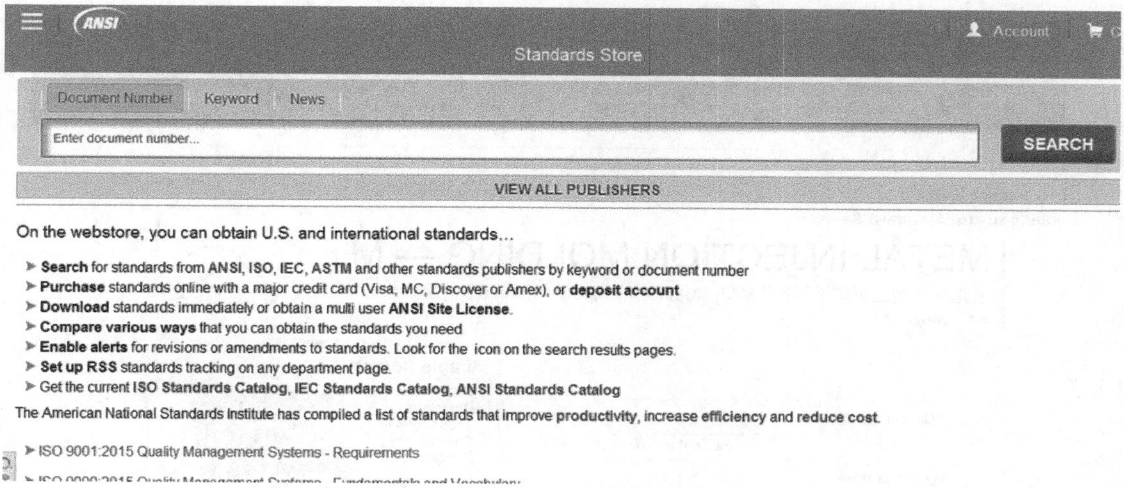

图 5-53　ANSI 标准网主页

（3）EverySpec 免费标准网

该网站最大特点是能提供部分美国军标和规范的全文免费下载，同时还有美国国防部、联邦政府、国家航空航天局、能源部等机构的标准、规范和手册等出版物，共计有超过 55000 篇的全文。不过中国大陆访问该网站不稳定，有时会被封，这时需要通过“翻墙”去使用。其网址为 http://www.everyspec.com/，主页如图 5-54 所示。

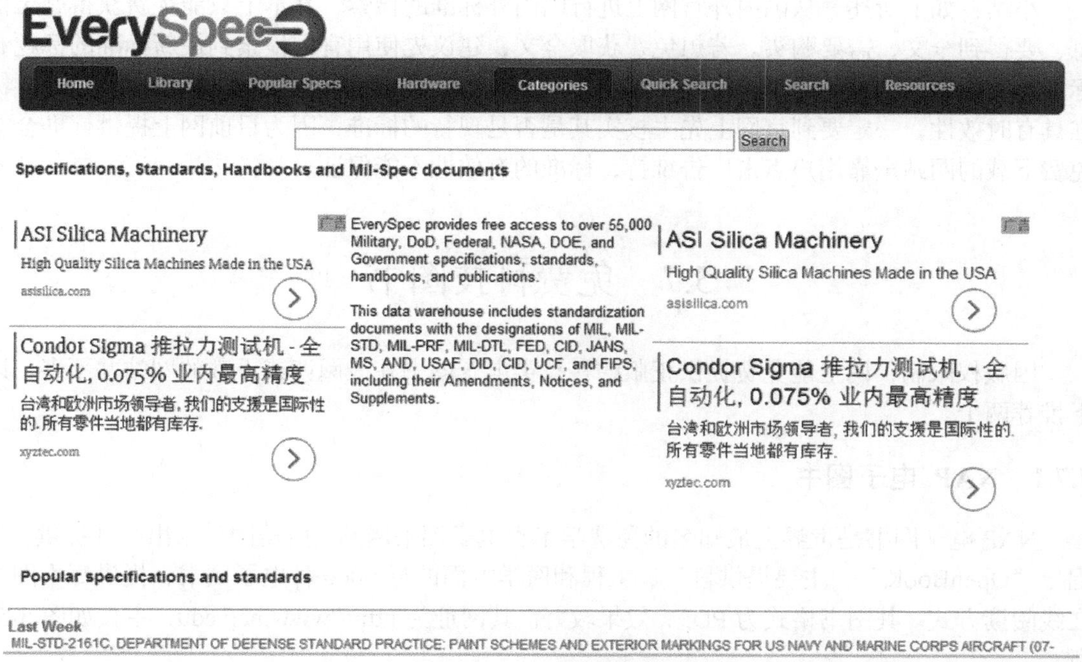

图 5-54　EverySpec 免费标准网主页

因该网站上通用检索为利用 Google 搜索引擎，所以在能访问时，可切换到“Quick Search”，利用其平台自身的检索技术。如图 5-55 所示，其检索功能很简单。

图 5-55　EverySpec 免费标准网 Quick Search 界面

小结：如上所述，从国内外官网上进行国内外标准的检索，基本上只能免费获得题录信息，要得到全文，需要购买。若想免费获取全文，建议先使用官网检索到最新标准的标题和标准号，再使用搜索引擎，去发现一些能提供标准全文免费下载的网址。这里仍要强调，标准具有时效性，一定要到官网上先去核实其是否是现行的标准，因为目前网上提供标准全文免费下载的网站全靠用户点击广告维持，标准的有效性不能保证。

5.7　免费科技图书

因版权限制，网上能免费提供正版的科技类电子图书在线阅读或下载的网站并不多，以下推荐两个。

5.7.1　NAP 电子图书

NAP 电子图书是世界上最知名的免费学术类电子图书网站，由美国学术出版社提供，其倡导“OpenBooK”，主要提供科学、工程和医学方面的近 9000 种电子图书，提供每本图书在线阅读方式。其图书格式为 PDF，效果较好。其网址为 http://www.nap.edu，主页如图 5-56 所示。

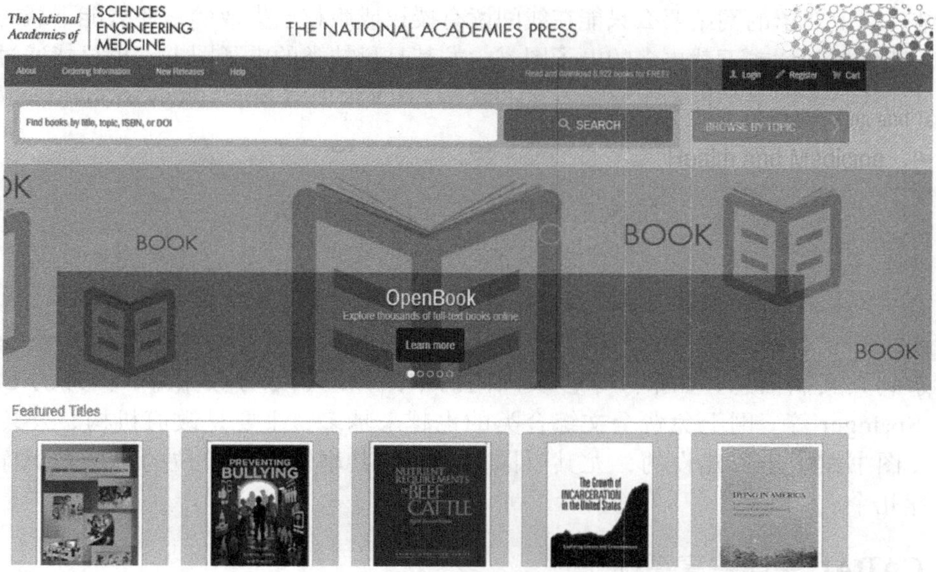

图 5-56　NAP OpenBook 主页

5.7.2　ManyBooks 图书分享网

该网站提供多格式免费电子书，目前超过了 33000 册，支持 iPad、iPhone、智能手机和电子书阅读器下载使用，该平台加入了古藤堡计划，任何人都可以使用他们提供的电子数据而没有版权限制。其网址为 http://manybooks.net/，主页如图 5-57 所示。

图 5-57　ManyBooks 图书分享网主页

小结：以上介绍的网站要么只能在线阅读有授权或版权已失效的，要么能下载的图书数量有限，若你想阅读或下载更多的电子图书，尤其是科技类的电子图书，也只能通过搜索引擎实现，如科技类图书类搜索引擎最有名的就是 EBOOKEE（http://www.ebookee.net/）。

5.8　免费综合类文献

综合类即该平台收录的文献类型多样，来源多样。从最终免费能获得的检索结果看，有到文摘级的，有到全文级的，或是两者都有。目前所有商业性全文数据库系统，都能免费检索到其文摘信息，如第 4 章涉及国内的中国知网、万方数据等，国外的 Elsevier、Wiley、Springer 等。网上免费全文综合类的也越来越多，主要是政府机构、公共图书馆及大学（图书馆）出资建设的，尤其以国家层面的共享工程和单位的机构知识库为多。以下推荐几个。

5.8.1　CADAL 共建共享系统

“大学数字图书馆国际合作计划”（China Academic Digital Associative Library，CADAL）由国家投资建设，作为教育部“211”重点工程，由浙江大学联合国内外的高等院校、科研机构共同承担，项目负责人为浙江大学潘云鹤院士。目前已有数字化图书、期刊、学位论文等 250 万册左右，原则上是向全国高校系统用户提供免费在线阅读服务（各高校图书馆需要事先与 CADAL 签订共建设共享协议，其校内师生注册后就能免费在线阅读）。实际上经测试（2017 年 3 月 10 日），注册时只需要选择当地一所高校，就能注册成功且能免费看到授权开放的电子图书全文。因电子文献是扫描而成的，所以其整体阅读效果不佳。其网址为 http://www.cadal.zju.edu.cn/index，主页如图 5-58 所示。

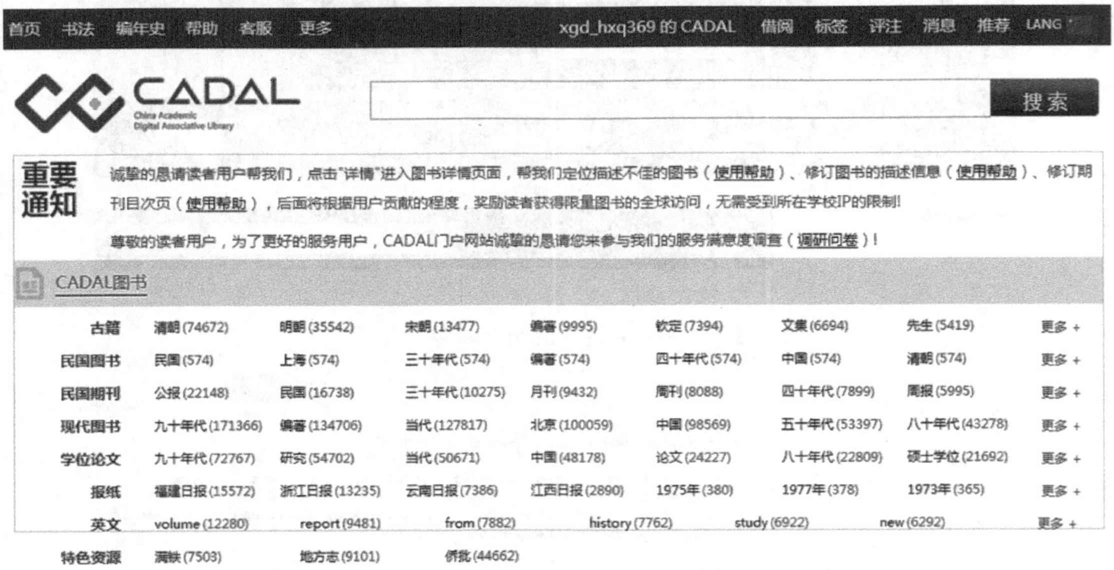

图 5-58　CADAL 主页

5.8.2　国家科技图书文献中心

国家科技图书文献中心（NSTL）是根据国务院领导的批示于 2000 年 6 月 12 日组建的一个虚拟的科技文献信息服务机构，成员单位包括中国科学院文献情报中心、工程技术图书馆（中国科学技术信息研究所、机械工业信息研究院、冶金工业信息标准研究院、中国化工信息中心）、中国农业科学院图书馆、中国医学科学院图书馆。网上共建单位包括中国标准化研究院和中国计量科学研究院。其收录有国内外学术期刊、会议论文、学位论文、国外科技报告、标准、专利等众多科技文献，检索结果绝大多数到文摘级，全文为文献传递获取。其平台上“全文文献”提供了面向全国免费开通的国外 50 多家小型学协会/出版社的 680 种全文电子现刊（需以单位申请开通）。其主页为 http://www.nstl.gov.cn/，主页如图 5-59 所示。图 5-60 为 NSTL 面向全国学术机构开放的全文文献页面。

图 5-59　NSTL 主页

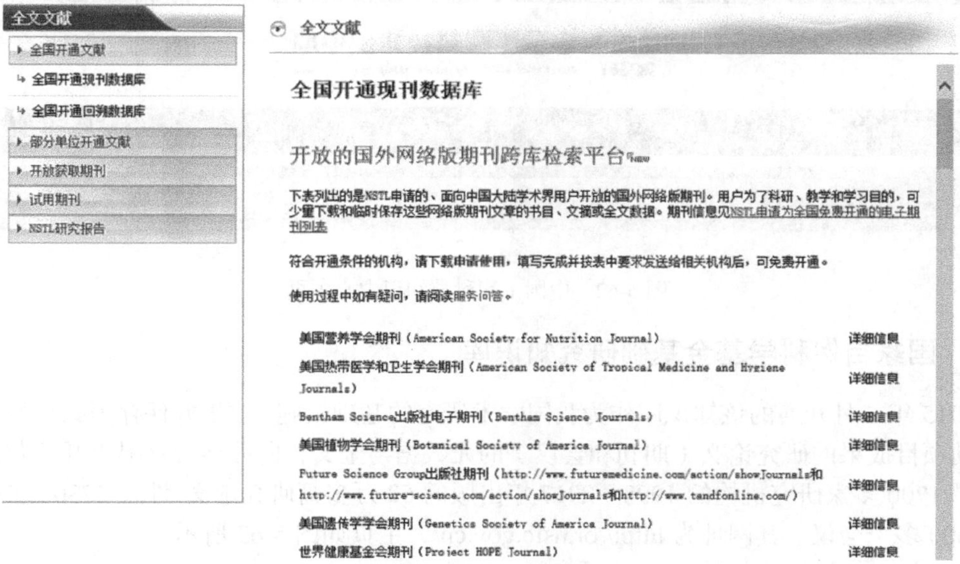

图 5-60　NSTL 面向全国学术机构开放的全文文献页面

5.8.3　国家哲学社会科技文献中心

“国家哲学社会科学文献中心”（NCPSSD）是按照习近平的指示，由中国社会科学院牵头建设，教育部、新闻出版广电总局配合，2016 年 12 月开通服务。其收录了哲学社会科技领域的国内外期刊、图书、古籍等，目前收录的内容还偏少。访问者免费注册后，可使用检索、资源订阅、在线阅读和全文下载等功能。其网址为 http://www.ncpssd.org，主页如图 5-61 所示。

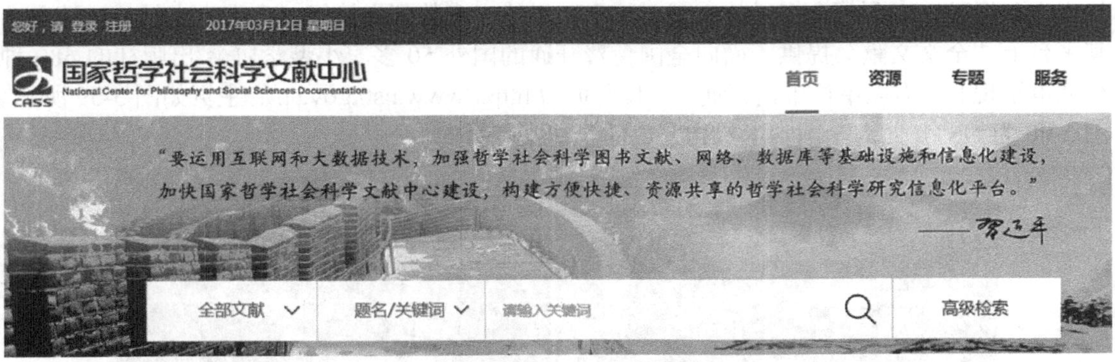

图 5-61　NCPSSD 主页

5.8.4　中国工程科技知识中心

中国工程科技知识中心（简称知识中心）是经国家批准建设的国家工程科技领域公益性、开放式的知识资源集成和服务平台建设项目。知识中心通过汇聚和整合我国工程科技相关领域的数据资源。知识中心由中国工程院负责建设，目前已有浙江大学、钢铁研究总院、清华大学等 20 余家单位协同开展本平台建设和运行服务。因刚建立时间长，目前数据和服务都偏少。其网址为 http://www.ckcest.cn/，主页如图 5-62 所示。

图 5-62　中国工程科技知识中心主页

5.8.5　国家自然科学基金基础研究知识库

2015 年 5 月开通的该知识库作为我国学术研究的基础设施，收集并保存国家自然科学基金资助项目成果的研究论文（期刊和会议）的元数据与全文，向社会公众提供开放获取。目前收录 1700 多家研究机构的 1998～2017 年出版的 62 万多篇研究论文，涉及 27300 多种期刊和 19600 多个会议。其网址为 http://or.nsfc.gov.cn/，主页如图 5-63 所示。

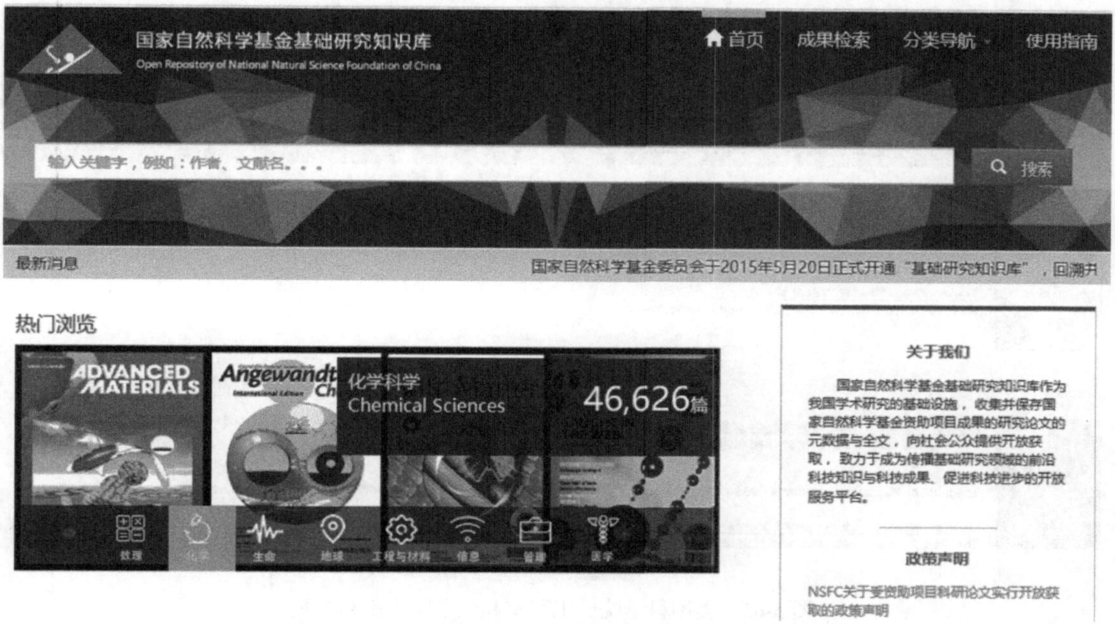

图 5-63　国家自然科学基金基础研究知识库主页

5.8.6　arXiv 预印本开放获取服务系统

arXiv 预印本开放获取服务系统是世界上最早建设且最有名的预印本开放获取服务系统，其从 1991 年收录物理学一个学科，到现在收录物理、数学、计算机科学、定量生物学、定量金融和统计学等学科，全文数据量超过 120 万篇，目前由美国康奈尔大学图书馆维护。访客可下载全文，注册后可上传自己的学术论文，通过审阅后即发布。其网址为 http://arxiv.org，主页如图 5-64 所示。

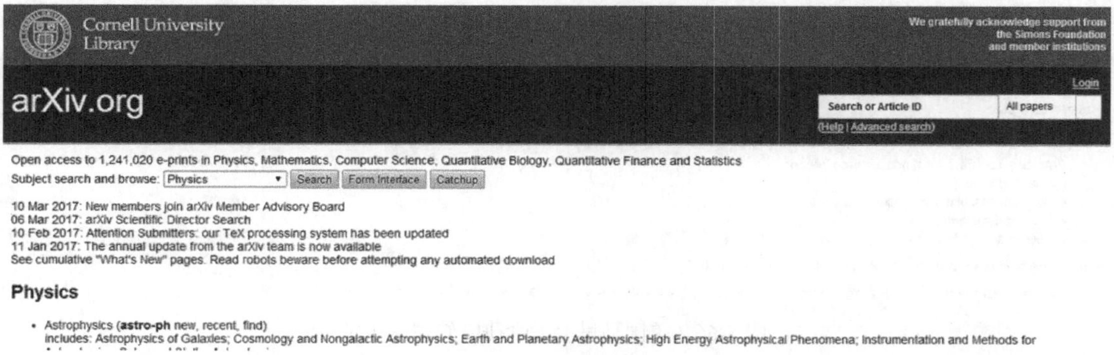

图 5-64　arXiv 主页

5.8.7　美国科学院、工程院和医学院出版物

美国科学院、工程院和医学院出版物收录美国国家科学院/工程院/医学院等机构的研究报告、期刊论文/预言报告等，全文（PDF 格式）能免费下载。其网址为 http://www.nationalacademies.org/publications/，主页如图 5-65 所示。

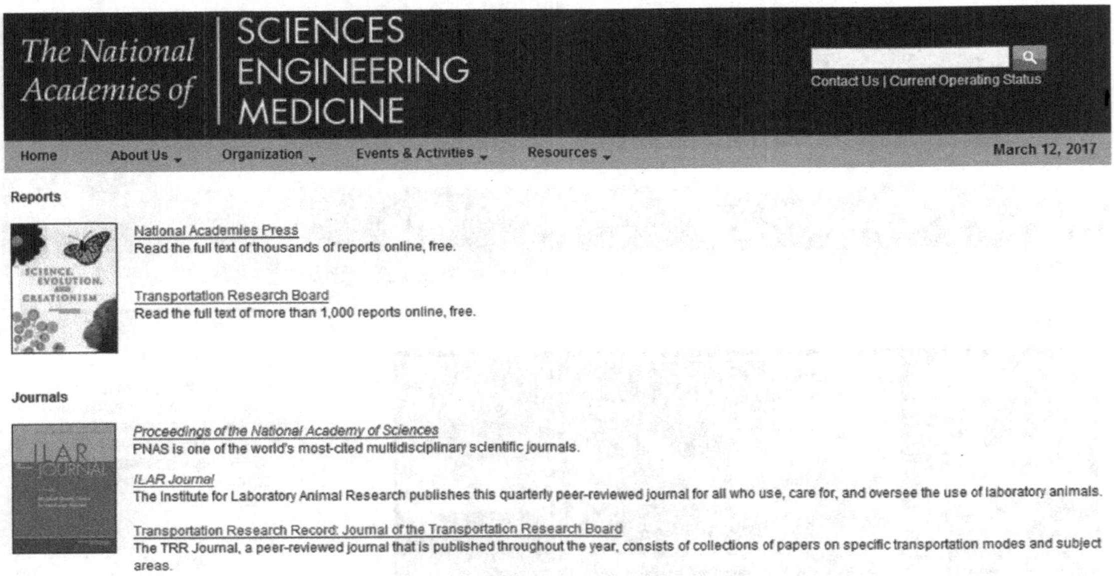

图 5-65　美国科学院、工程院和医学院出版物主页

5.8.8　美国马里兰大学研究知识库

从美国马里兰大学研究知识库主页（图 5-66）可以看出，收录马里兰大学工程领域为主的研究报告、学术论文、图书、学位论文等。面向公众免费开放。其网址为 http://drum.lib.umd.edu/。

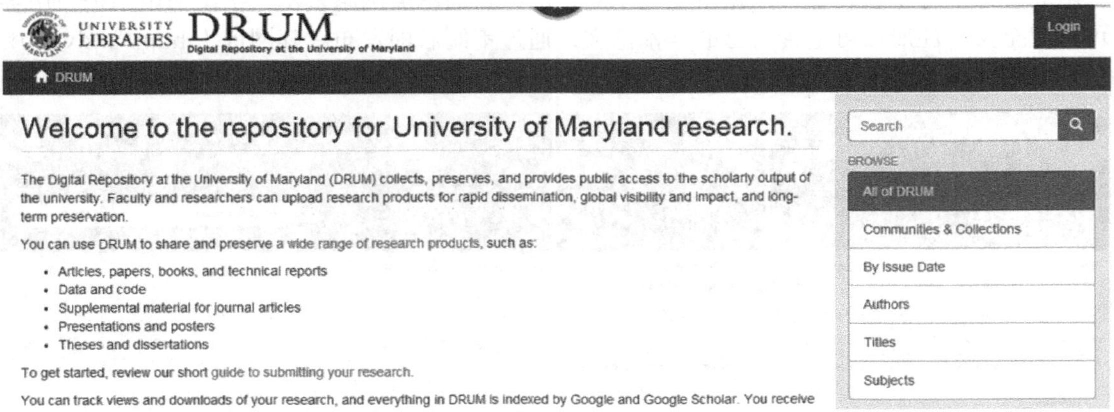

图 5-66　美国马里兰大学研究知识库主页

5.8.9　国内“文库”类

国内有多个知名的在线文档分享平台，如百度文库（http://wenku.baidu.com）、豆丁网（http://www.docin.com）、道客巴巴（http://www.doc88.com/）等，有一些在商业数据库和上述免费数据库获取不到的文献，有可能从其中免费下载到。

5.9　国内外学术机构专业网站推荐

学术机构专业网站主要有学协会网站、实验室（laboratory）/研究院所网站、出版机构相关的网站、学术交流网站等，在浏览网站时，大型的专业网站也提供了不错的检索（Search）功能，应加以利用。本节推荐以下一些工程领域学术机构专业网站。

1. 英国工程技术学会

英国工程技术学会（The Institution of Engineering and Technology，IET）是工程技术领域全球领先的专业学术学会，目前在全球 150 个国家拥有 16.7 万名会员。该网站覆盖工程领域包括能源电力、交通运输、信息与通信、设计与制造、建筑环境五大行业 40 多个专业的各类信息。在我国也设有网站 http://www.theiet.org.cn。

2. 美国电气和电子工程师学会

美国电气和电子工程师学会（Institute of Electrical and Electronics Engineers，IEEE）是工程领域中全球最大的专业学会，目前在全球 175 个国家拥有超过 36 万名的会员。该网站上发布电气及电子工程、计算机及控制技术等领域最权威的信息。其网址为 http://www.ieee.org。

3. 国际信息处理联合会

国际信息处理联合会（International Federation for Information Processing，IFIP）是全球信息处理方面学术团体联合组成的国际性学术组织，成立于 1960 年，宗旨是推动信息科学和信息技术的发展，加强信息处理领域的国际合作，促进信息处理的研究、开发及其在科学和人类活动中的应用，普及和交流信息处理方面的情报，扩大信息处理方面的教育事业①。其主办的“世界计算机大会（WCC）”“世界 IT 论坛”等会议在世界电子信息领域享有很高声誉，具有全球影响力。其网址为 http://www.ifip.org。

4. 欧洲信号处理协会

欧洲信号处理协会（EURASIP）成立于 1978 年，为会员提供以欧洲为主兼全球的信号处理方面最新资讯。其网址为 http://www.eurasip.org/。

5. 麻省理工学院林肯实验室

麻省理工学院林肯实验室是世界著名的实验室，重点涉及专业领域有雷达、信号处理和图像处理。其网址为 http://www.ll.mit.edu/。

6. 瑞士保罗谢勒研究所

瑞士保罗谢勒研究所以材料学科研究领先于全球而闻名。其网址为 http://www.psi.ch/psi-home。

7. 美国化学学会

美国化学学会（American Chemical Society，ACS）是化学领域全球最知名的学会，成立于 1876 年，有会员超过 17 万人。其网址为 http://www.acs.org。

① 国际信息处理联合会. http://baike.baidu.com/item/国际信息处理联合会/1584943 [2017-03-12]。

8. 中国部分国家级学会网站目录

中国部分国家级学会网站目录见表 5-2。

表 5-2 中国主要国家级学会网址

学会名称	网址
中国材料研究学会	http://www.c-mrs.org.cn/cn/
中国系统工程学会	http://www.sesc.org.cn/
中国地质学会	http://www.geosociety.org.cn/
中国化工学会	http://www.ciesc.cn/
中国化学学会	http://www.chemsoc.org.cn/
中国电子学会	http://www.cie-info.org.cn
中国计算机学会	http://www.ccf.org.cn
中国石油学会	http://www.cps.org.cn/
中国电机工程学会	http://www.csee.org.cn/
中国机械工程学会	http://www.cmes.org.cn
中国通信学会	http://www.china-cic.cn
中国测绘地理信息学会	http://www.csgpc.org
中国铁道学会	http://www.crs.org.cn
中国煤炭学会	http://www.chinacs.org.cn
中国林学会	http://www.csf.org.cn
中国自动化学会	http://www.caa.org.cn/
中国人工智能学会	http://caai.cn/

9. 德国马普学会

马普学会，简称 MPG，全名为马克斯·普朗克科学促进学会，是德国的一个大型科研学术组织，也是国际上规模最大、威望最高和成效最大的由政府资助的自治科学组织。马普学会共有 83 个研究所，12000 名雇员，9000 名客座科学家、博士后与学生，其研究涉及物理、工程技术、生物医学、基础科学等众多研究领域，一直致力于国际前沿与尖端的基础性研究工作。2008 年，马普学会年度财政预算就达 17.2 亿欧元，截至 2014 年，马普学会至少走出了 33 位诺贝尔奖得主①。其网址为 https://www.mpg.de;https://www.mpg.de/en/（英语界面）。

10. 中国林业信息网

中国林业信息网由中国林业科学研究院林业科技信息研究所、中国林业科学研究院图书馆建设和管理，自 2015 年 12 月 1 日开始对手机实名注册的用户免费开放检索、浏览网上 90% 的林业自建数据库资源（约 60 个左右的数据库）。其网址为 http://www.lknet.ac.cn。

11. 中国信息通信研究院

该研究院为工业和信息化部直属科研事业单位，从该网站上可全文下载其权威发布的白皮书和专题报告，如《大数据白皮书》《云计算白皮书》等。其网址为 http://www.catr.cn。

① 马克斯·普朗克学会. http://baike.baidu.com/link?url=MqegQiEWbOgleVQRronjhr7HbgfmbkD1r5wqdIPALgvidnZXJapGtGwluCYLMlWlroYi3emz-Ev4AzCCFLi7CMXrYPtMnVQdzYRIy7ysKT13qj677_ODjwP6mfTCRhosyJ0gYr29DtX6eF8lHp41XtWvaiic-s577ebne0LyAaP2rOa1wW65SEf6fmqHyLsR[2017-03-12]。

12. 美国电力科学研究院

美国电力科学研究院及时发布电力资讯，但更多详细信息需要加入会员才能获得。其网址为 http://www.epri.com/Pages/Default.aspx。

13. 科学网

科学网号称全球最大的中文科学社区，科学网由中国科学院、中国工程院、国家自然基金委员会、中国科学技术协会主管，由具有 50 年媒体经验的中国科学报社主办，具有深厚的媒体资本及科教界口碑。其网址为 http://www.sciencenet.cn/，主页如图 5-67 所示。

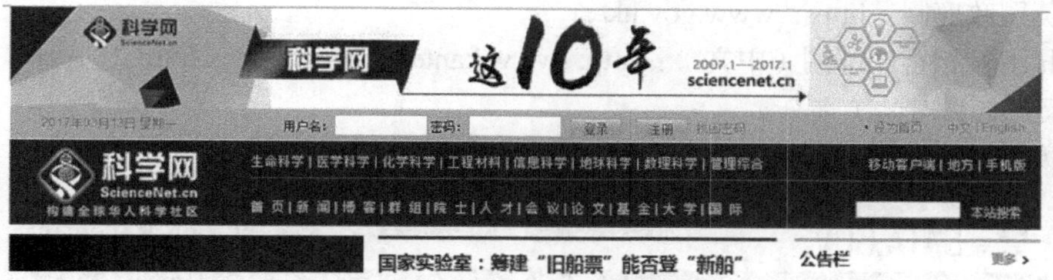

图 5-67　科学网主页

14. 小木虫

小木虫为国内民办的著名科研人员信息共享资源和交流平台。其网址为 http://muchong.com/，主页如图 5-68 所示。

图 5-68　小木虫主页

5.10　国内外政府机构网站推荐

随着信息共享意识的增加，许多国家都制定了相关法规或制度，要求政府机构公开信息，目前许多国家都有一个政府机构网站的统一入口。而随着"大数据"概念出现，政府机构作为产生数据的密集地，也纷纷开展数据开放平台的建设，美英德等西方先进国家走在了世界前列，我国明确 2018 年底前建成国家政府数据统一开放平台[①]，2014 年以后国内一些省市陆

① 中国明确 2018 年底前建成国家政府数据统一开放平台. http://www.chinanews.com/gn/2015/09-05/7506171.shtml [2017-03-12]。

续在网上发布了政府数据开放平台，目前浙江、广东、贵州、北京、上海、深圳和广州等 13 个省市的政府数据都已面向公众开放。政府数据资源蕴含着巨大的经济和社会价值，作为科技工作者，应以关注，同时更要关注政府中与科技和科研有关的部门，了解最新的科技政策和科研项目申报立项等信息。

1. 国家政府机构网站门户（部分）

1）中国政府网：http://www.gov.cn/；

2）美国政府网：https://www.usa.gov/；

3）英国政府网：https://www.gov.uk/；

4）日本首相官网邸网（中文）：http://www.kantei.go.jp/cn/index.html。

2. 政府数据网站（部分）

1）美国政府数据网网址为 https://www.data.gov/，其主页如图 5-69 所示。

图 5-69　美国政府数据网主页

2）英国政府数据网网址为 https://data.gov.uk/，其主页如图 5-70 所示。

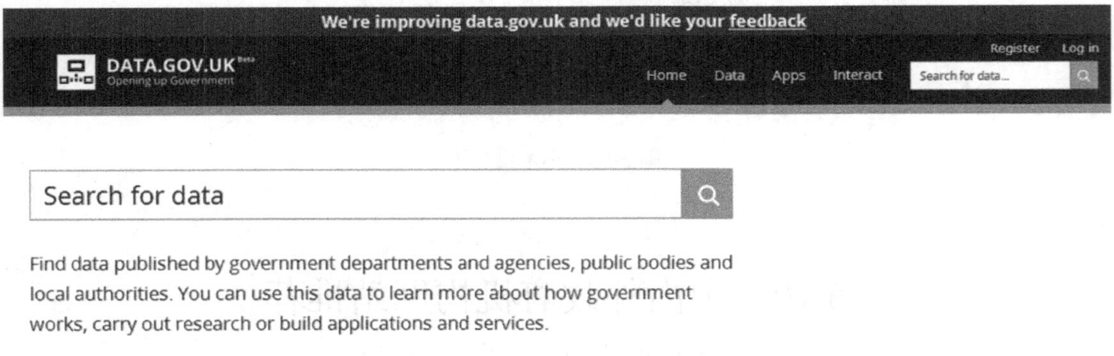

图 5-70　英国政府数据网主页

3）武汉市政府公开数据服务网，该服务网是目前国内开放部门最多的地方政府数据网站[①]。其网址为 http://www.wuhandata.gov.cn/，主页如图 5-71 所示。

① 全国多省市政府数据开放平台一览（附表）. http://mt.sohu.com/20170221/n481306664.shtml [2017-03-12]。

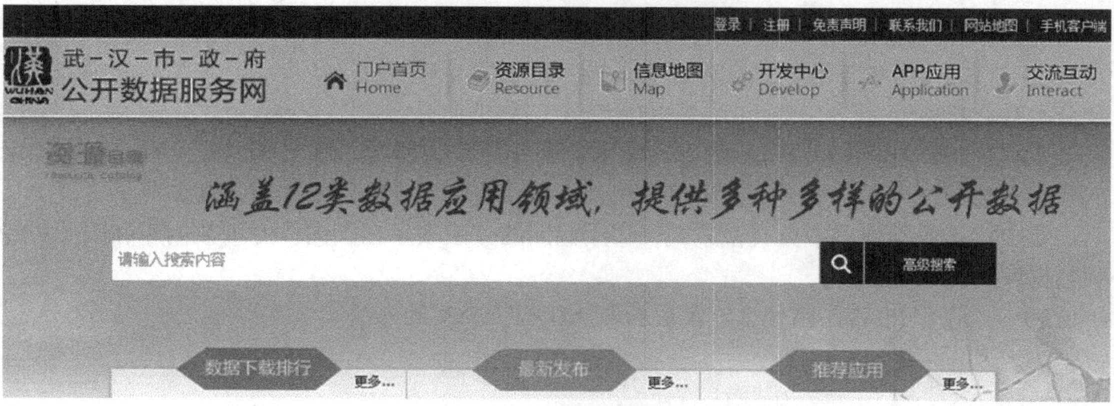

图 5-71　武汉市政府公开数据服务网主页

3. 与科技或科研有关的政府部门

1）中国科学技术部：http://www.most.gov.cn/。

2）国家科技管理信息系统公共服务平台：http://service.most.gov.cn/，该平台于 2015 年开通，该平台承载各类面向专业机构、评估机构、评审专家、科研人员、社会公众的管理服务模块，主要包括项目管理、信息公开公示、项目申报及有关资源服务模块。

3）国家自然科学基金委员会：http://www.nsfc.gov.cn/。

4）科学基金共享服务网：http://npd.nsfc.gov.cn。该网站公布了一批结题项目的基本信息和取得的学术研究结果，包括公开发表的论文、公开出版的著作、会议论文及获得奖励情况等。在此基础上，不断对其功能进行完善和扩充；截至目前，一共公布了 1986～2016 年资助的项目相关信息，以及 2003～2015 年结题的项目相关信息和成果信息。

5）中国国际科技合作网：http://www.cistc.gov.cn/。

6）国家国际科技合作专项网：http://www.istcp.org.cn/。该网属于我国科学技术部主管。国家国际科技合作专项是中国政府于 2001 年在国家层面设立的，旨在通过统筹、整合中国产学研的科技力量广泛、深入地开展国际科技合作与交流，有效利用全球科技资源，提高科技创新能力，共同推进全人类科技进步的科技计划。

7）美国国家科学基金会：https://www.nsf.gov/。我国科技工作者可与合作者申请。

8）德意志研究联合会：http://www.dfg.de。德意志研究联合会是德国主要的科研资助组织。我国教育部与该组织有合作协议。

5.11　本 章 总 结

综上所述，网络上免费科技信息资源非常丰富，许多还形成了数据库，容易检索和利用，而且许多科技信息资源，如部分的科技报告、研究报告、OA 期刊、电子图书、最新研究动态、数据资源等在目前的商业性数据库还没有。所以网络上免费科技信息资源是个宝库，需要我们去挖掘，整理、收藏和充分利用。

最后要说明一点，以上网址和信息主要采集时间为 2017 年 2～3 月，因是免费的，上述一些信息可能在以后有变化或失效。

练习题：

1）从 5.2.1 节中下载“国际专利分类表”，掌握并写出自己从事研究及关心的内容所涉及分类号有哪些？

2）以“有关网络入侵检测的专利技术有哪些？”为课题，练习国内外免费专利数据库的检索；掌握国内专利全文下载浏览方法；掌握从美国专利局网站如何下载浏览全文。

要求：①分别列出中英文检索式；②用截图的方法表示在国内一专利数据库和国外一专利数据库的检索过程。

3）美国四大报告是指什么？掌握获取 AD 报告全文的方法。

第 6 章　文献管理软件的使用

熟练地掌握了文献检索的技巧后，本章的内容将给大家介绍文献管理的技巧和方法，以期为读者在科研过程中大大提高文献管理的效率。

现有的诸多文献管理软件不仅能帮助科研工作者更好地检索、管理和分析文献，还能在撰写论文时，为适应不同期刊论文格式、参考文献格式的要求，提供的期刊论文写作模板和自动生成参考文献的功能，帮助用户简化这些烦琐的工作，节约大量的时间和精力，因此，文献管理软件是现代科研工作必不可少的利器。

6.1　文献管理软件概述

目前，市面上我们熟知的文献管理软件有 NoteExpress、CNKI E-Study、NoteFirst、EndNote、Refworks、Mendeley、Zotero、F1000workspace、医学文献王、Reference Manger、Biblioscape、PowerRef、Readcube 等。这些平台以收费服务为主，但 CNKI E-Study、NoteFirst、Mendeley、Zotero 目前均为开放的资源，读者可以免费下载使用。

6.1.1　文献管理软件的功能

文献管理软件是学者或者作者用于记录、组织、调阅引用文献的重要工具，能帮助论文写作者高效管理引用文献、提高写作效率、增进学术交流，其功能具体表现在：

第一，数据收集与管理。在线检索、数据库检索导入、本地文件导入和手工录入等方式，是目前市面上文献管理软件的主要数据收集方式，数据以题录的形式存在。题录的管理以层级目录即建立文件夹的形式进行管理，也可以按文献类型、年份、著者、标题、来源、标签、笔记等进行自动排序。

从 CNKI 检索结果输出方式界面（图 6-1）可见，CNKI 提供主流文献管理软件的格式化本地文件的输出方式，如 CNKI E-study、Endnote、Refworks、NoteExpress 与 Notefirst 等，以方便文献管理软件来导入相关数据，其他的数据库题录导出方面略有不同，但基本支持目前主流的文献管理软件。

第二，数据统计分析。对检索结果进行多种统计分析，并导出统计图表。

第三，笔记和标签功能，通过对题录或全文的阅读，能对相应的文献进行笔记记录和标签，以记录思想火花和发现有价值的文献。

第四，助力论文写作。在学术论文写作、编辑的过程中，提供所投期刊参考文献的标准格式和期刊的 WORD 或 WPS 模板，减低了参考文献编辑的出错率、提高了论文写作的效率。

第五，微社交。资源共享、群组交流，实现了信息的流通和思想交流，有利于促进知识的发现和传播，促进社会协同发展。

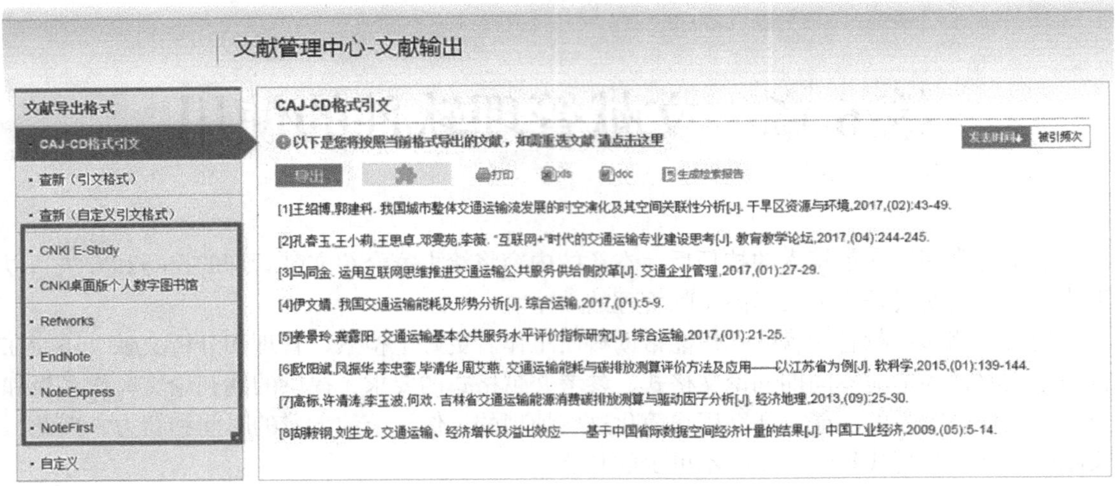

图 6-1　CNKI 文献管理软件的格式化本地文件的输出方式界面

6.1.2　用户常见问题

本章作者在北京交通大学图书馆工作，平时负责数据库培训的组织与管理，面向的对象是全校所有的教职员工和研究生、本科生，在文献管理软件使用的相关培训中，师生们通常会提出如下几个问题：

1）全文是否云存储？

在云技术还没有广泛应用之前，很多文献管理软件对于数据（如收集的文献题录、目录、全文信息）都是存在硬盘或移动盘上的，用户需要将文献资料在实体设备间不停地转移，不利于文献信息的共享。自从有了云存储，就实现了随时随地存放数据，并直接从云端读取。简言之，就是在不同的电脑、移动终端之间，在同一个账号之下，利用互联网，就可以随时随地读取、共享、更新个人文献信息。

现在的文献管理软件，不仅支持题录、笔记、标签、工作组等信息的云端服务，也支持全文云存储。用户基本可以脱离实体设备，就可以在不同的电脑、笔记本、移动终端同步进行科研。但是不同的文献管理软件提供的云存储空间不一样，有些没有空间限制，有些会设定一个最高限额，ENDNOTE 的网络版就对储存文献的数量限制在 10000 条。

但是，云存储带来了极大便利的同时也带来一些问题，如对互联网的依赖度较高，一旦没有了网络，信息再次进入无法共享的状态；科研信息的安全性问题，很多科研工作者的重要科研信息都存放在一款文献信息管理软件中，一旦遭到黑客攻击，这些智力成果就会受到泄露威胁，因此，有些科研工作者，即使是用着提供云服务的文献管理软件，也通常会关闭云服务，甚至选择使用不提供云服务的软件平台。

2）是否能对 PDF 全文做笔记？早期的文献管理软件不能直接在 PDF 全文上做笔记，用户的笔记都是单独在一个文本文件里记录并存储。发展到 2017 年，很多文献管理软件如 NoteExpres、ENDNOTE 都可以直接对全文做笔记。

3）集团用户离开 IP 段后的使用问题。高校、科研院所用户使用的收费文献管理软件通常受到 IP 限制，意即当用户离开高校、科研院所时，软件的很多功能就不能正常使用了，这种情况通常有两个办法解决：利用文献管理软件提供的离开 IP 有效使用时间段使用，当时效过后，回到有效 IP 段内，重新登录激活即可，然后又可以获得一个有效使用时间范围；利用所在机构提供的 VPN 服务，达到跨地域 IP 实时认证的目的。

6.2 节和 6.3 节将分别选择中文、外文文献管理软件来为读者介绍文献管理软件的使用，要特别说明的是：

1）鉴于软件的实时更新性，本书中涉及的使用功能介绍不是最终版，可实时根据其官方网站了解最新功能。

2）虽然书中对 NoteExpress、E-study、医学文献王、ENDNOTE、RefWorks 及 Mendeley desktop 使用有相对详细的介绍，为了更好的用户体验，建议读者多用些时间直接在软件上操作练习，效果更佳。

6.2　中文文献管理软件的使用

中文文献管理软件中，以 NoteExpress、CNKI E-Study、NoteFirst、医学文献王等较为公众熟知。其中，NoteExpress 为收费软件，其他均为免费软件，在其官网就可以直接下载使用。下面分别对 NoteExpress、CNKI E-Study 和医学文献王进行介绍。

6.2.1　NoteExpress

官方网站为 http://www.inoteexpress.com。

1. NoteExpress 简介

NoteExpress（简称 NE）是北京爱琴海软件公司开发的一款专业级别的文献检索与管理系统，其核心功能涵盖“知识采集，管理，应用，挖掘”的知识管理的所有环节。请用户进入官方网站进行下载使用，个人用户下载标准版安装程序，集团用户请下载相应的集团版。

NoteExpress 3.X 版可以在以下操作系统上运行，Windows XP\Vista\7\8（32 位和 64 位）；Windows Server 2003\2008\2008R2（32 位和 64 位）。NoteExpress 3.X 版的写作插件支持以下写作工具软件：MS Word2007\2010\2013（32 位和 64 位）和 WPS。

2. NoteExpress 使用说明

下面以北京交通大学的集团版 NoteExpress V3.2.0.6692 以例，详细介绍 NoteExpress 在文献管理上使用的流程。使用详细说明参见：http://www.inoteexpress.com/aegean/。

（1）注册登录

使用文献管理软件，除非是新手练习，正式使用时，建议先注册、后登录（并尽量保持自动登录。优点：可以在不同的终端共享文件夹；与文献管理软件相关的插件实现信息同步。

（2）新建数据库与建立分类目录

依次点击“文件”—“新建数库”—选择保存位置，在自己需要的电脑硬盘或是移动盘下建立新的数据库，以利于区别不同的课题或项目。NE 安装完毕后首次启动会打开自带的 Sample 示例题录数据库，该数据库存放在“我的文档”目录下，不便日后按课题或项目查找，所以建议正式使用时建立自己的数据库，如图 6-2 所示。

建立个人数据库后，根据研究的需要，可以为数据库建立分类目录，可以对目录进行增删改，以及分类目录排序。

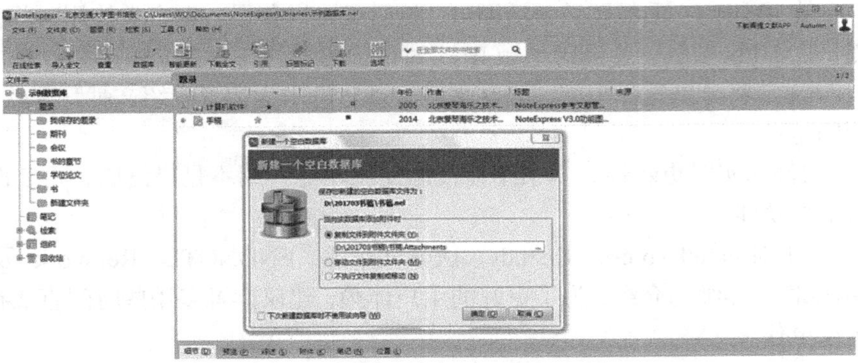

图 6-2　NoteExpress 新建数据库与建立分类目录界面

（3）数据收集

1）网上数据库导入。依次点击“在线检索”—“选择在线数据库”—“开始检索”—勾选所需题录，保存到所需文件夹。NE 内置 200 多个常用数据库，无须登录数据库网站，直接以 NE 作为网关进行检索，多线程下载方式，不必单独打开数据库界面，比较便捷；但不利于精确度较高的检索；检索误差比数据库检索大。

2）数据库页面检索结果导入。从数据库中选择一种格式导出文件，图 6-3 以 CNKI 为例，将导入的文件存放至电脑，导出格式选择 NoteExpress。然后打开 NoteExpress，点击“导入题录”—选择格式文件存放的位置。

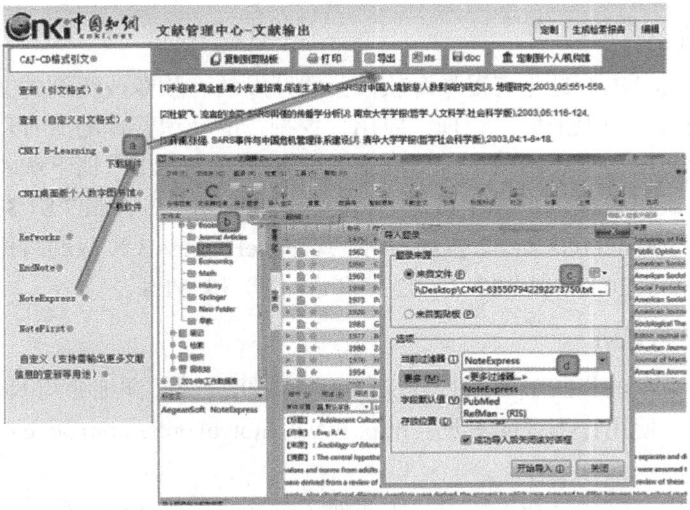

图 6-3　CNKI 检索结果的 NoteExpress 导入界面

3）全文导入、智能识别及更新。很多读者在使用文献管理软件以前已经下载了大量全文，NE 通过以下几个步骤，来解决已有全文信息导入问题。

第一，点击“导入全文”—选择需要导入的文件—选择是否要从 PDF 中智能识别内容—选择题录类型，导入文件的位置；也可以直接将全文文件拖入 NE 题录的目标文件夹下。图 6-4 为 NoteExpress 全文导入界面。NE 支持 PDF、CAJ 文件的智能识别，能识别出 PDF、CAJ 文件中的标题，DOI 等字段信息。

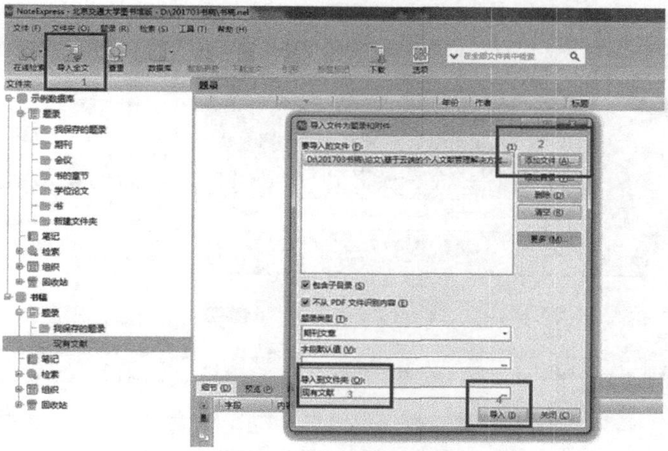

图 6-4　NoteExpress 全文导入界面

第二，当全文导入到 NoteExpress 后，软件会自动根据标题到网上自动检索补全其他字段信息；如智能更新不到所需题录信息，可以选择自动更新的方式补全字段信息，方法如下：选择需要更新的题录，点击鼠标右键—“在线更新”—“自动更新”—选择需要进行更新的数据库；如上述方法均无法补全，则选择“手动更新”添加字段信息。

4）浏览器插件（微志分享）导入。微志分享是北京爱琴海乐之技术有限公司与微志网合作推出的 Chrome 浏览器扩展插件，用户在浏览专业数据库或普通网页时，可以通过插件保存题录及全文或普通网页内容到 NoteExpress。支持的专业数据库列表：万方、万方医学、维普、中国知网、ScienceDirect、Emerald、SpringerLink、Wiley、IEEE、Taylor & Francis、Sage、Annual Reviews、Pubmed、ASCE、国家哲学社会科学期刊数据库、国家图书馆 OPAC 系统、国家知识产权局、ACS、Jstor、EI、WEB OF SCIENCE、RSC、Nature、ScienceMag、SinoMed、百度学术、谷歌学术、谷粉学术等。

第一，下载安装、注册与登录。下载并安装“微志分享”浏览器插件：http://wecite.cn/index.php/home/index/howuse，直接用 NE 账号密码登录：http://wecite.cn/index.php/home/passport/login.html。登录后的界面如图 6-5 所示[①]。

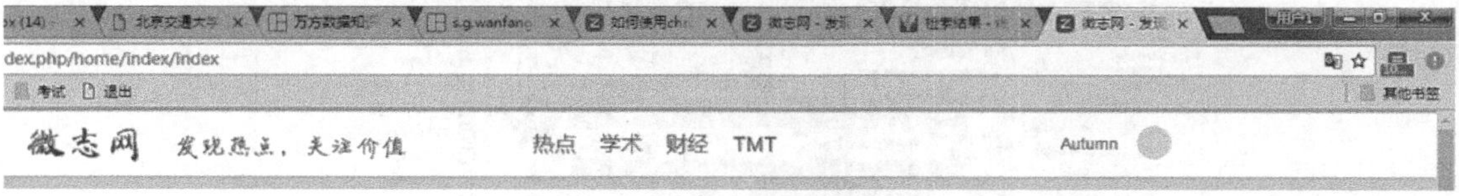

图 6-5　微志分享登录界面

第二，在浏览专业数据库或普通网页时，点击浏览器插件图标、点击保存，可将题录及全文（需在插件设置中开启）或网页内容保存到微志网上，在打开 NoteExpress 客户端时，点击“下载”按钮，可以将插件保存的题录保存到 NE 中“我保存的题录”文件夹中，插件图标右下角的数字表示当前网页被所有用户浏览的次数，用手机微信扫一扫二维码，可以将网页分享给微信好友或朋友圈（图 6-6）。

① 北京微志科技有限公司. http://wecite.cn/ [2017-02-12]。

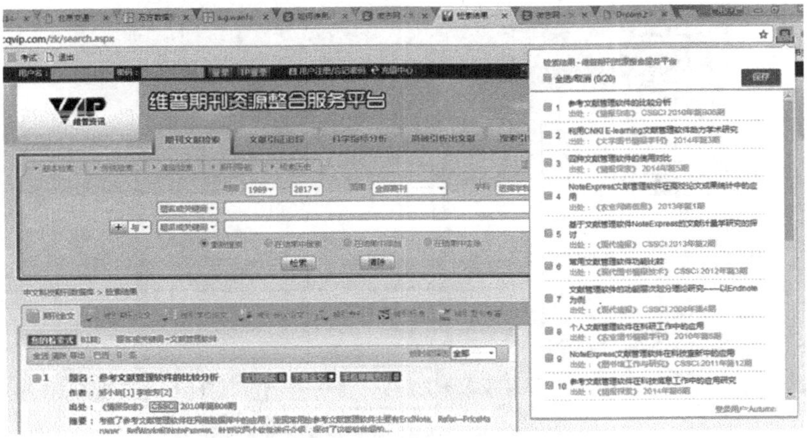

图 6-6　微志网的网页内容保存界面

5）移动 APP（青提文献）录入。移动端客户可以安装“青提文献”APP，通过青提文献收藏题录下载，登录账号与密码与 NE 一致。青提文献可以帮助用户轻松订阅国内外学术期刊的最新文章，追踪某方面研究的最新进展，用户可以利用碎片时间进行文献收集，并最终归集到自己的 NE 中。

6）手工录入。NoteExpress 提供手工编辑录入题录的方式，在题录列表栏中点击鼠标右键“新建题录”即可打开编辑页面手工录入题录。

（4）个人数据库管理

完成了文献题录的导入，即形成了你的个人数据库。为便于科研工作，对题录信息需要进一步整理，NE 提供文献查重、虚拟文件夹、自定义表头、表头排序、附加链接、全文下载、标记标签云、本地检索、组织、回收站等方式高效的管理文献信息。

1）文献查重。点击“检索”—“查找重复题录”—选择查重的文件夹范围—选择查重的比较字段—设置查重的敏感度、匹配度。查重后重复题录高亮，可点击鼠标右键选择删除方式。图 6-7 为 NoteExpress 个人数据库管理界面。

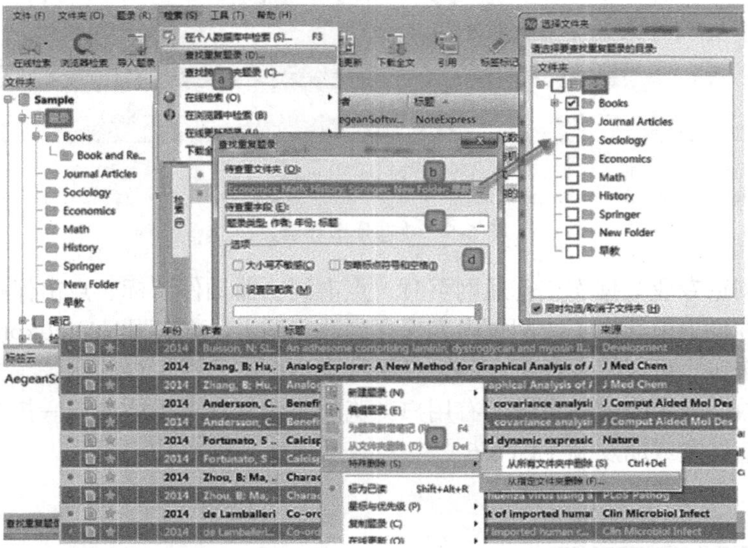

图 6-7　NoteExpress 个人数据库管理界面

2）虚拟文件夹。在同一数据库中，一条题录分属于两个或几个不同的分类目录（或者说一条跨学科的题录需要分别放在不同的文件夹下），NoteExpress 提供虚拟文件夹功能管理此类文献。只需在选择的题录处点击鼠标右键，选择“链接到文件夹”，选择存放的文件夹位置即可。

3）自定义表头。为了实现在电脑的一个屏中就能显示重要的题录字段内容，NE 提供表头自定义功能，可以根据需要增加或者删除字段。在表头处点击鼠标右键，点击“自定义”；选择需要编辑的表头，表头可以新建、删除，并能够为每一个文件夹设置一个表头；将所需字段添加或者删除。如图 6-8 所示。

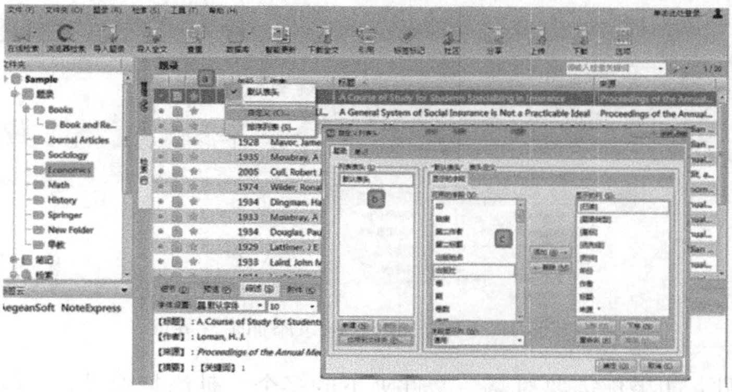

图 6-8　NoteExpress 自定义表头界面

4）表头排序。NoteExpress 的表头排序功能可以按照某一个表头字段简单排序，还能按照多个表头字段多重排序。在表头列表处点击字段名称，就可以按照该字段升序/降序排序；在表头处点击鼠标右键，点击“排序列表”；选择需要排序的多个字段，设定每个字段升序/降序。如图 6-9 所示。

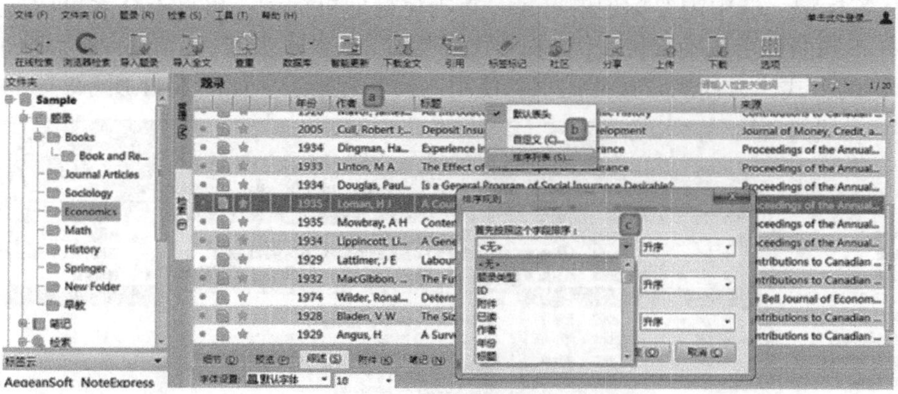

图 6-9　NoteExpress 表头排序界面

5）附件链接。选中需要添加附件的题录—点击“附件”—在空白处点击鼠标右键选择添加附件；或者直接将附件拖动至空白处。

NoteExpress 可添加 PDF、Word、Excel、视屏、音频文档、文件夹、URL 等，可添加一个或多个附件。这样，文献题录信息就会与你的全文信息关联在一起。添加了全文附件的题录，你可以在“题录相关信息命令”栏看到一个回形针标志，点击回形针，你可以迅速打开附件。

单条题录添加附件：在 NoteExpress 中，你可以为每一条文献信息添加附件（附件已经存放在本地），方便你在需要的时候快速打开全文，一条题录可以添加多个附件。图 6-10 为 NoteExpres 题录添加附件界面。

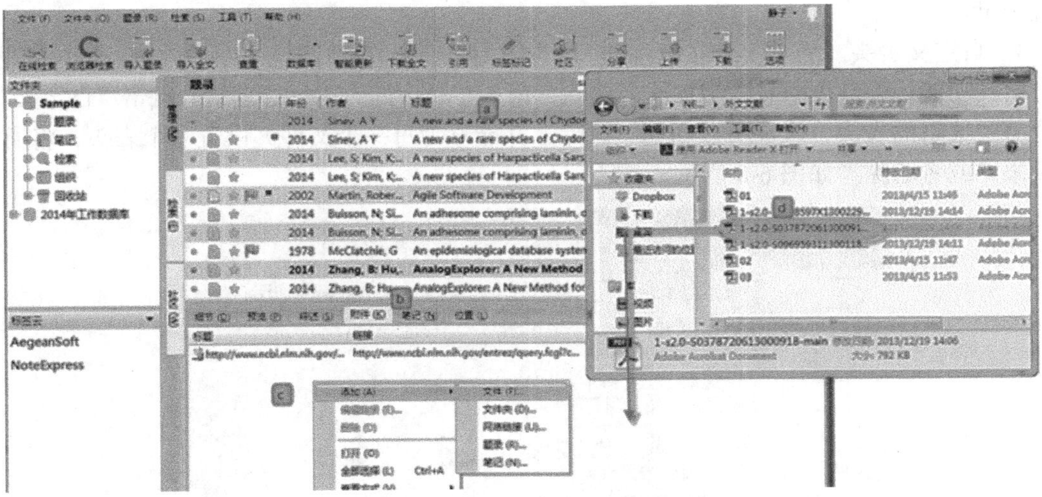

图 6-10　NoteExpress 题录添加附件界面

批量添加附件：如果你需要对某一文件夹下的多个文献添加附件，可以使用 NoteExpress 的“批量链接”的功能，选择全文位置，文献信息与文件名匹配程度等，然后就可以批量链接附件到题录。

6）全文下载。选择所需下载全文的题录—“下载全文”—选择全文下载数据库。

为方便读者进一步阅读全文，NoteExpress 提供批量下载全文的功能，能将全文快速下载到本地并与题录自动链接，下载完毕后即可打开阅读全文。

7）标签标记。选中需要标记的题录—点击星标即可标记；再点击移除星标—点击标签标记；选择不同颜色小旗确定优先级；输入文字标签，或者点击选择已有标签标记（标签云）。这三种标记的方式，方便用户按照需求和使用习惯管理题录。如图 6-11 所示。

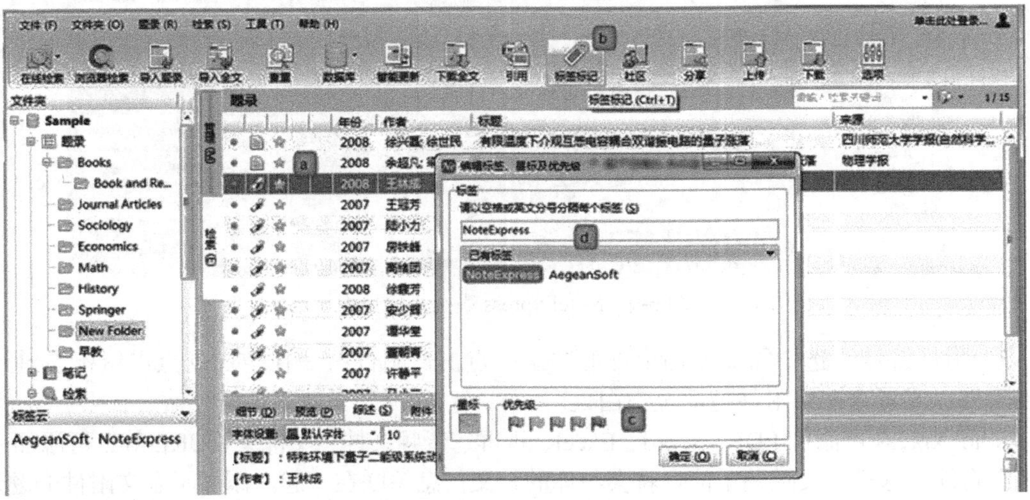

图 6-11　NoteExpress 标签标记界面

8）本地检索。即对在 NoteExpress 里、用户自建的数据库进行的检索。点击“检索”—“在个人数据库中检索”。如图 6-12 所示。

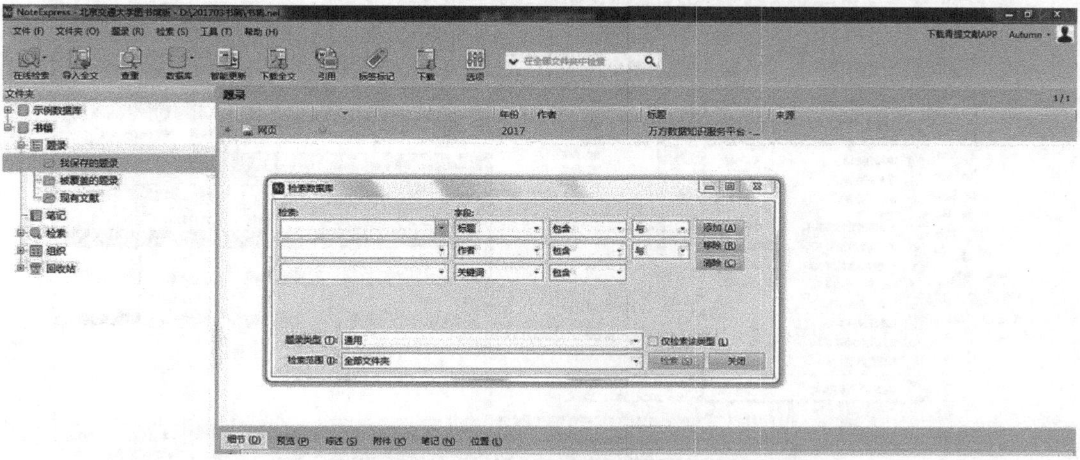

图 6-12　NoteExpress 本地检索界面

9）组织——题录信息再组织。“组织”：NoteExpress 可以分别按照星标、优先级、作者、年份、期刊、关键词、作者机构将数据库内所有题录再度集中显示。

10）回收站。为找回误删除的题录或笔记，NoteExpress 提供了回收站功能，每一个数据库下均有一个回收站，且可以显示出删除的题录或笔记所在的文件夹，以方便记忆和管理，删除的内容可以撤回，避免错删误删带来的损失。如图 6-13 所示。

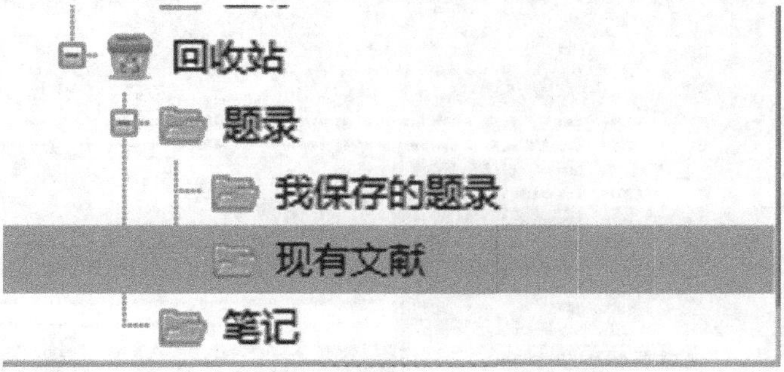

图 6-13　NoteExpress 回收站误删记录找回界面

（5）学术分析

在题录文件夹下选择所需分析的文件夹，鼠标右键—“文件夹统计信息”—选择需要统计的字段—将结果另存为 txt 文本或者 csv 文件。

为能快速了解某一学科领域的重要专家、研究机构、研究热点等。NE 的分析功能将分析结果导出为 txt 和 csv 等多种格式，方便用户做出相关的分析报告。图 6-14 为 NoteExpress 文件夹信息统计界面。

（6）综述和笔记

通过“综述”预览窗口，可以浏览题录的标题、年份、来源、关键词和摘要信息；与题录相关联的“笔记”功能，可以随时记录阅读时的思想火花，方便以后查看。

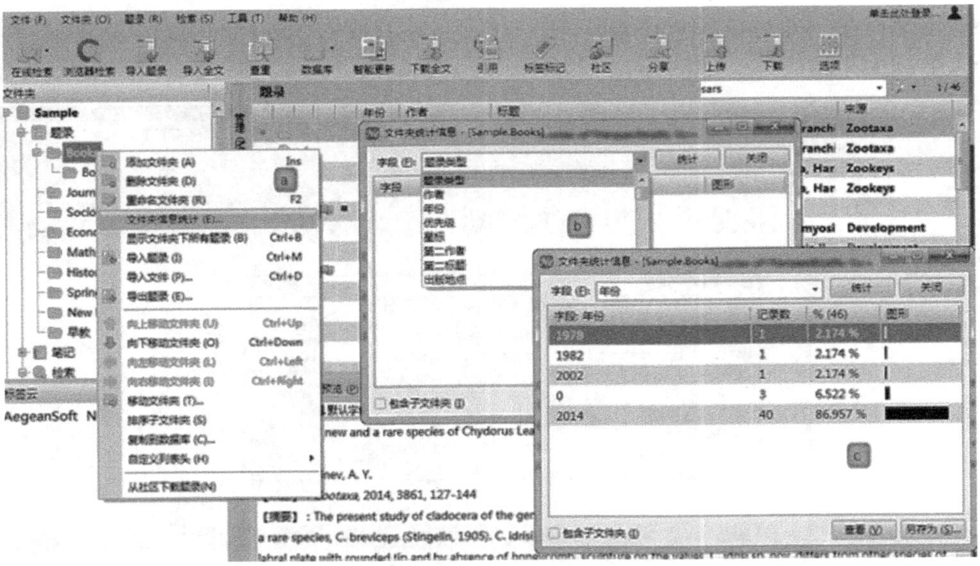

图 6-14　NoteExpress 文件夹信息统计界面

选择所需记录笔记的题录，切换到笔记窗口，可以直接记录笔记（可点击“打开新窗口记录笔记”进行高级笔记编辑，笔记功能可以插入图片、表格、公式等，已经编辑笔记的题录显示紫色的标识。图 6-15 为 NoteExpress 综述和笔记界面。

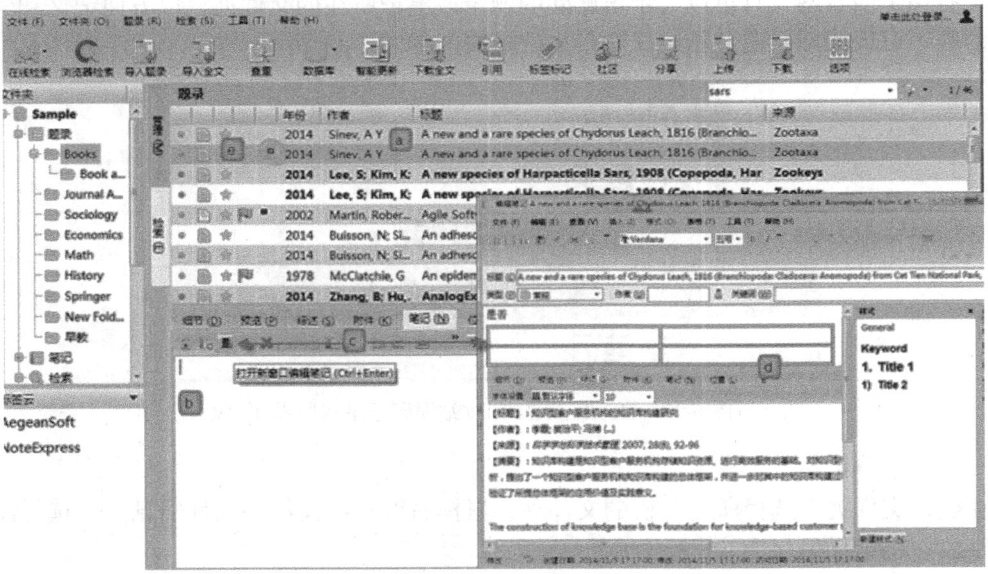

图 6-15　NoteExpress 综述和笔记界面

（7）写作

在安装 NoteExpress 的同时，会在 Word（NoteExpress 目前支持 WPS 以及 MSOffice）程序中自动装入 NoteExpress 的写作插件。此插件可以方便高效的在写作中插入引文，并自动生成需要格式的参考文献索引，也可以一键切换到其他格式。图 6-16 为 NoteExpress 在 Word 的写作插件工具条。

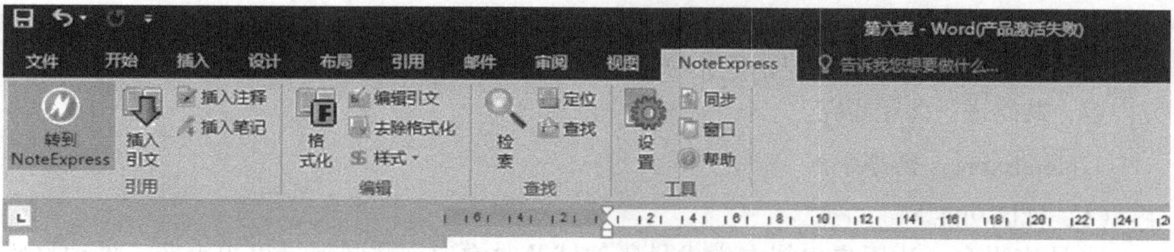

图 6-16　NoteExpress 在 Word 的写作插件工具条

具体操作流程如下：在 Word 界面中将光标停留在需要插入引文处—返回 NoteExpress 主程序，选择插入的引文—点击 Word 工具栏中的“NoteExpress”—点击“插入引文”按钮，自动生成文中引文及文末参考文献索引，同时生成校对报告。

如果需要切换到其他格式，点击“格式化”按钮—选择所需要的样式—自动生成所选样式的文中引文及参考文献索引。图 6-17 为 NoteExpress 在 Word 的写作操作步骤。

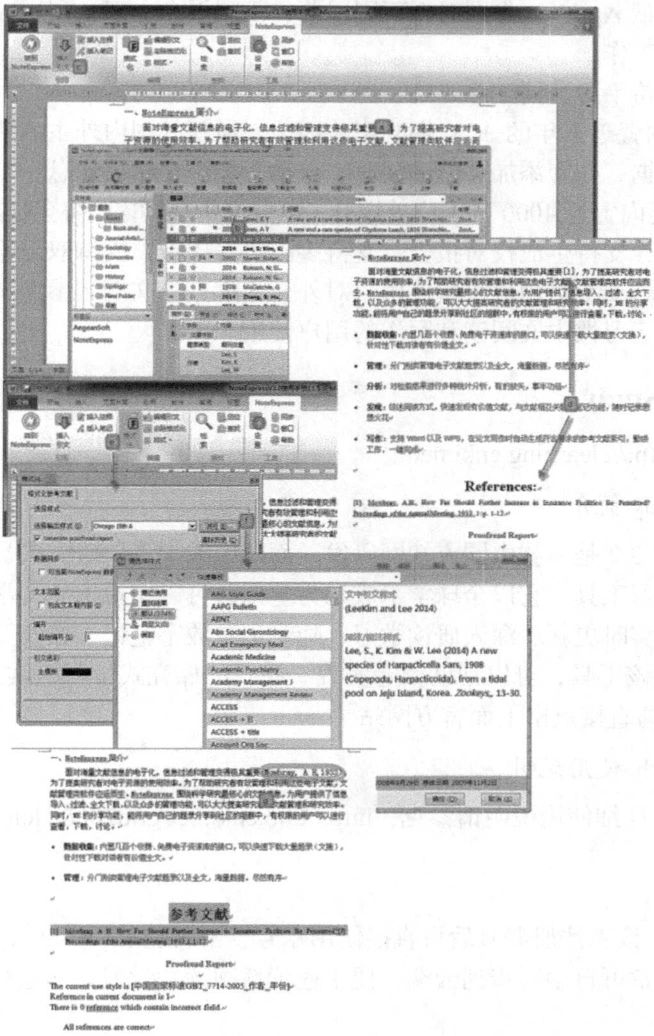

图 6-17　NoteExpress 在 Word 的写作操作步骤

（8）NoteExpress 的社区功能

NoteExpress 能将用户自己的题录分享到社区的组群中，实现与组群中的科研人员分享研究内容，共同进行课题研究。

3. NoteExpress 优势分析

（1）社区功能

微社交平台，让用户也能在学术科研领域及时沟通，共同促进思想火花，推动科研进程。

（2）全文存储云服务

NoteExpress4.0 以上的版本将会实现全面的 PDF 全文云存储，极大地方便用户在不同设备之间数据的共享。

（3）浏览器插件和青提文献 App 协助细片化阅读

在大量可用于获取文献资料的互联网数据源这一方面，NoteExpress 客户端、浏览器插件和移动端的青提文献 App，让您同时在不同屏幕、不同平台之间，利用碎片时间，高效地完成文献追踪和收集工作。

（4）多屏幕、跨平台协同工作

NoteExpress 内置近五年的 JCR 期刊影响因子、最新的国内外主流期刊收录范围和中国科学院期刊分区数据，在您添加文献的同时，自动匹配填充相关信息。

NoteExpress 还内置近 4000 种国内外期刊、学位论文及国家、协会标准的参考文献格式，支持格式一键转换，支持生成校对报告，支持多国语言模板，支持双语输出。

但同时 NoteExpress 对用户收费使用；对外文文献、外文期刊参考文献的格式的兼容性相对较弱，更适应于习惯中文阅读和写作的用户使用。

6.2.2　CNKI E-Study

官方网站为 http://elearning.cnki.net/。

1. CNKI E-Study 简介

CNKI E-Study 3.2 是一款由同方知网研发，面向广大学者、研究人员等读者对象的个人知识管理与辅助学习工具。它以全球学术成果为基础，可以实现中外文学术资料的收集与管理、多终端云同步实时更新、深入研读学习、随时记录数字笔记、在线写作及选刊投稿等多种实用功能。利用该工具，可以帮助读者实现一站式的探究式学习，实现终身学习。CNKI E-Study 下载地址请直接点击上面官方网站①。

2. CNKI E-Study 使用说明

CNKI E-Study 详细使用说明请参见：http://elib.cnki.net/grid2008/Help/AssistDocument/032/html/main.htm。

（1）登录方式

1）账号登录。读者注册账号后可直接使用账号、密码登录，E-Study 登录成功后，使用不同电脑下载的文章可自动同步到云端，便于连续性阅读和学习；本地存储的文献资料可自

① 数字化学习与研究平台 CNKI E-Study. http://elearning.cnki.net/[2017-02-13]。

动在云端进行备份，防止重要资料的丢失，只需要以相同账号登录，并点击工具栏上的同步按钮，就可将之前电脑上的数据自动同步到新设备上。

2）单机登录。读者也可以使用单机模式直接登录 CNKI E-Study 阅读、下载文献。

（2）对学术文献进行分类管理

通过建立学习单元，将文献添加到不同的学习单元内进行分类阅读和管理，可以有计划、有目的、有组织地获取相关领域的知识和技术；学习单元内可以创建多层级文献夹，有效管理文献，构建知识脉络；可从本地电脑添加文献到文献夹中，也可将从 CNKI、NoteExpress、EndNote 导出的文献题录信息导入学习单元的文献夹中。

1）按照不同主题建立学习单元，如图 6-18 所示。

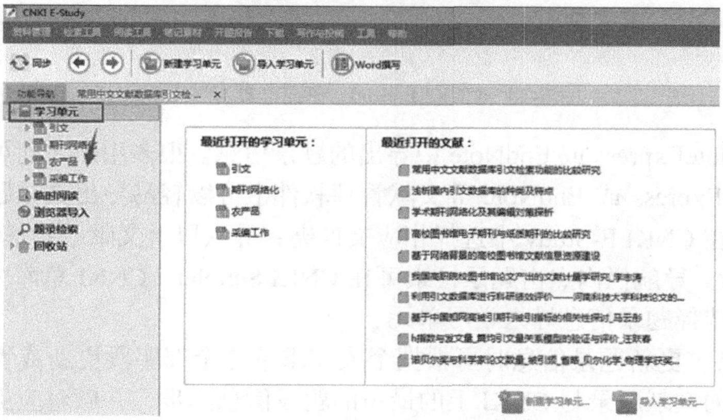

图 6-18　CNKI E-Study 学习单元建立界面

2）学习单元内创建多层文件夹。将学习单元内的文献按照学习阶段、研究角度、内容方向等对文献进行归类，实现有效管理，提高文献管理效率及阅读体验。

3）从 CNKI 或其他文献数据库中导入文献题录。将从 CNKI 或其他数据库中检索到的文献，选择 CNKI E-Study 格式，导出题录信息并添加到学习单元中的文件夹内。

4）从浏览器中导入题录信息。从谷歌 Chrome 浏览器中可将 CNKI、百度学术、Springer、Science Direct 等数据库中题录信息导入到 E-Study 客户端中。例如，打开谷歌 Chrome 浏览器，右键点击图标，选择选项后可看到 CNKI E-Study 的插件版本信息及支持可导出题录的网站，图 6-19 和图 6-20 以 CNKI 网站为例保存题录信息。

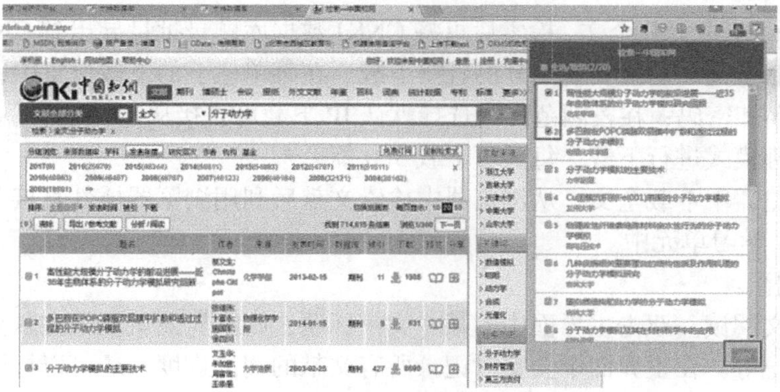

图 6-19　Chrome 浏览器中将 CNKI 题录信息导入界面

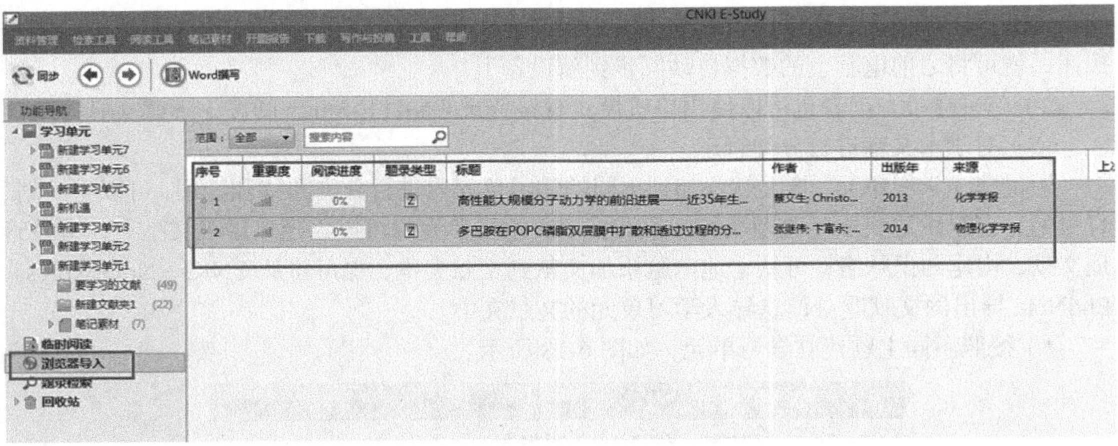

图 6-20　CNKI E-Study 中浏览器导入界面

5）导入从 NoteExpress 或 EndNote 中导出的题录信息。很多用户之前可能有别的文献管理软件，从 NoteExpress 或 EndNote 等文献管理软件中可以轻易导出文献题录信息，保存到本地计算机上。在 CNKI E-Study 中选择相应文件夹，导入以上文献题录信息即可。

6）题录检索。导航栏内点击题录检索可在 CNKI Scholar、CNKI 总库中进行检索；检索结果区内可直接选择题录信息导入学习单元。

7）更新题录。更新题录信息时可根据个人需求选择全部字段更新或者空白字段更新，系统自动将当前的文献题录与 CNKI 上的最新的题录信息同步，并做对应更新。

8）导出学习单元。将在 E-Study 平台已建立好的学习单元及学习单元内文献导出至本地文件夹。

9）关闭学习单元。对于暂时不查看的学习单元可以选择关闭学习单元，所选择的学习单元从 E-Study 中关闭，但仍然保存在计算机上原来的位置，需要时可以再次打开。

（3）提供文献获取一站式服务

1）文献检索。CNKI E-Study 以平台内文献及 CNKI 中心网站文献为基础，嵌入了多种检索工具，包括 CNKI 学术检索、CNKI 总库检索、学者检索、科研项目检索、工具书检索、学术概念检索、翻译助手、统计指标检索、学术图片检索、CNKI 学术表格检索、工具栏检索等，多维度、多方式便于读者检索文献。

2）文献下载。

第一，E-Study 中下载全文。检索后可将 CNKI 数据库题录批量导出到 CNKI E-Study 中，可以通过“下载全文”功能实现文献的直接下载。在菜单栏下的下载设置中，设置下载使用的 CNKI 用户名和密码；在校园范围内选择默认 IP 下载可直接从 CNKI 中心网站下载文献，也可以使用代理模式进行下载，每天可下载 300 篇。

第二，浏览器中下载全文。从浏览器中检索文献后利用浏览器插件直接下载文献全文，保存到 E-Study 学习单元中。

3）文献阅读。

第一，全文阅读。双击主界面中的某一文献标题，则主界面就显示文献全文，即可在线阅读、记录笔记等。在主界面中会实时记录所有文献的阅读进度，还可以标注每篇文献的重要程度。

第二，文字识别。阅读过程中可利用文字识别功能将不能直接获取文字的加密文献进行识别及文字复制；对于文献中的图像、表格，可在阅读过程中直接利用选择图像功能进行保存。

第三，临时阅读。可作为阅读器，直接打开计算机上的文献进行阅读，并且可同时阅读多篇文献。

第四，页面显示。阅读单篇文献时可选择“单页”“对开”“连续对开”三种方式。

第五，文献目录显示。打开文献全文，有目录的文献会自动打开目录，在文献全文和导航栏之间即列出该文献的目录。

第六，对比阅读。可以对学习单元内的两篇文献全文并排对比，以便阅读查看文献之间的异同。

第七，标注集。阅读文献时，可显示当前文献中所有添加的标注列表。

（4）构建文献与笔记管理平台

在研读文献时，可随时对文献进行添加笔记操作，记录瞬间产生的思想火花或灵感，不间断阅读进程，便于后期文档整理和深入研读。

1）对文献内容添加笔记。

第一，快速添加笔记。

第二，带系统标签笔记。系统根据读者的笔记习惯，自定义“背景及意义”“国内发展现状”“国外发展现状”等多种标签，读者可根据个人需求进行选择，为笔记添加相应标签。

第三，图片笔记。阅读过程中可将文献中的内容保存成图片形式的笔记。

第四，随手笔记。除针对文献的标注外，也可以添加与文献无关的笔记。

2）绘制笔记。

第一，高亮笔记。读者可将重要的文献内容添加高亮笔记，默认高亮会和快速添加笔记一样，自动将所选内容添加为一条新笔记。

第二，下划线。在阅读文献的同时可添加下划线对文献内容进行标注。

第三，标注。可以对文献内容绘制多种类型的标注，即直线、曲线、矩形、椭圆。

3）笔记的管理。

第一，查看笔记。对已添加的文献笔记提供三种笔记查看方式：“按上次学习时间”“按标签内容”“加星标笔记”。

第二，导出笔记。针对已添加的笔记，可以通过导出功能导出笔记本内的所有笔记、文献夹所有笔记、单篇文献所有笔记及单条笔记，选择文档类型（Word 文档类型或 mht 的 web 文件类型）后即可导入指定位置；同时导出文献时也可以按笔记创建时间、修改时间、所属文献、笔记标题四种顺序进行导出。

第三，修改笔记格式。已添加好的笔记可对其字体、字号、文字颜色、文字背景、段落、格式、插入横线、链接、截图、图片、附件等进行修改。

第四，删除笔记。可在笔记列表中删除笔记，或在文献中选中要删除的笔记进行删除。

第五，笔记跳转到原文。在笔记列表中通过按钮实现跳转，点击后自动跳转到原文中当前笔记所在的位置；或者在文中选中一条笔记，直接在选中区域双击，自动跳转到笔记列表中当前笔记所在的位置。

4）保存网页或网页选中内容为笔记。用 IE 浏览器浏览网页时可将当前网页保存到指定学习单元中，也可将网页中的部分内容作为笔记添加到学习单元中，亦可将网页中的内容保存为笔记。

（5）强大的关联文献推送功能

在选中一篇文献或阅读文献时，CNKI E-Study 可为读者自动推送这篇文献的参考文献、引证文献、相似文献、读者推荐文献等。

（6）便捷的文档写作辅助功能

1）自动生成参考文献。参考文献能够反映一篇文献的研究背景和依据。用 Microsoft Office Word 撰写论文时，可通过 CNKI E-Study 在 Word 中的加载项来插入参考文献。

第一，插入引文。安装 CNKI E-Study 后，在 Microsoft Office Word 中将自动嵌入 CNKI E-Study 插件。编辑论文时，在引用内容的角标位置，点击“插入引文”，随后在 CNKI E-Study 中选择要插入引文的文献，所选择的参考文献即插入到所编辑论文的光标处，在论文的最后会自动生成参考文献条目。同时，可对引文进行编辑样式、更换引文样式、编辑著录格式及布局格式、去除格式化等操作。

第二，编辑引文。可点击编辑引文，对其内容进行修改和编辑。

第三，更新引文。在 CNKI E-Study 中对文献的题录做修改后，点击“更新引文”，参考文献和参考文献条目即可与 CNKI E-Study 中的文献题录信息保持一致。

第四，更换引文样式。在 Word 中可以对引文样式进行修改，单击“更换引文样式”，即可选中样式进行更换。

2）开题报告。研读过程中有些笔记已添加“背景及意义”“国内发展现状”或“国外发展现状”的标签，CNKI E-Study 提供开题报告模板，可将这些笔记内容添加到对应的“背景及意义”“国内发展现状”或“国外发展现状”位置，并将笔记来源的文章作为参考文献插入文章中，直接形成开题报告。

3）写作和投稿。

第一，选择出版物撰写论文。CNKI E-Study 提供上千种论文期刊模板，包括中文期刊模板 775 种、外文期刊模板 422 种。通过导航栏的分类检索可直接检索要投稿的期刊名称，每种期刊都附有“影响因子”“主办单位”“投稿模板”“投稿说明”，方便初次投稿的作者了解所投期刊的状况。并可提供期刊的写作模板，提高写作效率。

第二，进入 Word 撰写。在 CNKI E-Study 中点击“进入 Word 撰写”，即可打开当前活动的 Word 文档继续撰写论文；若您当前没有打开 Word 文档，即可新建 Word 文档。

第三，插入选中题录。在 CNKI E-Study 中，可选中一篇或多篇文献，将选中的文献题录插入到 Word 中。

第四，选择出版物投稿。读者可直接在 CNKI E-Study 中选择一本出版物，点击“投稿”后，输入在该刊注册的用户名和密码，即可登录投稿。

3. CNKI E-Study 优势分析

1）免费提供用户使用。用户在其官网主页 http://elearning.cnki.net/直接下载使用，绿色安全。

2）能帮助用户深入研读。NKI E-Study 支持对学习过程中的划词检索和标注，包括检索工具书、检索文献、词组翻译、检索定义、Google Scholar 检索等；支持将两篇文献在同一个窗口内进行对比研读。

3）新增图片、TXT 文件预览功能。NKI E-Study 实现对图片、TXT 文件的预览，扩展了在文献管理软件中文件阅读的类型。

4）一站式阅读和管理平台。支持多类型文件的分类管理，支持目前全球主要学术成果文件格式，包括 CAJ、KDH、NH、PDF、TEB 等文件的管理和阅读。新增图片格式文件和 TXT 文件的预览功能。支持将 Word、PPT、TXT 转换为 PDF。

5）帮助在线投稿。撰写排版后的论文，作者可以直接选刊投稿，即可进入期刊的作者投稿系统。

6）多平台支持文献获取。支持 chrome 浏览器、opera 浏览器；支持将题录从浏览器中导入、下载到 CNKI E-Study 的“浏览器导入”节点；支持的网站：中国知网、维普、百度学术、Springer、Wiley、Science Direct。

6.2.3　医学文献王

医学文献王官方网址为 http://refer.medlive.cn/。

1. 医学文献王简介

医学文献王是医脉通软件中心开发的医学文献管理软件。“医脉通”网站于 2006 年 8 月 8 日域名（medlive.cn）注册，专门面向临床医生和医学生，致力于“做医生的临床决策好帮手”。发展至今，网站已经聚集了 100 多万用户，积累了大量的医学信息资源。快速而全面的医学信息传递让医脉通成为中国最专业的学术网站。鉴于医学文献信息在文献界的重要性和独特性，本节特别介绍一下医学文献王在医学文献管理方面的优势。

目前的版本为 v4.7.0.1，主要在 PC 端安装使用。

2. 医学文献王使用说明

使用详细说明请参见 http://refer.medlive.cn/templates/operation.tpl.php。

（1）智能化文献检索

1）在线检索与浏览器检索两种方式，根据使用习惯随意选择。

2）PubMed 检索，直接输入中文检索词即可匹配英文检索词，图 6-21 为医学文献王中的 PubMed 检索界面。

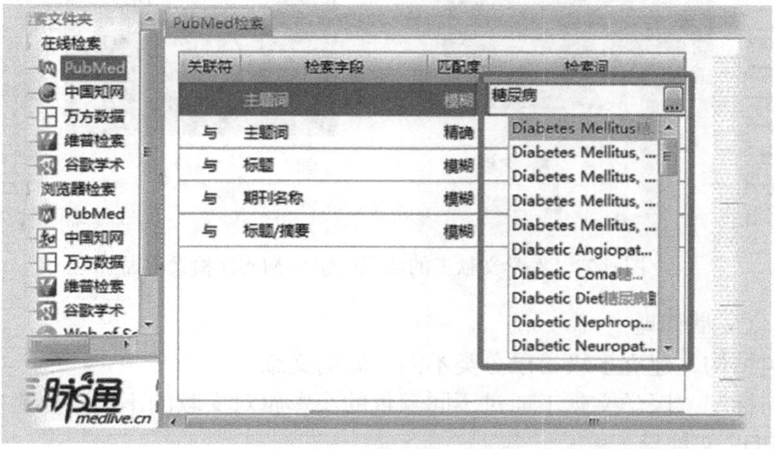

图 6-21　医学文献王中的 PubMed 检索界面

3）全文标记，数据库中重复文献标记。

4）导入设置可直接通过影响因子范围筛选文献、过滤掉重复文献。图 6-22 为医学文献王导入设置界面。

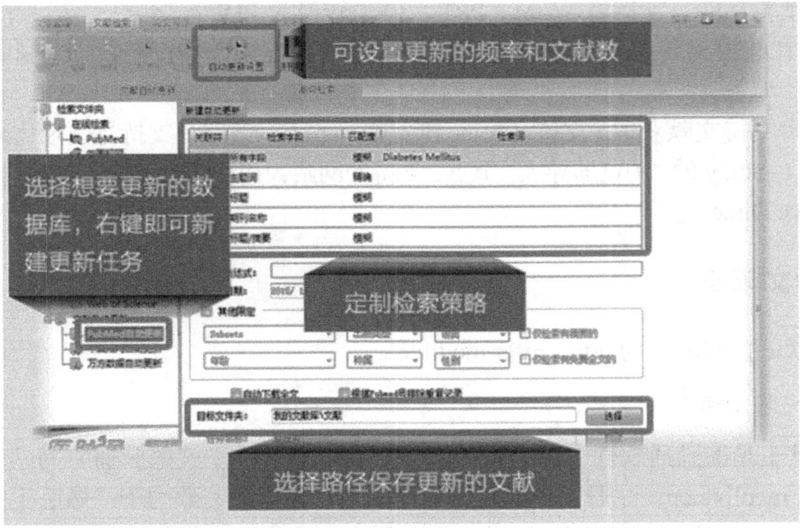

图 6-22　医学文献王导入设置界面

5）文献自动更新，随时随刻监测最新文献。

6）期刊检索与 MeSH 检索。图 6-23 为医学文献王的期刊检索与 MeSH 检索界面。

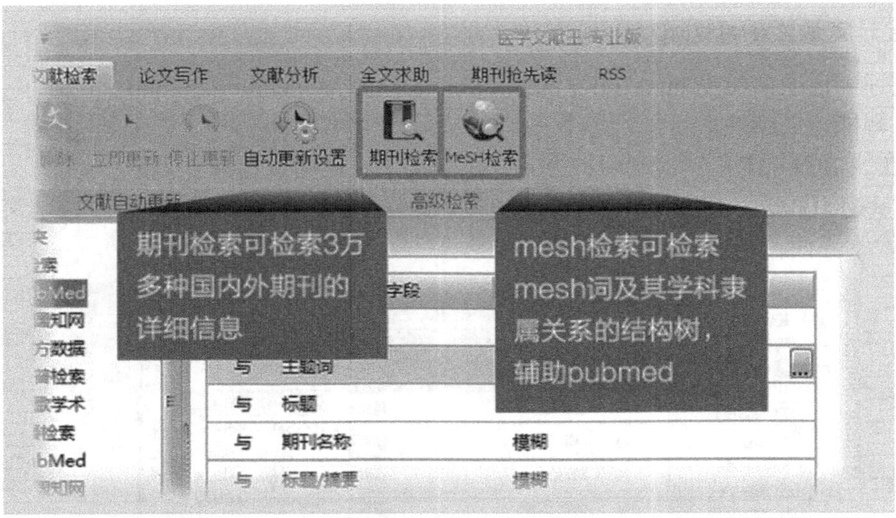

图 6-23　医学文献王的期刊检索与 MeSH 检索界面

（2）专业化文献管理

1）目录树结构，建立多级目录分类不同专题的文献。

2）分类与标记，医学文献王通过不同颜色的小彩旗对文献的不同重要程度进行区分。

3）本地 PDF 文件导入。

4）查重除重，通过对查重字段设置、查重范围选择。

5）云备份，医学文献王可以对本地数据库、文件夹、题录及全文进行有选择性地备份。

6）汉化辅助。图 6-24 为医学文献王汉化辅助界面。

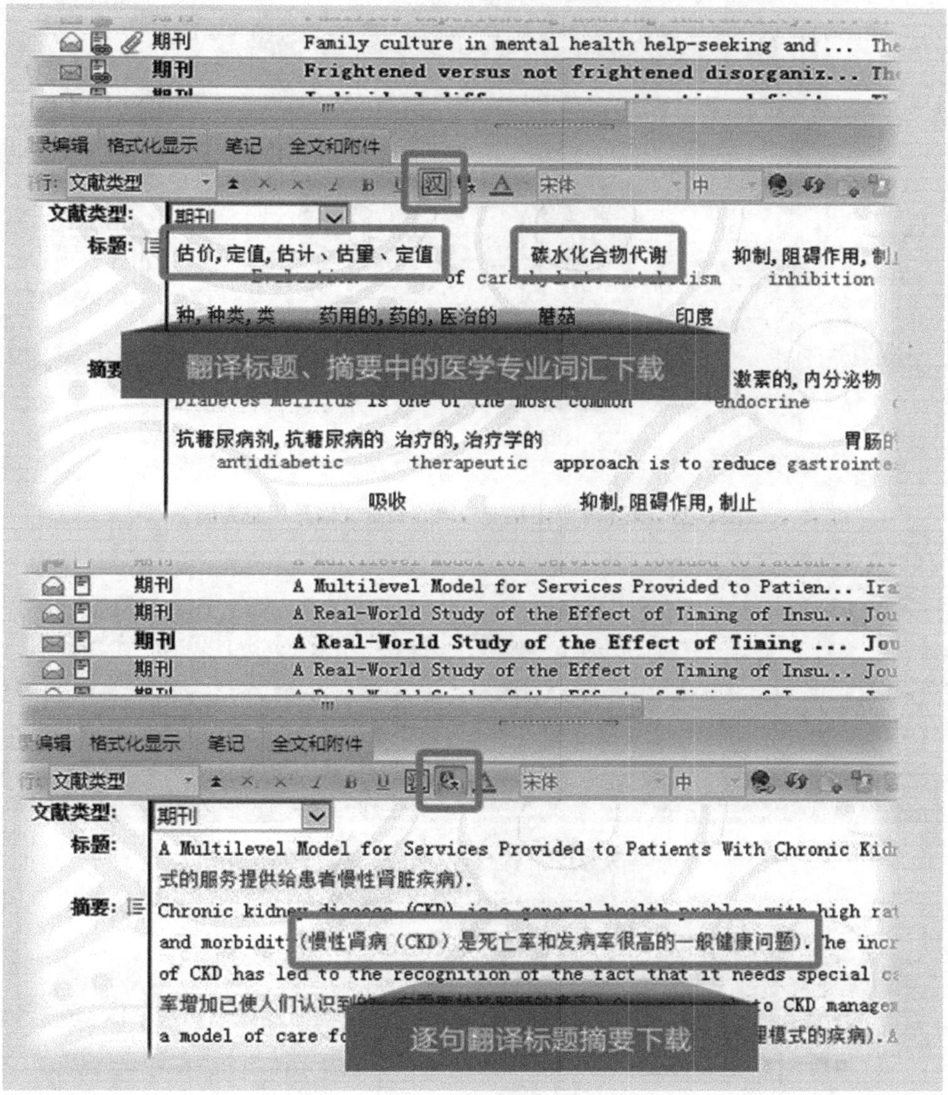

图 6-24　医学文献王汉化辅助界面

（3）便捷化获取全文

1）后台批量下载免费全文。

2）权限内下载收费全文（账号登录的需要设置全文数据库账号，IP 授权的不需要设置可直接下载）。

3）快速获取收费全文。图 6-25 为医学文献王快速获取收费全文信息提交界面，图 6-26 为医学文献王快速获取收费全文救助文献列表界面。

图 6-25　医学文献王快速获取收费全文信息提交界面

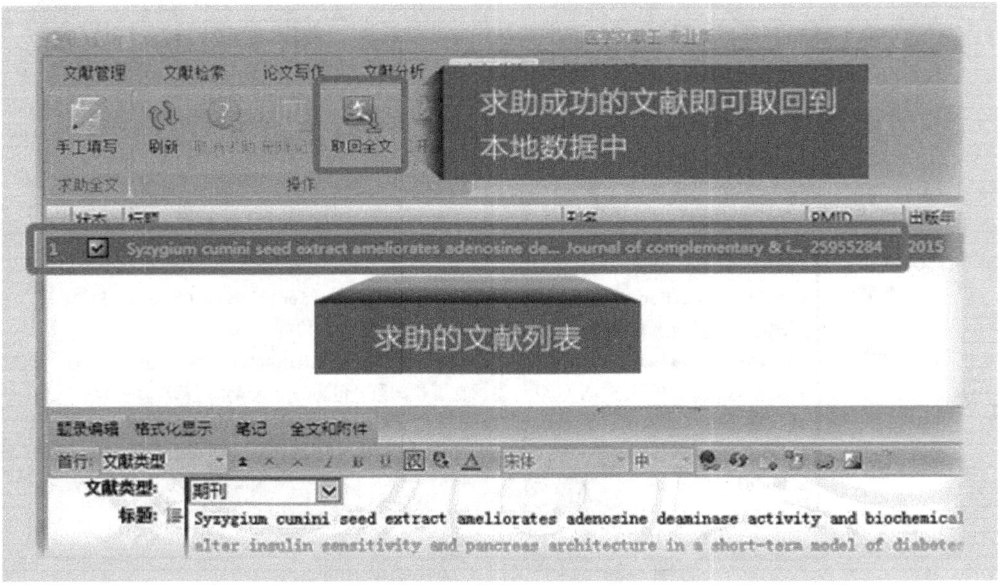

图 6-26　医学文献王快速获取收费全文救助文献列表界面

（4）自动化引用文献

医学文献王与其他参考文献管理软件一样，可以实现自动插入参考文献，并可根据所投刊物的不同，自由切换著录格式。

3. 医学文献王优势分析

1）全面整合 PubMed、万方等医学常用中外文数据库，准确检索到所需的文献，轻轻松松建立个人资源数据库。

2）后台批量下载免费全文，全文求助快速获取收费全文。

6.3　外文文献管理软件的使用

相比于中文文献管理软件，外文的文献管理软件可谓种类繁多，维基百科上关于“Comparison of reference management software”的条目中提到了除中国用户熟知的 EndNote、Mendeley、Referencer、RefWorks、F1000Workspace、Citavi、SciRef、BibBase、Bookends 等以外的 33 种之多①，可谓眼花缭乱，一时不知从何选择，这也间接地说明了国外在文献管理方面的意识远早于中国，在文献管理地能力上也占有很大的优势，下面选择 EndNote、RefWorks 与 Mendeley 为代表来给用户介绍外文文献管理软件。

6.3.1　EndNote

EndNote 官方网址为 http://endnote.com/。

1. EndNote 简介

EndNote 是科睿唯安（Clarivate Analytics，原汤森路透知识产权与科技事业部）开发的文献管理软件，EndNote 可以连接上千个数据库进行信息检索，统一管理不同来源的参考文献和相关文件，并立即创建系统化、易识别的目录。EndNote 还是一个整合的写作工具，在论文写作过程中，用户可根据投稿期刊的不同要求，在论文中快速插入参考文献，并生成规定格式的参考文献列表。此外，EndNote 有网络版和单机版两个版本，EndNote Web 是一个基于网络的文献管理与论文写作工具，它完全由 WEB OF SCIENCE 和 EndNote 集成。WEB OF SCIENCE 用户可免费访问 EndNote Web，统一管理不同来源的文献信息，并在论文写作过程中自动插入参考文献和按照要求期刊的格式生成参考文献列表，从而使文献管理与论文写作更快捷②。

2. EndNote 使用说明

本节主要介绍 EndNote 单机版。目前 EndNote 到了 X8 的版本，单机版可帮助创建个人文献图书馆，能够检索联机数据库和图书馆编目并从中快速导入所需文件至个人文献图书馆。利用创建分组、记录去重、文献排序、信息分析、阅读笔记、查找全文等多种功能，按照个人需要可高效地组织及管理不同来源的中英文文献和相关文件，随时编辑，快速更新。同时，EndNote 能将文献图书馆的信息资源与工作小组成员共享。

（1）创建个人文献图书馆

在菜单栏中点击“File”，选择“New”新建个人文献图书馆，并保存.enl 文档“My EndNote Library”至本地。

（2）文献导入

1）从英文数据库网站导入文献。图 6-27 为 EndNote 外文文献导入界面。例如，从 WEB OF SCIENCETM 导入文献至 EndNote，在检索结果页面勾选所需文献。点击保存至“EndNote

---

① WIKIMEDIA FOUNDATION I. Comparison of reference management software. https://en.wikipedia.org/wiki/Comparison_of_reference_management_software [2017-04-03]。

② LLC P. Converting from Other Bibliographic Management Programs. https://www.refworks.com/refworks2/help/RefWorks2.htm#Welcome.htm.[2017-03-10]。

desktop”，保存网站生成的.ciw 格式文件至本地，下载完毕后选择“Export to: EndNote”。将所选文献导入至 EndNote 单机版。打开 EndNote 单机版软件，可见文献自动导入。

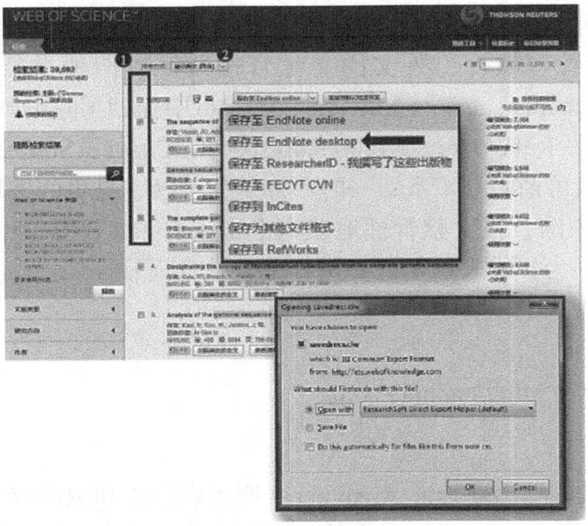

图 6-27　EndNote 外文文献导入界面

2）从中文数据库导入文献。例如，从中国知网导入文献至 EndNote，在中国知网检索后，选择所需文献，并在文献输出页面选择 EndNote 格式进行文献下载，点击导出后，保存网站自动生成的.txt 文档至本地。

在菜单栏中选择“File”，点击“Import”下“File”或者选择工具栏中绿色向下箭头，导入特定文献，在 Import File 对话框中，在“Import Option”中选择“EndNote Import”，然后点击“Import”，将文献全部导入至 EndNote。如图 6-28 所示。

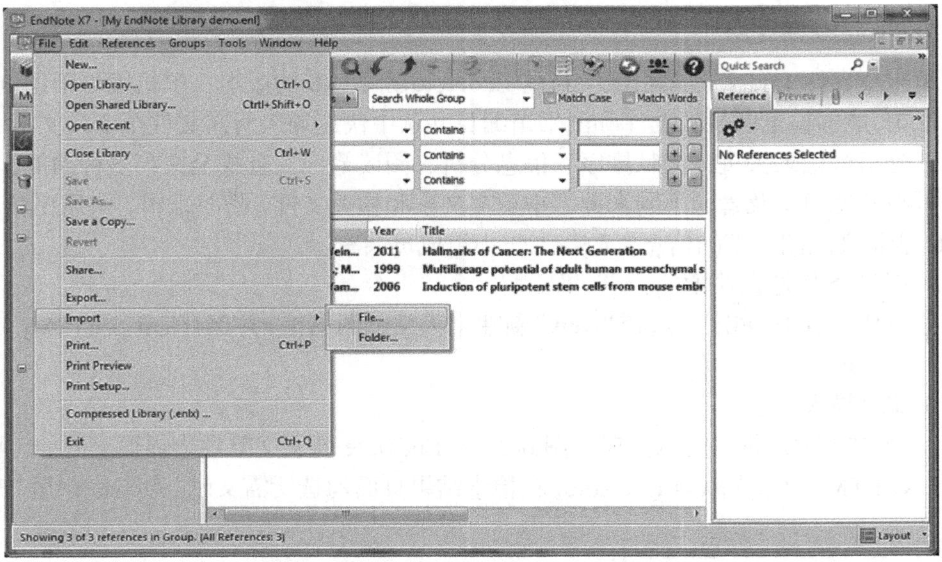

图 6-28　EndNote 中文文献导入界面

3）将已有 PDF 单篇及批量导入。与所有的文献管理软件一样，方便第一次使用的读者将个人电脑上已经下载的 PDF 全文信息导入 EndNote。操作方法如下。

单篇 PDF 导入：在菜单栏中选择“File”，点击“Import”下“File”或者者选择工具栏中绿色向下箭头，从本地选取特定.pdf 文件。在 Import File 对话框中，在“Import Option”中选择“PDF”，然后点击“Import”，将.pdf 文件导入。

本地文件夹中批量 PDF 导入：在菜单栏中选择“File”，点击“Import”下“Folder”，导入文件夹所有 PDF；在 Import Folder 对话框中，选择要导入的本地文件夹，若该文件夹包含子文件夹，可勾选“Include files in subfolders”将该文件夹连同子文件夹一同导入（注：导入子文件夹时仅可保留至二级文件；勾选“Create a Group Set for this import”可为该文件夹新建一个分组，并保留原有分类设置）。

4）将本地文件夹与 EndNote 关联。将本地文件夹与 EndNote 关联，可实现在本地文件夹中添加 PDF 文件的同时，EndNote 个人文献图书馆也进行同步更新。

在菜单栏中选择“Edit”，点击“Preferences”—在 EndNote Preferences 对话框中选择“PDF Handling”，选择要关联的本地文件夹，并勾选“Enable automatic importing”让该文件夹与 EndNote 进行关联，并实现自动同步导入。如图 6-29 所示。

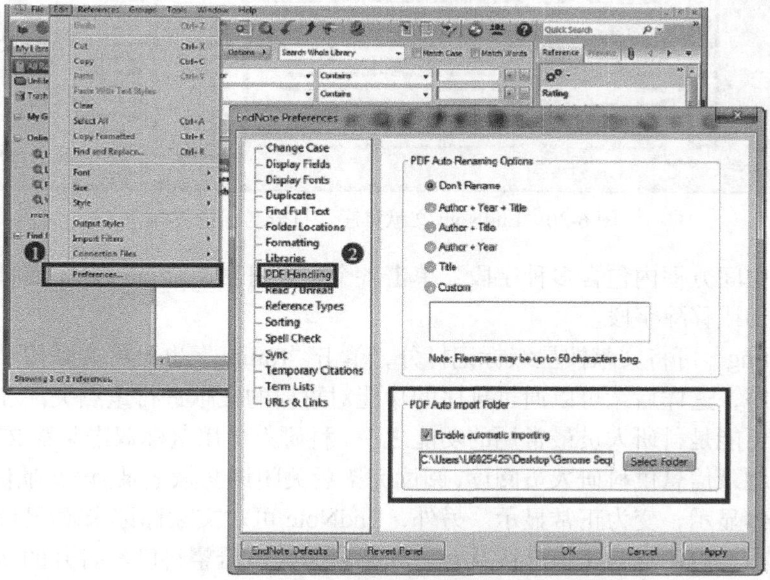

图 6-29　本地文件夹与 EndNote 进行关联界面

5）自动更新导入文献信息。当导入 PDF 文件信息不完整时，EndNote 的自动更新信息功能可帮助将文献字段信息补充完整。

6）在线检索。EndNote 可在“Online Search”中选择特定数据库进行在线检索，并可将检索到的文献直接添加至个人图书馆。并且在中间检索功能栏中点击“Options”，选择“Save Search”可保存检索式至本地，以便未来进行重复检索时，只需点击“Load Search”加载保存的检索式即可。

7）手工添加。如果已有一篇文献，但是无法在文献数据库中检索到，通常可以在手动创建参考文献进行添加。在菜单栏中选择“References”，点击“New Reference”，新建文献窗口。首先在“Reference Type”下拉列表中选择文献类，可以统一管理基金、标准、报告、专利、政府文件、手稿、图片、方程式、地图、账单、博客、多媒体等各类信息。

按照字段输入相应信息，如 Author 中填写作者姓名（注：作者信息格式为一名一行）。字段“Research Note”后可添加个人笔记，方便检索和查询。最后点击菜单栏“File”，点击“Save”，保存该文献记录。

（3）文献管理

1）文献排序、打分与标记。图 6-30 为 EndNote 文献排序、打分与标记界面。

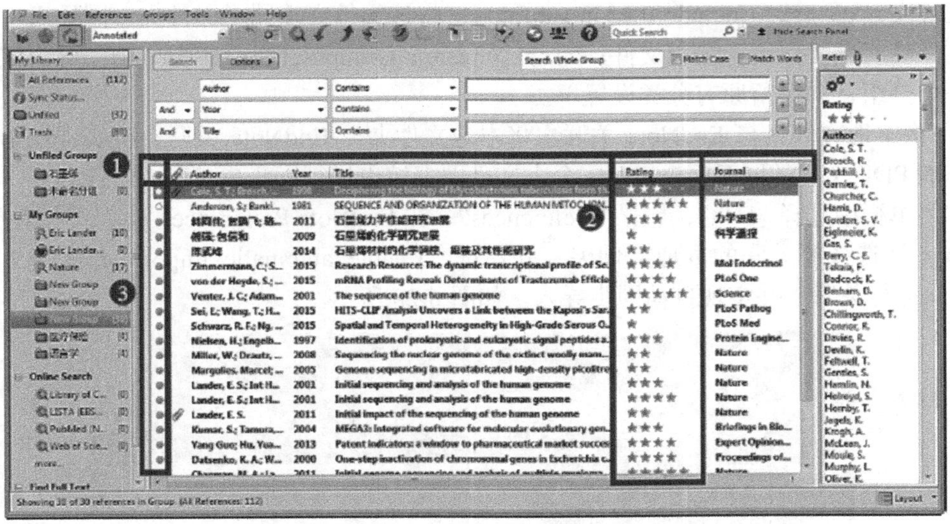

图 6-30　EndNote 文献排序、打分与标记界面

EndNote 中间方框内包含多种字段，单击各个字段可对文献进行升序或降序排列，点击右键可选择添加或移除字段。

字段“Rating”可将文献按星级标记打分，单击“Rating”也可将文献按照星级升序或降序进行重新排序，这样后续可以通过排序的功能对重要的文献进行重点关注和阅读。

文献标记可能是科研人员最常用的功能之一。科研人员用鼠标双击某篇文献后，EndNote 会自动打开其题录信息供科研人员阅读，阅读完毕后关闭该文献记录。该文献信息在 EndNote 由打开前的粗体显示，变为正常显示。另外，EndNote 可对文献标记未读/已读状态，灰色点为文献未读状态，白色点为文献已读状态。如果科研人员希望将已经打开的文献记录标识为未阅读过，以便后续进一步研读，只需要选中该篇文献后，鼠标右键单击，点选“Mark as Unread”，即可。

2）本地文献检索。科研人员已经拥有大量文献时，经常需要通过片段化的信息快速地锁定特定的文献，就需要在个人文献图书馆进行检索。

3）文献去重。选择菜单栏中“References”，点击“Find Duplicates”，来进行文献去重。EndNote 可将重复文献记录逐一进行对比展示，选择欲保留的文献记录，并点击“Keep This Record”，即可删除重复的文献记录。

4）分组管理。EndNote 提供三种创建文献组的方式，可以非常方便地对文献进行归档。

第一，一般分组。在菜单栏中选择“Groups”，点击“Create Group”，新建分组；点击“Create Smart Group”，新建智能分组；点击“Create from Groups”，新建组合分组。把目标文献直接添加到组（直接拖动或右键添加），所有组按照字母顺序进行排序。

第二，智能分组。智能分组按照设置要求自动挑选符合条件的文献记录，并直接归并至智能分组中。当有新记录导入个人文献图书馆时，EndNote 自动将符合条件的文献记录放入至该智能组中。

第三，组合分组。组合分组将已经设置好的分组用逻辑运算符 AND、OR 和 NOT 进行组与组之间的匹配。例如，寻找并建立组与组之间的交集或并集等。

5）全文下载及查找全文。EndNote 的全文下载功能可批量下载全文，非常方便。单机版可基于文献题录信息查找全文，选择要查找全文的文献，点击左侧栏中“Find Full Text”。如已找到该文献全文，则会显示“Found PDF”及文章篇数。中间栏的文献题录信息前出现了回形针标识，表示该文献已拥有全文。

EndNote 内置的 PDF 阅读器可以实现一般的 PDF 阅读器的功能，如翻页、放大、检索、高亮、保存等功能。还可以手动将文献全文关联到文献记录上。点选该文献记录，鼠标右键单击，点选“File Attachments”，点击“Attach File”，将文献全文 PDF 文件关联到文献记录上。

6）文献分析。EndNote 内置了非常强大的文献分析功能，可以对多达 50 余个文献字段进行分析，从而获取文献背后的信息。例如，以分析文献的关键词为例，以期找到高频热点的关键词，从而指导科研的开题和选题。

选择菜单栏“Tools”，点击“Subject Bibliography”—弹出选择字段对话框，选择“Keywords”，点击“OK”—鼠标左键单击标题栏上“# Records”，进行排序。科研人员可以通过关键词频率出现的高低判断当下的研究热点，从而调整自己的研究方向。另外还可以将词频较高的关键词补充到文献检索式中，以获得更加全面的科研信息，选择需要进一步分析的关键词，也可以点击“Select All”，最后点击“OK”—含有该关键词的文献就列在文本框中。科研人员可以通过进一步阅读其文献，了解研究动态，可以选择输出的期刊参考文献格式，还可以对文献输出做进一步设置，如图 6-31 所示。

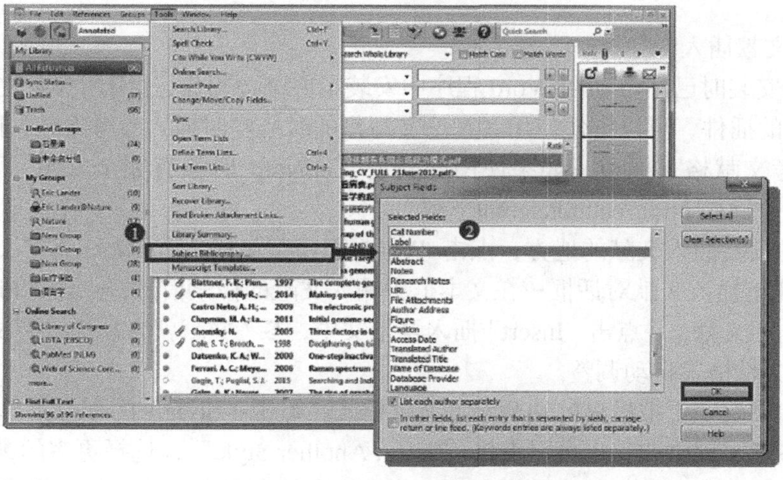

图 6-31　EndNote 文献分析界面

（4）设置写作模板

EndNote 内置了 300 余个期刊论文写作模板，以方便作者撰写论文时，不用担心不同期刊论文格式要求的不同而耗时耗力。在安装的 EndNote 时，可以以“完全安装”方式自动安装，或是通过访问 EndNote 的官方网站 http://endnote.com/下载。安装完后，选择菜单栏“Tools”，点击“Manuscript Templates”，选中拟投稿的期刊，点击“Open”。投稿期刊模板打开后，按照模板要求依次填入文章标题、作者、各段内容，完成每一步后点击“Next”，全文信息填写完成后，点击“Finish”。

（5）参考文献插入及格式自动调整

图 6-32 为 EndNote 参考文献插入及格式自动调整界面。

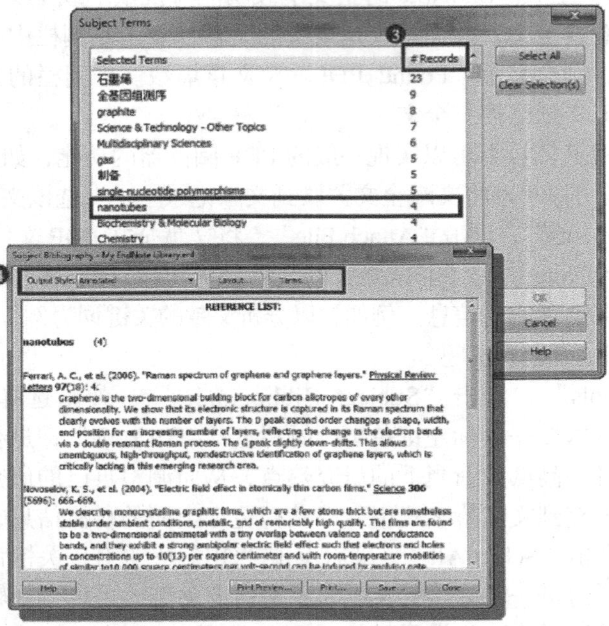

图 6-32　EndNote 参考文献插入及格式自动调整界面

1）参考文献插入。

EndNote 安装时已经自动在 Word 程序中安装了一个边写作,边引用参考文献(Cite While You Write™) 的插件，可以方便使用者在论文写作的时候实时插入参考文献。同时提供 5000 余个期刊参考文献格式模板（如果使用者安装 EndNote 时没有完全安装，可以通过访问 EndNote 的官方网站 http://endnote.com/下载）。

鼠标移动到要插入文献的地方，点击 Word 程序菜单栏“EndNote X7”，点击“Insert Citation”，弹出插入文献对话框—在文本框中输入文献的检索信息，点击“Find”，对话框中选择查找到的文献，并点击“Insert”插入至论文中，参考文献就自动插入到文中和文后了。

2）参考文献格式自动调整。

第一，如果要变更拟投稿的期刊参考文献格式，点击“Style”的下拉菜单，选择菜单上列出的常用参考文献格式，也可以点击“Select Another Style”，选择更多的参考文献格式，选中拟投稿的期刊参考文献格式，点击“OK”。论文的参考文献格式就变更成为拟投稿的期刊参考文献格式了。

第二，在 Word 程序菜单栏“EndNote X7”中，点击“Edit & Manage Citation（s）”，通过上下箭头调整好参考文献的次序。

第三，如要删除文中或文后参考文献，可直接删除文献，也可选择要删除的参考文献，点击“Edit Reference”下拉菜单，点选“Remove Citation”，点击“OK”。

3）消除参考文献域代码格式。

第一，在 Word 程序菜单栏“EndNote X7”中，点击“Convert Citations and Bibliography”下拉菜单，点击“Convert to Plain Text”。

第二，EndNote 弹出的对话框，提示会新建一个没有 EndNote 特殊命令符的文档（隐含在文档内），而原有的文档则保留不变，点击“OK”（注意：若选择 OK，新建文档将无法统一修改所有参考文献格式）。如图 6-33 所示。

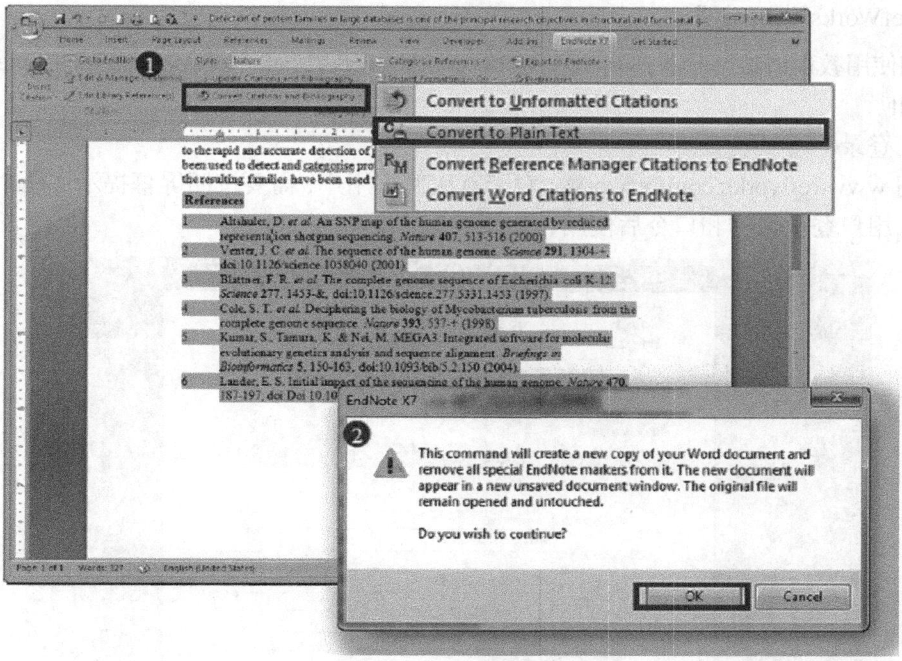

图 6-33　EndNote 消除参考文献域代码格式界面

3. EndNote 优势分析

1）附件存储容量无限制。全文文献、注释、笔记等附件享有无限制的云端存储空间。

2）同步容量。最多可对 100 万条文献数、5000 个组进行同步。

3）文献检索工具。可以在软件界面搜索多个数据库，而无须逐一打开数据库网站，EndNote 可以加入文本、图像、表格和方程式等内容及链接等信息。

4）小组功能扩展。小组成员共享 14 人增加到 99 人，大型团队协作与研究共享可添加文献、注释、引用文献并可享有无限制的云端存储空间；小组成员共享、修改、增加、删除文献、新建组等活动会记录到活动日志中，可实时观察其他成员动态，新增成员动态实时更新，团队动态一览无余。

6.3.2　RefWorks

官方网站为 https://www.refworks.com。

1. RefWorks 简介

RefWorks 是 ProQuest 的姊妹公司。该公司于 2001 年由参考文献管理领域的一些专家组建而成，并致力于为学术机构、政府和企业提供质优价廉的服务，为研究者提供创建、管理参考文献和合作共享等方面的解决方案。

RefWorks 是一个联机个人文献书目管理软件、文献管理软件、题录管理软件，用于帮助用户建立和管理个人文献书目资料，并可以实现在撰写文稿的同时，即时插入参考文献，同时生成规范的、符合出版要求的文后参考文献。RefWorks 有众多语言版本，如阿拉伯语、德语、中文、意大利语、日语、捷克语、韩语、英语、波兰语、法语和西班牙语。

2. RefWorks 使用说明

详细使用教程请参见 https://www.refworks.com/refworks2/help/Refworks_QSG_ChineseSimp_Dec11.pdf。

（1）登录

访问 www.refworks.com/refworks。对于首次使用用户，需要按照屏幕提示注册个人账户，然后输入用户登录名称和口令后使用，如图 6-34 所示。

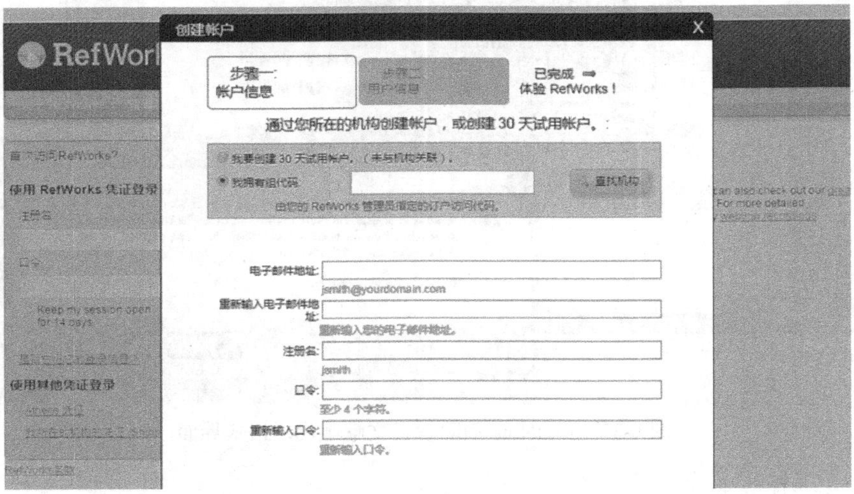

图 6-34　RefWorks 登录界面

远程用户，在从站点外或从非注册 IP 地址访问 RefWorks 时，必须输入“组代码”，然后再输入个人登录名和密码，或通过您所在单位的代理服务器登录。个人用户还可以创建 30 天试用账户。

（2）创建 RefWorks 数据库

1）直接导入数据。

这部分与其他的文献管理软件操作大致相同，就不细述。提示：添加到 RefWorks（导入或手动输入）的每个参考文献都被分配了一个称为源类型的打印或电子标识。这种方式有助于您获得文献中必需的所有相关数据。您的本地管理员可能已经设置了默认的源类型。用户可以在“定制”区域中设置自己的源类型。

2）从已保存的文本文件中导入数据。

可以从众多在线服务或其他文献管理程序通过保存条目创建的文本文件（.txt）中将参考文献导入 RefWorks 中。图 6-35 为 RefWorks 导入本地数据界面。

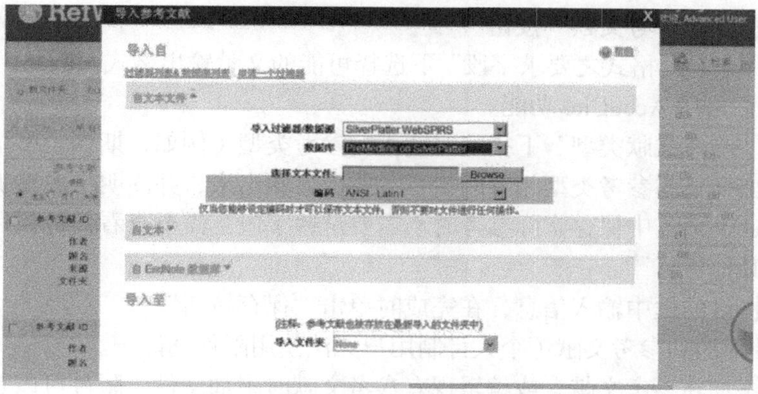

图 6-35　RefWorks 导入本地数据界面

第一，从在线服务或文献管理器中检索要导出的结果，并将其保存为文本文件。如果数据库供应商列出了用于保存参考文献的多种不同格式，选择 RefWorks。

第二，访问 RefWorks 账户并单击下拉菜单中的“参考文献”；然后选择“导入”。

第三，在子菜单中，查看“导入过滤器/数据源”旁的下拉菜单，然后单击数据源。

第四，然后单击“数据库”下拉菜单然后选择源数据库—点击“浏览”按钮，选择要导入的文本文件—点击“导入文件夹”下拉菜单，指定特定文件夹存放您想要归档的导入参考文献。默认情况下，参考文献会自动存入“最近导入”文件夹中，即使您为此类文件夹预先指定了文件夹—点击“导入”。“导入”完成后，点击“查看最近导入”按钮，查看并修改已导入的参考文献。

帮助提示：可登录 RefWorks-COS 网站（www.refworks-cos.com/refworks）查找由 RefWorks 支持的所有在线服务与数据库的最近列表。

3）从 RSS 简易聚合中导入。

RefWorks 集成了一种 RSS 简易聚合阅读器，以便用户可以方便地从出版商或网站添加喜爱的 RSS 简易聚合，查看信息并将数据导入 RefWorks 数据库。

查找要包括在内的 RSS 简易聚合—使用鼠标右键单击“RSS 简易聚合图标或链接”并选择“复制快捷方式”—在 RefWorks 中选择 RSS 简易聚合（从“检索”菜单中）—将快捷方式粘贴到文本条，并点击“增加 RSS 简易聚合”按钮—单击 OK 确定 RSS Feed 的增加项。您的增加结果将显示在新窗口中。选择要导入 RefWorks 账户中的参考文献，并单击“导入”。

4）手动输入参考文献，如图 6-36 所示。

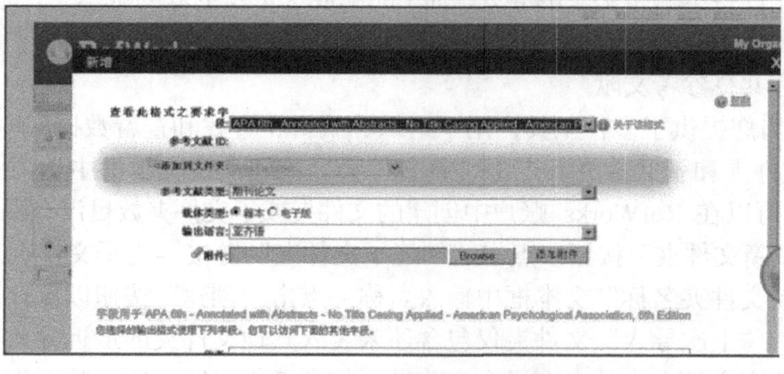

图 6-36　RefWorks 手动输入参考文献界面

第一，点击“新参考文献”按钮。

第二，在“查看此格式之要求字段”下选择可能的文献输出格式（例如，APA、Chicago 和 MLA 等）以启用 AccuCite 功能。

第三，在“参考文献类型”下指定要输入的参考类型（例如，期刊、书籍或论文）。您选定的指定输出样式与参考类型相关的栏目名称会显示出来，并注明生成准确文献所需的推荐信息。在 RefWorks 中保存实际参考时不需要这些字段。需要查看其他栏目时，点击窗口左侧底部的“其他栏目”。

第四，在提供的框中输入信息，在完成时单击“保存按钮”。

5）将文件附加到参考文献（个人订制用户无法使用附件功能）。

可在手工添加新参考文献、或编辑现有参考文献时附加文件。附件可以是用户想要将其与 RefWorks 数据库中的存储书目信息相关的任何类型计算机文件（PDF、TIF、JPG、GIF 等）。有关将文件附加到参考文献的详细说明请参阅帮助文件。选择数据库中的参考文献，单击“编辑”按钮—单击“浏览”。选择要附加的文件。选择“打开”—单击“添加附件”。

帮助提示：添加到参考文献中的文件个数由您的本地 RefWorks 管理员决定。单个附件的大小不能超过 20MB（每个账户的附件默认设置大小为 100MB。RefWorks 管理员可将此设置提高到 5GB/账户）。

6）从在线目录或数据库中导入。

可以使用 RefWorks 作为多种在线资源的搜索接口。RefWorks 提供了如 NLM 的 PubMed 等公共服务资源，以及众多大学的在线目录。另外，研究机构订户还能够通过 RefWorks 提供对在线订阅服务（如 Ovid 或 ProQuest）。

从“搜索”下拉菜单，选择“在线目录”或“数据库”—从“搜索”下拉菜单中选择一个数据库—从下拉菜单中选择可下载的最大参考文献数—可在快速搜索目标中输入一个条件或点击“高级搜索”目标栏中的三角形，输入条件，运行高级搜索功能—单击“搜索”开始搜索—将显示出您搜索的结果。选择要导入 RefWorks 账户中的参考文献，并单击“导入”。

7）从其他文献管理产品中转换参考文献。

RefWorks 与许多其他文献管理产品兼容。目前可实现对如下文献管理软件的数据转移至 RefWorks：Bibliographix、Biblioscape、Bibus、Citation、EndNote Version 8 or Higher、EndNote Version 7 or Lower、EndNote Web、Reference Manager Papyrus、ProCite、WizFolio 和 Zotero。在 RefWorks 的操作界面，在 References 菜单中选择“Import”，然后选择你要哪个平台导入即可，以 EndNote 为例，EndNote X8 可允许最多一次导入 10 个数据库（25 MB 的大小），其他的版本只允许一条一条记录的导入。而 EndNote X 7 及更低的版本，只能导入单条记录，每次能导入总数为 2500 条或不多于 3MB 大小的记录。

（3）管理和共享参考文献

RefWorks 为您提供了多种工具，用于组织、编辑、查找和查看数据库中参考文献。

1）创建文件夹和子文件夹。点击“新文件夹”按钮—在文本框中输入一个名称，点击“创建”。对于可以在 RefWorks 账户中创建的文件夹或子文件夹数目没有限制—要创建子文件夹，请点击“新文件夹”按钮—点击“创建子文件夹”链接—为子文件夹选择“上级文件夹”，后在“新文件夹名称”文本框中输入名称—点击“创建”按钮以保存子文件夹。

帮助提示：“上次导入”文件夹仅包含还未装入其他文件夹的最近导入数据中的参考文献。未分配到特定文件夹中的上次导入之前导入的参考仍保留在原有数据库中，不会填入。

未保存的参考文献被称为文件夹外的参考文献，可点击“文件夹组织和共享”选项卡查看。

2）将参考文献存放到文件夹。

第一，标记搜索结果页中所需参考文献，然后单击“选定”按钮。选取参考文献是按页显示的，这意味着必须在移动到下一页之前手动将选定参考文献添加到所需文件夹。另外，您也可标记“全部”或页面中的全部内容。

第二，点击“添加到”文件夹图标并从下拉菜单中选择适当文件夹，参考文献将被自动添加到所示的文件夹中。如图 6-37 所示。

帮助提示：可以将参考文献指定到多个文件夹。

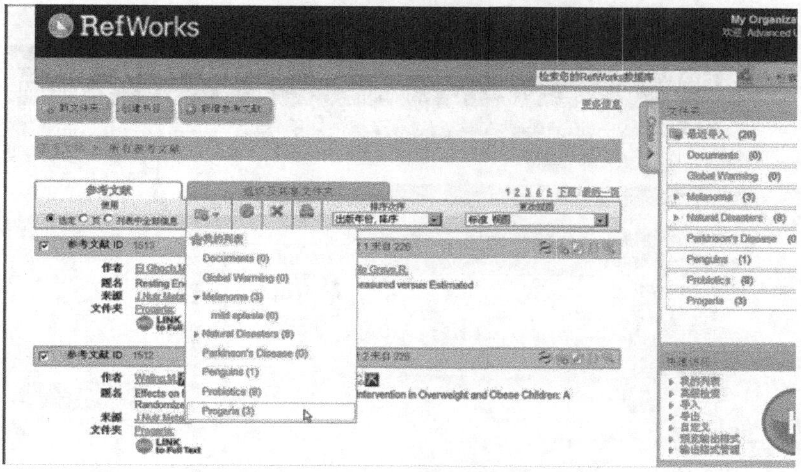

图 6-37　RefWorks 将参考文献存放到文件夹界面

3）排序参考文献。从“查看”下拉菜单或“文件夹组织和共享”选项卡中，选择一个文件夹或参考文献组；参考文献上方的主导航工具栏中的“分类”下拉菜单，利用您数据库中的各栏目分类选择查看各参考文献。

4）统一编辑参考文献。在主导航区内点击“Global Edit”按钮—选择适当的使用参考文献选项—默认情况下显示添加选项—从下拉列表中选择要编辑的特定字段。输入要添加到文本字段框的字段中的数据—选择用于处理字段的适用选项：“增加到现有数据”；“覆盖现有数据”（字段中目前存在的内容将丢失）；“不管现有数据”（如果字段中包含编辑功能将在特定参考文献中忽略的数据）。单击“添加”数据。

帮助提示：RefWorks 还提供了“移动”、“删除”或“替换”记录中信息的功能。

5）快速搜索。使用快速搜索功能搜索所有字段。要获得最大搜索结果数目，应使用布尔连接符 OR 连接输入的所有搜索术语。另外，搜索过程将检索包含的所有术语“art”可以检索到带有“heart”“part”等单词的参考文献。“快速搜索”的结果总是按相关程度排序的。在“搜索”数据库框中输入搜索条件—点击“开始”—显示结果时，突出显示搜索到的术语。

帮助提示：仅能搜索保存为.txt 文件或 PDF 文件的附件。要搜索文件附件，确定启用了搜索附件功能，即点击搜索框旁边的“paperclip”图标。

6）高级搜索。“高级搜索”便于执行对特定字段的搜索（例如，作者、标题、关键字等），建立布尔查询（如 AND、OR、NOT）和将搜索范围限制在特定文件夹。“高级搜索”

的结果是按照默认的作者姓名字母顺序显示的（高亮显示搜索条件），除非应用了自定义分类设置。

帮助提示：现在您可以选择保存搜索策略。可命名搜索策略，并保存，以便于简易和连续检索。

7）共享参考文献（个人订制用户无法使用 RefShare）。

注意：您的 RefWorks 本地管理员必须启用 RefShare。用户可以共享参考文献文件夹或整个数据库。

第一，在主导航区内点击“文件组织和共享”选项卡。图 6-38 为 RefWorks 文件组织和共享界面。

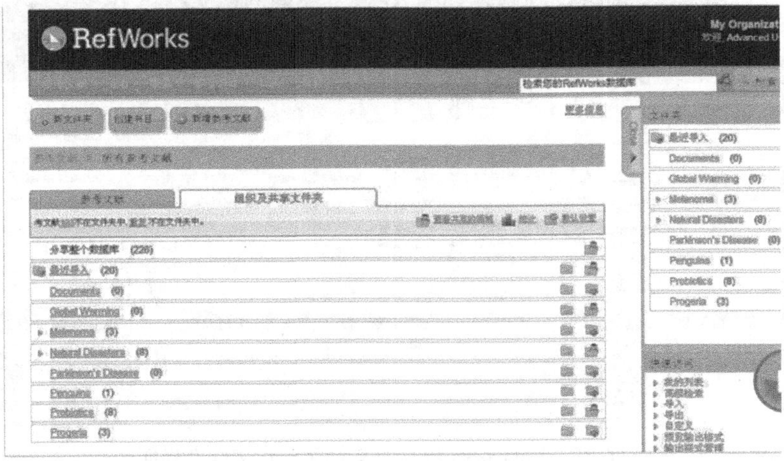

图 6-38　RefWorks 文件组织和共享界面

第二，选择要共享的文件夹，并单击“共享”图标。要共享整个数据库，选择“共享”图标，点击“共享”。注意：已共享的文件夹会以另外的图标显示。

第三，“共享选项”框显示允许定义您想为 RefShare 接收者设定的任何用户限制，单击“保存”。

第四，要共享，点击“共享文件夹”图标然后选择通过邮件发送共享。将打开一个带有通用电子邮件模板和专为 RefShare 文件夹创建的唯一 URL 的新窗口，插入您想要与其共享您的参考文献的个人电子邮件地址。选择发送电邮。

注意：RefWorks 用户可直接从共享文件夹中将文件导入自己的账户，如允许。作为文件夹或数据库的所有者，您可以决定在使用共享参考文献时 RefShare 接收者的控制选项。

（4）创建论文或文献

RefWorks 能够在数秒钟内以 3000 多种输出格式创建书目。

1）为参考书目列表中的书目设置格式。点击“创建书目”—选择输出格式（如 APA、MLA、Chicago 等）—单击“书目以参考文献列表为基准”—选择要创建的文件类型—选择您的所有参考文献或来自“我的列表”中或指定文件夹中的所有参考文献的格式—点击“创建书目”—将打开一个显示用户书目的新窗口—将书目保存到您的计算机或 U 盘。

2）编辑或创建输出格式。RefWorks 可提供数千种输出样式可供选择。如果没有一种样式能够满足您的结果要求，可以使用“输出样式编辑器”创建全新的样式或修改已有输出样式，建立定制输出，以满足您的需要。从工具栏的“书目”下拉菜单中选择“输出样式编辑器”—从下拉菜单中或点击“新按钮”中选择适当“样式”进行编辑。

3）Write-N-Cite。RefWorks 的 Write-N-Cite 是一个可选插件，它允许您通过文内引用或脚注创建格式化论文。Write-N-Cite 现在能够让用户在在线和离线状态下撰写论文并设置书目格式。要想使用该功能，必须在使用前先从工具下拉菜单中下载这项工具。如果要使用的离线功能，用户必须在在线状态下先下载数据库。图 6-39 为 RefWorks 的 Write-N-Cite 插件界面。

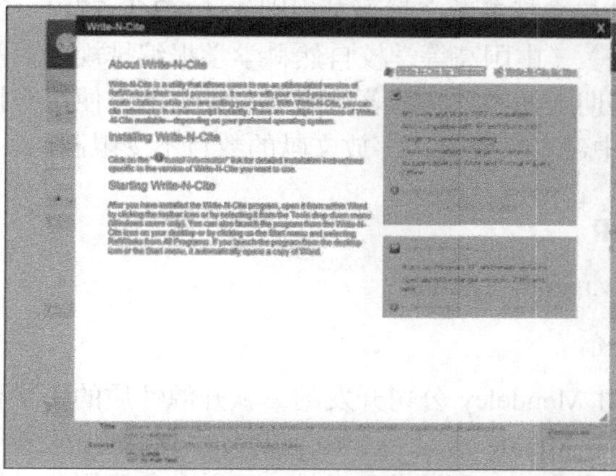

图 6-39　RefWorks 的 Write-N-Cite 插件界面

4）一行/引文视图论文。

第一，单击适当参考文献右侧的“引用”图标。将显示“引文阅读器”窗口，其中包括缩写格式的引用内容。

第二，要引用相同位置的第二个参考文献，只需单击任何其他参考文献“引用”图标即可。如果用户使用 Mac，需要点击两次，第一次点击可启动 RefWorks 程序，第二次点击可执行“引用”功能。

第三，在用户具有了用于特定文本内引文的所有参考文献时，可单击“选择”按钮。

第四，可使用简单的拖拽功能，将引文拖放到文字处理程序文档中。另外，也可转到文字处理程序，单击要插入引文的文档，并“粘贴”引文。

第五，应在创建下一个引文之前，确保清除“引文查看器”窗口。

第六，点击“查看”图标查看完整参考文献，并在需要更改时使用“编辑”命令。

5）一行/引文视图文献。

第一，在设置论文和文献格式之前，应保存刚刚创建的文档。

第二，点击 RefWorks 程序中的“创建书目”按钮。

第三，选择所需的“输出格式”，并使用“设置论文和文献格式”选项来浏览要格式化的文档。

第四，点击“创建书目”按钮以设置您的论文格式。将出现您的论文的新版本。

第五，将此版本另行命名保存以区别草稿版本。如果需要更改，您必须使用草稿版本重新设置格式，您无法对已格式化的文件重新设置格式。

3. RefWorks 优势分析

1）提供中文界面，方便中国用户使用。但是对中文文献及中文数据库的支持力度较弱，费用也较高。

2）个人的书目数据既可以从其他数据库批量导入。Refworks 支持包括中外文在内的数百种在线数据库的数据导入，包括清华同方、万方、CSA Illumina、BioOne、 EBSCOhost、Elsevier、Google Scholar、EI、OCLC、Ovid 及 ProQuest 等在内的很多国内外知名的数据服务提供商建立了合作关系。

3）RefWorks 支持各个学科领域、各学校学位论文的参考文献输出格式。其中包括大学学位论文、国家标准《信息与文献参考文献著录规则》（GB/T 7714—2015）、《中国高等学校社会科学学报编排规范》《中国高等学校自然科学学报编排规范》等国内出版物参考文献著录规则，以及大量国外期刊的参考文献著录规则，极大地方便用户投稿。

4）在个人文献数据库中建立文件夹、存放文献的数目不受限制。

6.3.3 Mendeley Desktop

官方网站为 https://www.mendeley.com。

1. Mendeley Desktop 简介

Mendeley Desktop 是由 Mendeley 公司开发的一款开源性质的跨平台文献管理工具，一个在线的学术社交网络平台。Mendeley 是一个快速成长的全球性合作研究和知识共享平台，全球用户超过 300 万人，其商业核心是提供云工具、云平台和云服务，旨在帮助世界各地的学者发现并组织研究论文，让科学变得更开放化和社会化。

Mendeley Desktop 是根据 Nokia 的 QT 所开发的程式，利用该平台的资源库进行整合，支持 Windows/Mac/Linux 等多个平台的执行处理功能，监视文件夹，信息导入等。MendeleyDesktop 具有能够跨平台（Windows/Mac/Linux）执行的能力，是一套颇具潜力的文献管理软体。目前，已被 Elsevier 收购，于是实现了与 Elsevier 数据库的完美兼容，且目前仍保留其使用的开源性[①]。Mendeley-Desktop 目前的最新版本号为 1.17.9，在其官网可直接下载安装：https://www.mendeley.com/guides/desktop。

2. Mendeley Desktop 使用说明

Mendeley Desktop 文献管理软件因其界面简洁清新，易于使用，如图 6-40 所示。

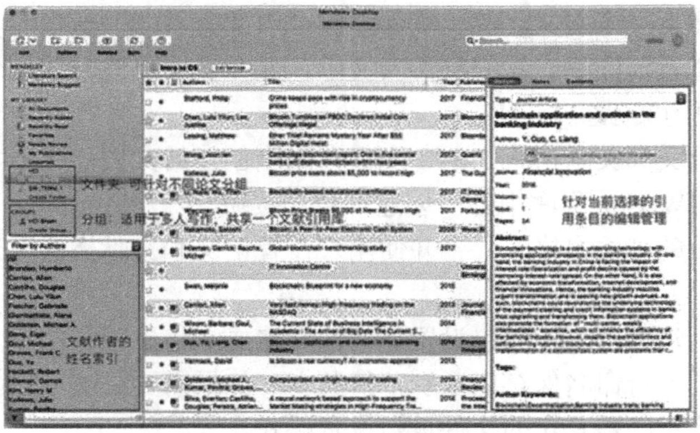

图 6-40　Mendeley Desktop 主界面

① ELSEVIER. Mendeley®. https://www.elsevier.com/solutions/mendeley [2017-03-03]。

下面主要介绍一些与其他文献管理软件功能上的不同特点加以说明。

详细使用说明请参见[①]https://www.mendeley.com/guides/desktop/05-find-import-new-content。

1）注册并登录。对于初次使用的用户，在下载完后，界面就会提醒进行注册，然后登录使用，以方便在不同机器同步文献。

2）自动导入本地文献，不用逐字输入。

第一，拖拽导入本地文献。图 6-41 为 Mendeley Desktop 自动导入本地文献界面。安装 Mendeley Desktop 后，软件会提示同步自己的文献，将文献文件夹拖进来软件界面就行。

第二，全面导入文献各方面信息，包括文献后面的引用文献。

第三，可以通过 Google Scholar 一键自动导入包括 DOI、url 等信息。Mendeley Desktop 还可以把 EndNote、Papers、 Zotero、Refworks 和 Jabref 等文献管理软件的数据库进行导入。

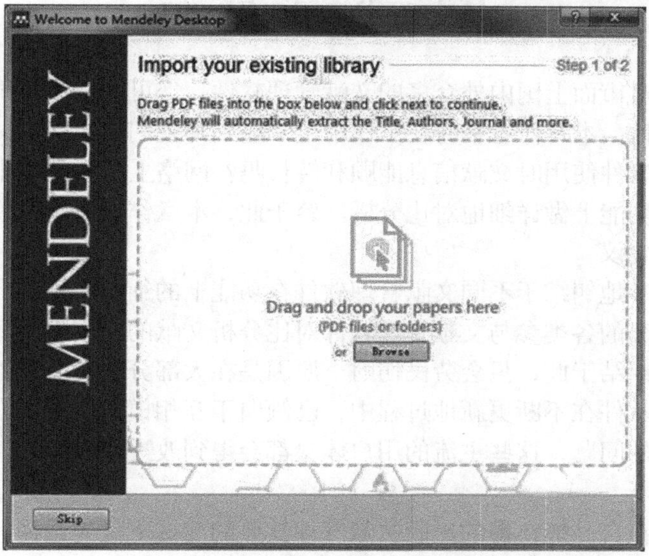

图 6-41　Mendeley Desktop 自动导入本地文献界面

3）支持自定义标记文献。可用于同步文献，支持添加文献摘要、标注文献、下载链接等等标签的添加。

4）自动生成参与文献格式。包括世界各大杂志（如 PRE、PRL、Nature）等，可实现杂志格式的一键生成。

5）创建学习圈功能。用户可以在 Mendeley Desktop 软件上建一个 group 用来分享文献，可以用于学习分享心得。

6）全网搜索。Mendeley Desktop 可以实现搜索别人分享的文献，搜索全网的文献内容。还可根据作者或标注、出版商等条件来搜索文献。

7）文献监视功能自动添加文献题录信息。Mendeley Desktop 可以通过“Watch Folder”监视文献文档，用户可以放心对文档进行同步。点击“Watch Folder”，然后选择想要添加的文献，Mendeley 会自动扫描文献的 PDF，并添加题名、作者、期刊等著录信息。

3. Mendeley Desktop 优势分析

① MENDELEY. Mendeley Desktop. https://www.mendeley.com/guides/desktop [2017-03-15]。

Mendeley Desktop 功能优势可以总结如下：

1）开源资源，用户可以免费使用。

2）界面简洁、清新，易于接受。

3）能自动从 PDF 文件中提取文献信息，包括文献后面的引文信息，能进行自动导入。

4）可以直接把要引用文献拖入到编辑器中。

5）添加右键 copyLatexCitation，自动保存数据库为 BibTEX 格式，非常方便使用 LATEX 编写文章的人。

6）与 Google Scholar、Elsevier 有完美地兼容性。

6.4　本章总结

说到这里，面对市面上国内外众多的文献管理软件，您可能依然不知所措，如何选择进入了一个两难的境地。本章作者平时在工作中也常碰到师生们向我咨询，哪一款文献管理比较好用？将来更换软件使用时文献信息能顺利转移吗？网络上相关的学术文章也通常会对各款文献管理软件在功能上做详细地对比分析。鉴于此，本章作者就平时使用的体验提供一些从如下方面参考的建议。

第一，不必过多地纠结于不同文献管理软件在功能上的细微区别。

与很多学者发表的各类参与文献管理软件对比分析文献的功用不同，普通用户在使用的时候，如果过多的纠结于此，只会劳民伤财。原因是在大部分参考文献管理软件基本功能一致的前提下，各大软件在不断更新地过程中，已倾向于互相模仿、互相学习，在功能上基本都趋同于解决同样的问题，这些主流的用户体验都会得到改进，只是软件更新相对早晚的时间问题。

第二，用户应在自己能获得的正版文献管理软件的前提下优先选择。

上面介绍的诸多文献管理软件中，有开放的资源也有收费的，收费软件在更新频率、用户维护方面比免费软件自然是要占有些优势的。但凡收费软件，个人用户为了省钱，使用各种体验版和破解版，在某些功能上，与正版软件相比是有局限性的，想要获得全面的服务就只能自行付费购买使用了；集团用户以所在单位正式购买的软件使用为主就好，功能和服务都相对有保障。

第三，以用户平时阅读文献的语种及拟发表文献的语种为主导来选择文献管理软件。

中文文献管理软件对中文文献的识别、分析及中文参考文献的格式的兼容性也较好，而对外文文献相对较弱；外文文献管理软件反之。如果您需要在中文、外文文献管理软件中进行选择，那就以平时对哪种语种的依赖性强为参考。大部分的本科生阶段的同学，平时阅读的文献以中文为主，可以选择中文文献管理软件；研究生及高端学者，国外文献阅读量大，发表的文献也以英文为准的话，可以选择外文文献管理软件。

第四，文献管理软件之间数据的转移。

如果您是深度用户，那就必然体验过至少一至两种文献管理软件，以用户使用习惯为好，如果要更换，只需衡量一下文献管理软件相互之间数据转移的便捷性，目前很多文献管理软基本对导出文件都能实现兼容，只是在群组的处理上会需要很多手工操作。

希望此章能对使用者在参考文献管理的使用中尽到绵薄之力。

第 7 章　科技信息文献检索与利用案例

一个科研工作者的文献信息素养能力应当包括三个方面：一是文献信息的获取能力；二是文献信息管理能力；三是文献信息分析和利用的能力。本章以几个专业的文献检索案例从文献信息的获取、分析与利用几个方面说明文献检索在工程应用中的应用。

7.1　典型案例 1：工程研究课题检索

案例：“压力条件下微尺度预混火焰自由基熄火和热力熄火机理”。

7.1.1　检索步骤一：分析检索课题，明确检索需求

要查找信息资源，首先要对检索课题进行分析研究，明确检索需求。要考虑的问题包括如下。

1. 检索目的

检索目的决定检索课题的深度和广度，如需要对课题进行一般性了解，或者要进行博士、硕士学位论文开题工作，首先需要对课题有全面的了解，这就需要在选择检索词、制定检索式时尽量宽泛些，尽量选择综合性数据库，也要检索相关图书数据库等，以全面了解该课题的概貌；如果已经对一般性知识有深入了解，需要对某一研究方面进行深入研究，要进行科研立项、发表论文等创新性研究，需要在选择检索词时更有针对性，更加精确，数据库的选择方面也着重考虑一些更新频率较快的数据库，如包含期刊、会议的数据库，以及专利等。还需要确定检索的范围，如国内还是国内外，年代限定等。

对于本课题，显然是属于能源电力领域，是在对锅炉的燃烧过程基础研究的基础上深入研究微尺度下的火焰燃烧的熄火机理。

本课题要进行立项研究，需要检索国内外文献。

2. 了解背景知识，对课题进行分解

对于研究课题，在总体了解的基础上，还需要对课题进行进一步的分解，明确课题的逻辑关系，更有助于后面选择检索词、制定检索策略、选择数据库等工作。

对于此课题，可以进行如下分解：①研究的是微尺度燃烧问题；②研究自由基熄火机理；③研究热力熄火机理；④研究两者耦合关系。

7.1.2　检索步骤二：选择数据库

基于前面的课题分析，选择合适的数据库进行检索。

首先需要对数据库有基本的了解，包括数据库收录的文献类型、学科特性、年代、更新状况、有无全文等。对于中文数据库，一般中国知网（CNKI）、万方数据资源系统、维普数据库这几个数据库是必选的。这三个数据库都是综合性数据库，学科门类齐全，其中

的 CNKI 和万方数据资源系统都包含多个子数据库，涵盖了期刊、博硕士学位论文、会议论文、成果、专利等数据库，并且可以统一检索。维普数据库则专注于收录期刊文献，收录期刊文献达 12000 余种，连续性强。除以上数据库外，还要考虑专利数据库，CNKI 和万方数据资源系统虽然也包括了专利数据，但为了查全，还是需要专门检索专利数据库，如中国知识产权局网站，或者一些专门的专利数据库比如 LexisNexis TotalPatent 全球专利全文信息数据库。

对于外文数据库，一般建议先检索综合性数据库。对于理工类的课题，可以先在两大综合性检索平台 Engineering Village 和 WEB OF SCIENCE 中进行检索。Engineering Village 平台上有 EI Compendex（美国《工程索引》数据库）、Inspec（英国《科学文摘数据库》）等几个综合性数据库，偏重于工程文献的报道，主要收录期刊文献和会议文献，以英文文献为主。WEB OF SCIENCE 平台上有 SCI（美国《科学引文索引》）、SSCI（美国《社会科学引文索引》）、CPCI（美国《会议录文献索引》）等数据库，SCI 与 SSCI 收录期刊文献，CPCI 收录会议文献，涉及学科齐全。以上两个检索平台虽是文摘型数据库，但其综合性强，收录文献质量高，数量大，连续性强，可以作为外文数据库检索的首选数据库。但文摘数据库有一个缺点就是相对于一次文献数据库，数据会有滞后现象，所以，为了获取最新的信息，全文库也必不可少，如 Elsevier 出版社 Science Direct 数据库，ScienceDirect 是全文数据库平台，是全世界最大的 STM（科学、科技、医学）全文与书目电子资源数据库。目前平台收录有近 4000 种期刊，3 万多册电子书。这些文章和图书来自于权威作者的研究、著名编辑群管理。另外，还要考虑外文的学位论文数据库（PQDD）及专利数据库。专利数据库可以考虑各国和各专利组织的专利局网站，如美国专利局、欧洲专利局、世界知识产权组织等，也可以考虑专门的专利检索平台，如 LexisNexis TotalPatent 全球专利全文信息数据库，或者其他的检索平台。在选择综合性数据库检索的基础上，还要选择相对专业性强的数据库，如本课题属于电力能源领域，可以选择 IEL 数据库。

本课题最后选择的数据库为：CNKI、万方数据资源系统、维普数据库、中国知识产权局网站、Engineering Village 平台、WEB OF SCIENCE 平台、Science Direct 数据库、IEL 数据库、Proquest 学位论文全文数据库、LexisNexis TotalPatent 全球专利数据库。

7.1.3 检索步骤三：检索中文数据库

一般先进行中文数据库的检索，检索过程为：①初步确定检索词和检索式；②进入一个数据库检索；③调整检索词和检索式进行检索；④检索其他中文数据库。

其中②、③是一个不断重复的过程，直到得到较满意的结果。

1. *初步确定检索词和检索式*

有了前面的课题分析，可初步确定检索词，首先从检索课题中确定主要的检索词，本课题中为：微尺度、自由基熄火、热力熄火、压力等，初步确定检索词后，还要考虑这些词的扩展词汇，本课题中，研究的是微尺度燃烧的熄火问题，因此，“微尺度”一词是重点，经网上搜索引擎初步搜索，还有“微小圆管”“微细圆管”“微小燃烧室”等用法，而其他的词都是专业术语，是比较固定的；还可以考虑词的上下位关系，如本课题研究燃烧问题，燃烧、火焰可以作为备用词，在数据库检索结果不满意时以备调整检索式使用。因此，初步确定的检索词为：微尺度、微细、微小、燃烧、火焰、熄火、自由基熄火、热力熄火、压力。

初步确定的检索式为：(微尺度 OR 微细 OR 微小) AND (自由基 OR 热力) AND 熄火。这个检索式可以初步考察微尺度条件下自由基熄火或热力熄火方面的研究文献，根据检索结果再继续调整。

2. 进入 CNKI 数据库初步检索

进入 CNKI 数据库，选择跨库高级检索，跨库选择下拉菜单中选择期刊、特色期刊、博士、硕士、国内会议、国际会议、报纸、专利、成果、学术辑刊数据库，检索截图如图 7-1 所示。

图 7-1　CNKI 跨库高级检索

3. 根据检索结果调整检索策略

利用此检索式，只有 6 条记录，而且只有 2 条记录与本课题相关，因此需要对检索式进行修改，扩大检索范围，所以将检索式改为：(微尺度 OR 微细 OR 微小) AND (燃烧 OR 火焰) AND 熄火。利用此检索式在 CNKI 中检索出 63 条记录。检索结果比较满意，因此，可以确定此检索式有效，可先选择文献，再对此检索式进行缩减。

经初步阅读文摘，先选择 13 篇相关性较强的文献进行全文下载阅读。

[1]唐玮旻．微细尺度下掺氢对甲烷燃烧及熄火特性影响的数值研究[D]．重庆大学，2015.

[2]朱军臣．三棱锥/空心半球型钝体微燃烧器内甲烷催化燃烧特性数值研究[D]．重庆大学，2015.

[3]甘云华，罗燕来，田中华．燃料流量与管径对受限空间下微小火焰的影响分析[J]．农业机械学报，2015，（01）:323-328.

[4]冯耀勋，杨浩林，汪小憨，蒋利桥，赵黛青，吴云影．壁面条件对熄火特性影响的实验研究[J]．工程热物理学报，2011，（06）:1065-1068.

[5]徐侃．微小尺度燃烧中淬熄距离和贫燃极限的研究[D]．中国科学技术大学，2011.

[6]蒋利桥，赵黛青，杨卫斌，汪小憨．自由射流预混合微火焰的燃烧特性[J]．燃烧科学与技术，2009，（05）:440-444.

[7]蒋利桥．微尺度火焰及微燃烧器的稳燃强化技术研究[D]．中国科学技术大学，2008.

[8]赵黛青．强化微尺度燃烧器内火焰稳定性的方法和机理研究．广东省，中国科学院广州能源研究所，2007-12-01.

[9]丁敏．微细圆管内火焰传播过程的数值研究[D]．中国科学技术大学，2007.

[10]赵黛青，蒋利桥，黄显峰，杨卫斌，山下博史．微尺度预混合火焰结构和熄火特性研究[J]．工程热物理学报，2006，（04）:711-713.

[11]张永生，周俊虎，杨卫娟，刘茂省，岑可法．微燃烧稳定性分析和微细管道燃烧实验研究[J]．浙江大学学报（工学版），2006，（07）：1178-1182.

[12]丁敏，陈义良，赵平辉. 火焰在微细圆管中传播及其熄火现象[J]. 中国科学技术大学学报，2006，（06）:651-655.

[13]张永生，周俊虎，杨卫娟，刘茂省，岑可法. T 型微细管道内氢气空气预混燃烧实验研究[J]. 中国电机工程学报，2005，（21）：131-134.

本课题还考虑热力熄火和自由基熄火的耦合机理，还需要考虑下面检索式：热力 AND 自由基 AND 熄火。

在 CNKI 中检索结果为 1，通过阅读摘要发现不相关，此检索式已很宽泛，说明此方面研究较少，可以在其他数据库中再尝试检索。

因此课题的中文检索式可确定为：检索式 1，（微尺度 OR 微细 OR 微小）AND（燃烧 OR 火焰）AND 熄火；检索式 2，热力 AND 自由基 AND 熄火。

4. 检索其他中文数据库

进入万方数据资源系统，选择跨库专业检索，选择的文献类型为：期刊论文、会议论文、外文会议、中外专利、科技成果、学位论文、图书，在专业检索框中输入检索式：主题：（微尺度+微细+微小）*主题：（燃烧+火焰）*主题：（熄火），得到 67 条记录，与 CNKI 数据库中有较多重复。此时，可以先选择文献后导入文献管理软件如 NoteExpress 进行去重工作。

再输入检索式：热力 AND 自由基 AND 熄火。得到三篇文献，其中一篇与 CNKI 重复，另外两篇研究领域与本课题不同。

再进入维普数据库，因已检索两个综合性数据库，对于其他数据库可以采取较精确的检索，如选择题名或关键词字段，利用检索式"（微尺度 OR 微细 OR 微小）AND（燃烧 OR 火焰）AND 熄火"检索，得到 24 篇文献。最相关的也都是前面连个数据库中已经检索到的文献。检索式"热力 AND 自由基 AND 熄火"采取同样方式处理。

对于专利检索，因 CNKI 与万方数据资源系统中也都涉及专利，但检索后没有发现相关专利文献。因为涉及的主要是机理研究，专利文献涉及较少，但为了避免漏检，还是进入 TotalPatent 全球专利数据库和国家知识产权局网站检索，结果较少，且不相关。在检索专利时，首先用上面经验证的检索式检索，发现文献都不相关。将检索式调整为"（微尺度 OR 微细 OR 微小）AND（燃烧器 OR 燃烧装置）"也没有相关文献。

7.1.4　检索步骤四：检索外文数据库

本课题需要检索国内外文献，因此需要检索外文数据库，检索步骤与检索中文数据库是类似的。

1. 确定英文检索词及检索式

（1）确定英文检索词

英文检索词选择的准确与否，直接关系到外文文献检索的效率和质量，一般来说在查新中确定英文检索词有以下几种途径：

根据自己的专业背景知识，确定英文检索词。如果长期进行某一个课题的研究，应该已经阅读过相关的外文文献，尤其是背景知识方面的文献，对专业领域比较熟悉，熟知专业词汇，可以初步确定一些检索词。另外，在进行中文数据库检索时，也要注意搜集英文检索词的信息，检索到的中文文献一般会有对应的英文题名、摘要、关键词，在检索时把对应的英文关键词记下来，尤其是同一中文词对应的不同的英文翻译，以及某些词的同义词、相近词，在 CNKI 中还会有一些英文的参考文献，有时浏览这些文献题名也会获得一些信息。还可以通过搜索引擎比如 Google（谷歌）、百度等的翻译功能查找英文关键词。

对于本课题，通过以上途径，首先确定一些专业词汇：combustion; flame; quenching; radical quenching; thermal quenching; pressure。然后，就是“微尺度”这个词，英文的翻译众多，有“micro-scale”“micro-size”等、另外还有“微小圆管”“微小通道”等对应的“micro-channel”“micro-pipe”等词，如果不加这些词，检索范围太大，因为课题本身研究的是微尺度燃烧的熄火问题，如果加上这些词，翻译众多，可能很难找全面，因此，应用英文检索中的截词技术，用“micro*”（“*”为截词符）来代表以“micro”开头的所有英文词，虽然检索词比较宽泛，但这样可以避开众多近义词的麻烦，也对检索范围做了适当的限定，待构造检索式试检后再根据结果进行调整。

（2）构造英文检索式

在确定了英文检索词后，就可以构造英文检索式进行试检。

中文检索时针对某一检索式已经在多个数据库进行了检索，不断修正，应当是比较合理的，检索外文数据库时，直接把中文词换成相对应的英文检索词进行检索，这不失为一种简便的方法，一般也是外文检索中最先尝试的检索步骤，如果此时能得到比较满意的检索结果，说明检索策略还是比较成功的，只需在检索当中注意检索词是否全面以及不同数据库的检索技巧即可。

因此，对于本课题，初步构造的英文检索式为：`Micro* AND(combustion OR flame)AND quenching`。

2. 进入 Engineering Village 平台进行检索

进入 Engineering Village 平台，选择 Compendex 和 Inspec 两个数据库，选择 Subject/Title/Abstract 检索字段，将上面的检索词按逻辑关系输入检索框中，如图 7-2 所示。

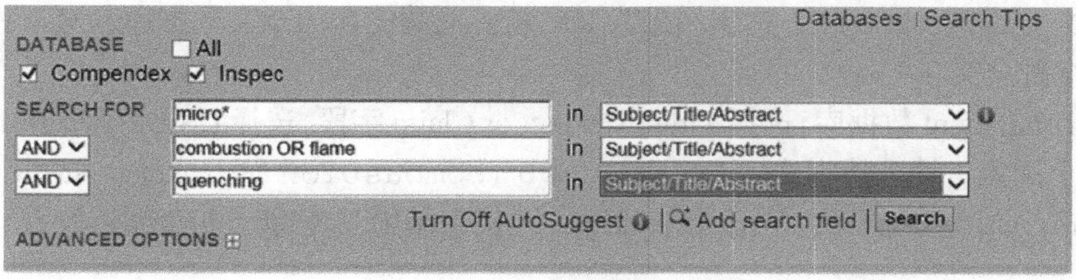

图 7-2　Engineering Village 平台检索

3. 根据检索结果调整检索策略

根据以上的检索式，检索结果为 1156 篇，显然不符合检索要求，可见对于此课题，英文文献要比中文文献多很多，因此就需要对检索策略进行调整，调整方法也根据实际情况不同，如可以选择范围较窄的检索字段，针对本案例中，先把检索字段调整为 Title，其他不变，进行试检，命中 21 条记录，此时可以先大概浏览检索结果，选择相关性强的几篇初步阅读，通过初步阅读发现这些文章都没有主要研究熄火问题，因此，选择在上面检索的基础上加入 radical quenching(热力熄火)和 radical quenching(自由基熄火)，最后构造的检索式为：

`((micro*)WN TI)AND((combustion OR flame)WN KY)AND(((radical` quenching) OR(thermal quenching))WN KY)。检索结果为 116 篇，数量适中，可以从中选择相关文献。

本课题的另外一个中文检索式“热力 AND 自由基 AND 熄火”对应的英文检索式为 (radical quenching) AND (thermal quenching)。在前面检索的基础上，可以先查找较精确的结果，因此利用精确检索技术（“”），选择主题字段，最后的检索式为：(" radical quenching ")WN KY)AND(" thermal quenching ")WN KY)。

检索结果为 4，但是都非常相关。

4. 检索其他外文数据库

检索式基本确定，在检索其他数据库检索时，还需要注意不同数据库的一些特殊规定，如运算符优先级、不同检索输入框之间的运算顺序、有无默认词根检索等。

在 WEB OF SCIENCE 平台上检索式，可以利用基本检索，因为涉及运算顺序问题，需要把“OR”关系的词输入一个检索框中，检索截图如图 7-3 所示。

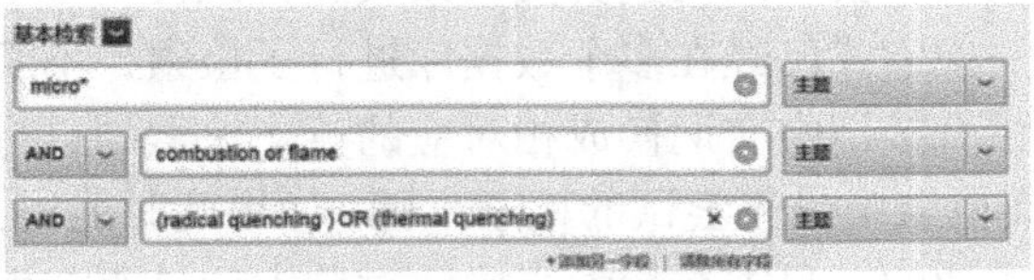

图 7-3　WEB OF SCIENCE 检索

或者利用高级检索，在检索框中输入：TS=(micro*)AND TS=(combustion OR flame)AND TS=((radical quenching)OR (thermal quenching))。得到的检索结果为 148 篇，其中期刊论文“Article”为 136 篇，对此检索结果按“国家/地区”字段分析发现，发文前三位的国家分别为：中国 45 篇，美国 28 篇，日本 13 篇。

检索 Elsevier Science Direct 数据库，检索式为 TITLE-ABSTR-KEY(micro* AND (combustion OR flame))AND TITLE-ABSTR-KEY((radical quenching)OR (thermal quenching))，检索结果为 88 篇。此数据库为全文数据库，对于相关文献，可以直接查看全文。

检索 TotalPatent 数据库，选择 Title, Abstract or Claim 字段，选择 US\EP\WO\JP\KR\DE\FR\DP\CA 几个国家，输入检索式：(micro! AND (combustion OR flame)AND((radical quenching)OR (thermal quenching))。检索结果为 9 条，初步阅读发现，有一条比较相关。

在 TotaPatent 数据库中，截词符用“！”表示，这与其他系统不同。另外，运算优先级的规定也与其他数据库不同，“OR”的优先级最高，而且两个词之间如没有算符，而是空格，则系统默认进行词组检索。因此，在对数据库规定不太熟悉时，需要查看其帮助文件，帮助我们正确运用数据库，提高查全率和查准率。

对于其他数据库，也依次进行检索。

5. 案例总结

信息检索过程不是一蹴而就的，需要在对课题的分析、初步检索的基础上不断修正自己的检索策略，而且要掌握各个数据库的基本特点和检索的一些特殊规则，以得到满足查全率和查准率要求的检索结果。

7.2　典型案例 2：化学化工专业文献检索案例

7.2.1　化学化工信息检索的主要步骤

化学（chemistry）经常被称作中心科学（the central science），因为它有连接基础科学和应用科学的作用，深刻地影响着化学工程、生命科学、医学、材料、环境、航空航天等诸多学科。同时化学化工领域的文献具有数量庞大、增长迅速、种类繁多、代谢周期短、文种繁多、分布分散、形式多样等特点。那么，科研人员如何才能在这浩如烟海的信息源中迅速、精确地检索到对自己工作有帮助的信息呢？

与其他科技文献的检索方法相类似，化学化工领域的文献信息检索主要由 5 个步骤组成：①根据自己的兴趣或导师的安排，确定研究领域，明确检索范围和要求；②选择有效的检索系统，确定检索途径和检索方法；③查找文献线索，找到标题、摘要、信息源等信息；④查找和获取原始文献；⑤阅读原始文献，根据获得的知识，调整拟综述的专题范围，调整检索方法，精确查找文献，总结文献的方法，撰写综述或设计研究方案。

7.2.2　重要的化学化工网络数据库与在线检索工具

随着网络的高速发展，以网络数据库为主要代表的在线检索工具已成为获取专业信息的常规手段。按照内容特征，数据库分为三大类，即综合数据库、专业数据库、特色数据库。表 7-1 列出了化学化工领域常用的网络数据库与在线检索工具。

表 7-1　重要的化学化工网络数据库与在线检索工具

类型	名称	内容特征
综合数据库	中国知网（CNKI）	收录中国的期刊全文、博硕士论文全文、重要报纸和会议论文全文，部分专利、标准等
	万方数据知识服务平台	包括学术期刊、学位论文、会议论文、专利信息、科技成果、政策法规等
	维普期刊资源整合服务平台	从 1989 年至今，维普收录期刊总数达 14000 余种，文献总量达 5700 万余篇，是国内最大最全的中文期刊数据库
	WEB OF SCIENCE 数据库	检索高水平期刊（SCI）与会议论文（CPCI）的摘要及引用情况，网络版（WEB OF SCIENCE）提供全文链接
	Engineering Village 数据库	摘录世界工程技术期刊、会议文献、图书、技术报告和学位论文等，网络数据库为 EiCompendex Web
专业数据库	Science Direct	荷兰爱思唯尔（Elsevier）出版集团是全球最大的科技与医学文献出版发行商之一，已有 180 多年的历史。Science Direct 系统是 Elsevier 公司的核心产品，自 1999 年开始向用户提供电子出版物全文的在线服务
	ACS Publications	美国化学会期刊全文数据库，提供高水平期刊论文及全文
	The Royal Society of Chemistry（RSC）数据库	英国皇家化学学会（Royal Society of Chemistry，RSC），成立于 1841 年，是世界上历史最悠久的化学学术团体，也是欧洲最大的化学学术团体。RSC 出版的期刊及数据库一向是化学领域的核心期刊和权威性的数据库
	Wiley Online Library	约翰威利出版集团是有 200 多年历史的国际知名专业出版机构，在化学、生命科学、医学以及工程技术等领域学术文献的出版方面颇具权威性，2007 年 2 月与 Blackwell 出版社合并，两个出版社的出版物整合到同一的 WileyOnlineLibrary 平台上提供服务
	SpringerLink	Springer Nature 集团是目前全球最大的学术书籍出版公司，同时出版全球具有广泛影响力的期刊。SpringerLink 目前收录文献超过 1000 万篇

续表

类型	名称	内容特征
专业数据库	ProQuest 学位论文全文检索平台	收录欧美 1000 多所大学的逾 200 万篇博硕士学位论文的题录和摘要。图书馆可订购全文
	Derwent Innovations Index	将《世界专利索引》（WPI、WPIL）与《专利引文索引》（DPCI）的内容加以组合，并且与《科学引文索引》（SCI）链接，提供全球专利信息
	专利数据库	各国专利局网站，检索下载专利文献全文
专业检索工具	SciFinder Scholar	收录了全世界 98%以上的化学文献，包括期刊、会议及学位论文、图书、专利、科技报告等文献源，还提供大量化学化工相关商业信息
	PubMed 检索系统	PubMed 检索系统覆盖全世界 70 多个国家 4300 多种主要生物医学期刊的摘要和部分全文
特色检索工具与数据库	NIST 化学手册	检索已知化合物的谱图与热动力学数据
	Reaxys	结构式、化学反应式检索
	Knovel	Knovel 公司出版的同名网络信息服务平台收录的 90 多家重要科技出版商和包括 AIAA、AIChE、ASME 和 NACE 在内的专业学会出版的 3000 多本重要参考工具书和数据库数据，并将工程学和应用科学的数据信息与分析、检索工具整合在一起，提供"交互式"的数据分析应用层面，让数据表格及图表"活起来"

7.2.3 案例分析：M@SiO_2核壳式纳米复合催化剂的制备及甲烷部分氧化（POM）制合成气研究

1. 课题的背景

合成气的生产和应用在化学工业中具有极为重要的地位，而甲烷部分氧化制合成气具有设备投资少、能耗低、H_2/CO 比例适中等优点，适合甲醇合成及费托合成。纳米材料因其独特的性质而在多相催化领域中受到青睐，但是纳米粒子在高温条件下不稳定，易发生聚集。核壳结构材料因其特殊的结构和物理化学性质而受到广泛关注。在金属纳米粒子的外面包裹一层多孔而且稳定的 SiO_2，不但可以改变纳米材料的表面电荷密度、反应性能，而且可以提高它的热稳定性。另外，若将金属纳米粒子负载在硅球、聚苯乙烯或碳球的表面或是引入球体内部，可以提高金属纳米粒子的分散度，并减少其聚集程度，从而提高反应的效率。

本课题立足于核壳结构纳米催化剂的设计与开发，并将其用于甲烷选择性氧化制取合成气的研究。

2. 检索目的

通过全面检索了解国内外关于"核壳结构纳米催化剂的制备，并将其用于甲烷选择性氧化制取合成气"的研究进展。

3. 分析课题

1）课题包含的主要概念。对课题进行分析，该课题主要包含两个概念 M@SiO_2 核壳式纳米复合催化剂和甲烷部分氧化（POM）制合成气。在进行该课题检索时，可直接检索含有这两个概念的文献，但如果发现文献很少的话，则可以从两个角度对该课题进行检索，一个是检索 M@SiO_2 核壳式纳米复合催化剂的制备，另一个是查找目前甲烷部分氧化（POM）制合成气的催化剂有哪些。

2）概念对应的检索词见表 7-2。

表 7-2 概念对应的检索词

概念	中文检索词	英文检索词
M@SiO_2 核壳式纳米复合催化剂	催化剂、核壳、二氧化硅	catalysts，core-shell，silica
甲烷部分氧化（POM）制合成气	甲烷部分氧化、合成气	partial oxidation of methane，synthetic gas

4. 在数据库中检索

（1）中国知网

中文数据库选择中国知网、万方数据资源系统和维普数据库，检索方法大同小异，下面以中国知网为例，进行检索方法的简要介绍。

在中国知网中可以直接进行跨库检索，数据库包括期刊、博硕士学位论文、专利和会议论文。使用主题词检索，先选用“M@SiO_2”试检，检索到 70756 条记录，浏览检索结果相关性不高。但其中的一条相关记录值得一读。该文献的题名是：“先核后壳”和“先壳后核”的简便途径制备 M@SiO_2（M=Ag、Au、Pt）纳米核壳结构及其催化活性。通过阅读这篇文献，对本课题有了深入的了解。M@SiO_2 中的 M 指纳米金属粒子（包括 Ag、Au、Pt 等），本课题研究的对象是在纳米金属粒子外面包裹 SiO_2 形成核壳结构的催化剂。在此检索结果的基础上，主题词选用“催化剂”进一步检索，检索结果缩减到 9000 多条。再使用“核壳”检索词，继续限定，结果减少到 510 条。浏览发现，这时检索的结果与课题的相关性明显增大，结果中有不少是关于核壳结构负载型金属纳米催化剂的制备，其中题名为“核壳结构纳米催化剂的设计与制备及甲烷选择性氧化制合成气研究”的文献与本课题密切相关。因而，在此基础上，再加上“合成气”共检索到 12 条密切相关文献。12 条文献如下：

[1] 丁传敏. 功能型镍基催化剂用于甲烷部分氧化制合成气抗积碳、抗烧结研究[D].太原理工大学，2016.

[2] 夏文生，陈蓉芳，王雅莉，李琪，翁维正，万惠霖. POM 反应中 SiO_2 负载 Ni 基催化剂积/消炭效应的理解：理论和实验[J]. 厦门大学学报（自然科学版），2015，（05）：726-729.

[3] 王润平，毛树红，段秀琴，李文斌，王齐，池永庆. 不同载体 Ni 基负载型催化剂对甲烷部分氧化制合成气催化行为研究[J]. 燃料化学学报，2015，（02）：228-234.

[4] 董红文. Co/SiO_2 催化剂的制备及其费托合成活性研究[D].天津大学，2014.

[5] 吴韬. 铜镍合金纳米催化剂在甲烷二氧化碳重整方面的应用[D].上海交通大学，2014.

[6] 胡久彪，余长林，毕亚东，魏龙福，陈建钗，陈喜蓉. Ni/CeO_2-SiO_2 催化剂的制备、表征及其甲烷部分氧化制合成气性能（英文）[J]. 催化学报，2014，（01）：8-20.

[7] 何圣超，费兆阳，李雷，孙博，冯新振，季伟捷. “先核后壳”和“先壳后核”的简便途径制备 M@SiO_2（M=Ag，Au，Pt）纳米核壳结构及其催化活性[J]. 催化学报，2013，（11）：2098-2109.

[8] 黄云. 甲烷部分氧化 H_（3+x）PV_xMo_yW_（12-x-y）O_（40）催化剂研究[D].华东理工大学，2013.

[9] 温在恭，李虎，翁维正，夏文生，黄传敬，万惠霖. Rh/SiO_2 催化剂上甲烷部分氧化制合成气的反应机理[J]. 催化学报，2012，（07）：1183-1190.

[10] 李雷. 核壳结构纳米催化剂的设计与制备及甲烷选择性氧化制合成气研究[D].南京大学，2012.

[11] 宋艳艳. 纳米结构金属催化剂的制备及甲烷部分氧化制合成气和催化还原对硝基苯酚研究[D].南京大学，2012.

[12] 李彦兴. 二氧化硅包裹的核壳结构纳米金属催化剂的制备及氨分解制氢研究[D].南京大学，2011.

（2）SCIFINDER 数据库

此类课题在 SCIFINDER 中检索需使用主题检索，而主题检索是普通化学化工最常用的检索模式，使用该模式进行检索时，词与词之间用介词（in，with，of…）连接，而非用逻辑运算关系，且主题词 2～3 个比较合适。该数据库还提供强大的文献处理工具帮助处理文献，如 Analyze 分析功能、在结果中进一步检索的 Refine 功能，以及 Categorize 学科分类功能，因此在检索过程中要尝试使用这些功能缩小检索范围，从而得到更为圆满的检索结果。

检索步骤如下。

第一步，在 SCIFINDER 的 Research Topic 中输入检索式：partial oxidation of methane。候选结果如图 7-4 所示。候选结果中的“Concepts”表示对主题词做了同义词的扩展；“Closely associated with one another”表示概念同时出现在一个句子中。因此，建议选取含有 Concept 和 Closely associated 选项，得到的文献相关性强而全面。选择包含“partial oxidation”和“methane”两个概念且两个概念出现在同一个句子中的结果，共 4559 条记录。

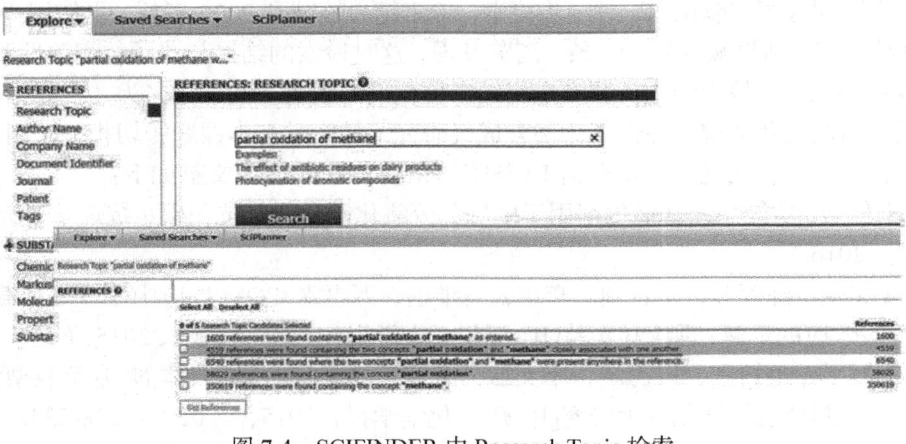

图 7-4　SCIFINDER 中 Research Topic 检索

第二步，不断修正，逐步缩小检索范围。使用 Analyze 分析功能，选取其中的 Index Term，可以帮助用户了解文献所涉及的重要技术术语，并修正检索词。其中“Oxidation Catalysts”（氧化催化剂）与本课题密切相关，勾选并点击下方的 Apply 按钮，系统在先前的 4559 条记录的基础上，筛选出其中带有“Oxidation catalysts” Index Term 的记录，共 2027 条记录（图 7-5）。

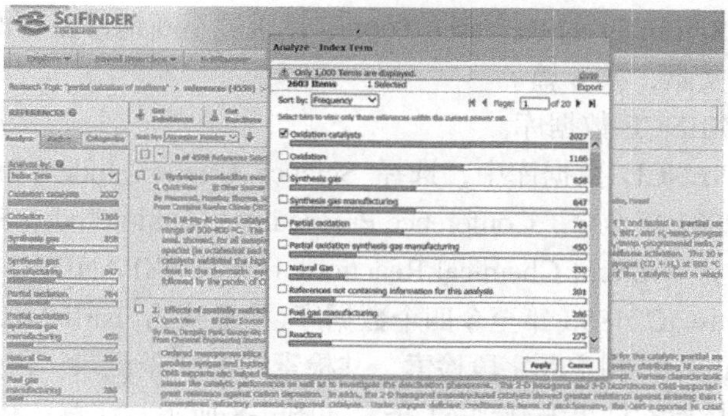

图 7-5　SCIFINDER 中的 Analyze 分析功能

目前检索到的 2027 条记录是关于甲烷部分氧化（POM）制合成气的催化剂的相关文献。在此基础上，运用Categorize分类功能进一步限定。Categorize学科分类功能，是系统基于Index Term 根据大学科方向对文献进行自动分类。点击 Categorize 标签，系统弹出图界面。逐级选择 Catalysis → Catalysts（1567）→Silica（250）→ OK，此时将目标锁定在 Silica（二氧化硅）为催化剂上，共 250 条记录，使检索的精准度有了较大提升。

再使用 Refine 限定功能，Refine by Research Topic → core-shell → 点击 Refine，即在二氧化硅催化剂的基础上加上 core-shell（核壳）限定词，共检索到 6 篇与本课题密切相关的文献，如图 7-6 和图 7-7 所示。点击右上角的 Print 按钮，将这 6 条记录保存下来，注意勾选其中的 Task History 选项，便可同时将检索历史保存下来，方便日后需要时查看。

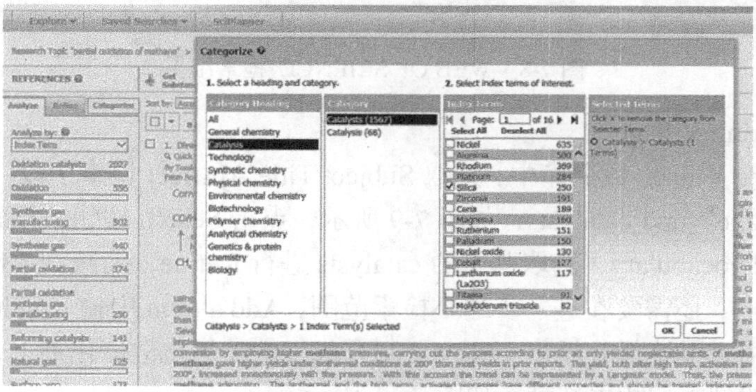

图 7-6　SciFinder 中的 Categorize 分类功能

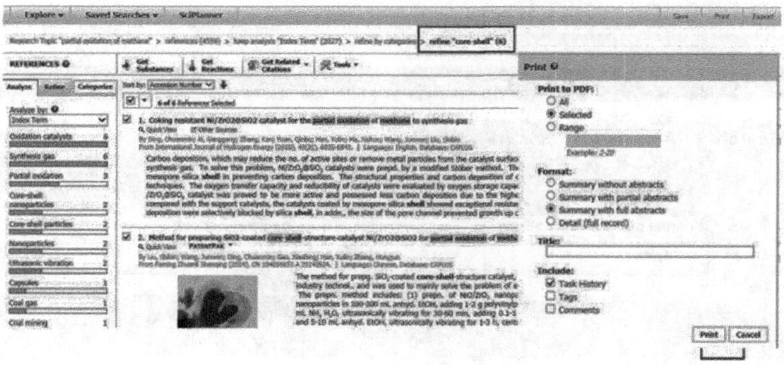

图 7-7　SciFinder 中的结果输出界面

如上所示，利用 SciFinder 的 Research Topic，并通过不断地修正逐渐获取到与课题密切相关的文献，共 6 篇。

6 篇文献

（3）WEB OF SCIENCE 数据库

在 WEB OF SCIENCE 数据库中，选择 Science Citation Index Expanded（SCI-EXPANDED）2001 年至今、Conference Proceedings Citation Index-Science（CPCI-S）2001 年至今、Current Chemical Reactions（CCR-EXPANDED）1986 年至今、Index Chemicus（IC）1993 年至今四个数据库，检索式为“partial oxidation of methane” and catalysts，用主题字段检索，共检索到 882 条记录。再用 silica 精炼检索结果，此时将检索结果缩减到 64 条，如图 7-8 所示。注意：将检到文献按被引频次（降序）排列，优先关注高被引论文。从中选取与本课题密切相关的 13 篇文献。

13 篇文献

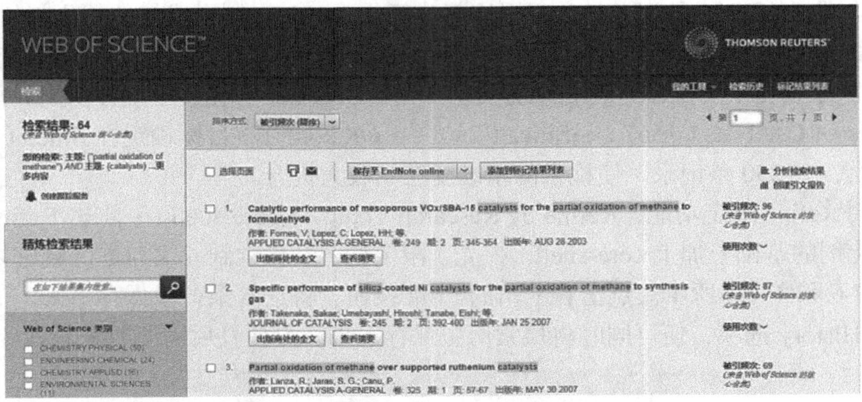

图 7-8　WEB OF SCIENCE 检索结果

（4）Engineering Village

在 Engineering Village 数据库中，选取 Subject/Title/Abstract 检索字段，检索式为“partial oxidation of methane” and catalysts，如图 7-9 所示，点击 Search 按钮，检索到 933 条记录。再利用 Controlled vocabulary，选取其中的 catalysts 进行 Refine，缩减到 389 条相关记录，如图 7-10 所示。这时，还需要在进一步缩小检索范围，Add a term 中输入 silica，点击 Limit to，即将文献锁定在用于甲烷部分氧化（POM）制合成气的二氧化硅催化剂上，共 37 相关记录，仔细阅读，从中找到密切相关文献，如图 7-11 所示。

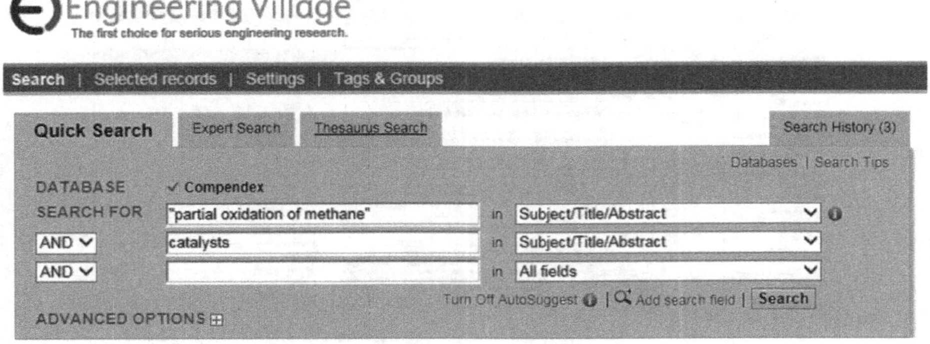

图 7-9　Engineering Village 检索条件输入界面

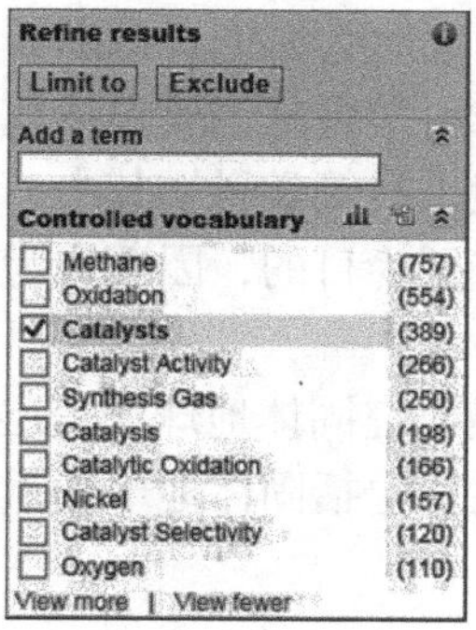

图 7-10　Engineering Village 中 Controlled vocabulary 限制功能

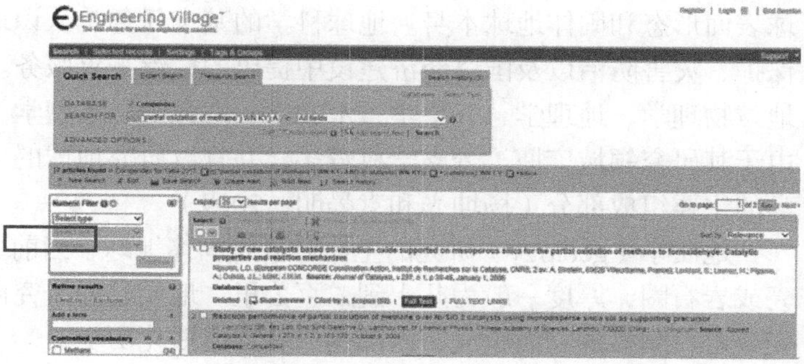

图 7-11　Engineering Village 检索结果

5. 查找和获取原始文献

通过 SciFinder、WEB OF SCIENCE 及 Engineering Village 检索到密切相关文献后，还需进一步获取原文，以便精读涉猎更有价值的信息。目前，SciFinder、WEB OF SCIENCE 及 Engineering Village 三个数据库的文献记录均提供全文链接，只要图书馆购买了该文献所在的数据库，即可直接浏览该文献全文。以前面在 SciFinder 中检索到的一篇密切相关文献为例，如图 7-12 所示，点击 Link to Other Sources，系统将自动链接到 Elsevier 数据库的全文。

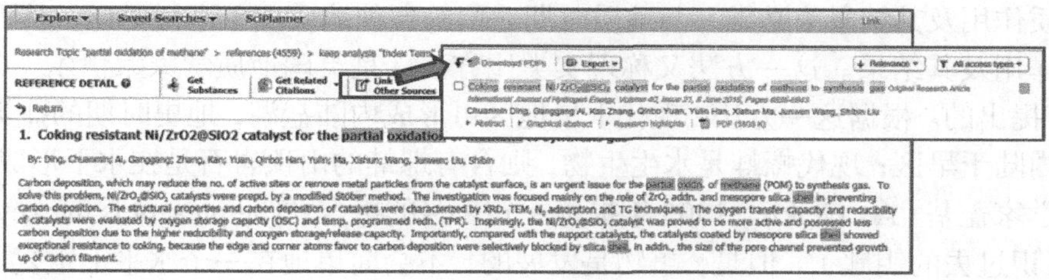

图 7-12　SciFinder 全文链接

6. 检索结论与分析

刚开始接触课题，先从中文数据库入手，查找几篇综述或者是相关的博硕论文，认真阅读会对课题有较好把握和深入的理解。在此基础之上，总结出相关的英文关键词，在 SciFinder、EI、WEB OF SCIENCE 中进一步搜索外文文献。检索过程中通过检索策略的不断修改，在保证查全率的前提下尽可能地提高查准率。

7.3　典型案例 3：地球科学相关检索案例

7.3.1　学科介绍与研究方法

1. 学科介绍

地球科学（geosciences）是研究地球结构、组成、演化和运动规律的一门基础自然科学，它以地球为研究对象，包括环绕地球周围的气体（大气圈）、地球表面的水体（水圈）、地球表面形态和固体地球本身。地球科学的基本任务是认识地球，同时为矿产资源勘查、环境保护、灾害防治以及国民经济建设中提出的广泛需求服务。地球科学目前主要包括地质学、地球物理学、地理学、气象学、水文学、海洋学、土壤学、环境地学等学科。其中，地质学由于其研究领域广博、分支学科较多，并且以研究地球的本质特征为目的，因而成为地球科学的主要组成部分（杨坤光和袁晏明，2009）。

地质学（geology）研究的主体对象是固体地球，当前主要是研究固体地球的表层，即地壳或岩石圈，厚度一般为几十到二百公里。地质学的研究内容主要包括固体地球（重点是地壳或岩石圈）的物质组成、内部构造和形成演化历史。

2. 地质学的研究方法

地质学的研究方法比较特殊，归纳起来大体有4种。

（1）野外观察

这是地质研究的基础和出发点。野外是一切地质素材的来源，是地质学家的实验室。只有详细占有野外第一手资料，才谈得上进一步研究。对于一个地质学家来说，仅观察到个别现象和若干事实是不够的，必须在尽可能大的范围内对同一现象或不同现象进行研究，才可能得出必要的结论。因此，越是没有工作过的地方，越可能有所发现。依工作目的不同，野外观察可以是专门性的，也可以是综合性的，要求一定的精度，按一定“规范”行事。

（2）现实类比法与历史分析法

这是研究地质历史时常用的方法。其主要原则有两点，第一个原则是“将今论古”，即以现代地质作用及其结果为基础，与地质时期遗留的各种地质现象进行对比，从而判断地史时期地质作用及其结果。这一方法又称现实类比方法，是英国地质学家莱伊尔（C. Lyell）于1830年提出的。根据这一方法，现代干旱地区可形成内陆盐湖，地史时期的盐类沉积即代表当时的内陆干旱区；现代螺蚌是水生生物，则含有螺蚌的山顶岩石是在水下形成的。因此，英国地质学家盖基（A. Geikie）1905年提出一句著名的格言：The present is the key to the past（现在是认识过去的钥匙）。但是，事物是发展的，不会简单地在一个水平上重复。所以，要引进第二个原则——历史分析法，即在比较现在和历史时，要具体分析和辩证运用，不能机械照搬。例如，现代海百合只生活在深海区。在地史时期，它却是典型的浅海生物，与造礁生物一起生活。现代火山多为中心式喷发，喷溢的熔岩数量有限，而地史时期却以裂隙式喷发为主，喷溢熔岩量极大，可覆盖巨大面积。所以，只有正确运用现实类比法和历史分析法，才能得出比较正确的结论。

（3）综合分析法

由于地质现象的复杂性和我们认识的局限性，综合分析方法在地质研究中的运用是必不可少的。所谓综合分析方法，就是在分析基础上，把研究对象的各部分、各侧面和各种因素联系起来进行考察，将简单要素还原为复合要素、将部分还原为整体的科学研究方法。这种方法对复杂多变的地质现象研究有重要意义。例如，只有综合考虑岩性、古生物化石、接触关系、地球化学特征、含矿性，同位素年龄等才能正确划分地层。只有进行岩石学、地层学、构造地质学、地质制图的综合研究，才能确定某一地区的大地构造性质和类型。根据已有资料，综合运用不同的知识、方法和理论，进行创造性思维，才能得出比较接近实际的结论。

（4）实验模拟

对野外采集的样品进行实验分析，以确定岩石、矿物的化学组成和物理性质，追溯其形成条件和形成原因。同时，还要进行同位素年龄测定、古地磁测量、古生物化石鉴定、微体化石分析以及其他测试，从不同角度提供有价值的信息，综合这些信息和其他成果，得出相应的地质学结论。为验证所获得的地质结论，通常要进行模拟试验，即仿照实际地质资料，在给定的边界条件、物理化学条件、力学条件及其他条件下，以适当的材料和方式重现地质作用过程，获得必要的数据，借以证实地质结论的可靠性。模拟试验包括一般模拟（如泥巴试验）、数学模拟、计算机模拟、高温高压实验等（汪新文，1999）。

7.3.2　地球科学相关数据库资源介绍

1. 专业数据库

地学学科除了常用综合性数据库外，还有一些专业性数据库，如 Georef、PA、GSW、AGU、SPE One Petro 等。

2. 地质图

地质图是按一定比例尺和图式，将一定地区内的地层、岩体、矿体、褶皱、断层等的分布及其相互关系，垂直投影到同一水平面上，用以反映本地区的地层顺序、岩性、矿产分布及地壳表层构造等特征的图件。地质图可被用于研究和分析许多地质特征（如地层层序和厚度、地质构造及地质历史），预测地下矿藏的位置和储量及其开采条件。按地质图的比例尺、范围和内容，可分为区域地质图、矿区地质图、构造地质图、水文地质图、工程地质图、第四纪地质图、大地构造图、岩相古地理图等。地质图一般附有综合地层柱状图、剖面图等，以便反映地质构造的立体概念和发展过程。地质图中的各项地质内容一般用规定的颜色、花纹、线条和符号来表示。

地质学研究离不开地质图，地质图属于保密文献，非公开的网络资源，使用时需要到管理部门借取。科技工作者通常都需要根据各自研究内容再绘制所需的个性化地质图，目前多用 Geocoreldraw 软件完成。

3. 地质类专业网站

1）中国地质科学院地质科学数据共享网，网址为 http://www.geoscience.cn/。“中国地质科学院地质科学数据共享网”是提供地质科学数据服务的共享平台，数字化整合集成中国地质科学院建院 50 多年来积累的海量地质科学数据资源，为国家和社会公众提供地质基础数据服务。网站提供基础地质、矿产地质、构造地质、物化探地质、水文地质、岩溶地质、岩矿测试、环境地质方面的数据集、地质图等。

2）国家岩矿化石标本资源共享平台，网址为 http://www.nimrf.net.cn/。“国家岩矿化石标本资源共享平台”创建于 2003 年，是科学技术部直属国家科技基础条件平台的重要组成部分及成果之一，由中国地质大学（北京）牵头，中国地质博物馆、中国科学院古脊椎动物与古人类研究所、中国科学院南京地质古生物研究所、中国地质科学院矿产资源研究所、中国地质大学（武汉）、吉林大学七家国家级岩矿化石标本资源保存单位共同完成，按照标本资源产权归属不变的原则，采用标本实物资源由各单位保存，标本信息资源统一发布的管理方式。平台系统整合了我国收藏的具有科学价值的岩矿化石标本资源 12.6 万余件，包括化石标本、岩石标本、矿物标本、矿石标本、岩心标本等。除发布标本信息、古生物化石群专题、典型矿床专题、珠宝玉石专题、特色地学专题、系统矿物学查询系统检索外，还设有全球各国及地区的岩矿化石标本资源网链接。为地学领域科学研究、科技创新、专业教学、科学普及提供服务。

3）地理空间数据云，网址为 http://www.gscloud.cn/。

4）青藏高原研究专题信息门户，网址为 http://www.resip.ac.cn/tiprip/SPT--Home.php。

5）国家地质资料数据中心全国馆数字地质资料馆，网址为 http://geodata.ngac.cn/。

7.3.3 检索实例

1. 中国地质大学（北京）副教授邢立达博士在该校期间的研究进展追踪

（1）分析课题

邢立达是中国地质大学（北京）地球科学与资源学院副教授，他的研究领域是恐龙等四足类动物足迹化石及其古生态、古环境、古地理学意义，以及中生代琥珀中脊椎动物内容物等方面。2016 年邢立达与加拿大萨斯喀彻温省皇家博物馆的瑞安·麦凯勒教授领衔主导的科研团队宣布，他们在一块近 1 亿年前的琥珀中发现了一段恐龙的尾巴组织，这是有史以来人类发现的第一件琥珀中的恐龙标本。

追踪邢立达的研究进展时，应查找其在中国地质大学（北京）发表的科技文献，并查阅其最新发表的文献，以梳理他的研究脉络，以及最新的研究动向。因此该课题属于在已知作者的前提下，查询其在所在机构发表的期刊论文等文献情况。

（2）选择检索工具

根据邢立达从事的学科领域以及检索课题的需求分析，我们选择检索工具如下。

国内：CNKI 中国知网数据库。该库是国内期刊、学位、会议等文献检索最常用的综合型数据库，其覆盖学科范围广泛、文献类型全面、数据质量较高，因此作为国内资源的代表选用。

国际：SCI 数据库。该库是国际知名的引文索引数据库，其引文参考文献及引证关系也为期刊评价提供了很有力的依据。因此作为国外资源的代表选用。

（3）检索过程

检索过程记录见表 7-3。

表 7-3　检索过程记录表

数据库名称	检索式	命中数/相关条数
CNKI 中国知网数据库	AU=邢立达 AND AF=中国地质大学	7/7
SCI 数据库	AU=XING LDAND AD=China Univ* Geosci*	85/85

（4）检索结果分析

检索日期：2017 年 4 月 19 日，根据上述检索过程，CNKI 中国知网数据库结果为 7 条记录，其中 6 条为第一作者，研究内容均是恐龙等四足类动物足迹。结果如图 7-13 所示。

检索日期：2017 年 4 月 19 日，根据上述检索过程，SCI 数据库结果为 85 条记录，其中 68 条为第一作者，结果如图 7-14 所示。其中，2016 年 12 月发表于 *CURRENT BIOLOGY* 上的 *A Feathered Dinosaur Tail with Primitive Plumage Trapped in Mid-Cretaceous Amber*，即为引起了科学媒体和大众媒体的轰动的文章，文章报道了白垩纪中期琥珀化石中保存的带羽毛恐龙尾部，标本为一只恐龙的尾部，包含了至少八枚尾椎，尾椎被三维的、具有微观细节的羽毛包围。该标本标志着人类首次发现保存在琥珀中的非鸟恐龙，如图 7-15 所示。

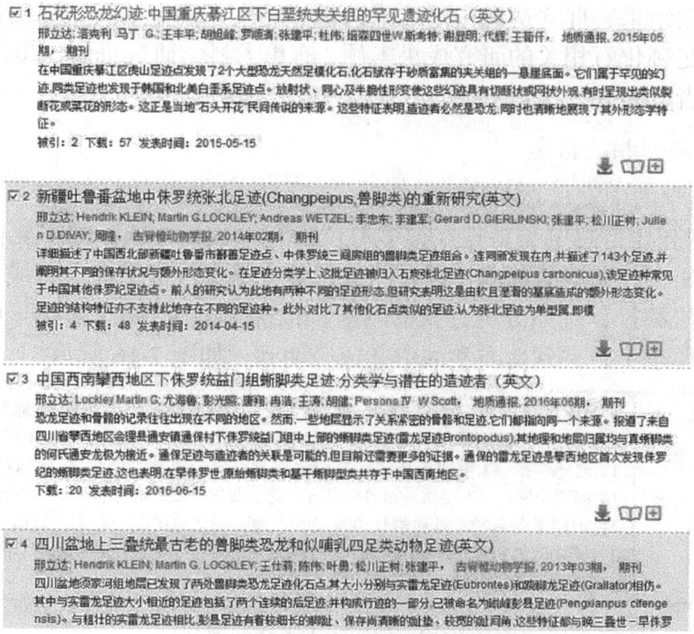

图 7-13　邢立达在 CNKI 中检索结果

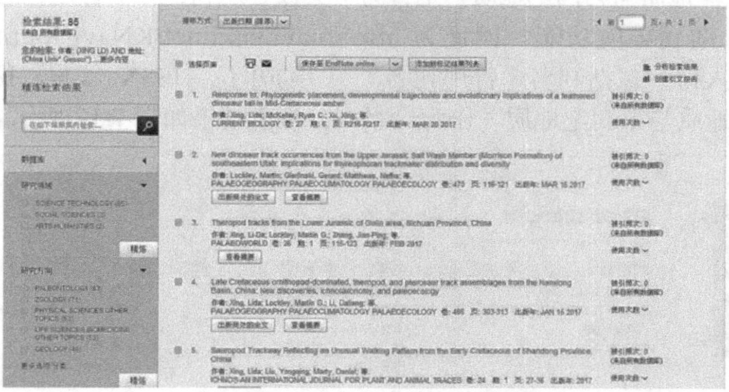

图 7-14　邢立达在 SCI 中检索结果

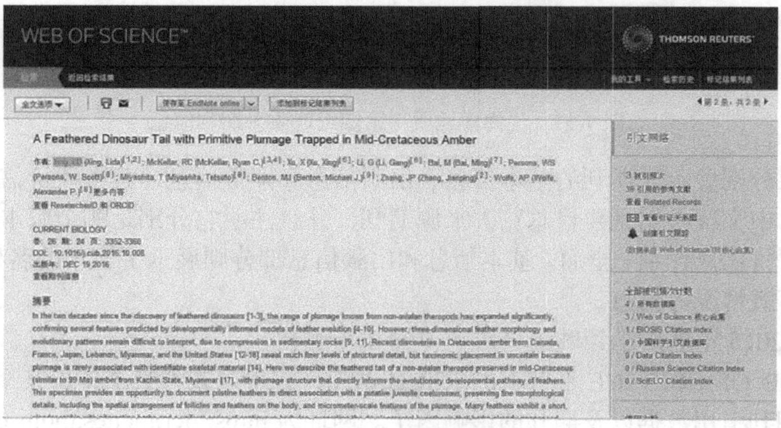

图 7-15　文章详细记录页

通过上述检索结果，邢立达在中国地质大学（北京）工作期间，围绕古生物学特别是恐龙等四足类动物足迹化石相关的研究成果丰硕，有重大科学研究进展，2017 年至检索日期就已经作为第一作者发表 SCI 文章 6 篇。

2. 查询学术期刊相关信息

1）查询地质学的中文核心期刊。

《中文核心期刊要目总览》是现在很多单位确定中文核心期刊的主要依据，因此也是我们查询地质学中文核心期刊的首选。通过图书馆等文献机构借出该书，或个人购买该书。该书采用中图分类法编排，按照分类查找的顺序，依次为第四编自然科学→P（天文学、地球科学）→P5（地质学），得到地质学的中文核心期刊，如图 7-16 所示。

P5地质学	1. 岩石学报 2. 中国科学.D辑，地球科学 3. 地质论评 4.地学前缘 5. 地质学报 6. 地球化学 7. 地球科学 8. 矿床地质 9. 沉积学报 10. 地质科学 11. 中国地质 12.地球学报 13.现代地质 14. 高校地质学报 15. 吉林大学学报. 地球科学版 16. 第四纪研究 17. 地质通报 18. 岩石矿物学杂志 19. 地质与勘探 20. 矿物学报 21. 地层学杂志 22. 地质科技情报 23. 大地构造与成矿学 24. 水文地质工程地质 25. 矿物岩石地球化学通报 26. 矿物岩石 27. 物探与化探 28.古地理学报 29. 新疆地质 30. 地球与环境

图 7-16　地质学中文核心期刊

2）查询《海洋地质与第四纪地质》是否为中文核心期刊，并了解期刊的相关信息。

利用 CNKI 期刊导航功能，网址为 http://navi.cnki.net/KNavi/Journal.html。它提供四种途径的检索入口，包括刊名（曾用刊名）、主办单位、ISSN、CN，我们选择刊名检索途径，将“海洋地质与第四纪地质”作为检索词，检索结果如图 7-17 所示。

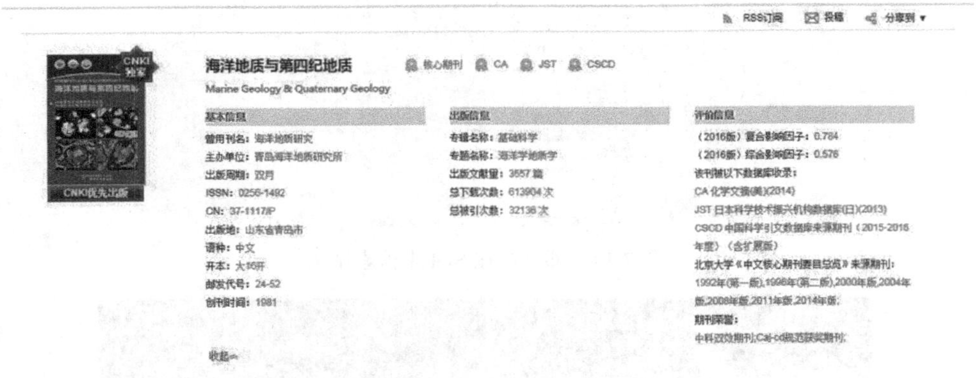

图 7-17　《海洋地质与第四纪地质》期刊信息

检索结果分别展示了期刊的基本信息、出版信息和评价信息，其中评价信息中表明该刊是北京大学《中文核心期刊要目总览》来源期刊，并且注明它分别是哪个版本的来源期刊，关于期刊的评价信息详细、全面。基本信息和出版信息部分则展示了该刊的名称、出版单位、出版周期、下载情况等信息。

3）查询 2015 年地质学领域最具影响力的 SCI 源刊。

利用 WEB OF SCIENCE 平台上的 JCR 数据库，它可以查到某个年份某个学科领域 SCI 收录期刊的期刊引用数据以及期刊的影响因子。网址为 https://jcr.incites.thomsonreuters.com/

JCRJournalHomeAction.action。进入首页，在页面左侧选择条件。Select Categories：这项选择"Geology"；Select JCR Year：这项选择"2015"。

点击"Submit"后，即可得到"Geology"学科分类里共计 47 种 SCI 收录期刊的引用情况，将其按照影响因子排序，就能得到 2015 年地质学领域最具影响力的 SCI 源刊排名。如图 7-18 所示。

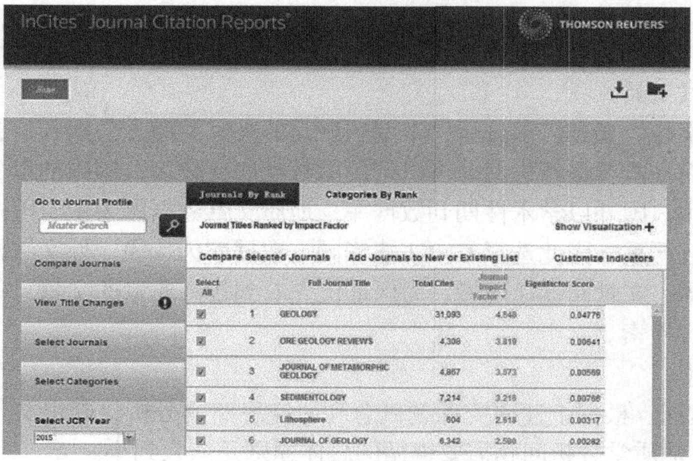

图 7-18　地质学领域 2015 年高影响力期刊

更多 JCR 的应用案例可参看 JCR 应用技巧网站：http://ip-science.thomsonreuters.com.cn/producttraining/JCR/#tab1。

3. 课题检索

以西藏泽当地区地幔橄榄岩矿物化学特征研究为例。

本案例是某教授课题组的研究课题，课题组针对西藏泽当地区地幔橄榄岩中的矿物化学特征进行研究，并取得了一定的成果。为了还原课题组的检索过程，本案例检索文献的时间范围是 2015 年之前。

（1）分析课题

地质学的研究多是针对某一地区的某种岩石或岩石组合，地区和岩石的名称都包含隐含的地质特征信息，因此课题分析时首先需明确的为研究地区、研究对象和研究内容。

1）研究地区：西藏泽当。

2）研究对象：地幔橄榄岩。

3）研究内容：矿物化学特征。

4）研究意义：西藏泽当地区处于雅鲁藏布江缝合带，泽当蛇绿岩主要由地幔橄榄岩，由方辉橄榄岩、二辉橄榄岩和纯橄岩，以及辉石岩岩脉、辉长岩和辉绿岩脉组成。其中泽当地幔橄榄岩是泽当蛇绿岩的主体部分。泽当岩体矿物学研究工作相对较为薄弱。因此，课题组开展了对泽当地幔橄榄岩的矿物化学研究工作，揭示其矿物学特征。

（2）研究思路

本课题属于地质学的典型研究问题，它的研究思路可具体细化为以下几步。

1）了解西藏泽当地区的地质背景。

2）了解西藏泽当地区地幔橄榄岩的研究现状，综合现有研究成果，进而确定西藏泽当地区地幔橄榄岩可选的研究方向。确定研究方向时一般有两种情况，一是前人尚无研究，二是前人研究存在待改进的地方。

3）野外调查。深入待研究地区进行实地野外考察，搜集岩石样品，考察接触环境。

4）了解其他地区地幔橄榄岩中矿物化学的实验分析方法，借鉴其实验方法和分析思路。

5）设计实验。

6）分析数据。

7）结论探讨。

（3）选择检索工具

根据课题的学科类型和需求分析，本课题所需的文献类型多为期刊、会议论文，文献范围要求尽量全，而且需要最新进展，可以选用的数据库比较多。国内的以 CNKI、万方、维普三大数据库为主，国外以学术性期刊数据库、地质文献数据库为主。国内的三大数据库在期刊上面同质化较严重，因此选择 CNKI 清华同方数据库为代表。外文数据库数量较多，且文献语言多为英语，文献阅读速度慢，为保证优先看到较高质量的文献，一般先选择 SCI 引文索引数据库进行检索。

（4）文献检索

1）确定检索词。根据上述研究课题概念和研究思路的分析，确定文献检索的检索词，见表 7-4。说明：地质学分析问题需要遵循的总体原则是从大到小。

表 7-4　检索词选择表

项目	课题要求	中文检索词	外文检索词
研究地区	西藏泽当	西藏 雅鲁藏布江 泽当	Tibet Yarlung Zangbo River Zedang
研究对象	地幔橄榄岩	蛇绿岩 地幔橄榄岩	ophiolite mantle peridotite
研究内容	矿物化学	矿物 地球化学 矿物化学	mineral geochemistry mineral chemistry

针对研究地区的检索词选择，虽然待研究的地区是西藏泽当，但如果只限定“泽当”一词，试检后检索结果数量较少，因此我们需要对其地区范围进行扩展。因泽当地处雅鲁藏布江缝合带，据此扩展得到研究地区相关的检索词，详细见表 7-4。

针对研究对象的检索词选择，虽然待研究的对象是地幔橄榄岩，但泽当地幔橄榄岩是泽当蛇绿岩的主体部分，针对泽当蛇绿岩已有很多现有的研究成果，因此我们把“蛇绿岩”扩展为研究对象相关的检索词，详细见表 7-4。

针对研究内容的检索词选择，待研究的对象是矿物化学特征，这里面隐含一个“地球化学”的概念，据此扩展得到研究内容相关的检索词，详细见表 7-4。

2）实施检索。根据上述研究步骤，每步都需要搜集现有的文献资料，因各步文献检索的需求不同，选择检索词、检索过程、选择文献也就各有侧重点。检索过程记录见表 7-5。

表 7-5　检索过程记录表

数据库名称	检索式（限定时间为 2015 年前）	命中数
CNKI 中国知网数据库	SU=（雅鲁藏布江+泽当）AND SU=（蛇绿岩+地幔橄榄岩）AND SU=（地球化学+矿物化学+矿物）	100
SCI 数据库	TS=（YarlungZangbo OR Zedang） AND TS=（Ophiolite OR mantle peridotite） AND TS=（Mineral OR Geochemistry OR Mineral chemistry）	73

检索时间：2017 年 4 月 20 日，上述两个检索式在数据库中得到的结果适中，可以此为基础进行下面的选择文献过程。

第一步（了解地质背景）、第二步（了解研究现状，确定可选的研究方向）这两个步骤是研究成果调研阶段，其主要任务是明确从西藏雅鲁藏布江综合带到具体泽当岩体到其中地幔橄榄岩的地质背景及其地质特征。这个阶段选择文献时侧重于相关研究进展的全面掌握，需要广泛收集、阅读文献。

需要注意的是，综述论文是对已发表材料的组织、综合和评价，在某种意义上，综述论文具有一定的指导性，综述论文包括：对问题进行定义；总结以前的研究，使读者了解研究的现状；辨明文献中各种关系、矛盾、差距及不一致之处；建议解决问题的后续步骤。因此上述这个阶段适合充分利用综述论文。SCI 数据库提供“文献类型”的精练功能，选择“REVIEWS”类型的文献，结果得到 3 篇综述论文，这些文章应该作为该课题文献阅读的首选，如图 7-19 所示。

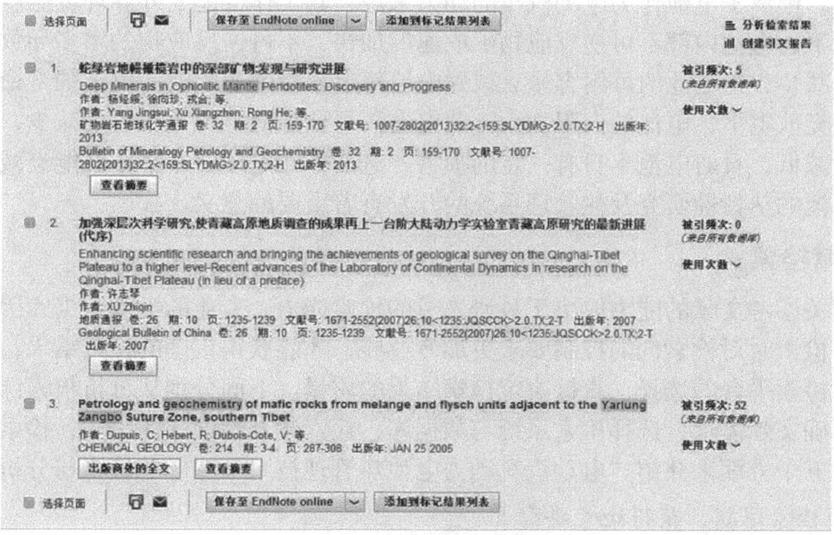

图 7-19　综述文章检索结果

第四步（了解矿物化学的实验分析方法）、第五步（设计实验）、第六步（分析数据）这三个步骤是实验阶段，其主要任务是设计矿物学研究的实验方法，对野外采集的样品标本进行实验，并分析实验得到的数据。这个阶段选择文献时侧重于相关研究中的矿物学实验，主要是借鉴其中的实验方法和分析思路。

另外，这个阶段也可以借鉴其他地区或其他岩石的实验方法和实验思路，所以也可以通过去掉研究地区的检索词以达到扩检的效果。表达式：SU=（蛇绿岩+地幔橄榄岩）AND

SU=(地球化学+矿物化学+矿物)。

第七步（讨论），讨论阶段是地质学比较有特色的一个阶段，其主要任务是基于之前的实验数据分析结果，综合得出一些规律和认识。地质学的很多基础假设都是公认性但无法证明的，因而地质学研究的结论多为推断性结论，其他研究者的研究结论都会被用来互为佐证。基于此，这个阶段选择文献时侧重于相关研究中的结论部分，来作为当下研究的支撑材料。

需要注意的是，地质学是一个“援引性”很强的学科，每一项研究进展都需要基于大量前人的文献资料。并且所需的参考文献既要最新，也要最经典。因此一篇地质学期刊论文，文后参考文献达到六七十篇，甚至上百篇都是非常常见的，一篇较高质量的学术期刊有时都达到二三百篇参考文献。

基于地学文献的上述特点，通过一篇文献的文后参考文献寻找更多课题相关的文献也是一种很有效的方法，当已经掌握部分相关文献的情况下，这种办法显得更加简便，很多研究人员也在使用。

7.4 典型案例 4：工程应用文献检索及专利分析

检索课题：“电动汽车动力电池热管理技术”。

课题背景：随着全球能源危机以及大气污染等问题的日益加剧，电动汽车技术逐渐受到人们的重视。锂离子电池作为电动汽车的动力来源，其工作性能受外界环境温度影响较大。在高温环境下，电池内部不可逆反应物生成速度加快，不可逆反应物的增多导致电池的可用容量的加速减少，当电池的可用容量衰减到电池额定容量的 80%时，电池的寿命终结；电池在低温环境充放电下，电池的内阻加大，放电电压平台降低，可充放容量减少，电池的充放电效率明显减低，且对电池本身有一定的损害，进而导致电动汽车整车性能衰减。因此，对电动汽车电池的热特性研究及热管理系统的开发有着重要的意义。

7.4.1 文献检索

获得相关参考文献的能力取决于科研人员的检索能力，专业的学术数据库因其数据内容的学术性，检索时对检索词的控制要求更加专业些，才能获得正确的检索结果；科学合理的检索式及对检索平台的选择，直接决定检索结果的质量。下面分别从分析检索课题，获得检索要素；明确文献需求；选择检索系统与数据库；检索词及检索式的编写；检索方案的调整及检索结果五个方面来介绍“电动汽车动力电池热管理技术”课题的检索与分析过程。

1. 分析检索课题，获得检索要素

保证一定的查全率和查准率是检索的生命，要做到这一点就必须进行课题分析，而不是直接对课题名称进行检索。大部分的初级检索用户，一拿到课题，就会直接把课题的名称复制过来以搜索引擎的方式检索，这样检索的结果不仅查全率相当低，而且查准率也不高。下面介绍从如下两个方面进行课题分析，以明确检索要素。

（1）明确基本概念，确定检索要素

这一步主要取决于科研人员的学科基本功，当然，对于一些新的科研课题，可以通过搜索引擎或直接用课题名称在专业的学术数据库里检索以获得一些综述类的文献来对学科基本概念有进一步的了解。例如，“电动汽车动力电池热管理技术”课题中，有三个概念需要明确。课题基本检索要素见表 7-6。

1）电动汽车。本课题的重点在于分析电动汽车的动力电池问题，那么电动列车、电动自行车、高尔夫球车等应排除在外。

2）动力电池。动力电池即为工具提供动力来源的电源，是为电动汽车提供动力的蓄电池，其主要区别于用于汽车发动机起动的启动电池①。

3）热管理。即“散热”问题，温度控制，过温、高温、低温控制与管理。

表 7-6　课题基本检索要素

中文	英文
电动汽车、车载	automobile/vehicle/car/
电池	battery
热管理、温度、过温、高温、低温、散热	thermal management system/TMS/ thermal /heat/

（2）分析课题背景，锁定检索要素

在做课题背景分析的过程中，能帮助科研工作者确定课题的研究方向，明确目标范围，以进一步明晰检索要素。从上述课题背景描述中可见，针对电动汽车动力电池热管理技术分析的是锂离子电池，那就应该排除镍氢电池、铅酸蓄电池、镍镉蓄电池、铁镍蓄电池、燃料蓄电池、太阳能蓄电池等相关方面的文献。

课题背景中提到电池组热管理系统过程中的关键技术，包括电池最优工作温度范围的确定、电池生热机理研究、热物性参数的获取、电池组热场计算、传热介质的选择、散热结构的设计等。目前的电池热管理主要包括风冷、液体冷却、热电冷却、热管冷却及相变材料热管理等多种方式。那么这些词也应该作为检索要素提炼出来。同时，锂电、冷却、风、液体冷却、热电冷却、热管冷却、相变材料等词应该出现在检索词中，列出来的检索要素见表 7-7。

表 7-7　课题扩充检索要素

中文	英文
锂电	lithium /li
冷却	cool
风	air/wind
液体冷却	liquid/fluid
热电冷却	thermoelectric
热管冷却	heat pipe
相变材料	phase

（3）深化课题，确定大纲，扩充检索要素

您可能会问，我还没做大量阅读前，是没有办法确定大纲的呢，这里说的确定大纲并非是最终完成科研课题的大纲。

首先，正式检索前，对课题理解更深入，对课题研究方向更明确，提炼出来的检索要素更多，就能检索出更加细化的参考文献，从而在深入课题研究时减少一些调整检索词和检索式的时间。

① BAIDU. 动力电池. http://baike.baidu.com/item/%E5%8A%A8%E5%8A%9B%E7%94%B5%E6%B1%A0[2017-02-20]。

其次，检索并非一步到位，越是检索经验少的科研人员，越需要在修改大纲、调整检索式的过程中花费相对多一些的精力。检索式和检索词永远没有标准答案，需要随时调整以获取具有不同侧重点的参考文献。

还是以“电动汽车动力电池热管理技术”课题为例子，假如确定从如下方面来进行科研。

1）热管理的电动汽车动力电池成组设计。

2）电池组温度场特性研究及热管理系统实现。

3）电动汽车用锂离子动力电池组热管理数值研究。

4）锂离子动力电池热性能及电化学-热耦合行为的研究。

那么上面新出现的重要词汇如“成组设计”“温度场特性”“热管理数值”“电化学-热耦合行为”等都应该出现在将来的检索要素中。

2. 明确文献需求

我们都已经知道，文献有图书、期刊、会议文献、学位论文、科技报告、专利文献和标准文献等，大部分的用户平时科研的习惯，以期刊论文、会议文献为主（更新快、紧跟学术前沿），以学位论文、图书为辅（更新相对较慢，内容较系统），却往往忽略专利文献。然而专利文献是跟踪技术创新领域最新进展的一个重要媒介，因为绝大部分的发明创造会以专利文献的形式出现在公众领域，专利的拥有者通常不会将其专利以期刊论文、会议文献等来发表；专利文献形式统一，数据规范，便于检索，也便于分析；专利文献集技术、法律、经济信息于一体的文献，包含巨大的信息内容，更易于分析出有价值的科研信息。因此，建议科研工作者，应该重视专利文献的检索。

表 7-8 列出两种不同文献在目的、技术内容、实施例和发明专利附图、时间周期和审查/审稿方面的区别。

表 7-8　不同文献的区别

项目	发明专利文献	图书、期刊、会议、学位论文
目的	知识产权保护	知识传播与分享
技术内容	权利要求书，严密的逻辑推理	以数据的分析和推理为主
实施例和发明专利附图	发明人必须结合发明专利附图说明发明的具体实施方案。发明专利实施例为实现发明技术方案的一个或多个例子或多个例子	论文的主体部分相当于一个实施例
时间周期	需要实审的发明专利从申请到授权的周期为 2 年	论文的发表周期通常在一年内
审查/审稿	由专利审查员审核，发明专利需要对技术进行实质审查	同行审稿

3. 选择检索系统和数据库

确定好检索要素和文献需求以后，就要进行检索资源的选择，在科研机构和高校工作或学习的用户，通常能用到统一购买的商业数据库资源；如果是个人用户，在必要的情况下，也可以按照自己的需求购买个人账户以方便科研。下面还是以“电动汽车动力电池热管理技术”课题为例从专利数据库、学科专业数据库两个方面进行数据库推荐。

（1）专利数据库

鉴于专利文献需要向全社会公开的特殊性，用户能从知识产权机构免费检索并获得专利文献全文，因而在数据库平台的选择上有了比较大的自由度；商业的专利数据库在资源的加工上有很多的优势，有些还具有强大的专利分析功能。本案例主要使用的专利数据库如下：

1）国家知识产权局专利检索界面：http://www.pss-system.gov.cn/sipopublicsearch/patentsearch/searchHomeIndex-searchHomeIndex.shtml。

2）广东省专利大数据：http://cnipsun.com/quick/quickSearch.do。

3）佰腾专利网：http://so.baiten.cn/。

4）LexisNexis Patent Strategies：app.lexisnexispatentstrategies.com。

LexisNexis Patent Strategies 将全球接近 9000 万件专利与财务、市场、诉讼等业务数据关联，为使用者完成完整的知识产权全景分析。Patent Strategies 包含 102 个专利局，100 多个数据来源以及时更新。通过 50 多种可视化分析工具，帮助用户在几分钟内分析海量专利数据。发现技术空白点，构建技术方案及寻找技术合作者；发现相关市场和机会进行技术许可或者授权，实现产学研合作结合；了解市场和竞争对手，以及技术趋势和诉讼情况。

（2）学科专业数据库

"电动汽车动力电池热管理技术"课题属于能源、机电、交通领域，相关的学科专业数据库包括如下几种。

1）中文学科专业数据库。

EPS 全球统计数据/分析平台：http://olap.epsnet.com.cn。EPS（economy prediction system）全球统计数据/分析平台将统计数据与经济分析预测工具整合于一个开放的系统平台。平台上包含面向用户不同需求的系列专业数据库，并参考 SAS、SPSS 等分析软件的设计理念和标准内嵌数据分析预测软件，对这些数据库进行整理、归纳、预测分析，实现只需点击相关按钮即可完成对数据的分析和预测的简便操作功能。EPS 平台包括世界能源数据库、中国能源数据库、中国交通数据库、中国环境数据库四个子库。

交通运输专题知识库：http://traffic.xianzhiwang.cn/。涵盖交通出版社公路、水运、汽车、物流综合、交通工程等 11 个大类 2000 余册精选电子书、教学视频课件、标准规范、会议论文等类型资源。共计 40 余万专业知识条目。

中国交通科技数据库：http://lib.transst.cn/。中国交通科技数据库包含如下子库。

①交通运输标准数据库（收录交通运输行业国家标准、行业标准（包括工程建设标准和技术服务标准）的 2000 余篇全文信息）。

②交通专利数据库，收录 1985 年至今我国公路、水路、铁路、民航、邮政等领域发明公开、发明授权、实用新型专利 15 万余条信息。

③国外科技报告全文数据库，收录 1968 年至今国外交通及相关组织机构收录的近 3 万余篇科技报告全文。

④交通学术会议全文数据库，收录了 1997 年至今由国家一级学会、协会主办，交通运输领域 40000 余篇会议论文原文。

此外，本数据库还收录了交通运输工法数据库、公路运输期刊全文数据库、水路运输期刊全文数据库、国外交通信息数据库、世界各国交通运输发展动态数据库。

CNKI 中国知网：www.cnki.net。中国学术期刊网络出版总库；中国博士学位论文全文数据库；中国优秀硕士学位论文全文数据库；中国重要会议论文全文数据库；中国科技项目创新成果鉴定意见数据库（知网版）。

万方数据知识服务平台：http://g.wanfangdata.com.cn/。万方期刊论文数据库；万方学位论文数据库；万方会议论文数据库。

维普期刊资源整合服务平台：http://lib.cqvip.com。

2）外文学科专业数据库。

除了 EI Compendex、SCI-E（Science Citation Index Expanded，科学引文索引网络扩展版）、CPCI-S（Conference Proceedings Citation Index-Science，科技会议录引文索引）和 ASME（American Society of Mechanical Engineers，美国机械工程师协会电子期刊）数据库，其他使用的外文学科专利数据库包括如下。

外文学科科技报告数据库：http://117.34.104.70。收录 1960 年以来美国学科研究及开发的项目报告为主，少量收录西欧、日本及世界各国的科学研究报告。其中以 AD（美国国防系统技术报告）、PB（综合）、NASA（美国宇航局）和 DOE（美国能源部）四大报告最有名。90%以上的文献是英文文献，专业内容覆盖科学技术各个领域。更新频率：季度。覆盖范围：行政和管理、农业和食物、大气科学、行为和社会、生物医学技术和人因工程、商业与经济、化学、土木工程、计算机控制和理论、电子技术、能源、发动机、环境污染和控制、卫生保健、制造技术、材料技术、数学技术、医学与生物学、自然资源和地球科学、物理，化学及通信等 39 个专题。

Jane'S Urban Transport Systems and World Railways（城市交通系统和世界铁路信息数据库）：http://search.janes.com/Search/advancedSearchView.do?type=advancedSearchView&pageSelected=allJanes%20[①]。Jane's Urban Transport Systems 是全球城市公共交通运输系统、相关制造商及顾问进行调研的得力工具书，可对每个城市当前的公交系统的运营现状和未来规划逐一进行分析研究。该刊还提供了近 1500 家制造商的详细信息，包括联络方式、公司背景介绍、生产线、已获合同和未来发展规划等内容。主要内容包括组织结构、交通统计数据、运营现状、近期发展建议、车队数据、主要基础设施详细情况介绍、有轨车辆、电力牵引设备、新技术/创新运输系统、公共汽车、底盘、车架、车体、信息技术系统等。Jane's Urban Transport Systems 网络版提供全面检索功能，档案库提供 5 年以上数据，数据每月更新。

Jane's World Railways 包罗了全球近 140 多个国家和地区的铁路系统发展资料，包括系统的详细资料、主要人员、政治背景、组织结构、财务状况、运营现状、发展规划，以及各种车辆数据等。还提供了大量详细的地图和图像资料，所有信息都定期更新。主要内容包括组织结构、交通及收入统计、车辆数据、主要网络基础设施详细资料、铁路机车及部件制造商、信号、通信和乘客信息系统供应商、基础设施产品和服务公司等信息。

3）国际 DIALOG 数据检索系统。

国际 DIALOG
数据检索系统

4. 检索词及检索式的编写

（1）检索词

根据上述内容确定的检索要素，“电动汽车动力电池热管理技术”课题的中英文检索词确定如下。

中文检索词：电动汽车、车载、锂电、热、温度、过温、高温、低温、散热、冷却、风、

① 受 IP 限制，网址无法打开。

液体、热电、热管、相变材料。

英文检索词：automobile,vehicle,car,lithium,battery,thermal management,TMS,device,method,control,technology,equipment,air,wind,thermoelectric,heat,pipe,cool,phase。

（2）检索式

中文检索式：(电动汽车 OR 车载)AND 锂电 AND(((热 OR 温度 OR 过温 OR 高温 OR 低温 OR 散热 OR 冷却)AND(风 OR 液体 OR 热电 OR 热管 OR 相变材料)。

英文检索式：(automobile OR vehicle OR car OR cars)AND((lithium OR li) AND batter*) AND (((thermal management) OR TMS) OR device OR method OR control OR techn* OR equipment OR ((air OR wind OR thermoelectric OR (heat pipe*))AND cool*) OR phase)。

5. 检索方案的调整及检索结果

按照中英文检索式，以及选定的数据库，就可以在各类数据库中进行检索了。建议优先选择高级检索或专家检索，以实现一步到位。如果用户只是习惯了简单检索，也可以将式子进行拆分，达到检索目的。

（1）检索方案的调整

在检索实践中，我们通常会碰到对检索结果不满意的情况，在检测检索式的编写逻辑的处理没有问题的情况下，很可能是用户在检索过程中对参考资料的主题内容需求发生了变化，这是正常的，通常在对初次检索结果有了初步分析后，用户对课题有了更深一步的认识，希望能从另一层面或更深的主题上获得上有更高相关度的文献。于是，我们需要对检索方案进行适度地调整，调整的方法如下。

第一，变换检索字段。例如，将核心检索词汇及需要重点突出主题的检索词放入“题名和关键词”字段，次重要的词汇放入摘要、全文等字段。

第二，适度变更逻辑关系或词间关系、词频，以扩充或缩小检索范围。“AND”相对于“OR”逻辑的限定范围较小，但是要谨慎随意变更，否则检索结果会有较大的偏离，建议主要采用调整词间距离（英文）、词频（中文）的方式来调整检索范围。

第三，增加或减少检索词，以缩小或扩充检索范围。检索的增减可以在原检索式中进行，也可以根据课题细化的需要，重新添加新的检索词。

（2）检索结果

检索结果会有很多，按相关性拆列。

检查结果从各大数据库中检索的结果导出时，建议用户按照自己习惯用的文献管理软件规定的格式导出。同时，在文献管理软件中按主题建立数据库，导入检索结果、去重、批量全文下载，然后就可以按各种方式排序，并进行阅读、备注和记笔记了。

部分检索结果

7.4.2　文献分析

虽然在熟练地掌握了检索技巧后，用户能比较好地控制文献的数量，以保证文献量在可阅读的范围内，但大部分科研工作者在科研过程中依然要面对很多的文献量，文献分析不仅能做统计分析，也能帮你从大量文献中在短时间内把握大量文献的主旨信息。主要有文献统计分析、引文分析，同时，由于这些年科研工作者对专利文献的高度重视，本节将重点对“电动汽车动力电池热管理技术”课题的专利进行分析，并以专利分析报告展示完整的报告撰写过程。

1. 文献统计分析与引文分析

（1）文献的统计分析

文献的统计分析，能快速了解某一领域的重要专家、研究机构和研究热点等信息，大部分的文献信息管理软件如 Endnote、NoteExpress、Refworks 等均具有文献统计的分析功能，可以对多达 50 余个文献字段进行分析，从而获取文献背后的信息。例如，以分析文献的关键词为例，能找到高频热点的关键词，从而指导科研的开题和选题，对文献进行排序，科研人员可以通过关键词频率出现的高低判断当下的研究热点，从而调整自己的研究方向（具体使用步骤请参看第 6 章）。分析结果通常能导出为 txt 和 csv 等多种格式，以方便做出精准的报告。

（2）引文分析

引文分析是一种文献计量学方法，这种方法主要通过概率论与数理统计对文献的被引用率进行分析。这种方法的主要研究依据是文献、作者、期刊等之间的引证关系。致力于引文分析的学者有格罗斯、布朗、普赖斯、E.加菲尔德等。直接分析是通过从论文引文直接分析数据，间接分析则通过各种索引、报告工具进行检索。分析类型有数量分析、网状分析、链状分析等。总体来说，引用率与文献发表时间成反比例，即文献发表越晚，距今时间越短，引用次数越高，在文章发表后的第二年份引用率达到峰值，而后下降。

HistCite 是一款开源软件，由 Thomson Reuters 公司开发的文献引文分析利器，此款软件能快速绘制出某个研究领域的发展脉络，快速锁定某个研究方向的重要文献和学术大牛，用户能将结果从 Web of knowledge（WEB OF SCIENCE）的检索结果导出至 HistCite 分析，得到相关领域的学术前沿及发展脉络（罗昭峰和韩敏义，2007）。

2. 专利分析

随着世界技术竞争的日益激烈，各国企业纷纷开展专利战略研究，而其核心正是专利分析，即对专利说明书、专利公报中大量零碎的专利信息进行分析、加工、组合，并利用统计学方法和技巧使这些信息转化为具有总揽全局及预测功能的竞争情报，从而为企业的技术、产品及服务开发中的决策提供参考。专利分析不仅是企业争夺专利的前提，更能为企业发展其技术策略，评估竞争对手提供有用的情报。因此，专利分析是企业战略与竞争分析中一种独特而实用的分析方法，是企业竞争情报常用分析方法之一，是指跟踪、研究、分析某一领域及竞争对手的专利发明，以获得超越竞争对手优势为目的的企业竞争情报分析。

“电动汽车动力电池热管理技术”专利做为案例

“电动汽车动力电池热管理技术”专利检索 IPC 限定。

“电动汽车动力电池热管理技术”课题涉及的国内外专利技术较多，该课题的专利分析基于 LexisNexis Patent Strategies、CNIPSUN 及佰腾专利分析平台对其国内外专利进行检索，同时为确保检准率，根据 IPC 分类检索功能，确定电动汽车动力电池领域的专利的分类号为 H01M、H02J、B60L、B60K、G05B 与 G06F，见表 7-9。

表 7-9　课题的 IPC 检索限定

IPC 分类号	含义
H01M	用于直接转变化学能为电能的方法或装置，如电池组
H02J	供电或配电的电路装置或系统；电能存储系统

续表

IPC 分类号	含义
B60L	电动车辆动力装置
B60K	车辆动力装置或传动装置的布置或安装；两个以上不同的原动机的布置或安装；辅助驱动装置；车辆用仪表或仪表板；与车辆动力装置的冷却、进气、排气或燃料供给结合的布置
G05B	一般的控制或调节系统；这种系统的功能单元；用于这种系统或单元的监视或测试装置
G06F	电数字数据处理

再经过人工去重筛选，得到专利分析样本数据总数 1390 条。

7.5　典型案例 5：如何确定关键词案例

检索案例：具有“历史性”或“发展性”概念的关键词的确定。

例如，一个实际的查新课题：手机用温度补偿晶体振荡器。

分析：该课题有两大概念“手机”和“温度补偿晶体振荡器”，后一个是个专业名词，而前一个“手机”就是一个具有“历史性”或“发展性”概念，对这类概念就需要把其“前世今生”用过的关键词全部找出来，才能做到“查全”。

找出过程：在字典、百科知识等中去了解；在数据库中通过检索结果中的文摘、关键词、前言、参考文献等去搜集。

得到：

1）表达手机的中文关键词：手机；移动电话；无线电话；蜂窝电话；便携式电话；大哥大（俗称）；蜂窝式便携无线电话；手持电话。若是在港台文献中还有“行动电话”。

2）表达手机的英文关键词：mobile phone；mobile telephone；cell phone；cell phone；cellular phone；portable phone；handheld phone；handy phone。还要注意 phone 和 telephone 的单复数形式。

参考文献

车紫辉，张光华. 2010. 文献检索在信息科学研究中的应用. 中国高校科技与产业化，(Z1)：54-55.

陈琼，朱传方，辜清华. 2015. 化学化工文献检索与应用. 北京：化学工业出版社.

陈英. 2009. 科技信息检索. 北京：科学出版社.

符绍宏. 2004. 信息检索. 北京：高等教育出版社.

符绍宏，雷菊霞，邓瑞丰，等. 2012. 互联网信息资源检索与利用. 北京：清华大学出版社.

高飞. 2006. 网络信息实用检索. 北京：中国计量出版社.

何力，周庆梅，马磊. 2014. 科技信息检索. 哈尔滨：东北林业大学出版社.

花芳. 2014. 文献检索与利用. 2 版. 北京：清华大学出版社.

黄军左. 2013. 文献检索与科技论文写作. 2 版. 北京：中国石化出版社.

教育部科学技术委员会学风建设委员会组. 2010. 高等学校科学技术学术规范指南. 北京：中国人民大学出版社.

赖宁，杨翠明. 2006. 网络数字信息资源及其利用. 长沙：湖南地图出版社.

李煌果，王秀卿. 1991. 研究生教育概论. 北京：科学技术文献出版社.

刘湘萍. 2016. 科技文献信息检索与利用. 北京：冶金工业出版社.

罗昭锋，韩敏义. 2007. 文献管理与文献信息分析. 北京：中国科学技术大学生命科学实验中心.

马光雄，袁丽芬，王苏海. 2013. 实用科技信息资源检索与利用. 南京：南京大学出版社.

佘诗武，陈玉春. 2008. 科技信息资源检索教程. 西安：陕西科学技术出版社.

汪新文. 1999. 地球科学概论. 北京：地质出版社.

王兵. 2009. 知识产权基础教程. 北京：清华大学出版社.

肖琼. 2014. 信息资源检索与利用. 北京：北京邮电大学出版社.

肖信，袁中直. 2014. Internet 化学化工文献信息检索与利用. 北京：化学工业出版社.

辛万鹏. 2006. 高校信息素质教育基础教程. 兰州：兰州大学出版社.

徐军玲，徐荣华. 2011. 实用科技信息检索与利用. 上海：复旦大学出版社.

杨坤光，袁晏明. 2009. 地质学基础. 武汉：中国地质大学出版社.

余向春. 2009. 化学文献及查阅方法. 4 版. 北京：科学出版社.

张立，丛玲. 2011. 工程硕士专业信息检索参考指南. 天津：天津大学出版社.

赵丹群. 2008. 现代信息检索原理、技术与方法. 北京：北京大学出版社.

郑霞忠，黄正伟. 2012. 科技论文写作与文献检索. 武汉：武汉大学出版社.

中国标准出版社总编室. 2010. 中国国家标准汇编. 7 版. 北京：中国标准出版社.

朱国. 2011. 如何撰写毕业论文开题报告. 赤峰学院学报(汉文哲学社会科学版)，31(11)：193-194.